# PREGÃO PRESENCIAL

## COMENTÁRIOS AO DECRETO Nº 3.555/2000 E AO REGULAMENTO DO PREGÃO, ATUALIZADO PELO DECRETO Nº 7.174/2010

### CONSIDERANDO AS LEIS NºS 10.520/2002 E 8.666/1993 ATUALIZADAS

SIDNEY BITTENCOURT

RICARDO SANTOS MOREIRA DA CUNHA
*Prefácio*

# PREGÃO PRESENCIAL

## COMENTÁRIOS AO DECRETO Nº 3.555/2000 E AO REGULAMENTO DO PREGÃO, ATUALIZADO PELO DECRETO Nº 7.174/2010

### CONSIDERANDO AS LEIS NºS 10.520/2002 E 8.666/1993 ATUALIZADAS

2ª edição revista, ampliada e atualizada

Belo Horizonte

2012

© 2000 1ª edição Temas & Idéias
2004 1ª reimpressão Temas & Idéias
© 2012 2ª edição revista, ampliada e atualizada Editora Fórum Ltda.

É proibida a reprodução total ou parcial desta obra, por qualquer meio eletrônico, inclusive por processos xerográficos, sem autorização expressa do Editor.

## Conselho Editorial

Adilson Abreu Dallari
André Ramos Tavares
Carlos Ayres Britto
Carlos Mário da Silva Velloso
Carlos Pinto Coelho Motta (*in memoriam*)
Cármen Lúcia Antunes Rocha
Cesar Augusto Guimarães Pereira
Clovis Beznos
Cristiana Fortini
Dinorá Adelaide Musetti Grotti
Diogo de Figueiredo Moreira Neto
Egon Bockmann Moreira
Emerson Gabardo
Fabrício Motta
Fernando Rossi
Flávio Henrique Unes Pereira
Floriano de Azevedo Marques Neto

Gustavo Justino de Oliveira
Inês Virgínia Prado Soares
Jorge Ulisses Jacoby Fernandes
José Nilo de Castro
Juarez Freitas
Lúcia Valle Figueiredo (*in memoriam*)
Luciano Ferraz
Lúcio Delfino
Marcia Carla Pereira Ribeiro
Márcio Cammarosano
Maria Sylvia Zanella Di Pietro
Ney José de Freitas
Oswaldo Othon de Pontes Saraiva Filho
Paulo Modesto
Romeu Felipe Bacellar Filho
Sérgio Guerra

Luís Cláudio Rodrigues Ferreira
Presidente e Editor

Coordenação editorial: Olga M. A. Sousa
Revisão: Leonardo Eustáquio Siqueira Araújo
Bibliotecário: Ricardo Neto – CRB 2752 – 6ª Região
Indexação: Fernanda de Paula Moreira – CRB 2629 – 6ª Região
Capa e projeto gráfico: Walter Santos
Diagramação: Karine Rocha

Av. Afonso Pena, 2770 – 15º/16º andares – Funcionários – CEP 30130-007
Belo Horizonte – Minas Gerais – Tel.: (31) 2121.4900 / 2121.4949
www.editoraforum.com.br – editoraforum@editoraforum.com.br

---

B624p    Bittencourt, Sidney

Pregão presencial: comentários ao Decreto nº 3.555/2000 e ao regulamento do pregão, atualizado pelo Decreto nº 7.174/2010: considerando as Leis nºs 10.520/2002 e 8.666/1993 atualizadas / Sidney Bittencourt; prefácio de Ricardo Santos Moreira da Cunha. 2. ed. rev. ampl. e atual. Belo Horizonte: Fórum, 2012.

391 p.
ISBN 978-85-7700-512-3

1. Direito administrativo. 2. Licitações públicas. 3. Contratos administrativos. 4. Administração. 5. Contratos públicos. 6. Compras governamentais. 7. Vendas. 8. Execução de obras e prestação de serviços para a Administração Pública. 9. Intendência. 10. Contabilidade e finanças. I. Cunha, Ricardo Santos Moreira da. II. Título.

CDD: 341.3
CDU: 342.9

---

Informação bibliográfica deste livro, conforme a NBR 6023:2002 da Associação Brasileira de Normas Técnicas (ABNT):

BITTENCOURT, Sidney. *Pregão presencial*: comentários ao Decreto nº 3.555/2000 e ao regulamento do pregão, atualizado pelo Decreto nº 7.174/2010: considerando as Leis nºs 10.520/2002 e 8.666/1993 atualizadas. 2. ed. rev. ampl. e atual. Belo Horizonte: Fórum, 2012. 391 p. ISBN 978-85-7700-512-3.

# SUMÁRIO

PREFÁCIO
**Ricardo Santos Moreira da Cunha** ............................................................. 17

APRESENTAÇÃO
**Sidney Bittencourt** ...................................................................................... 21

INTRODUÇÃO ................................................................................................23
EMENTA DO DECRETO Nº 3.555, DE 8 DE AGOSTO DE 2000
1      O Pregão ................................................................................... 25
1.1    A criação do Pregão ................................................................. 25
1.2    A questão das normas gerais ................................................... 29
1.3    A adoção do termo União ........................................................ 30
1.4    O surgimento da Lei nº 10.520/02 .......................................... 30
1.5    A aplicação subsidiária da Lei nº 8.666/93 ............................. 31
1.6    O Regulamento do Pregão presencial (Decreto nº 3.555/2000) ....... 33
1.6.1   Vigência do Decreto nº 3.555/2000 ......................................... 34
       Art. 1º – Aprovação, na forma dos Anexos I e II, do Regulamento
       do Pregão ................................................................................. 36
       Parágrafo único – Subordinação ao regime do Decreto ................. 36
2      A aprovação do Regulamento para a modalidade de licitação
       Pregão ...................................................................................... 36
2.1    A técnica adotada .................................................................... 36
2.2    A abrangência do Regulamento ............................................... 36
2.3    A questão dos Fundos Especiais .............................................. 39
       Art. 2º – Competência do Ministério do Planejamento, para
       estabelecer normas e orientações ................................................ 41
       Art. 3º – Vigência do Decreto .................................................... 41
3      Normas e orientações complementares sobre o Pregão ............ 41
3.1    Competência para o estabelecimento ..................................... 41
4      Vigência do Decreto ................................................................ 41

ANEXO I – REGULAMENTO DO PREGÃO
       Art. 1º – Âmbito do Pregão ...................................................... 43
       Parágrafo único – Subordinação ao Regulamento ......................... 43
5      Normas e procedimentos relativos ao Pregão .......................... 43
5.1    Objetivos e âmbito .................................................................. 43
       Art. 2º – Forma de realização do Pregão .................................. 47
6      A competição no Pregão presencial ........................................ 47
       Art. 3º – Prioridade no uso do Pregão na aquisição de bens e
       serviços comuns ...................................................................... 48

|  | §1º – Dependência de regulamentação específica para a utilização de recursos eletrônicos ............................................................. 48 |
| --- | --- |
|  | §2º – Consideração do que vem a ser bens e serviços comuns ........ 48 |
| 7 | A obrigatoriedade do uso do Pregão nas licitações do governo. federal ................................................................................................ 48 |
| 7.1 | A adoção do Pregão presencial ...................................................... 48 |
| 7.2 | A obrigatoriedade do uso do Pregão eletrônico na Administração Pública Federal ................................................................................ 49 |
| 7.3 | A equivocada menção do Pregão na forma eletrônica no regulamento do Pregão presencial ................................................. 52 |
| 7.4 | Os bens ou serviços comuns ........................................................... 55 |
|  | §3º – Aquisição de bens de informática através do Pregão ............. 56 |
|  | §4º – Comprovação do requisito de significativo valor agregado local ..................................................................................... 56 |
|  | §5º – Reconhecimento alternativo do Ministério da Ciência e Tecnologia ......................................................................................... 56 |
| 8 | A contratação de bens e serviços de informática ........................... 56 |
| 8.1 | A questão do Processo Produtivo Básico (PPB) ............................ 61 |
| 8.2 | A questão da preferência nas licitações de bens e serviços de informática e automação .................................................................. 67 |
|  | Art. 4º – Princípios do Pregão ........................................................ 75 |
|  | Parágrafo único – Interpretação das normas disciplinadoras ........ 75 |
| 9 | Os princípios adotados no Pregão .................................................. 75 |
| 9.1 | Princípios e regras .......................................................................... 75 |
| 9.2 | Os princípios adotados no Pregão .................................................. 77 |
| 9.3 | Interpretação em favor da ampliação da disputa ........................... 83 |
|  | Art. 5º – Não aplicação do Pregão ................................................. 85 |
| 10 | A questão da não aplicação do Pregão para contratação de obras e serviços de engenharia ................................................................. 85 |
|  | Art. 6º – Direito público subjetivo à observância do procedimento estabelecido no Regulamento e acompanhamento do Pregão ........ 95 |
| 11 | Regras procedimentais .................................................................... 95 |
| 11.1 | Direito público subjetivo garantido aos licitantes .......................... 95 |
| 11.2 | Acompanhamento do procedimento por qualquer cidadão ........... 96 |
|  | Art. 7º – Competência da autoridade competente .......................... 97 |
|  | Inciso I – Determinação da abertura de licitação ........................... 97 |
|  | Inciso II – Designação do pregoeiro e dos componentes da equipe de apoio .............................................................................. 97 |
|  | Inciso III – Decisão quanto aos recursos contra atos do pregoeiro .......97 |
|  | Inciso IV – Homologação do resultado da licitação e celebração do contrato ....................................................................................... 97 |
| 12 | A autoridade competente ................................................................ 97 |
| 12.1 | Atribuições da "autoridade competente" ....................................... 98 |
|  | Parágrafo único – Capacitação obrigatória do pregoeiro ............... 100 |
| 13 | A capacitação do pregoeiro ............................................................ 100 |
|  | Art. 8º – Regras para a fase preparatória do Pregão (fase interna) ...................................................................................... 103 |

|  | Inciso I – Definição do objeto por intermédio de um termo de referência | 103 |

Inciso I – Definição do objeto por intermédio de um termo de referência ...... 103
Inciso II – Definição de termo de referência ................................... 103

| 14 | A fase preparatória do Pregão ................................... 103 |
| 14.1 | A definição do objeto ................................... 103 |
| 14.2 | O termo de referência ................................... 104 |

Inciso III – Deveres da autoridade competente ou do ordenador de despesa ou, ainda, do agente encarregado da compra ............ 107
Alínea "a" – Definição do objeto do certame e o seu valor estimado em planilhas ................................... 107
Alínea "b" – Justificação da necessidade da aquisição .................. 107
Alínea "c" – Estabelecimento dos critérios de aceitação das propostas, exigências de habilitação, sanções administrativas aplicáveis por inadimplemento e as cláusulas do contrato .......... 107
Alínea "d" – Designação do pregoeiro e a sua equipe de apoio ... 107
Inciso IV – Formação dos autos ................................... 107

| 15 | Atos de responsabilidade da "autoridade competente" ............... 107 |
| 15.1 | Atribuições da "autoridade competente" ................................... 108 |
| 15.2 | O período de investidura do pregoeiro ................................... 114 |
| 15.3 | A aprovação jurídica das minutas de editais e contratos ............ 115 |
| 15.4 | Os autos do processo ................................... 121 |

Inciso V – Critério para julgamento ................................... 122

| 16 | A fase de julgamento ................................... 122 |
| 16.1 | A questão do preço inexequível ................................... 123 |

Art. 9º – Atribuições do pregoeiro ................................... 126
Inciso I – Credenciamento dos interessados ........................ 126
Inciso II – Recebimento dos envelopes das propostas de preços e da documentação de habilitação ................................... 126
Inciso III – Abertura dos envelopes das propostas de preços, exame e classificação dos proponentes ....................... 126
Inciso IV – Condução dos lances e escolha da proposta ou do lance de menor preço ................................... 126
Inciso V – Adjudicação da proposta de menor preço ................. 126
Inciso VI – Elaboração de ata ................................... 126
Inciso VII – Condução dos trabalhos da equipe de apoio ........... 126
Inciso VIII – Recebimento, o exame e a decisão sobre recursos .... 126
Inciso IX – Encaminhamento do processo, após a adjudicação, à autoridade superior, visando a homologação e a contratação ...... 126

| 17 | As atribuições do pregoeiro ................................... 126 |
| 17.1 | A questão da elaboração do edital de licitação ..................... 134 |

Art. 10 – Integrantes da equipe de apoio ................................... 136

| 18 | A equipe de apoio ao pregoeiro ................................... 136 |

Parágrafo único – Desempenho da função de pregoeiro e de membros da equipe de apoio por militares ................................... 138

| 19 | O pregoeiro e equipe de apoio no âmbito militar ............... 138 |

Art. 11 – Fase externa do pregão ................................... 140

| | | |
|---|---|---|
| | Inciso I – Convocação dos interessados | 140 |
| 20 | A fase externa do Pregão | 141 |
| 20.1 | Compatibilização do Regulamento com as regras da Lei nº 10.520/02 | 141 |
| 20.2 | A publicidade do Pregão | 141 |
| 20.3 | A divulgação apartada por limites de valor | 142 |
| 20.4 | A divulgação realizada por integrantes do Sistema de Serviços Gerais (SISG) | 142 |
| | Inciso II – Dados obrigatórios do edital e do aviso do Pregão | 144 |
| 21 | Dados iniciais do edital de Pregão e do aviso licitatório | 144 |
| 22 | Regras editalícias não constantes do Regulamento | 145 |
| | Inciso III – Prazo para os interessados prepararem suas propostas | 148 |
| 23 | O prazo de divulgação do certame | 148 |
| | Inciso IV – Dia, hora e local designados no edital para a sessão pública | 150 |
| 24 | A sessão pública do Pregão | 150 |
| | Inciso V – Abertura d a sessão e entrega dos envelopes | 152 |
| | Inciso VI – Classificação das propostas | 152 |
| 25 | A entrega dos envelopes com preços e documentos | 152 |
| 25.1 | A fase de classificação | 155 |
| | Inciso VII – Classificação das propostas subsequentes | 157 |
| 26 | Classificação das melhores propostas subsequentes | 157 |
| | Inciso VIII – Início da etapa de apresentação de lances verbais | 159 |
| | Inciso IX – Apresentação dos lances verbais | 159 |
| 27 | A etapa de lances verbais | 159 |
| 27.1 | O credenciamento do representante do licitante | 159 |
| 27.2 | A ordem para a formulação dos lances | 160 |
| 27.3 | A desistência do lance oferecido | 160 |
| 27.4 | O limite mínimo para os lances | 161 |
| 27.5 | A questão do lance superior ao menor oferecido | 161 |
| 27.6 | A questão de limitação das rodadas de lances | 162 |
| 27.7 | Fraudes já detectadas ("escadinha" e "mergulho") | 165 |
| | Inciso X – Desistência de apresentação de lance verbal | 168 |
| 28 | A recusa de apresentação de lance por parte do interessado | 168 |
| | Inciso XI – Procedimento caso não se realizem lances verbais | 170 |
| 29 | A inexistência de lances | 170 |
| | Inciso XII – Procedimento após declarada encerrada a etapa competitiva e ordenadas as propostas | 171 |
| | Inciso XIII – Abertura do envelope de habilitação | 171 |
| 30 | O último ato da fase de classificação e a fase de habilitação | 171 |
| 30.1 | A decisão motivada do pregoeiro sobre a aceitação da proposta | 171 |
| 30.2 | A fase de habilitação | 172 |
| | Inciso XIV – Declaração do vencedor do certame com a devida adjudicação | 175 |
| 31 | A declaração do vencedor do Pregão | 175 |

| | Inciso XV – Verificação de ofertas subsequentes ............................ 176 |
|---|---|
| 32 | A verificação da oferta subsequente ................................................. 176 |
| | Inciso XVI – Negociação diretamente com o proponente para que seja obtido preço melhor .................................................................... 179 |
| 33 | A negociação com o proponente vencedor ....................................... 179 |
| | Inciso XVII – Manifestação da intenção de interpor recurso ......... 187 |
| 34 | A manifestação de intenção de interposição de recurso administrativo ..................................................................................... 187 |
| 34.1 | O prazo para interposição de recurso ............................................... 187 |
| 34.2 | A anexação de memoriais .................................................................. 188 |
| 34.3 | Os objetivos da regra recursal no Pregão ........................................ 189 |
| 34.4 | O procedimento recursal ................................................................... 190 |
| 34.5 | A questão da motivação na demonstração de intenção de recurso ....... 193 |
| | Inciso XVIII – Inexistência de efeito suspensivo ao recurso contra decisão do pregoeiro ........................................................................ 197 |
| 35 | A questão do efeito suspensivo do recurso interposto ................... 197 |
| 35.1 | A autoridade competente para a atribuição do efeito suspensivo ......... 199 |
| | Inciso XIX – Acolhimento de recurso com invalidação apenas dos atos insuscetíveis de aproveitamento ........................................ 201 |
| 36 | A invalidação dos atos insuscetíveis de aproveitamento ............... 201 |
| | Inciso XX – Homologação e adjudicação realizada pela autoridade superior ............................................................................ 204 |
| 37 | A adjudicação do objeto do certame ao vencedor .......................... 204 |
| 38 | A homologação ................................................................................... 205 |
| | Inciso XXI – Manutenção das condições de habilitação ................ 208 |
| | Inciso XXII – Convocação de outro licitante quando o vencedor não demonstrar situação regular ..................................................... 208 |
| 39 | A manutenção das condições de habilitação do licitante vencedor (adjudicatário) ................................................................... 208 |
| | Inciso XXIII – Recusa de assinatura do contrato injustificadamente ............................................................................. 210 |
| 40 | A recusa do licitante vencedor (adjudicatário) a assinar o contrato ...... 210 |
| 40.1 | A negociação com os demais classificados ..................................... 212 |
| 40.2 | A aplicação no Pregão da regra de oferecimento de oito dias para a apresentação de novas propostas escoimadas de falhas ............ 212 |
| | Inciso XXIV – Prazo de validade das propostas ............................ 214 |
| 41 | O prazo de validade das propostas .................................................. 214 |
| 41.1 | O prazo de 60 dias ou outro estabelecido no edital ....................... 214 |
| 41.2 | O estabelecimento de prazo de validade da proposta superior a 60 dias .............................................................................................. 215 |
| | Art. 12 – Solicitação por qualquer pessoa de esclarecimentos, providências ou impugnação do edital ............................................ 216 |
| 42 | Solicitação de esclarecimentos, providências ou impugnação do edital ............................................................................................... 216 |
| 42.1 | O prazo para o exercício do direito .................................................. 217 |
| | §1º – Prazo para decisão do recurso por parte do pregoeiro ......... 219 |

|        | §2º – Designação de nova data para a realização do certame, caso |    |
|--------|---|---|
|        | acolhido recurso | 219 |
| 43     | A decisão sobre petições | 219 |
| 43.1   | O não impedimento de participação na licitação dos que a |    |
|        | impugnarem | 220 |
| 43.2   | A responsabilização da autoridade pela recusa da Administração |    |
|        | em responder a pedidos de esclarecimentos e impugnações | 221 |
| 43.3   | A atribuição de efeito suspensivo à impugnação ao edital |    |
|        | de Pregão | 223 |
| 43.4   | O estabelecimento de nova data para a realização do Pregão | 223 |
|        | Art. 13 – Habilitação dos licitantes | 224 |
|        | Inciso I – Habilitação jurídica | 224 |
|        | Inciso II – Qualificação técnica | 224 |
|        | Inciso III – Qualificação econômico-financeira | 224 |
|        | Inciso IV – Regularidade fiscal | 224 |
|        | Inciso V – Cumprimento do disposto no inciso XXXIII do art. 7º |    |
|        | da Constituição e na Lei nº 9.854/99 | 224 |
|        | Parágrafo único – Substituição de documentos pelo registro |    |
|        | cadastral no SICAF ou por CRC | 224 |
| 44     | A documentação habilitatória no Pregão | 224 |
| 44.1   | A documentação habilitatória | 225 |
| 44.1.1 | A comprovação de habitação jurídica | 226 |
| 44.1.2 | A comprovação de regularidade fiscal | 227 |
| 44.1.2.1 | O direito das microempresas à regularização fiscal |    |
|        | *a posteriori* | 229 |
| 44.1.3 | A comprovação de qualificação técnica | 229 |
| 44.1.4 | A comprovação de qualificação econômico-financeira | 238 |
| 44.1.5 | O cumprimento do dispositivo no inc. XXXIII da Constituição |    |
|        | Federal | 238 |
| 45     | A substituição da documentação habilitatória pelo registro |    |
|        | cadastral | 240 |
|        | Art. 14 – Punição para o licitante que comportar-se de modo |    |
|        | irregular na licitação | 243 |
|        | Parágrafo único – Registro das penalidades no SICAF | 243 |
| 46     | As sanções aplicáveis | 243 |
| 46.1   | A questão do prazo da sanção | 246 |
|        | Art. 15 – Vedação de exigências | 251 |
|        | Inciso I – De garantia de proposta | 251 |
|        | Inciso II – De aquisição do edital pelos licitantes, como condição |    |
|        | para participação no certame | 251 |
|        | Inciso III – De pagamento de taxas e emolumentos | 251 |
| 47     | As vedações | 251 |
| 47.1   | Vedação de exigência de garantia de proposta | 251 |
| 47.2   | Vedação de aquisição do edital | 252 |
| 47.3   | Vedação de cobrança de taxas | 253 |
|        | Art. 16 – Participação de empresas estrangeiras | 254 |

|  | Parágrafo único – Procurador da empresa estrangeira e suas responsabilidades | 254 |
|---|---|---|
| 48 | O Pregão internacional | 254 |
| 49 | Da representação legal no Brasil | 259 |
| 49.1 | A documentação exigida | 260 |
| 49.2 | A autenticação pelos consulados | 265 |
| 49.3 | A representação legal no Brasil | 268 |

Art. 17 – Participação de consórcios ... 271

Inciso I – Compromisso de constituição de consórcio e indicação da empresa-líder ... 271

Inciso II – Obrigatória apresentação de documentação de cada empresa ... 271

Inciso III – Representação da capacidade técnica do consórcio ... 271

Inciso IV – Qualificação econômico-financeira das empresas consorciadas ... 271

Inciso V – Impedimento de empresas participarem de mais de um consórcio ... 271

Inciso VI – Responsabilidade solidária das empresas consorciadas ... 271

Inciso VII – Liderança brasileira no consórcio com estrangeiras ... 271

Parágrafo único – Promoção da constituição e o registro do consórcio ... 271

| 50 | A participação de consórcios em pregões | 271 |
|---|---|---|
| 50.1 | O compromisso de constituição do consórcio | 272 |
| 50.2 | A liderança brasileira no consórcio | 273 |
| 50.3 | A apresentação individualizada da documentação | 273 |
| 50.4 | A solidariedade entre as empresas consorciadas | 273 |

Art. 18 – Revogação e anulação da licitação ... 280

§1º – Anulação da licitação induzindo à do contrato ... 280

§2º – Indenização em decorrência de anulação ... 280

| 51 | Revogação e anulação | 280 |
|---|---|---|
| 51.1 | A questão da indenização | 282 |

Art. 19 – Disponibilidade de recursos orçamentários para celebração de contrato ... 283

| 52 | A efetiva disponibilização de recursos orçamentários para pagamento dos contratos | 283 |
|---|---|---|

Art. 20 – Publicação do extrato do contrato ... 286

Parágrafo único – Sanção administrativa por não publicação do extrato do contrato ... 286

| 53 | A publicação do extrato do contrato | 286 |
|---|---|---|

Art. 21 – Documentos de composição do processo licitatório ... 288

Inciso I – Justificativa da contratação ... 288

Inciso II – Termo de referência ... 288

Inciso III – Planilhas de custo ... 288

Inciso IV – Garantia de reserva orçamentária ... 288

Inciso V – Autorização da abertura da licitação ............................... 288
Inciso VI – Designação do pregoeiro e equipe de apoio ............... 288
Inciso VII – Parecer jurídico .............................................................. 288
Inciso VIII – Edital e anexos .............................................................. 288
Inciso IX – Minuta do contrato ou instrumento substitutivo ........ 288
Inciso X – Originais das propostas, documentação de
habilitação ............................................................................................. 288
Inciso XI – Ata da sessão .................................................................... 288
Inciso XII – Comprovantes da publicação do aviso de edital
e extrato do contrato ........................................................................... 288

54       Atos essenciais do Pregão presencial .............................................. 288
55       A questão da aprovação jurídica ....................................................... 289
55.1     A responsabilidade do advogado quanto à aprovação jurídica .........294
         Art. 22 – Resolução de casos omissos ............................................... 295

APENSO
Procedimento completo do Pregão presencial passo a passo ..................... 299

MODELOS
Modelo de "Portaria de designação do pregoeiro e equipe de apoio" ....... 305
Modelo de "Manifestação de intenção de interposição de recurso
em Pregão" ...................................................................................................... 306
Modelo de "Edital de Pregão" ....................................................................... 307

REFERÊNCIAS ................................................................................................ 321

LEGISLAÇÃO
Decreto nº 3.555, de 8 de agosto de 2000 (Aprova o Regulamento
para a modalidade de licitação denominada Pregão) ................................. 333
Lei nº 10.520, de 17 de julho de 2002
(Conversão da MP nº 2.182-18/ 2001) .......................................................... 339
Lei nº 8.666, de 21 de junho de 1993 ............................................................ 343

ÍNDICE DE ASSUNTO ................................................................................. 383

ÍNDICE DA LEGISLAÇÃO ........................................................................... 387

*À memória do amigo Newton Lima da Costa Dourado que, com certeza, está para lá de feliz — onde quer que esteja — com a tenaz perseguição de um ideal que ele tanto incentivou; e aos grandes amigos Francisco Carlos Loureiro (Chico), parceiro de todas as horas, e Clovis Celso Velasco Boechat (Boe), sempre escudeiro em qualquer ocasião, pois, afinal,* amigos fiéis são os remédios da vida.

*E para que me credencie a defender a minha verdade, começo por manifestar a humildade de saber que existem outras verdades e que elas são tão sustentáveis quanto às minhas e que a única razão pela qual um homem, um democrata passa a ter o direito de defender a sua verdade é exatamente o respeito que ele manifesta pela alheia.*

(Mario Covas)

*Porque se chamavam homens, também se chamavam sonhos e sonhos não envelhecem.*

(Milton Nascimento, Márcio Borges e Lô Borges)

# PREFÁCIO

Desincumbido de atender aos ditames formais de um prefaciador, por não ousar entabular comentários técnicos sobre o aspecto jurídico da obra, me permito utilizar do espaço concedido para registrar outros pontos também relevantes.

O primeiro diz respeito, inegavelmente, à contribuição que a ciência jurídica vem incorporando com os escritos do ilustre mestre Sidney Bittencourt, particularmente no campo administrativista das Licitações e Acordos Administrativos. Com mais de uma dezena de livros publicados sobre a matéria, já está consagrado, hoje, como um dos expoentes do saber licitatório.

Desde os fundamentos preliminares dos seus "Cursos Básicos" até mergulhos mais profundos em "Questões Polêmicas" temos tido a oportunidade de desvendar, paulatinamente, verdadeiras teias tecidas por alguns de nossos incautos agentes legisladores.

Seu notório saber jurídico não o revela doutrinador rebuscado, alcançável somente pelos operadores do Direito, mesmo não abdicando da profundidade analítica peculiar à matéria, a leveza, aliada à sua competência no ato de transmitir ideias, torna o mestre também perceptível aos demais aplicadores. Dentre estes podemos certamente destacar aqueles que, carentes de uma formação jurídica, são, por força de suas atribuições administrativas, levados a decidir ou assessorar as autoridades por ocasião dos procedimentos licitatórios e a elaboração das consequentes avenças.

A força das compras promovidas pelo governo federal, orçadas atualmente na ordem dos R$10 bilhões/ano, torna tal entidade a maior demandante individual de produtos e serviços ofertados pelo mercado interno.

A coligação de tal importância econômica às expectativas que conduzissem a processos revestidos de maior celeridade e simplicidade levou as autoridades administrativas ao implemento da nova modalidade de licitação denominada Pregão, através de Medida Provisória, já por diversas vezes reeditada.

Disciplinando esse novo procedimento, a MP, ao mesmo tempo que respondia aos anseios daqueles que dependem de tal atividade administrativa com vistas às contratações públicas, exigia, paralelamente, premente interpretação de seu conteúdo normativo.

Naquele momento, não obstante o surgimento de alguns breves artigos, trouxe o mestre o até então único apoio doutrinário àqueles que pretendiam o desvelamento da matéria. A edição de *Pregão Passo a Passo*, nos mesmos moldes da já consagrada *Licitação Passo a Passo*, foi ferramenta fundamental no desenvolvimento de trabalho da minha pós-graduação, tendo despertado grande interesse não só dos cursandos como do corpo docente.

O complemento normativo ensejado pelo já esperado Regulamento do Pregão, anexado ao recente Decreto nº 3.555, de 8 de agosto de 2000, vem mais uma vez exigir de seus operadores uma navegação acurada pelos seus mais de 100 dispositivos, dentre os quais alguns bem conflitantes não só com a MP originária, mas, e principalmente, com o Estatuto Jurídico sobre Licitações e Contratos Administrativos.

Sensível à demanda de aprendizado, novamente Sidney Bittencourt, utilizando de sua objetividade literária, vem nos deleitar com o presente *Pregão Presencial – Comentários ao Decreto nº 3.555/2000 e ao Regulamento do Pregão, atualizado pelo Decreto nº 7.174/2010*, extremamente oportuno e que virá, certamente, traçar um norte às muitas dúvidas e questões sobre esse novo e palpitante rito procedimental.

O último aspecto a abordar neste prefácio, sobre o qual não pretendo me estender em prol de não privar os senhores do prazer da leitura, não poderia ser outro, se não deixar registrado o privilégio de contar não apenas com a essência da obra, o que por si só já seria compensador, mas em paralelo, com a amizade e apreço do já reconhecido doutrinador.

Já tendo experimentado a alegria da citação em *Pregão Passo a Passo*, numa carinhosa dedicatória, vem mais uma vez o prezado amigo me encher de júbilo ao formular tão expressivo convite para colocar meu nome novamente em mais uma de suas obras. Somente o sentimento nobre de apreço dos preceptores por seus discípulos entusiastas pode explicar tal dileção, a qual certamente irá acender-me mais denodo e afinco, combustíveis essenciais para que possa continuar trilhando pela longa estrada do conhecimento licitatório.

Na certeza de que a expectativa dos senhores será contemplada com a mestria do autor, passo a palavra ao nosso eminente professor Sidney Bittencourt.

**Ricardo Santos Moreira da Cunha**

Professor do Centro de Instrução Almirante Wandenkolk (CIAW). Especialista em Licitações e Contratos Administrativos

APRESENTAÇÃO

A busca da modernidade impulsionou o governo federal a instituir — inicialmente por intermédio de medida provisória[1] — uma modalidade de licitação autônoma, denominada Pregão, para a contratação de bens e serviços comuns.

Comentamos os artigos dessa MP no livro *Pregão Passo a Passo*, em sua 1ª edição, saudando a novidade, mas criticando as imensas falhas do diploma. Nessa obra asseveramos que, com essa medida, o Poder Executivo brasileiro impunha ao meio jurídico mais uma norma repleta de incongruências, sérios problemas de sistematização e, pior, com graves imperfeições técnico-jurídicas. Não obstante, a intenção e a ideia foram merecedoras de rasgados elogios.

Posteriormente, após leves alterações na MP, veio à luz o diploma regulamentar: o Decreto nº 3.555, de 8 de agosto de 2000, que aprovou o Regulamento do Pregão, alterado, posteriormente, pelos Decretos nºs 3.693, de 20 de dezembro de 2000; 3.784, de 6 de abril de 2001; e, mais recentemente, pelo Decreto nº 7.174, de 12 de maio de 2010.[2]

Infelizmente, os elaboradores do instrumento se esqueceram de práticas elementares de produção de regulamentos, uma vez que, em diversos momentos, afastando-se da simples necessidade de estabelecer a conduta de aplicação da regra

---

[1] Numa flagrante inconstitucionalidade, como também aduziu Toshio Mukai (em *MP dos pregões: inconstitucionalidade e ilegalidades*) entre outros insignes doutrinadores.

[2] Registre-se que o parágrafo 1º do artigo 3º da MP, que ditava linhas gerais sobre a utilização da internet, foi regulamentado pelo Decreto nº 3.697/2000, emergindo, então, o Pregão Eletrônico, alçando a Administração voo para a modernidade, adotando os infindáveis recursos da tecnologia da informação (revogado, posteriormente, pelo Decreto nº 5.450, de 31 de maio de 2005), que regulamentou o pregão eletrônico, dando contornos definitivos à avançada forma de licitar (sobre o assunto, escrevemos o livro *Pregão Eletrônico*, Ed. Fórum, 3. ed., 2010).

legal, avançaram perigosamente sobre a lei reguladora do assunto, dando trato diferenciado para diversos pontos, obrigando-nos a uma custosa tarefa de busca de *links* entre os dois diplomas, de modo a oferecer ao aplicador uma interpretação segura e coerente com a ciência do Direito.

**Sidney Bittencourt**
Inverno de 2011.

# INTRODUÇÃO

O Pregão é modalidade licitatória que se juntou às demais modalidades preexistentes no ordenamento jurídico pátrio (concorrência, tomada de preços, convite, concurso e leilão), tendo como finalidade precípua incrementar a competitividade e a agilidade nas contratações públicas,[1] possuindo, como pedra angular, a aquisição de bens comuns e a contratação de serviços comuns.

Configura-se, incontestavelmente, num aperfeiçoamento das licitações no Brasil, porquanto, em face de várias importantes inovações — tão solicitadas no meio doutrinário — garante economia, agilidade e desburocratização.[2]

As regras estabelecidas para o Pregão, apesar de bastante inovadoras, são, até certo ponto, bem simples, não obstante ter o legislador trilhado caminhos tortuosos quando de sua elaboração, o que, infelizmente, tem sido fator determinante para impor alguns embaraços aos aplicadores.

---

[1] A expressão "pregão" advém do latim *praeconium*, significando apregoar, proclamar notícias. Consoante as lições de De Plácido e Silva, entende-se como "a notícia ou a proclamação feita publicamente em alta voz" (*Vocabulário jurídico*: edição universitária, v. 3).

[2] O prof. Helio Beltrão, primeiro administrador público brasileiro a formular e a colocar em prática uma política de desburocratização no Brasil, costumava dizer que a burocracia tem fôlego de gato. É preciso estar sempre atento para que exigências desnecessárias e já eliminadas não voltem a ser feitas, em consequência da visão equivocada e distorcida de alguns administradores (http://www.desburocratizar.org.br/).

Incontestavelmente, a modalidade tornou-se um sucesso no cotidiano da Administração pátria, granjeando entusiasmados adeptos, substituindo com vantagens as vetustas modalidades licitatórias.

Dentre as diversas importantes inovações, destaca-se a inversão de sequência das fases de habilitação e de julgamento de propostas em relação à tradicional sequência da Lei nº 8.666/93, e, é claro, a criação de uma etapa de lances, que ocorre como um leilão às avessas, no qual quem "dá menos" (ou seja, quem oferece um lance menor) sagra-se vencedor do certame, adquirindo a condição de passar a ser um fornecedor ou um prestador de serviços da Administração Pública.

Impende sublinhar que o ordenamento vigente no País disciplinou duas formas procedimentais distintas para o Pregão: a presencial e a eletrônica. A forma presencial é aquela na qual a competição ocorre em sessão pública, por intermédio de propostas escritas e lances verbais, em ambiente real, com a presença física dos representantes dos licitantes. A forma eletrônica, por sua vez, caracteriza-se pela sessão pública à distância, com a adoção dos recursos da tecnologia da informação, via rede mundial de computadores (internet), transcorrendo em ambiente virtual.

Pesquisa realizada pela Confederação Nacional de Municípios, em 2010, com 2.780 municípios brasileiros, demonstrou que a maioria prefere utilizar o Pregão nas suas contratações, e que o Pregão presencial é a modalidade mais utilizada (83%), uma vez que a forma eletrônica, devido a diversos fatores, principalmente a falta de estrutura tecnológica e inexistência de incentivo para a qualificação de servidores, ainda é vista com grande desconfiança.

A situação não é muito diferente nos estados, notadamente os do norte, nordeste e centro-oeste.

Como os decretos regulamentares nos municípios e estados quase sempre adotaram as mesmas regras dispostas no Decreto Federal nº 3.555/2000, evidencia-se que a análise pormenorizada do instrumento permitirá a segura operacionalização no âmbito desses entes federativos, com as adaptações que se fizerem necessárias.

# DECRETO Nº 3.555, DE 8 DE AGOSTO DE 2000[3]

*(Com as alterações determinadas pelos Decretos nºs 3.693, de 20.12.2000; 3.697, de 21.12.2000; 3.784, de 06.04.2001; e 7.174, de 12.05.2010)*

*Aprova o Regulamento para a modalidade de licitação denominada Pregão, para aquisição de bens e serviços comuns.*

*O PRESIDENTE DA REPÚBLICA, no uso das atribuições que lhe confere o art. 84, incisos IV e VI, da Constituição e tendo em vista o disposto na Medida Provisória nº 2.026-3, de 28 de julho de 2000,*

*Decreta:*

## 1 O Pregão

## 1.1 A criação do Pregão

Pretensamente atendendo a mandamento constitucional (art. 37, XXI) — tal como ocorrera com o atual Estatuto de Licitações e Contratos Administrativos (Lei nº 8.666/93) —, foi editada a Medida Provisória nº 2.026, em 4.5.2000, instituindo, no âmbito da União, uma nova modalidade de licitação denominada Pregão, com o exclusivo intuito à aquisição de bens e serviços comuns por parte da Administração Pública Federal, independentemente de valor.

Após constantes reedições, a Medida Provisória alcançou o nº 2.182-18, em 23.8.2001, daí em diante entrando em compasso de espera em função do preconizado no art. 2º da Emenda Constitucional nº 32, de 11.5.2001, que determinou que as medidas provisórias editadas em qualquer data anterior à de sua publicação deveriam ser mantidas em vigor até que outras as revogassem ou ocorresse deliberação definitiva do Congresso Nacional.

---

[3] Publicado no *DOU* de 09.08.2000.

Em trabalho elaborado em 2000, já reputávamos que esse procedimento atentava contra a forma que a questão estava regulada na Constituição Federal, trazendo ao debate a lúcida argumentação de Ivo Dantas:

> (...) tenho sido voz contrária à reedição. O raciocínio é simples: os pressupostos para a sua edição são a urgência e a relevância, presentes no entender do Executivo. Chamado a apreciar a matéria, se o Congresso não o faz, é por ter entendido que tais requisitos não estão presentes. Alegam que o silêncio do Congresso Nacional ensejaria a reedição por que não haveria manifestação, através do silêncio, em Direito Público. Não é verdade. (...) A reedição é, a meu ver, uma agressão ao texto constitucional (...).[4]

A mesma crítica adveio da análise de Luis Humberto Pinheiro:

> A forma com que foi criado o Pregão, via medida provisória (...), e suas sucessivas reedições, que alteraram substancialmente o texto inicial, desrespeitam a dicção constitucional do artigo 62 da Constituição da República, pois não foi editada em caso de relevância e urgência, e, sim, careceu de um amplo debate no Congresso nacional, o que teria minorado sensivelmente as atecnias (...).[5]

Nesse viés, Gina Copola asseverava que somente as disposições da Lei Federal nº 8.666/93 poderiam ser adotadas pelas demais esferas de governo, e, se houvesse hierarquia entre essas leis, possivelmente seria questionada a constitucionalidade da medida provisória, uma vez que contrariava o regramento constitucional de normas gerais de licitação.[6]

---

[4] Constitucionalidade da reedição de medidas provisórias. *Consulex – Revista Jurídica*.

[5] PINHEIRO, Luiz Humberto Bezerra; COSTA, Ana Edite Olinda Norões; MORAES FILHO, Marco Antonio Praxedes de. *Licitações e contratos administrativos*: apontamentos. Leme: Mizuno, 2009. p.112.

[6] COPOLA, Gina. Pregão: nova modalidade de licitação: simplificação de procedimento para aquisição de bens e serviços comuns. *Doutrina Adcoas*, v. 3, n. 10, p. 285-287, out. 2000.

A medida provisória previa que o Pregão só poderia ser utilizado no âmbito da União, constituindo-se, em princípio, como norma específica, mas jamais como uma norma geral. Antônio Carlos Cintra do Amaral não viu com bons olhos a situação:

> Ora, se "modalidade de licitação" é conteúdo de normas gerais sobre licitações e contratos administrativos, a nova medida provisória deveria ser aplicável também a Estados, Municípios e Distrito Federal. Isso nos deixa em dúvida: a MP 2.026 contém normas *gerais* ou *especiais*?[7]

Na 1ª edição do livro *Pregão Passo a Passo*, em 2000, já dispúnhamos que uma medida provisória instituidora de uma nova modalidade de licitação no contexto jurídico brasileiro não poderia se constituir numa norma especial, mas numa norma geral, e mais, de caráter nacional (e não federal), aplicável, portanto — ainda que ela própria o negasse —, também aos Estados, Municípios e Distrito Federal, e não apenas à União.[8]

Cintra do Amaral voltou ao tema, trazendo importante agravante notado por Alice Maria Gonzalez Borges — que, em artigo específico,[9] vislumbrou, em tom de forte crítica, que a aplicação do Pregão nas contratações de qualquer valor, conforme perfilado em uma norma federal, poderia substituir as modalidades licitatórias da Lei nº 8.666/93, criadas por norma nacional — informando à época:

> Tem sido entendido que as normas sobre modalidades de licitação, contidas na Lei nº 8.666, são normas gerais e, portanto, nacionais. Uma dessas normas é a do §8º do art. 22, que dispõe: "É vedada

---

[7] CINTRA DO AMARAL. Pregão: uma nova modalidade de licitação. *CELC – Centro de Estudos sobre Licitações e Contratos*, São Paulo, 1º jun. 2000. Comentários. Disponível em: <http://www.celc.com.br/comentarios/17.html> Acesso em: 1º jan. 2011.

[8] O Estado do Amazonas, por intermédio da Lei Estadual nº 2.152, de 26.10.2000, e o Estado de Mato Grosso do Sul, pelo Decreto nº 10.163, de 12.12.2000, adotaram o pregão nos termos da MP nº 2.182.

[9] BORGES. O pregão criado pela MP nº 2.026/2000: breves reflexões e aspectos polêmicos. *Jus Navigandi*.

a criação de outras modalidades de licitação ou a combinação das referidas neste artigo". Sendo esta uma norma geral sobre licitações — e, portanto, nacional —, não pode ser contrariada por uma norma federal. Assim, se se entende — como se tem feito — que o Pregão, modalidade de licitação não contemplada na Lei nº 8.666/93, é aplicável exclusivamente à União, estamos diante de normas federais que conflitam com o §8º do art. 22 da Lei nº 8.666, que contém uma norma nacional. O Pregão é, portanto, inconstitucional, não apenas porque foi criado por medida provisória, que somente seria cabível em caso de relevância e urgência — e sua criação, é claro, não era urgente —, mas também porque foi criado por normas federais, contrariando uma norma nacional, que proíbe a criação de outras modalidades de licitação além das previstas no art. 22 da Lei nº 8.666/93.[10] [11]

---

[10] Antônio Carlos Cintra do Amaral. A Emenda 19 e o pregão, exposição proferida, como presidente da sessão, no I painel sobre "O estágio atual das licitações e contratos administrativos. Imposição do procedimento licitatório aos entes criados – Administração Indireta – ou qualificados pelo Estado – Organizações Sociais", no *XIV Congresso Brasileiro de Direito Administrativo*, realizado em Goiânia, no período de 13 a 15 de setembro de 2000.

[11] Com posição diametralmente oposta, em opinião que nos pareceu isolada na doutrina, Jorge Ulisses Jacoby Fernandes defendeu a constitucionalidade da medida: "Em maio deste ano foi instituída pela União, na esfera federal, através da Medida Provisória nº 2.026, nova modalidade de licitação: o pregão. De mediato, surgiram argumentos questionando, com veemência, a constitucionalidade dessa nova norma, cujos argumentos podem ser, assim, sintetizados (...). O Direito depende da democracia, da dialética e da compreensão para desenvolver-se e é justamente com esse espírito que me convido ao debate, tendo sempre em conta o valor jurídico dos que se alinharam à tese *supra*, pela inconstitucionalidade, lamentavelmente, embora sedutora, não pode prosperar. A norma inserida no art. 22, inciso XXVII, da Constituição Federal de 1988, dirige-se a União, enquanto detentora da competência legislativa uniformizadora da Federação. Deve ser coordenada com a outra norma, que lhe completa o texto, constante do respectivo parágrafo único. Do exame em conjunto, (...) obtém-se a luz que clareia o pensamento do intérprete. Essas normas não impedem que a União tenha legislação própria sobre licitações e contratos, enquanto pessoa jurídica. A confusão está no fato de que a União representa — segundo moderna teoria constitucionalista, defendida entre nós, com habitual brilho de sua inteligência, por Jair Eduardo Santana, amparado em Ives Gandra Martins — duas ordens legislativas: uma que legisla para a Federação e outra para a União, efetivada por meio dos mesmos agentes. Ora, a regra do art. 22, inciso XXVII, dirige-se à Federação, que terá uniforme legislação. Poderá, ao converter a medida provisória em lei, a União, via Congresso Nacional, estender o pregão — aí, sim, necessariamente por lei — para Estados, Municípios e Distrito Federal. O fato de a União ter, provisoriamente, modalidade específica, de natureza facultativa, oportuniza, sim, a normatização que independe inclusive de lei complementar, exigida pelo parágrafo único do art. 22, para que Estados e Municípios possam legislar. Nesse ponto, havendo necessidade, pode a União adotar regras próprias, desde que não altere por medida provisória a Lei nº 8.666/96 para Estados e

Na trilha que abrimos, outros estudiosos avaliaram a questão — muitos gentilmente citando-nos ou transcrevendo nossas ideias —, notadamente em artigos divulgados em diversos periódicos, revistas e boletins dedicados ao assunto.

## 1.2 A questão das normas gerais

Referindo-se ao tortuoso tema normas gerais, trazendo à colação precisas apreciações de Adilson Abreu Dallari, Jessé Torres Pereira Junior, Toshio Mukai, entre outros, o Procurador do Estado do Pará Elísio Augusto Velloso Bastos concluiu:

> Não é, portanto, a vontade do legislador que define o que seja norma geral, mas sim o conteúdo de uma norma que a faz geral ou não, razão pela qual não se pode negar que a medida provisória que instituiu o Pregão possui, neste aspecto, caráter de norma geral e, como tal, deveria irradiar efeitos em todos os entes da Federação, e não só na União. Afinal, a lei geral é, sem a menor sombra de dúvida, lei nacional, vinculando, de imediato, todos os entes da Federação, impondo seus comandos, de forma absoluta e compulsória, a todas as unidades federativas, com verdadeiro alcance em todo o território brasileiro, alcançando "a conduta humana na totalidade do Estado Federal". Desta forma, é da essência da norma geral transcender "às distinções estabelecidas em razão das circunscrições políticas e administrativas", razão pela qual tem-se por inconstitucional a limitação territorial e política que a MP nº 2.182 tentou impor em favor exclusivamente da União.[12]

Posteriormente, em 2003, apreciando a matéria na 6ª edição da festejada obra *Aspectos jurídicos da licitação,*

---

Municípios. Sobre o pregão, além de constitucional, merecem ainda ser feita duas outras reflexões: a primeira é a que decorre de experiência vivenciada pela Anatel — instituída pela Lei nº 9.472/97 que, no STF, em liminar de ADIN, não foi considerada inconstitucional — e que foi aperfeiçoada na referida medida provisória; a segunda, resulta do fato de que todos os que utilizam o pregão são unânimes em enaltecer-lhe as virtudes:rápido, transparente e estimulador da competição (A constitucionalidade do pregão. *Correio Braziliense*, Caderno Direito e Justiça, p. 2).

[12] BASTOS. Pregão: limitação ao âmbito da União: inconstitucionalidade manifesta: possibilidade de sua utilização imediata por todos os membros da federação. *ILC – Informativo de Licitações e Contratos*, p. 359.

Adilson Abreu Dallari assentiu de forma idêntica, afirmando, categoricamente, que seria de todo impossível a instituição de modalidade privativa da União, entendendo, como nós, que seria preciso considerá-la como norma geral instituidora de uma nova modalidade de licitação franqueada a todas as entidades, em todos os níveis de governo.[13]

## 1.3 A adoção do termo União

Outra tormentosa questão a ser então encarada na avaliação da medida provisória dizia respeito à adoção do termo *União* (esfera de poder), em detrimento da natural expressão *Administração Pública Federal*. Se o legislador, mais inteligentemente, houvesse feito tal menção, certamente seria muito mais fácil a avaliação concernente ao campo de abrangência.

Sob nosso ponto de vista, o termo *União*, de carater genérico, de abrangência absoluta, abarca toda a *Administração Pública Federal*, tanto a direta como a indireta.

Dessa maneira, as autarquias e fundações públicas estariam autorizadas a adotar a medida provisória, bem como as empresas públicas e as sociedades de economia mista, não obstante essas duas últimas encontrarem-se, a partir da Emenda Constitucional nº 19/98, desatreladas das regras específicas da Lei nº 8.666/93, mas não desvinculadas de total atendimento às Normas Gerais em seus regulamentos próprios.

## 1.4 O surgimento da Lei nº 10.520/02

Passados alguns meses — estando enfim a pauta do Congresso Nacional destrancada —, emergiu, com a conversão da medida provisória, a Lei nº 10.520, de 17.7.2002, instituindo definitivamente o Pregão como modalidade licitatória ladeada às preexistentes, disciplinadas pela Lei nº 8.666/93 (convite, tomada de preços, concorrência, leilão e concurso).

---

[13] DALLARI. *Aspectos jurídicos da licitação*, p. 79.

Como já afirmamos linhas atrás, a lei acertadamente lançou seus braços sobre o Distrito Federal, os Estados e os Municípios, confirmando a impossibilidade de constituição de uma norma especial com o objetivo proposto, mas sim de uma norma geral, de caráter nacional (e não federal), aplicável a todos os entes federativos.

## 1.5 A aplicação subsidiária da Lei nº 8.666/93

Impende chamar a atenção para um dos últimos dispositivos da Lei nº 10.520/02, *verbis*:

> Art. 9º *Aplicam-se subsidiariamente, para a modalidade de Pregão, as normas da Lei nº 8.666, de 21 de junho de 1993.*

Estabelece este artigo — como prescrevia a medida provisória — uma relação de subsidiariedade com os princípios da Lei nº 8.666/93. A nosso ver, essa relação é inusitada. "Subsidiário" designa, conforme lições de Antônio Houaiss, dado acessoriamente em apoio do principal, ou seja, auxiliar, secundário ou supletivo. Assim, o que é subsidiário pressupõe o principal, ao qual vem auxiliar ou apoiar. Na lição de De Plácido e Silva, responsabilidade subsidiária deve ser entendida como a que vem reforçar a principal, desde que não seja esta suficiente para atender os imperativos da obrigação assumida. Do latim *subsidiarius*, significa, em sentido estrito, secundário. É nesse sentido que a ciência do direito adota o termo: apoiando, completando ou assessorando o principal. Infelizmente, os redatores da medida provisória, ao que tudo indica, desconheciam essa máxima. Ora, a Lei nº 8.666/93, como Estatuto Nacional das Licitações que é, com regras, conceitos e normas extensos (muitas vezes extensos em demasia), não poderia ser considerada diploma secundário, e a medida provisória não poderia receber a pecha de norma principal. Alice Maria Gonzalez Borges, em artigo com comentários à MP do Pregão, ensejou que o assunto demandava detida reflexão e preocupação:

> (...) além de operar (...) em matéria de tamanha importância, verdadeira delegação legislativa ao poder regulamentar, sem guarida em nosso Direito; ainda comete uma demasia sem qualificação: (...) diz, em seu art. (...), que as normas gerais da Lei n° 8.666/93 terão aplicação subsidiária (*sic*) para a nova modalidade licitatória que criou.[14]

Jessé Torres Pereira Junior também se inquietou com essa relação de subsidiariedade:

> O art. (...) determina que ao Pregão se aplicam, subsidiariamente, as normas da Lei n° 8.666/93. O lembrete seria ocioso se não gerasse dificuldade de interpretação sistemática. A compreensão de que as licitações e contratações constituem, no Direito brasileiro, um sistema normativo completo, conduziria, necessariamente, a inserir-se a nova modalidade no sistema, para conviver com as cinco modalidades preexistentes. Mas dizer-se que tais ou quais normas são subsidiárias em relação a outras é dizer que estas são as principais e aquelas, secundárias. No caso, se as normas da MP n° 2.026/00 fossem as principais, e as normas da Lei n° 8.666/93 fossem as secundárias, estar-se-ia diante de subversão do sistema, o que não se deve admitir do ponto de vista hermenêutico.[15]

Tendo complementado, com preocupação:

> Não são claras as razões — se é que existem — de se haver preferido editar norma com aparência de autonomia em relação à Lei n° 8.666/93. Para manter-se congruente o sistema, melhor teria sido inserir-se o Pregão e sua disciplina no contexto da Lei n° 8.666/93, o que acentuaria a integração da nova modalidade no sistema e evitaria a ociosa repetição de regras da Lei n° 8.666/93 dentre as normas do Pregão, que a MP perpetrou, como se verá adiante.

Ao comentarmos a matéria, asseveramos que o legislador deveria ter a preocupação de inserir novas regras no contexto

---

[14] BORGES. O pregão criado pela MP n° 2.026/2000: breves reflexões e aspectos polêmicos. *Jus Navigandi*.

[15] PEREIRA JUNIOR. Pregão, a sexta modalidade de licitação. *Direito Administrativo, Contabilidade e Administração Publica – DCAP*.

de lei superior e principal, encaixando-as harmoniosamente para que, com isso, não fizesse surgir um instrumento legal com incongruências, dúvidas e incertezas que, tínhamos convicção, não poderiam ser sanadas por regulamentação alguma, por mais brilhante que fosse o seu redator, não obstante a excelente intenção no sentido de proporcionar à Administração um mecanismo de compra e contratação mais ágil, econômico e eficiente.

Nesse passo, Airton Rocha Nóbrega concluiu, à época, pela necessidade de rápido aprimoramento e adequada definição de seus intentos, assim como dos procedimentos a serem observados, uma vez que os conceitos formulados eram insuficientes e as condições de processamento apresentavam-se por demais contraditórias.

Infelizmente, como já esposado, foi mantida na Lei nº 10.520/02 a tal subsidiariedade, abrandada, evidentemente, por configurar-se em lei e não mais em uma reles medida provisória.

Em nossa apreciação, entrementes, continuamos a adotar a premissa básica de que o Pregão sempre se sujeitará à Lei nº 8.666/93, principalmente quando houver omissões ou lacunas impossíveis de serem aclaradas ou preenchidas.

## 1.6 O Regulamento do Pregão presencial (Decreto nº 3.555/2000)

Certo é que, com o objetivo de estabelecer procedimentos práticos para execução da regra geral — ou seja, a medida provisória que criou o Pregão —, foi aprovado o regulamento, conforme dispõe a ementa do Decreto nº 3.555/2000.

Como se sabe, a regulamentação não pode afastar-se da regra legal que regulou[16] o tema, devendo tão somente estabelecer-lhe a conduta de aplicação. Destarte, considerando

---

[16] Não confundir "regular" com "regulamentar". Regular é estabelecer a regra geral, já regulamentar, como dito, é prescrever a forma que se cumpre a norma regulada.

que ato regulamentar deve ser expedido buscando facilitar a aplicação da regra geral, isto é, permitir que ela seja executada com fidelidade, não há como confundi-lo com o diploma regedor, não se admitindo que sejam ultrapassados os limites deste.

José Cretella Júnior argumenta:

> Se o regulamento se afasta da lei, é inconstitucional. Jamais podendo, portanto, ser exercido *contra legem*, desenvolvendo-se, isto sim, de acordo com os princípios legais, dentro da lei, visto que a norma jurídica o limita e o condiciona.[17]

Conforme se verificará na apreciação dos dispositivos regulamentares, muitas vezes essa máxima foi maculada.

Numa visão genérica de todo o Regulamento, notar-se-á, à clarividência, preocupação excessiva de detalhamento dos procedimentos, o que tornou o instrumento demasiadamente extenso, de leitura cansativa e, em diversas ocasiões, bastante confuso, com textos mal posicionados, totalmente deslocados.

Considerando, entretanto, que é da essência da medida regulamentar descer a minúcias que não constam na lei, visando à fiel execução da regra legal, há de se atenuar as críticas nessa seara.

## 1.6.1 Vigência do Decreto nº 3.555/2000

Como já aludido, ocorre que a MP, a partir de 2002, deu lugar à Lei nº 10.520, fazendo brotar dúvida quanto à permanência em vigor do decreto, já que regulamentara uma medida provisória e não a nova lei. A dúvida se extermina, entretanto, aplicando-se à questão as normas hermenêuticas: somente as regras acolhidas pela lei é que se manterão no ordenamento jurídico.

---

[17] *Das licitações públicas*, 2006.

Sobre a matéria, as precisas lições de Hely Lopes Meirelles:

> Questiona-se se (...) decreto continua em vigor quando a lei regulamentada é revogada e substituída por outra. Entendemos que sim, desde que a nova lei contenha a mesma matéria regulamentada.[18]

Em resumo, continuam vigorando as regras do decreto identificadas com subsistentes quando da conversão da medida provisória em lei.

Destarte, na tarefa de apreciação de cada regra do Decreto nº 3.555/2000, é curial que se avalie, preliminarmente, com ótima acurada, a ocorrência da devida recepção.

---

[18] MEIRELLES. *Direito administrativo brasileiro*, 23. ed., p 160.

*Art. 1º. Fica aprovado, na forma dos Anexos I e II a este Decreto, o Regulamento para a modalidade de licitação denominada Pregão, para a aquisição de bens e serviços comuns, no âmbito da União.*

*Parágrafo único. Subordinam-se ao regime deste Decreto, além dos órgãos da Administração Federal direta, os fundos especiais, as autarquias, as fundações, as empresas públicas, as sociedades de economia mista e as demais entidades controladas direta ou indiretamente pela União.*

# 2 A aprovação do Regulamento para a modalidade de licitação Pregão

## 2.1 A técnica adotada

A técnica legislativa adotada consiste na aprovação do Regulamento sob a forma de anexos. Como essa prática não constitui a maneira usual, causou estranheza no meio jurídico. A melhor forma, como se sabe, seria a integração do texto regulamentar no corpo do decreto.

A demonstração de que a técnica não fora das melhores veio com a aplicação diária: após anos de adoção, foram constatadas dificuldades práticas que afastaram a sua escolha para atos regulamentares posteriores.

Registre-se que, após constantes debates sobre o caráter exemplificativo ou taxativo do Anexo II — que listara os bens ou serviços comuns passíveis de serem contratados por intermédio do Pregão —, o Decreto nº 7.174, de 12 de maio de 2010, pôs fim à questão, revogando-o expressamente.[19]

## 2.2 A abrangência do Regulamento

O parágrafo único informa que, além dos órgãos da Administração Pública Federal direta, também se subordinam

---

[19] Decreto nº 7.174/2010: Art. 14. Ficam revogados: I – o Anexo II ao Decreto nº 3.555, de 8 de agosto de 2000; (...). (*DOU* de 13.5.2010).

ao ato regulamentar os fundos especiais, as autarquias, as fundações públicas, as empresas públicas, as sociedades de economia mista e as demais entidades controladas direta ou indiretamente pela União.

A questão da abrangência da ferramenta regulamentar tem causado divergências entre os estudiosos.

No caso particular que ora se analisa, Joel Niebuhr, avocando ensinamentos de Hely Lopes Meirelles — e considerando que as entidades da Administração indireta não possuem relação de hierarquia com as diretas —, sustenta a inaplicabilidade do decreto à Administração indireta, entendendo, entrementes, que nada as impediria de exercer a sua autonomia administrativa, optando por sua adoção:

> (...) decreto expedido pelo Presidente da República, em princípio, não pode estender seus efeitos em relação às entidades da Administração indireta, como autarquias, fundações, empresas públicas, sociedades de economia mista e entidades controladas direta ou indiretamente pela União. (...) todas essas entidades têm personalidades jurídicas próprias, que não se confundem com a da União, e, também, autonomia, sobretudo de ordem administrativa. A relação entre tais entidades e a União Federal não é pautada pela hierarquia. Ou seja, tais entidades não devem obediência às ordens do Presidente da República, logo não estão sujeitas aos decretos baixados por ele, salvo se com eles aquiescerem.[20]

*Data venia*, entendemos de forma distinta. Já nos posicionamos em trabalhos anteriores no sentido de que os regulamentos voltados para a modalidade Pregão (presencial ou eletrônico) são aplicáveis a todas as esferas administrativas da União. Em consequência, asseveramos, com convicção, que todos os entes que compõem a Administração Pública Federal indireta estão subordinados às regras dos decretos que regulamentam o Pregão.[21]

---

[20] NIEBUHR. *Pregão presencial e eletrônico*, 4. ed., p. 294.

[21] Nesse sentido, a dicção do saudoso Diogenes Gasparini, fazendo menção ao pregão eletrônico: "O decreto (...) só é obrigatório para os órgãos da administração federal

Indo além, Marçal Justen assevera que, ao exercitar a sua competência regulamentar, o Presidente da República está desempenhando uma atividade de integração da ordem jurídica, açambarcando até mesmo os demais Poderes da República:

> (...) A Administração Pública federal é o conjunto de pessoas e órgãos, integrantes ou não do Poder Executivo, que desempenham atividade administrativa. Não cabe contrapor que a autonomia dos diversos Poderes impede que o chefe do Executivo emita ordens vinculantes para além da referida órbita. O argumento não procede porque o Presidente da República, quando exercita competência regulamentar, desempenha atividades de integração do ordenamento jurídico. Negar o efeito vinculante de um regulamento para além dos limites do Poder Executivo é tão improcedente quanto pretender que a autonomia do Judiciário impeça sua vinculação a leis editadas pelo Legislativo. Assim, também o Judiciário é titular de competência para vincular o Legislativo e o Executivo. Em outras palavras, a autonomia entre os Poderes não significa a impossibilidade de que o exercício de atividades próprias de cada um produza efeitos vinculantes para os demais.[22]

Ainda há aqueles que julgam que as disposições estabelecidas no art. 173, 1º, III, da CF deram novo rumo ao tema, quando, por intermédio da Emenda Constitucional nº 19, determinaram inovações à matéria.

Esse novo regramento constitucional prescreve que a lei deverá estabelecer o estatuto jurídico da empresa pública, da sociedade de economia mista e de suas subsidiárias que explorem atividade econômica de produção ou comercialização de bens ou de serviços, dispondo sobre licitação e contratação de obras, serviços, compras e alienações, observados os princípios da Administração Pública.

---

direta, os fundos, as autarquias, as fundações públicas, as empresas públicas, as sociedades de economia mista e para as demais entidades controladas direta ou indiretamente pela União (...)" (*Direito administrativo*. 13. ed. rev. e atual., p. 582).

[22] JUSTEN FILHO. *Pregão*: comentários à legislação do pregão comum e eletrônico, 4. ed., p. 223.

Cabe acrescentar que, além de ainda inexistir lei específica regrando o assunto, é de ser ter em conta que tal normatização se dará tão somente para as sociedades de economia mista e empresas públicas exploradoras de atividade econômica, e não para qualquer entidade da Administração indireta.

E, até mesmo a essas, como ainda não foi editada a lei disciplinadora, impõe-se o dever de observar a Lei nº 8.666/1993, a Lei nº 10.520/02, bem como aos seus regulamentos.[23]

## 2.3 A questão dos Fundos Especiais

A referência aos *fundos especiais* motiva reflexão em face da imprecisão de caracterização. Sobre o assunto, Marçal Justen sugere cautela, pois, em princípio, a expressão indica rubricas orçamentárias ou meras destinações de verbas. O *fundo* não se constitui em sujeito de direito autônomo, referindo-se a um conjunto de bens e recursos, de titularidade de certo sujeito. Destarte, após informar que o fundo deve ser objeto de direito, conclui o jurista, coberto de razão, que é incorreto atribuir-lhe a condição de parte de um contrato, caso não seja personificado, pois a verdadeira parte é o sujeito encarregado de geri-lo.[24]

---

[23] De forma distinta, a dicção de Celso Antônio Bandeira de Mello: "A lei a que se refere o §1º do art. 173 da Constituição deverá (ou melhor, deveria) estabelecer o estatuto jurídico das empresas estatais que exercem atividade econômica. Mas a interpretação sistemática da Constituição leva ao entendimento de que, por força do disposto no inciso XXVII do art. 22, o inciso III desse parágrafo abrange também as empresas estatais que prestam serviço público, assim como aquelas que exercem atividade de suporte à Administração Pública (empresas de planejamento, desenvolvimento, processamento de dados, urbanismo, pesquisa etc.). Como o legislador, infelizmente, nem sempre cumpre com a devida presteza os comandos constitucionais (...), a lei prevista no art. 173, §1º, até hoje não foi aprovada. O que deixa uma dúvida no mínimo inquietante: a Lei nº 8.666/93 continua juridicamente aplicável às empresas estatais (sociedades de economia mista e empresas públicas)? Pessoalmente entendo que não" (BANDEIRA DE MELLO. Licitação nas estatais em face da EC nº 19. *Revista Diálogo Jurídico*).

[24] JUSTEN FILHO. *Comentários à Lei de Licitações e Contratos Administrativos*, 4. ed., p. 37.

Nesse sentido, também Marcos Juruena:

> Em regra, não se vislumbra nos fundos especiais personalidade jurídica, sendo, portanto, inaptos para contraírem direitos e obrigações.[25]

Incontestavelmente, os fundos possuem somente caráter contábil, com gestão realizada pelos órgãos encarregados para tal (sujeito encarregado), o que desautoriza que assumam a condição de parte de um contrato.

---

[25] SOUTO. *Licitações e contratos administrativos*, 3. ed., p. 57.

*Art. 2º. Compete ao Ministério do Planejamento, Orçamento e Gestão estabelecer normas e orientações complementares sobre a matéria regulada por este Decreto.*

*Art. 3º. Este Decreto entra em vigor na data de sua publicação.*

# 3 Normas e orientações complementares sobre o Pregão

## 3.1 Competência para o estabelecimento

O artigo 2º atribui competência ao Ministério do Planejamento, Orçamento e Gestão para estabelecer normas e orientações complementares sobre a matéria. Atribuir competência a um ministério para ditar procedimentos de outros ministérios é, no mínimo, antiético. Sobre o assunto, ao avaliar a competência atribuída a um ministério para disciplinar questão atinente a toda a Administração Federal (no caso, envolvendo cadastramento para fins de participação em licitações), Toshio Mukai censurou a medida:

> No mínimo, a competência (...) não é de um Ministro de Estado em particular. (...) Trata-se de poder apenas reconhecível ao Chefe do Poder Executivo. É inconstitucional que um Ministro de Estado pretenda disciplinar atribuições e procedimentos englobados na competência de outros Ministérios.[26]

# 4 Vigência do Decreto

O art. 3º determina a vigência imediata do decreto, ou seja, impõe plena execução a partir da assinatura.

Criticamos tal determinação na 1ª edição deste trabalho:

> (...) o que, até certo ponto, é temerário, uma vez que se trata de procedimento novo e inovador, que demandará certo cuidado na

---

[26] MUKAI. E ainda se legisla por portarias e/ou instruções normativas. *Boletim Adcoas.*

aplicação, notadamente pelo agente público incumbido a tarefa de "pregoeiro". Cremos que seria interessante um pequeno prazo para um melhor conhecimento das novas regras, não obstante a possibilidade de a Administração continuar, por algum tempo, mesmo nas contratações de bens e serviços comuns, a utilizar as modalidades tradicionais da lei nº 8.666/93, haja vista que, como se verifica no art. 3º do Anexo I do Regulamento, a adoção do Pregão será "prioritária" e não incondicional.

A participação em cursos, conferências, palestras e seminários que dirimirão dúvidas e fixarão diretrizes para correta aplicação das regras é primordial para um rumo uniforme na sua adoção, além da leitura maciça de artigos e obras que fatalmente surgirão sobre o tema.

ANEXO I

# REGULAMENTO DA LICITAÇÃO NA MODALIDADE DE PREGÃO

*Art. 1º. Este Regulamento estabelece normas e procedimentos relativos à licitação na modalidade de Pregão, destinada à aquisição de bens e serviços comuns, no âmbito da União, qualquer que seja o valor estimado.*

*Parágrafo único. Subordinam-se ao regime deste Regulamento, além dos órgãos da Administração direta, os fundos especiais, as autarquias, as fundações, as empresas públicas, as sociedades de economia mista e as entidades controladas direta e indiretamente pela União.*

## 5 Normas e procedimentos relativos ao Pregão

## 5.1 Objetivos e âmbito

O Regulamento dita *normas e procedimentos* voltados para o emprego, na prática, da modalidade de licitação denominada Pregão, direcionados, como dispunha o art. 2º da medida provisória, para a aquisição de *bens e serviços comuns no âmbito da União*.

A análise das expressões adotadas demonstra correção nos termos técnicos adotados: *norma*, em sentido técnico-jurídico, visa indicar a *maneira de agir*; *procedimento* exprime *método para fazer*. Logo, o Regulamento ditará a maneira de agir na adoção da modalidade, bem como o método para sua realização efetiva.

A medida provisória previa posterior regulamentação em parágrafo específico (§2º do art. 1º). No entanto, interessantemente, a Lei nº 10.520/02 foi silente nesse aspecto. E por quê? Porque tratou o governo federal, por intermédio de sua figura máxima — o Presidente da República — de proibir parcialmente o Projeto de Lei de Conversão nº 19, de 2002 (MP nº 2.182-18/2001), vetando o *caput* do art. 2º que, além de definir a modalidade de licitação Pregão, como já ocorrera nas diversas edições da medida provisória, também vedava a sua utilização para a contratação de serviços de transporte de valores e de segurança privada e bancária.

Prescrevia o texto legal vetado, *verbis*:

> Art. 2º Pregão é a modalidade de licitação para a aquisição de bens e serviços comuns pela União, Estados, Distrito Federal e Municípios, conforme disposto em regulamento, qualquer que seja o valor estimado da contratação, na qual a disputa pelo fornecimento é feita por meio de propostas e lances em sessão pública, vedada sua utilização na contratação de serviços de transporte de valores e de segurança privada e bancária.

Atendendo a proposição do Ministério do Planejamento Orçamento e Gestão, o Presidente da República apresentou as razões do veto, alegando que a redação proposta implicaria na proibição da contratação de serviços de vigilância por meio do Pregão, com impacto indesejável sobre custos e a agilidade de procedimentos atualmente em plena disseminação, já que a utilização da modalidade na contratação desses serviços constituíra uma prática de sucesso desde sua criação em agosto de 2000, ressaltando que os serviços de vigilância são considerados de expressiva importância nas despesas de custeio da Administração, motivo determinante para a busca de procedimentos que intensifiquem a competição e possibilitem a redução de custos.

Justificou, ainda, a inexistência de impedimento de ordem técnica à aplicação do Pregão para tal objeto, em face da larga experiência de normatização e fixação de padrões de especificação do serviço e de acompanhamento do seu desempenho, mencionando a regulamentação específica a respeito na Administração Federal (Instrução Normativa MARE nº 18/97), orientadora das licitações de serviços de vigilância, além do próprio Decreto nº 3.555/2000, ora em comento, que continha o serviço de vigilância no elenco de bens e serviços comuns.

Concluindo, após informar números, dados e valores de pregões realizados no âmbito da União para o serviço de vigilância, dispôs o Presidente da República, de forma taxativa, que "estes dados são consistente evidência da conveniência e viabilidade de aplicação da nova modalidade de licitação aos serviços de vigilância".

Tal ato determinou uma situação esdrúxula, porquanto, ao afastar a vedação de contratação por Pregão de serviços de segurança, acabou por suprimir do texto legal regrador (a Lei nº 10.520/02) a própria modalidade licitatória a ser adotada, bem como a maneira de operacionalizá-la (isto é, a disputa pelo fornecimento feita por meio de propostas e lances em sessão pública), tornando a redação "capenga", deixando o procedimento teoricamente à deriva, gerando, no mínimo, incertezas.

Obtemperando sobre a matéria, Antônio Carlos Cintra do Amaral, pasmo com a solução dada ao problema, concluiu:

> Criou-se uma situação esdrúxula. Não existe na Lei nº 10.520 dispositivo que estabeleça o âmbito de sua aplicação. O dispositivo que constava do projeto aprovado foi vetado e, portanto, não ingressou no mundo jurídico. Mais ainda: pelo mesmo motivo não existe dispositivo estabelecendo que o Pregão pode ser adotado independentemente do valor estimado da contratação. Poder-se-á dizer que o âmbito de aplicação da lei está definido na ementa. Mas isso será total desatino, porque qualquer estudante de Direito aprende logo no 1º ano que a ementa não integra o texto legal. Vale dizer: a ementa de uma lei não é norma jurídica. Além do mais, nem na ementa se diz que o Pregão pode ser adotado qualquer que seja o valor estimado da contratação. Poder-se-á dizer que essa segunda parte (adoção do Pregão independentemente do valor estimado da contratação) constava da Medida Provisória nº 2.182-18, de 21.6.2001,

de cuja conversão resultou a nova lei. Mas essa MP foi convertida em lei, ou seja, não existe mais.[27]

A questão também causou perplexidade a Jorge Ulisses Jacoby Fernandes:

> Não é pois questão de definir se o decreto está ou não em vigor, mas verificar, caso a caso, se a norma nele contida é ou não compatível com a nova lei. Tecnicamente, a lei não revogou os dispositivos do decreto: esses continuam em vigor, ou não, segundo sejam compatíveis, ou não, com a nova lei.[28]

Note-se que a Lei nº 8.666/93 já definia o leilão, de características semelhantes, para a alienação de bens públicos a terceiros que oferecessem o maior lance (art. 22, §5º).

Fechando o dispositivo, o parágrafo único confirma a subordinação ao Regulamento de todos os órgãos já elencados no parágrafo único do art. 1º do decreto, quais sejam, todos que compõem a Administração Pública Federal (direta e indireta). Remetemos o leitor aos comentários ao art. 1º.

---

[27] CINTRA DO AMARAL. Novas considerações sobre o pregão. *CELC – Centro de Estudos sobre Licitações e Contratos.*

[28] Cf. JACOBY FERNANDES. Sistema de registro de preços e pregão presencial e eletrônico, 3. ed.

*Art. 2º. Pregão é a modalidade de licitação em que a disputa pelo fornecimento de bens ou serviços comuns é feita em sessão pública, por meio de propostas de preços escritas e lances verbais.*

## 6 A competição no Pregão presencial

Este artigo 2º repete, com pequenas variações, parte do disposto no art. 2º da medida provisória que deu origem ao Pregão, esclarecendo que as propostas serão escritas e os lances verbais.

Como já mencionado, na conversão da medida provisória para lei o art. 2º sofreu veto presidencial (vide nossa análise nos comentários ao art. 1º).

Sublinhe-se que o ordenamento jurídico vigente no País disciplinou duas formas procedimentais distintas para o Pregão: a presencial e a eletrônica.

A forma presencial, que ora apreciamos, é aquela em que a competição ocorre em sessão pública, por intermédio de propostas escritas e lances verbais, em ambiente real, com a presença física dos representantes dos licitantes.

A forma eletrônica caracteriza-se pela sessão pública à distância, com a adoção dos recursos da tecnologia da informação, via rede mundial de computadores (internet), transcorrendo em ambiente virtual, em cujos lances verbais são, logicamente, substituídos por lances eletrônicos.[29]

---

[29] Regulamentado, na esfera federal, pelo Decreto nº 5.450, de 31 maio 2005 (sobre a matéria, vide o nosso *Pregão eletrônico...*, 3. ed.).

> *Art. 3º. Os contratos celebrados pela União, para a aquisição de bens e serviços comuns, serão precedidos, prioritariamente, de licitação pública na modalidade de Pregão, que se destina a garantir, por meio de disputa justa entre os interessados, a compra mais econômica, segura e eficiente.*
>
> *§1º Dependerá de regulamentação específica a utilização de recursos eletrônicos ou de tecnologia da informação para a realização de licitação na modalidade de Pregão.*
>
> *§2º Consideram-se bens e serviços comuns aqueles cujos padrões de desempenho e qualidade possam ser objetivamente definidos no edital, por meio de especificações usuais praticadas no mercado. (Redação dada pelo Decreto nº 7.174, de 2010)*

# 7 A obrigatoriedade do uso do Pregão nas licitações do governo federal

## 7.1 A adoção do Pregão presencial

Este artigo 3º é de curial importância, pois disciplina o divisor de águas para a definição da Administração quanto à modalidade de licitação a ser adotada, já que o Pregão pode ser empregado independentemente do valor do objeto, desde que este se enquadre como bem ou serviço comum.

Opinamos sobre o assunto na apreciação do art. 1º da medida provisória:

> Nas modalidades da Lei nº 8.666/93 (...) se tem a habilitação *a priori*. No Pregão, como se verifica no art. 4º inciso XIII da medida provisória, a habilitação é *a posteriori*. Tal divisor, entretanto, é bastante tênue, porquanto, apesar de definir procedimento diferenciado, busca a nova modalidade um objeto que poderia ser adquirido por qualquer uma das três modalidades existentes para aquisição ou contratação de serviços. Ora, para "aquisição" de bens e serviços, de qualquer espécie, deve o agente público adotar a modalidade que a lei o obriga. Como o Pregão abrange bens e serviços "comuns"

de qualquer valor (conforme se verifica no art. 2º da MP), em princípio estaria o administrador público diante de um impasse: instaurar a modalidade de licitação determinada pelo Estatuto (Lei nº 8.666/93) ou proceder ao Pregão. Encontramos resposta na forma facultativa "poderá" (e não a forma mandatória "deverá"), que inteligentemente o legislador da MP fez constar na redação do art. 1º. Em conseqüência, a utilização da modalidade Pregão está claramente entrincheirada no rol das decisões discricionárias cabíveis ao administrador. Assim, deverá o agente público avaliar a situação, sopesar e decidir se deve ou não adotá-la. Como a clara intenção do Governo é o ganho de agilidade e a redução dos gastos públicos, cremos que dificilmente o administrador poderá optar por outra modalidade que não seja o Pregão.

Com a menção no Regulamento do termo "prioritariamente", definiu-se o que imaginávamos: todos os contratos a serem celebrados pela União passaram prioritariamente a ser precedidos da licitação na modalidade Pregão.

Destarte, certo é que, em 2000, a adoção do Pregão encontrava-se claramente entrincheirada no rol das decisões discricionárias do agente público responsável.

## 7.2 A obrigatoriedade do uso do Pregão eletrônico na Administração Pública Federal

Entrementes, mesmo com o decreto presidencial determinando essa preferência, verificou-se nos anos posteriores uma grande incidência de convites e tomadas de preços para bens e serviços comuns, sem justificativas plausíveis, não obstante o aumento gradativo do uso do Pregão.

Nesse passo, com a regulamentação do Pregão na forma eletrônica também em 2000 (Decreto nº 3.697, ora revogado pelo Decreto nº 5.450/2005), viu-se o governo federal diante da inadiável necessidade de redução da margem de discricionariedade do administrador, uma vez que, se havia resistência para a utilização do Pregão presencial, muito mais ocorreria para uso do Pregão eletrônico, em face das naturais dificuldades do emprego de conhecimentos de informática.

Resolveu então o governo, como consequência lógica, reduzir ainda mais essa discricionariedade.

Assim, adotando técnica redacional bastante equivocada, tratando do Pregão presencial no decreto regulamentar que versa exclusivamente sobre o eletrônico, o art. 4º do Decreto nº 5.450/05 (que regulamenta o Pregão eletrônico) prescreveu inicialmente o uso do Pregão nas contratações de bens ou serviços comuns, com primazia para o emprego da forma eletrônica.

Essa preferência, entretanto, também ficou limitada, uma vez que o §1º do mesmo artigo alertava que a não adoção do Pregão na forma eletrônica demandaria uma comprovação da inviabilidade de uso, com justificativa formal da autoridade competente no processo.

Além da redução dos custos das compras governamentais, essa drástica decisão teve outro ponto claro de ataque: a corrupção que continuava a grassar desenfreadamente nessa área. Exemplo à época foi o rumoroso caso, que durante semanas foi notícia de primeira página em todos os jornais do País e em todas as redes de TV, envolvendo as compras com licitações de cartas marcadas na Empresa Brasileira de Correios e Telégrafos — por ironia, exatamente aquela que era considerada a empresa pública nacional com mais credibilidade em termos de eficiência. Segundo matéria sobre o assunto publicada na revista *Veja*,[30] pesquisa procedida demonstrou que cerca de metade das empresas que já haviam participado de alguma licitação já houvera sofrido pressão para pagamento de propina e combinação de preços antes do oferecimento da proposta oficial ao governo. O mesmo estudo concluiu que os acordos fechados "por baixo dos panos" extraíam dos cofres públicos por volta 25% a mais do que o preço de mercado.

A intenção, portanto, foi clara: dificultar ao máximo a possibilidade de fraudes, uma vez que, com o Pregão eletrônico,

---

[30] NUCCI. O mouse contra os ratos. *Veja*, p. 136.

haveria a real possibilidade de um significativo aumento de participantes em relação a qualquer modalidade tradicional de licitação (até mesmo o Pregão presencial), maximizando-se a competitividade.[31]

Além de outros benefícios, o novo método impediria que um licitante descobrisse a identidade do outro, o que, certamente, dificultaria — como, realmente, dificulta — em muito as trapaças e as negociatas. A intenção, cristalinamente demonstrada, era usar o Pregão eletrônico como parte do antídoto de combate direto à corrupção e aos efeitos nocivos da explosão deflagrada pelas então recentes confirmações de fraudes em licitações.

A inviabilidade de uso, a ser justificada pela autoridade competente, enreda diversas possibilidades. Uma delas, é claro, é a ausência de condições materiais. A inexistência de equipamento adequado é flagrante fator inviabilizador. Outra, também de fácil demonstração, é a falta de conhecimento específico por parte dos agentes do órgão licitador. Indispensável, por conseguinte, a capacitação do pessoal, bem como a busca de infraestrutura material que viabilize a adoção do Pregão eletrônico.[32]

---

[31] Já se detectou que o pregão eletrônico também não é imune a fraudes. Benedicto de Tolosa comenta o assunto: "(...) segundo matéria veiculada pela Revista *Veja* (nº 2196, ano 43, de 22.12.2010), o sistema não é imune à manipulação, pois *hackers* desenvolveram um programa que cria lances automáticos e garante a vitória do usuário. Como manualmente a oferta de lances demanda cerca de cinco segundos para registrar um lance, o robô sempre ganha, pois faz o lance em aproximadamente 140 milésimos de segundo, e o pregão eletrônico tem determinado tempo para encerrar a fase de disputa" (Fraude nos pregões. *ILC – Informativo de Licitações e Contratos*, p. 442).

[32] – TCU – Acórdão nº 1.700/2007, Plenário. Rel. Min. Marcos Vinicios Vilaça, Ata nº 35/2007. Sessão 22.8.2007. Aprovação 28.8.2007. *DOU*, 29 set. 2007: (...) "9.2.1 O uso da modalidade pregão obrigatoriamente na forma eletrônica, salvo se houver comprovada e justificada inviabilidade, não confundível com opção discricionária, de conformidade com o §1º do art. 4º do Decreto nº 5.450/05".

– TCU – Acórdão nº 2.392/2007, Plenário. Rel. Min. Benjamin Zymler, Ata nº 22/2008. Sessão 11.6.2008. Aprovação 12.6.2008. *DOU* 13.6.2008: (...) 15. Quanto ao segundo ponto que motivou a oitiva do Sr. Pregoeiro (emprego da modalidade de pregão presencial ao invés de pregão eletrônico, segundo prescreve o artigo 4º, §1º, do Decreto nº 5.450/05), estou de acordo com o exame empreendido pela Unidade Técnica. 16. De fato, os esclarecimentos prestados, os quais foram corroborados pelos pareceres técnicos de fls. 32/41, mostraram-se suficientes para justificar a adoção do

Convém relembrar, como anteriormente destacamos, que este dispositivo do Decreto nº 5.450/05 não se enquadra na clássica definição de dispositivo regulamentar, já que define tão somente uma determinação do Presidente da República para o Poder Executivo. Efetivamente, o dispositivo envolve uma ordem expressa aos órgãos subordinados, não alcançando, por conseguinte, os demais Poderes da União.

## 7.3 A equivocada menção do Pregão na forma eletrônica no regulamento do Pregão presencial

O parágrafo único do art. 2º da medida provisória regulamentada estabelecia a possibilidade de realização do Pregão por meio da utilização de recursos de tecnologia da informação, fazendo remissão a uma futura regulamentação específica.

Como o decreto em análise voltava-se exclusivamente para o Pregão na forma presencial, não se supunha que seu redator fizesse algum tipo de menção ao tema, a não ser que a regulamentação dispusesse sobre as duas maneiras de perfazimento do certame.

Não obstante, inseriu-se um parágrafo 1º ao art. 2º que apenas limitou-se a repetir o que a MP já descrevia: a dependência de regulamentação específica no caso de utilização de recursos eletrônicos ou de tecnologia da informação para a realização de licitação na modalidade de Pregão.

Sem embargo, é curial frisar que a tecnologia da informação — configuradora, incontestavelmente, do mais progressivo traço da pós-modernidade — possibilita o progresso tecnológico no mundo das licitações, permitindo a elaboração de certames licitatórios à distância, alargando em muito o espectro dessas competições públicas.

---

pregão na forma presencial. A falta de confiabilidade e lentidão da rede de dados e da rede elétrica do HFAB, acrescidos do elevado número de itens licitados (378), dificultariam a realização do certame na forma eletrônica. Por outro lado, segundo informado pelo Sr. Pregoeiro, o HFAB está envidando esforços para, o mais breve possível, poder realizar as licitações da modalidade pregão na forma eletrônica. (...)

Como já esposado, a regulamentação do chamado Pregão eletrônico ocorreu por intermédio do Decreto nº 3.697, de 21 de dezembro de 2000, abrindo-se espaço, finalmente, no âmbito das compras públicas, para as chamadas transações eletrônicas, tão frequentes nas atividades privadas.

De pronto, Jorge Ulisses Jacoby Fernandes destacou a necessidade de os juristas, superando o pânico inicial, também desenvolverem suas perspectivas para análise da validade da manifestação de vontade por esse meio:

> As críticas do novo sistema não destoam daquelas em que, num passado recente da história, foram feitas quando trocou a palavra empenhada pela certificação cartorária, como se sabe também muito frágil e sujeita a fraudes e corrupções. Mesmo subjugada à verdade formal da certidão carimbada, atestando até óbito de pessoas que continuavam vivas, o Direito foi capaz de superar pela habilidade de bons operadores. Maior esforço será agora exigido, pois sem abandonar o sistema ortodoxo da validação da manifestação de vontade, em que o escrivão do cartório tem mais fé pública do que o próprio agente, a certeza e a validade da expressão do agente ficarão sujeitas, se contestadas, a complexas análises da ciência da informática.[33]

Não foi sem razão que Lourival José dos Santos, diretor jurídico do grupo Abril, assegurou que "a internet mexeu com os padrões estabelecidos, quebrou paradigmas e deixou todos assustados, pois a quebra de valores como o espaço e o tempo é algo que acaba antecipando a ficção científica".[34]

As leis, em verdade, não devem andar em descompasso com a realidade, uma vez que existem especificamente para buscar a harmonização da relação homem X sociedade. Marshall Mcluhan afirmava que "o homem cria as ferramentas e as ferramentas recriam o homem". Por isso, como alertou Milton Correia Júnior, a internet, ferramenta criada pelo homem, está recriando a nova conduta em sociedade, sendo impositivo que o sistema jurídico adapte-se a essa realidade.

---

[33] JACOBY FERNANDES. Licitação internética. *Jornal do Commercio*.

[34] Citado no artigo "Crimes pela Web exigem lei própria", de Nilton Correia Júnior, *Jornal ANJ*.

Diversos estudos concluíram que a presença virtual significa a sobrevivência das empresas e, certamente, também da Administração Pública, que deve evoluir no mesmo diapasão, sob o risco de *perder bonde da história.*

Vide as sensatas palavras de Renato Opice Blum, jurista especializado em direito da informática:

> A dependência do mundo virtual é inevitável. Grande parte das tarefas do nosso dia a dia é transportada para a rede mundial de computadores, ocasionando fatos e suas conseqüências, jurídicas e econômicas, assim como ocorre no mundo físico. A questão que surge é relacionada aos efeitos dessa transposição de fatos, basicamente a sua interpretação jurídica.[35]

Com a conversão da medida provisória na Lei nº 10.520, de 17.7.2002, o Pregão na forma eletrônica foi tratado no §1º do art. 2º com a mesma menção de que a modalidade de licitação (Pregão) poderá ser concebida por meio da utilização de recursos de tecnologia da informação, nos termos de regulamentação específica.

Como a regulamentação então vigente carrega em seu bojo alguma dificuldade de interpretação, afastando os executores de seu uso diuturno, resolveu o governo federal elaborar nova ferramenta regulamentar, mais detalhada e adaptada à nova lei, vindo à tona, então, o Decreto nº 5.450, de 31.5.2005, que passou a regulamentar a matéria quase que integralmente.[36]

A forma adotada para o Pregão eletrônico segue, em termos procedimentais, a adotada para o Pregão presencial, ditada no Regulamento ora em análise, com peculiaridades específicas concernentes aos infindáveis recursos da tecnologia de informação.

Sobre a matéria, obtemperou com exatidão Diogenes Gasparini:

---

[35] BLUM. A internet e os tribunais. *Mundo Jurídico.*
[36] Sobre a matéria, vide o nosso *Pregão Eletrônico,* 3. ed.

Não são, pois, duas as modalidades de Pregão. São apenas duas espécies, onde o Pregão é gênero e Pregão presencial e Pregão eletrônico são as espécies. Essas, por certo, têm características comuns do gênero e próprias da espécie, permitindo, desse modo, sua distinção.[37]

## 7.4 Os bens ou serviços comuns

Com nova redação dada pelo Decreto nº 7.174/2010, o novo texto do parágrafo 2º veio à luz em função da revogação do Anexo II, que elencava os bens e serviços considerados comuns.

Verifica-se que o redator não se arriscou, pois apenas repetiu o informado pela Lei nº 10.520/02 sobre a matéria (parágrafo único do art. 1º).

O histórico desse assunto é interessante: inicialmente buscou-se prescrever um elenco exaustivo de bens e serviços (por intermédio do citado Anexo II). Com o passar do tempo, a questão foi reavaliada, culminando com uma alteração de entendimento por parte preponderante da doutrina, que concluiu que o rol mencionado seria apenas exemplificativo.[38] Hoje, inexistindo rol, a averiguação quanto a ser ou não um bem ou serviço comum será respaldada na avaliação do agente responsável, quando verificará se o objeto pretendido se enquadra em padrões de desempenho e qualidade passíveis de definição objetiva no instrumento convocatório da licitação, por intermédio de especificações usuais praticadas no mercado.

---

[37] GASPARINI. *Pregão presencial e eletrônico*, p. 33.

[38] Registre-se que parte da doutrina já defendia que o rol era exemplificativo, fundamentando-se no fato de que o parágrafo único proclamava que bens e serviços comuns seriam aqueles cujos padrões de desempenho e qualidade poderiam ser objetivamente definidos, ou seja, aqueles adquiridos rotineiramente. Logo, não haveria lógica num elenco que listasse apenas alguns, deixando de fora outros tantos possuidores das mesmas características.

*§3º Os bens e serviços de informática e automação adquiridos nesta modalidade deverão observar o disposto no art. 3º da Lei nº 8.248, de 23 de outubro de 1991, e a regulamentação específica. (Redação dada pelo Decreto nº 7.174, de 2010)*

*§4º Para efeito de comprovação do requisito referido no parágrafo anterior, o produto deverá estar habilitado a usufruir do incentivo de isenção do Imposto sobre Produtos Industrializados – IPI, de que trata o art. 4º da Lei nº 8.248, de 1991, nos termos da regulamentação estabelecida pelo Ministério da Ciência e Tecnologia. (Incluído pelo Decreto nº 3.693, de 2000)*

*§5º Alternativamente ao disposto no §4º, o Ministério da Ciência e Tecnologia poderá reconhecer, mediante requerimento do fabricante, a conformidade do produto com o requisito referido no §3º. (Incluído pelo Decreto nº 3.693, de 2000)*

## 8 A contratação de bens e serviços de informática

O §4º do art. 45 da Lei nº 8.666/93 estabelece que, para a contratação de bens e serviços de informática, a Administração Pública observará o contido no art. 3º da Lei nº 8.248/1991, levando em conta os fatores especificados em seu parágrafo 2º e adotando obrigatoriamente o tipo de licitação *técnica e preço*. O próprio dispositivo, entrementes, permite o emprego de outro tipo de licitação *nos casos indicados em decreto do Poder Executivo*.

Nesse passo, no âmbito federal, afora a necessidade de observação dos critérios estabelecidos na Lei nº 8.248/91 para a contratação de bens e serviços de informática, aplicar-se-ão, também, os detalhados procedimentos previstos no Decreto nº 7.174/10, que regulamenta a contratação de bens e serviços de informática e automação.

Pois bem, esse regramento, em termos práticos, resultou em imensos transtornos, notadamente nas situações em que o bem ou serviço a ser licitado não detinha complexidade técnica justificadora do uso do tipo técnica e preço.

Com a instituição do Pregão, o tema tomou novo rumo, uma vez que a modalidade, além de não estar condicionada a valores, tem como pedra angular a aquisição de bens e serviços comuns (aqueles cujos padrões de desempenho e qualidade possam ser objetivamente definidos no edital por meio de especificações usuais no mercado).

Assim, alterou-se o panorama totalmente, pois a legislação passou a permitir a instauração de licitação do tipo menor preço para a contratação de bens e serviços de informática considerados comuns.

Impôs-se à Administração, por conseguinte, a tarefa de avaliar a natureza e as características do objeto pretendido, de modo a identificar seus níveis de especificidade e complexidade, no sentido de verificar se se trata ou não de um bem ou serviço de informática comum.[39]

Ressalta-se que, diferentemente do que apressadamente entenderam alguns analistas, a Lei nº 10.520/02 não revogou o §4º do art. 45 da Lei nº 8.666/93, porquanto, além de não dispor expressamente sobre a questão, não carrega em seu bojo incompatibilidades. Essa, inclusive, é a inteligência que se extrai da posição do TCU sobre a questão:

> TCU. Acórdão nº 2.658/2007, Plenário. Voto do Relator – Perfilho também o posicionamento de que é mais vantajosa a adoção da modalidade de Pregão, pois o objeto do certame em questão pode ser considerado como serviços comuns, não obstante a sua complexidade. A meu ver estão presentes os requisitos da fungibilidade do objeto e da existência de uma padronização de qualidade e desempenho reconhecida no mercado correspondente, como bem demonstrou a Sefti.

---

[39] Em seminário organizado pelo TCU (Tecnologia da Informação: controle externo em ação. Brasília, 20 e 21 nov. 2008), a Corte de Contas recomendou, para as contratações de bens e serviços de TI, o emprego do pregão eletrônico em vez da licitação tipo técnica e preço, com o cuidado de: definir precisamente o objeto a adquirir; empregar métricas adequadas; exigir qualificação dos candidatos; e punir com multa e impedimento temporário de licitar aqueles que sagrarem-se vencedores das licitações e, posteriormente, não atenderem às exigências. Segundo o órgão de contas federal, o Poder Público deve reservar a licitação do tipo técnica e preço para tecnologias não maduras.

Acórdão – (...) 9.2.2. promova, por meio da modalidade Pregão, a escolha das empresas a serem contratadas para execução dos serviços objeto da Concorrência nº 035/2006-CPL/BR, conforme o disposto no art. 4º do Decreto nº 5.450/05.37.

TCU. Acórdão nº 2.471/2008, Plenário. Voto do Relator – (...) 17. (...) a característica decisiva para inviabilizar a adoção do Pregão é a eventual conceituação de um serviço de TI como sendo de natureza predominantemente intelectual. Aduzo que tal natureza é típica daqueles serviços em que a arte e a racionalidade humana são essenciais para sua execução satisfatória. Não se trata, pois, de tarefas que possam ser executadas mecanicamente ou segundo protocolos, métodos e técnicas pré-estabelecidos e conhecidos.

18. (...) concluo que a adoção do Pregão visando à contratação de serviços de TI será legítima quando esses serviços não tiverem natureza predominantemente intelectual.

TCU. Acórdão nº 237/2009, Plenário. Voto do Relator – 14. (...). Refiro-me à possibilidade e aos limites da utilização do Pregão para contratar serviços de Tecnologia da Informação. Essa questão tem despertado debates tanto na jurisprudência quanto na doutrina. (...) pode-se dizer, em conformidade com o disposto no art. 1º da Lei nº 10.520/02, que a utilização do Pregão será cabível quando o objeto licitado for um serviço comum. Assim sendo, o fulcro da questão ora posta reside na possibilidade de se caracterizar um serviço de TI como comum. 15. No âmbito desta Corte de Contas, cabe destacar o entendimento exarado no Acórdão nº 2.658/2007 – Plenário, segundo o qual, um objeto complexo pode, em determinadas circunstâncias, ser considerado um serviço comum. Por via de consequência, a caracterização de um serviço complexo de TI como comum não estaria, em princípio, vedada. 16. Por outro lado, entendo que serviços de natureza predominantemente intelectual devem ser licitados com a adoção dos tipos de licitação "melhor técnica" ou "técnica e preço". Logo, quando se tratar de serviços de informática com essa característica, deve ser utilizada uma licitação do tipo técnica e preço. Tal conclusão decorre dos preceitos contidos nos arts. 45, §4º, e 46 da Lei nº 8.666/93 (...). 17. (...) a característica decisiva para inviabilizar a adoção do Pregão é a eventual conceituação de um serviço de TI como sendo de natureza predominantemente intelectual (...) tal natureza é típica daqueles serviços em que a arte e a racionalidade humana são essenciais para sua execução satisfatória. Não se trata, pois, de tarefas que possam ser executadas mecanicamente ou segundo protocolos, métodos e técnicas pré-estabelecidos e conhecidos. 18. (...) concluo que a adoção do Pregão visando à contratação de serviços de TI será legítima quando esses serviços não tiverem natureza predominantemente intelectual. (...). Acórdão – (...) 9.3 determinar (...) que, em futuras licitações de bens e serviços de tecnologia da informação, observe as orientações contidas nos itens 9.1 e 9.2, do Acórdão 2.471/2008, no que se refere ao uso da modalidade Pregão para contratação de serviços comuns de TI; (...).

Declaração de Voto – 8. No entanto, por ocasião da prolação do recente Acórdão 2.471/2008 – Plenário (...) a questão foi finalmente pacificada, e esta Corte adotou posicionamento pela obrigatoriedade da utilização da modalidade Pregão para contratação de bens e serviços de informática considerados comuns, salvo se forem de natureza predominantemente intelectual, vez que, para estes, o art. 46 da Lei 8.666/93 exige licitação do tipo "melhor técnica" ou "técnica e preço" (incompatível com o Pregão). 11. Parece-me inequívoco que o Acórdão 2.471/2008 – Plenário pôs fim à controvérsia, resultando dele o entendimento no sentido da obrigatoriedade da utilização da modalidade Pregão para contratação de bens e serviços de informática considerados comuns, salvo se forem de natureza predominantemente intelectual.

No âmbito do Poder Judiciário, as decisões seguiram a mesma rota:

Para a contratação de empresa especializada na prestação de serviços de informática, visando à gestão e manutenção dos sistemas de informação, administração e operação de rede e banco de dados e suporte técnico aos usuários da rede corporativa do DNPM, não se afigura cabível a licitação na modalidade do Pregão, por tratarem-se de serviços que não se caracterizam, notoriamente, como serviços comuns, na forma da legislação de regência.[40]

1. Nos termos da estipulação inscrita no Decreto nº 3.555/2000, apenas a prestação de serviços de digitação e manutenção de equipamentos foram indicados como serviços comuns na área de informática. 2. O objetivo da modalidade Pregão é permitir a contratação mais rápida e acessível à Administração de bens e serviços que são licitados pela modalidade menor preço. 3. Não é cabível a utilização do Pregão

---

[40] TRF 1ª Região. RN nº 2006.34.00.011440-8/DF, 6ª Turma. Rel. Des. Souza Prudente. DJe, p. 160, 26 jan. 2009.

para a contratação de serviços de informática que demandem conhecimentos técnicos mais especializados, sendo necessária a realização de licitação pela modalidade técnica e preço, pois o interesse da Administração é o melhor serviço pelo preço mais adequado.[41]

A aquisição de bens e a contratação de serviços de informática, considerados como bens e serviços comuns, nos termos do parágrafo único do art. 1º da Lei nº 10.520, de 17 de julho de 2002, pode ser realizada na modalidade Pregão.[42]

A aquisição de bens e serviços de informática, não incluídos no critério de serviços comuns (digitação e manutenção – Decreto 3.555/2000 e Lei 10.520/02) (...) se sujeita ao critério de melhor técnica e preço, nos termos do art. 45, §4º, da Lei 8.666/93, afigurando-se nulo o Edital nº 09/2005, tendo em vista que o objeto é a contratação de empresa especializada para o desenvolvimento do Portal do Ministério Público do Trabalho na Internet, conforme especificações ali contidas, não podendo, pois, ser licitada na modalidade Pregão – menor preço.[43]

1. A aquisição de equipamento e serviços de informática, dada a complexidade do objeto, exige a licitação na modalidade técnica e preço.[44]

Ainda no âmbito federal, a Secretaria de Logística e Tecnologia da Informação (SLTI), acatando recomendação do TCU, editou inicialmente a Instrução Normativa nº 04/2008, impondo a criação de uma estratégia geral de tecnologia da informação e planos diretores, além de vedações de objetos de contratação, condutas dos agentes públicos e regras para editais, determinando planejamentos para contratações, com estudos de viabilidades, estimativas e outros fatores, e, posteriormente, aperfeiçoando a sistemática, a Instrução

---

[41] TRF 1ª Região. AC nº 2006.34.00.030602-5/DF, 5ª Turma. Rel. Fagundes de Deus. *DJe*, 30 jan. 2009.

[42] TJDF. Rec. nº 2006.01.1.049997-4 – (350.027), 4ª Turma Cív. Rel. Des. Sérgio Bittencourt. *DJe*, 22 abr. 2009.

[43] TRF 1ª Região. AMS nº 2005.34.00.014427-7/DF, 6ª Turma. Rel. Des. Souza Prudente. *DJ*, 23 abr. 2007.

[44] TJCE. Al-PES nº 2008.0029.5244-7/0. Rel. Des. Lincoln Tavares Dantas. *DJe*, 26 mar. 2009.

Normativa nº 10/2010,[45] dispondo sobre o processo de contratação de soluções de tecnologia da informação pelos órgãos do Poder Executivo Federal, revogando a nº 04/2008.

## 8.1 A questão do Processo Produtivo Básico (PPB)

Outro assunto relevante — e extremamente polêmico — é o que trata da exigência de Processo Produtivo Básico (PPB) no Pregão.

Processo Produtivo Básico (PPB) é "o conjunto mínimo de operações, no estabelecimento fabril, que caracteriza a efetiva industrialização de determinado produto", conforme definido pela Lei nº 8.387/91.

Os Processos Produtivos Básicos são estabelecidos por Portarias Interministeriais, assinadas pelos ministros do Desenvolvimento, Indústria e Comércio Exterior (MDIC) e da Ciência e Tecnologia (MCT).

Em 1993, o Decreto Federal nº 792 especificou que, para que pudessem fazer jus a incentivos fiscais, as empresas de bens e serviços de informática e automação deveriam aplicar, em cada ano-calendário, cinco por cento, no mínimo, do seu faturamento bruto decorrente da comercialização, no mercado interno, de bens e serviços de informática e automação, deduzidos os tributos incidentes, em atividades de pesquisa e desenvolvimento em informática e automação a serem realizadas no País, conforme elaborado pelas próprias empresas.[46]

A partir da edição da Lei nº 10.176/2001, o Processo Produtivo Básico (PPB) e a aplicação de recursos financeiros

---

[45] Instrução Normativa nº 04 de 12 de novembro de 2010, da Secretaria de Logística e Tecnologia da Informação (SLTI).

[46] Sobre o fomento à pesquisa e ao desenvolvimento no País, chama-se a atenção também para a edição da Lei nº 11.196/2005, conhecida como Lei do Bem, que, nos artigos 17 a 26, consolidou os incentivos fiscais que as pessoas jurídicas poderão usufruir de forma automática, desde que realizem pesquisa tecnológica e desenvolvimento de inovação tecnológica. Tais dispositivos foram editados por determinação da Lei nº 10.973/2004 — Lei da Inovação, fortalecendo o novo marco legal para apoio ao desenvolvimento tecnológico e inovação no Brasil.

em Pesquisa e Desenvolvimento passaram a ser estabelecidos como contrapartidas aos benefícios fiscais da Lei de Informática.[47] [48]

O texto original do §3º do art. 3º do Regulamento ora em análise dispunha que os bens de informática a serem adquiridos por intermédio do Pregão deveriam ser fabricados no País, com significativo valor agregado local, conforme disposto no art. 3º da Lei nº 8.248, de 23 de outubro de 1991 (regulamentado pelo Decreto nº 1.070, de 2 de março de 1994).[49]

---

[47] Foi criado o Grupo Técnico Interministerial (GT-PPB) para examinar, emitir parecer e propor a fixação, alteração ou suspensão de etapas dos Processos Produtivos Básicos. A composição e o funcionamento do GT-PPB estão disciplinados pela Portaria Interministerial MDIC/MCT nº 170/2010. O PPB é fixado ou alterado pelos Ministros do Desenvolvimento, Indústria e Comércio Exterior e da Ciência e Tecnologia. O prazo para o estabelecimento de um PPB para um determinado produto é de 120 dias, contados da solicitação fundada da empresa interessada, devendo ser publicados em Portaria Interministerial os processos aprovados, bem como os motivos determinantes do indeferimento. Normalmente, a iniciativa de fixação ou alteração de PPB para um produto específico é realizada pela empresa fabricante interessada nos incentivos fiscais, cabendo ao governo, através do GT-PPB, avaliar e propor alterações ao processo, de forma que seja atingido o máximo de valor agregado nacional, por meio do adensamento da cadeia produtiva, observando a realidade da indústria brasileira. Dessa forma a elaboração do PPB é um processo negocial, envolvendo a empresa interessada, possíveis fornecedores nacionais para determinados produtos e outras empresas concorrentes pertencentes ao mesmo segmento. Na fixação de PPB, o governo se baliza nos seguintes indicadores: (a) montante de investimentos a serem realizados pela empresa para a fabricação do produto; (b) desenvolvimento tecnológico e engenharia local empregada; (c) nível de empregos a ser gerado; (d) possibilidade de exportações do produto a ser incentivado; (e) nível de investimentos empregados em pesquisa e desenvolvimento; (f) se haverá ou não deslocamento de produção dentro do território nacional por conta dos incentivos fiscais; (g) se afetará ou não investimentos de outras empresas do mesmo segmento industrial por conta de aumento de competitividade gerado pelos incentivos fiscais.

[48] Segundo o Relatório Global de Tecnologia da Informação 2010-2011, o Brasil ocupa a 56ª posição no *ranking* dos países mais desenvolvidos tecnologicamente. A posição é melhor em comparação com a versão anterior (61ª). Há cinco anos, Brasil e China se encontravam em colocações muito semelhantes, mas o país comunista saltou e hoje exibe o 36º lugar. O que fez a China evoluir e o Brasil ficar praticamente estacionado, na opinião do coeditor do relatório e professor no Insead Soumitra Dutta, é o estabelecimento de uma agenda, salientando que o governo brasileiro precisa estabelecer uma estratégia para fomentar o mercado de tecnologia da informação e comunicação (TIC): "Hoje, não há um plano para exportação. É preciso colocar TIC na agenda nacional do País" (<http://informationweek.itweb.com.br/3193/brasil-precisa-colocar-tic-na-agenda-nacional/>).

[49] Preceituava o dispositivo: "§3º Os bens de informática adquiridos nesta modalidade, referidos no item 2.5 do Anexo II, deverão ser fabricados no País, com significativo

Ocorre que a Lei nº 11.077/2004 impôs alterações de rota ao modificar o texto do citado §3º, o qual passou a ter a seguinte redação: "A aquisição de bens e serviços de informática e automação, considerados como bens e serviços comuns nos termos do parágrafo único do art. 1º da Lei nº 10.520, de 17 de julho de 2002, poderá ser realizada na modalidade Pregão, restrita às empresas que cumpram o Processo Produtivo Básico nos termos desta Lei e da Lei nº 8.387, de 30 de dezembro de 1991".

Destarte, doravante, os bens e serviços de informática só poderiam ser licitados por Pregão caso produzidos através de Processo Produtivo Básico (PPB), com a comprovação desse requisito por intermédio de documento próprio na licitação, sob pena de desclassificação.[50][51]

Sobre o assunto, é extremamente curiosa a posição do Tribunal de Contas da União, que foi mudando ao longo do tempo.

Inicialmente, a Corte de Contas federal deu total acolhida ao §3º:

> 7. De se ver ainda que a impressora enquadrada nas especificações editalícias não é de fabricação nacional, o que impede a sua aquisição pela modalidade Pregão, consoante o art. 3º, §3º da Lei nº 8.248/91, com a redação dada pela Lei nº 11.077/2004, c/c o art. 3º, §3º, do Decreto nº 3.555/2000. (...)

---

valor agregado local, conforme disposto no art. 3º da Lei nº 8.248, de 23 de outubro de 1991, e regulamentado pelo Decreto nº 1.070, de 2 de março de 1994" (texto incluído pelo Decreto nº 3.693/2000).

[50] Por estabelecer certa reserva de mercado, maculando o princípio da igualdade, o dispositivo tem sido taxado por parte da doutrina, com justa razão, como inconstitucional. Além disso, o regramento é curioso — e extremamente desarrazoado —, pois somente impede a participação de empresas que não cumpram o Processo Produtivo Básico nas licitações sob a modalidade Pregão, mas não noutras modalidades licitatórias, nas quais tais empresas podem participar sem problemas.

[51] É importante ressaltar, considerando que o *caput* do art. 3º da Lei nº 8.248/91 refere-se somente à Administração Pública federal, que a regra preconizada no seu §3º não diz respeito aos pregões instaurados pelos outros entes federativos.

64 SIDNEY BITTENCOURT
PREGÃO PRESENCIAL – COMENTÁRIOS AO DECRETO Nº 3.555/2000 E AO REGULAMENTO DO PREGÃO...

9.2.2. nas próximas licitações na modalidade Pregão, atente para as disposições do art. 3º, §3º, da Lei nº 8.248/ 1991, acrescentado pela Lei nº 11.077/2004, c/c o disposto no §3º do art. 3º do Decreto nº 3.555/2000; (...).[52]

Depois, em decisão confusa, tratou a exigência de Processo Produtivo Básico (PPB) no Pregão como uma regra de preferência, mas, estranhamente, explicitando que a verificação da comprovação de seu cumprimento ocorreria na fase de habilitação:

9.1. conhecer da consulta para respondê-la no sentido de que não é juridicamente possível afastar a aplicação da regra de preferência, de que trata o §3º do art. 3º da Lei 8.248/91, alterado pelas Leis 10.176/2001 e 11.077/2004, nos procedimentos licitatório realizados sob a modalidade Pregão, cujo objeto seja o fornecimento de bens e serviços comuns de informática e automação, assim definidos pelo art. 1º, parágrafo único, da Lei 10.520/02, estando essas licitações restritas às empresas que cumpram o Processo Produtivo Básico, nos termos desta Lei e da Lei 8.387/1991;

9.2. nos processos licitatórios sob a modalidade Pregão que se destinem ao fornecimento de bens e serviços comuns de informática e automação, a Administração Pública Federal deverá adotar os seguintes procedimentos:

9.2.1. verificado empate entre propostas comerciais, adotar as providências a seguir:

9.2.1.1. primeiro, analisar se algum dos licitantes está ofertando bem ou serviço cuja tecnologia tenha sido desenvolvida no Brasil, a ser devidamente comprovada pelo interessado, conforme dispõe o art. 9º da Lei 10.520/02, c/c o art. 45, §2º, da Lei 8.666/93, devendo em tal hipótese ser aplicado o direito de preferência estabelecido no §3º do art. 3º da Lei 8.248/91, alterado pelas Leis 10.176/2001 e 11.077/2004;

9.2.1.2. persistindo o empate entre os licitantes, proceder ao sorteio previsto no art. 45, §2º, da Lei 8.666/93, aplicável subsidiariamente ao Pregão por força do art. 9º da Lei 10.520/02;

9.2.2. exigir dos licitantes, na etapa de habilitação do certame, a comprovação do cumprimento do Processo Produtivo Básico,

---

[52] TCU. Acórdão nº 1.580/2005, Primeira Câmara. *DOU*, 03 ago. 2005.

conforme determina o §3º do art. 3º da Lei 8.248/91, alterado pelas Leis 10.176/2001 e 11.077/2004, definido nos termos da Lei 8.387/1991;

9.3. recomendar à Casa Civil da Presidência da República que harmonize o texto do §3º do art. 3º do Decreto 3.555/2000, introduzido pelo Decreto 3.693/2000, com o texto do §3º do art. 3º e seus parágrafos da Lei 8.248/91, na redação dada pelas Leis 10.176/2001 e 11.077/2004; (...).[53]

Às claras, o acórdão soou equivocado e contraditório, pois, sendo a demonstração de atendimento de Processo Produtivo Básico (PPB) um fator de habilitação, não haveria de se falar em direito de preferência.

Pois bem, após a ocorrência de embargos de declaração, o TCU prolatou a seguinte decisão:

9.1. conhecer dos embargos de declaração, para, no mérito, dar-lhes provimento;

9.2. alterar a parte dispositiva do Acórdão 1.707/2005 – TCU – Plenário para os seguintes termos:

"9.1. conhecer da consulta para respondê-la no sentido de que não é juridicamente possível afastar a aplicação da regra de preferência de que trata o art. 3º da Lei 8.248/91, alterado pelas Leis 10.176/2001 e 11.077/2004, nos procedimentos licitatórios realizados sob a modalidade Pregão, cujo objeto seja o fornecimento de bens e serviços comuns de informática e automação, assim definidos pelo art. 1º, parágrafo único, da Lei 10.520/02, estando essas licitações franqueadas a todos os interessados, independentemente de desenvolverem bens e produtos com tecnologia nacional e cumprirem o Processo Produtivo Básico, definido pela Lei nº 8.387, de 30 de dezembro de 1991;

9.2. esclarecer ao Consulente que é juridicamente possível a aquisição de bens e serviços comuns de informática e automação nas contratações realizadas por intermédio da modalidade Pregão, mesmo nas hipóteses em que não seja tecnicamente viável a aplicação da regra da preferência a que alude o art. 3º da Lei nº 8.248/91, com redação alterada pelas Leis nº 10.176/2001 e 11.077/2004, vale dizer, nas situações em que não haja licitantes que possam fornecer produto

---

[53] TCU. Acórdão nº 1.707/2005, Plenário. *DOU*, 08 nov. 2005.

ou serviço com tecnologia desenvolvida no País ou não cumpram o Processo Produtivo Básico, assim definido pela Lei nº 8.387/1991;

9.3. nos processos licitatórios sob a modalidade Pregão que se destinem ao fornecimento de bens e serviços comuns de informática e automação, a Administração Pública Federal deverá adotar os seguintes procedimentos:

9.3.1. verificado empate entre propostas comerciais, adotar as providências a seguir:

9.3.1.1. primeiro, analisar se algum dos licitantes está ofertando bem ou serviço que preencha simultaneamente às seguintes condições, hipótese em que deverá ser aplicado o direito de preferência estabelecido no art. 3º da Lei 8.248/91, alterado pelas Leis 10.176/2001 e 11.077/2004:

a) bens e serviços com tecnologia desenvolvida no Brasil, a ser devidamente comprovada pelo interessado, conforme dispõe o art. 9º da Lei 10.520/02, e/e o art. 45, §2º, da Lei 8.666/93;

b) bens e serviços produzidos de acordo com processo produtivo básico, na forma definida pelo Poder Executivo (Lei nº 8.387/1991);

9.3.1.2. persistindo o empate entre as melhores propostas licitantes, ou comprovada a inviabilidade da aplicação da regra de preferência estabelecida pela redação atualizada do art. 3º da Lei nº 8.248/91, proceder ao sorteio da oferta que atenderá ao interesse público, observado o disposto no art. 45, §2º, da Lei 8.666/93, aplicável subsidiariamente ao Pregão por força do art. 9º da Lei 10.520/02; 9.4. recomendar à Casa Civil da Presidência da República que harmonize o texto do §3º do art. 3º do Decreto 3.555/2000, introduzido pelo Decreto 3.693/2000, com o texto do §3º do art. 3º e seus parágrafos da Lei 8.248/91, na redação dada pelas Leis 10.176/2001 e 11.077/2004; (...).[54]

Por fim, depois de tantas idas e vindas, a Corte de Contas federal manteve o entendimento de que, mesmo no Pregão, o Processo Produtivo Básico (PPB) atrelava-se ao direito de preferência.[55]

---

[54] TCU. Acórdão nº 2.138/2005, Plenário. *DOU*, 23 dez. 2005.

[55] Registre-se que as recentes manifestações do TCU, consoante levantamento efetuado (AC nº 1.598-35/06-P, AC nº 476-06/06-1, AC nº 1.278-16/06-1, AC nº 2.471-49/07-P e AC nº 841-10/07-1), ratificam o entendimento de que, nas aquisições de bens e serviços comuns de informática por Pregão, a participação deve estar franqueada

## 8.2 A questão da preferência nas licitações de bens e serviços de informática e automação

O Decreto nº 7.174/10 disciplina a contratação de bens e serviços de informática e automação pela Administração Pública Federal, direta ou indireta, pelas fundações instituídas ou mantidas pelo Poder Público e pelas demais organizações sob o controle direto ou indireto da União, regulamentando disposições da Lei nº 8.248, de 23 de outubro de 1991 (Lei da Informática) e da Lei Complementar nº 123, de 14 de dezembro de 2006 (Estatuto das Microempresas e Empresas de Pequeno Porte).[56][57]

O art. 4º da ferramenta regulamentar prescreve que os instrumentos convocatórios de licitação para contratação desses bens ou serviços deverão conter regra prevendo a aplicação das preferências previstas no Capítulo V da Lei Complementar nº 123/06 — que determina a adoção de tratamento diferenciado para as Microempresas e Empresas de Pequeno Porte —,[58] com a obrigatória observação do disposto no seu art. 8º.

Acresça-se, por oportuno, que essa determinação (do art. 4º) coloca em cheque a aplicação prática do mandamento, considerando que a LC nº 123/06 remete o aplicador a duas situações distintas quanto à participação das micro e pequenas empresas em licitações: a de "preferência", na ocorrência de empate ficto com empresas tradicionais (arts. 44 e 45); e a de "tratamento diferenciado", como, por exemplo, a participação exclusiva das micro e pequenas empresas, dentre outras (arts. 47 a 49).

---

a todos, ainda que não tenham cumprido o Processo Produtivo Básico, limitada a verificação do cumprimento pelos licitantes à hipótese de aplicação do direito de preferência (Lei nº 8.248/91, art. 3º, incisos I e II, e parágrafos 2º e 3º).

[56] Esse decreto revogou o Decreto nº 1.070/94 e alterou o Decreto nº 3.555/2000, revogando seu Anexo II e alterando seu Anexo I.

[57] Ressalta-se que o tema foi objeto de recente instrução normativa expedida pelo Ministério do Planejamento, por intermédio de sua Secretaria de Logística e Tecnologia da Informação (SLTI): Instrução Normativa nº 04/2010. Entrementes, conforme já dispôs Luis Eduardo Coimbra de Manuel, como o decreto traz algumas disposições que tratam de questões similares àquela veiculadas na IN, sua hierarquia normativa superior deverá ser respeitada (Breves comentários ao Decreto nº 7.174/10. *ILC – Informativo de Licitações e Contratos*).

[58] Sobre o tema, vide o nosso *As licitações públicas e o estatuto nacional das microempresas*, 2. ed.

Avaliando a questão, vislumbra-se a clara intenção no sentido de ficar patente que, independentemente do estabelecimento de regras específicas para o direito de preferência nas licitações de informática e automação, impõe-se, sempre, a adoção preliminar das disposições de tratamento diferenciado para as micro e pequenas empresas.

Nesse diapasão, ponderou Ricardo Santos Moreira:

> Concluímos que a expressão utilizada no decreto deve ser interpretada no sentido de alertar o agente público para não se abster de implementar, também nas licitações de informática, o tratamento diferenciado previsto na LC nº 123/06.[59]

O art. 5º assegura preferência na contratação, nos termos do disposto no art. 3º da Lei nº 8.248/91, desde que observada a ordem de preferência a seguir: (a) bens e serviços com tecnologia desenvolvida no País e produzidos de acordo com o Processo Produtivo Básico (PPB), na forma definida pelo Poder Executivo federal; (b) bens e serviços com tecnologia desenvolvida no País; e (c) bens e serviços produzidos de acordo com o Processo Produtivo Básico (PPB), na forma definida pelo Poder Executivo Federal. Por sua vez, o parágrafo único do artigo dispõe sobre a prioridade no exercício da preferência a ser dada às microempresas e empresas de pequeno porte que atendam aos requisitos.

Quanto à comprovação do atendimento ao Processo Produtivo Básico (PPB) dos bens de informática e automação ofertados, o art. 7º do Decreto nº 7.174/10 informa que a demonstração far-se-á mediante a apresentação do documento comprobatório da habilitação à fruição dos incentivos fiscais regulamentados pelo Decreto nº 5.906/2006[60] ou pelo Decreto nº 6.008/2006.[61]

---

[59] MOREIRA. Parecer s/nº, emitido em 29 de maio de 2011.

[60] Que regulamenta artigos de várias leis que dispõem sobre a capacitação e competitividade do setor de tecnologias da informação.

[61] Que regulamenta normas que tratam do benefício fiscal concedido às empresas que produzam bens de informática na Zona Franca de Manaus que investirem em atividades de pesquisa e desenvolvimento na Amazônia.

No que diz respeito ao Pregão, o Decreto nº 7.174/10 apenas prevê que a licitação do tipo menor preço será exclusiva para a aquisição de bens e serviços de informática e automação considerados comuns, na forma do parágrafo único do art. 1º da Lei nº 10.520/02, com preferência para a forma eletrônica, consoante o determinado no art. 4º do Decreto nº 5.450/05, sem nenhuma menção à Lei nº 11.077/04 (§1º do art. 9º).

Para efeito de comprovação do requisito referido no §3º, o §4º preconiza que o produto deverá estar habilitado a usufruir do incentivo de isenção do Imposto sobre Produtos Industrializados (IPI), de que trata o art. 4º da Lei nº 8.248/91, nos termos da regulamentação estabelecida pelo Ministério da Ciência e Tecnologia.

Ocorre que, como esposado, a Lei nº 8.248/91, após a edição da Lei nº 10.176/2011, deixou de conferir preferência aos "bens e serviços produzidos no País, com significativo valor agregado local", estabelecendo a preferência aos "bens e serviços produzidos de acordo com processo produtivo básico".

Destarte, com a edição do Decreto nº 7.174/10, há de se entender que, no §3º do art. 3º do Decreto nº 3.555/2000, onde se lê "fabricados no País com significativo valor agregado local", dever-se-á ler, com a devida adequação ao que consta a Lei nº 8.248/91, "produzidos de acordo com processo produtivo básico".

O art. 8º do decreto dispõe sobre o exercício do direito de preferência.

Prescreve o preceptivo:

Art. 8º O exercício do direito de preferência disposto neste Decreto será concedido após o encerramento da fase de apresentação das propostas ou lances, observando-se os seguintes procedimentos, sucessivamente:

I – aplicação das regras de preferência para as microempresas e empresas de pequeno porte dispostas no Capítulo V da Lei Complementar nº 123, de 2006, quando for o caso;

II – aplicação das regras de preferência previstas no art. 5º, com a classificação dos licitantes cujas propostas finais estejam situadas até dez por cento acima da melhor proposta válida, conforme o critério de julgamento, para a comprovação e o exercício do direito de preferência;

III – convocação dos licitantes classificados que estejam enquadrados no inciso I do art. 5º, na ordem de classificação, para que possam oferecer nova proposta ou novo lance para igualar ou superar a melhor proposta válida, caso em que será declarado vencedor do certame;

IV – caso a preferência não seja exercida na forma do inciso III, por qualquer motivo, serão convocadas as empresas classificadas que estejam enquadradas no inciso II do art. 5º, na ordem de classificação, para a comprovação e o exercício do direito de preferência, aplicando-se a mesma regra para o inciso III do art. 5º, caso esse direito não seja exercido; e

V – caso nenhuma empresa classificada venha a exercer o direito de preferência, observar-se-ão as regras usuais de classificação e julgamento previstas na Lei nº 8.666, de 21 de junho de 1993, e na Lei nº 10.520, de 17 de julho de 2002.

§1º No caso de empate de preços entre licitantes que se encontrem na mesma ordem de classificação, proceder-se-á ao sorteio para escolha do que primeiro poderá ofertar nova proposta.

## Estudemos passo a passo o disciplinado:

Art. 8º O exercício do direito de preferência disposto neste Decreto será concedido após o encerramento da fase de apresentação das propostas ou lances, observando-se os seguintes procedimentos, sucessivamente:

I – aplicação das regras de preferência para as microempresas e empresas de pequeno porte dispostas no Capítulo V da Lei Complementar nº 123, de 2006, quando for o caso.

Dessa forma, a Administração está obrigada, inicialmente, a oferecer o direito de preferência para as empresas classificadas como Microempresas ou Empresas de Pequeno Porte (ME/EPP), bem como às Cooperativas (que recebem tratamento diferenciado idêntico ao dado às ME/EPP, consoante o preconizado na Lei nº 11.488/2008).

Assim, tratando-se de uma modalidade licitatória tradicional (regida pela Lei nº 8.666/93), tendo ocorrido empate entre médias ou grandes empresas e ME/EPP/COOPERATIVA (seja real ou ficto, dentro da regra da faixa dos 10%), dar-se-á a ME/EPP/COOPERATIVA o direito de apresentação de preço inferior.

Caso a modalidade licitatória seja o Pregão (Lei nº 10.520/02), havendo o mesmo tipo de empate (cuja regra é a faixa de 5%), dar-se-á o mesmo direito a ME/EPP/COOPE-RATIVA (apresentação preço inferior).

Como o decreto faz referência à melhor proposta, há de se ater que, na licitação que adote o tipo menor preço (que é o caso do Pregão), está se reportando efetivamente ao menor preço. Já nos certames que adotem o tipo técnica e preço, está se referindo ao resultado obtido em face do cumprimento do inciso VII do art. 10 do Decreto nº 7.174/10, o qual dispõe que, no julgamento das propostas nas licitações do tipo "técnica e preço", obter-se-á o valor de cada proposta através do somatório dos valores obtidos nos incisos V e VI (V – multiplicação do índice técnico de cada proposta pelo fator de ponderação, fixado previamente no edital da licitação; e VI – multiplicação do índice de preço de cada proposta pelo complemento em relação a dez do valor do fator de ponderação adotado).

> II – aplicação das regras de preferência previstas no art. 5º, com a classificação dos licitantes cujas propostas finais estejam situadas até dez por cento acima da melhor proposta válida, conforme o critério de julgamento, para a comprovação e o exercício do direito de preferência;

Persistindo o empate, o inciso II determina a aplicação das regras de preferência previstas no art. 5º, com a classificação dos licitantes cujas propostas finais estejam situadas até 10% acima da melhor proposta válida, conforme o critério de julgamento, para a comprovação e o exercício do direito de preferência.

Consoante dispõe o citado art. 5º (incisos I, II e III), as regras de preferência são:

a – bens e serviços com tecnologia desenvolvida no País e produzidos de acordo com o Processo Produtivo Básico (PPB), na forma definida pelo Poder Executivo Federal;

b – bens e serviços com tecnologia desenvolvida no País; e

c – bens e serviços produzidos de acordo com o PPB, na forma definida pelo Poder Executivo Federal.

Registre-se que o parágrafo único dispõe que microempresas e empresas de pequeno porte que atendam ao disposto nos incisos terão prioridade no exercício do direito de preferência em relação às médias e grandes empresas enquadradas no mesmo inciso.

Nesse passo, consoante a ferramenta regulamentar, classificar-se-ão somente os licitantes cujas propostas finais estejam situadas até 10% acima da melhor proposta válida.

Proceder-se-á, então, mais uma vez, o exercício da preferência entre esses, considerando as formulações dispostas nos incisos, sendo certo que, caso ME/EPP/COOPERATIVAS façam parte desse rol, terão prioridade.

Sublinhe-se que o Decreto nº 7.174/10 inova irregularmente em relação ao art. 3º da Lei nº 8.248/91, prevendo critério (o dos 10%) não mencionado na lei.

> III – convocação dos licitantes classificados que estejam enquadrados no inciso I do art. 5º, na ordem de classificação, para que possam oferecer nova proposta ou novo lance para igualar ou superar a melhor proposta válida, caso em que será declarado vencedor do certame;

Mantido o empate, o inciso III determina a convocação dos licitantes classificados que estejam enquadrados no inciso I do art. 5º, na ordem de classificação, para que possam oferecer nova proposta ou novo lance para igualar ou superar a melhor proposta válida, caso em que será declarado vencedor do certame.

Assim, convocar-se-ão os licitantes classificados que tenham oferecido bens e/ou serviços com tecnologia desenvolvida no País e produzidos de acordo com o Processo Produtivo Básico (PPB), na ordem de classificação, para que ofereçam nova proposta (na hipótese de modalidades da Lei nº 8.666/93) ou novo lance (no caso de Pregão) que iguale ou supere a melhor proposta válida, caso em que será declarado vencedor do certame.

A premissa é que a melhor proposta válida oferecida não contenha, na formulação do objeto, tecnologia desenvolvida no País e produção de acordo com o Processo Produtivo Básico (PPB).

Dessa forma, o licitante que possua tais características, na ordem de classificação, poderá oferecer proposta idêntica ou menor. Caso ofereça, será considerado vencedor.

> IV – caso a preferência não seja exercida na forma do inciso III, por qualquer motivo, serão convocadas as empresas classificadas que estejam enquadradas no inciso II do art. 5º, na ordem de classificação, para a comprovação e o exercício do direito de preferência, aplicando-se a mesma regra para o inciso III do art. 5º, caso esse direito não seja exercido; e

Persistindo o empate, ou seja, na hipótese de não ser exercida a preferência na forma do inciso III, o inc. IV preconiza a convocação das empresas classificadas que estejam enquadradas no inciso II do art. 5º, na ordem de classificação, para a comprovação e o exercício do direito de preferência, aplicando-se a mesma regra para o inciso III do art. 5º.

Nesse diapasão, na hipótese de não ser exercitada a situação prescrita no inc. III, convocar-se-ão os licitantes que tenham oferecido bens e/ou serviços com tecnologia desenvolvida no País (inc. II), adotando-se a mesma regra anteriormente explicitada.

No caso de empate de preços entre licitantes que se encontrem na mesma ordem de classificação, o §1º indica que proceder-se-á o sorteio para escolha do que primeiro poderá ofertar nova proposta.

V – caso nenhuma empresa classificada venha a exercer o direito de preferência, observar-se-ão as regras usuais de classificação e julgamento previstas na Lei nº 8.666, de 21 de junho de 1993, e na Lei nº 10.520, de 17 de julho de 2002.

Se nenhuma empresa classificada exerça o direito de preferência, o inc. V prevê que deverão ser observadas as regras usuais de classificação e julgamento preconizadas na Lei nº 8.666/93 e na Lei nº 10.520/02.

Assim, caso nenhum licitante exerça tal prerrogativa, seguir-se-ão as regras da Lei nº 8.666/93, que definem, no §2º do art. 3º, que, em igualdade de condições, como critério de desempate, assegurar-se-á preferência, sucessivamente, aos bens e serviços: (a) produzidos no País; (b) produzidos ou prestados por empresas brasileiras; e (c) produzidos ou prestados por empresas que invistam em pesquisa e no desenvolvimento de tecnologia no País. Por fim, perdurando o empate, prescreve o §2º do art. 45 da mesma lei que a classificação se fará, obrigatoriamente, por sorteio.

*Art. 4º. A licitação na modalidade de Pregão é juridicamente condicionada aos princípios básicos da legalidade, da impessoalidade, da moralidade, da igualdade, da publicidade, da probidade administrativa, da vinculação ao instrumento convocatório, do julgamento objetivo, bem assim aos princípios correlatos da celeridade, finalidade, razoabilidade, proporcionalidade, competitividade, justo preço, seletividade e comparação objetiva das propostas.*

*Parágrafo único. As normas disciplinadoras da licitação serão sempre interpretadas em favor da ampliação da disputa entre os interessados, desde que não comprometam o interesse da Administração, a finalidade e a segurança da contratação.*

# 9 Os princípios adotados no Pregão

## 9.1 Princípios e regras

A enumeração dos princípios licitatórios, tal como ocorre na Lei nº 8.666/93, vincula-se diretamente ao art. 37 da Constituição Federal, uma vez que os princípios que orientam o Pregão são os mesmos que dão norte a qualquer atividade desenvolvida pela Administração Pública.

Além de se constituírem um rumo seguro e a própria bússola de interpretação do Direito, os princípios têm também o mote de suprir as lacunas e as imperfeições da lei.[62] Consoante os ensinamentos de Bandeira de Mello, são mandamentos nucleares de um sistema, verdadeiros alicerces, disposições fundamentais que se irradiam sobre diferentes normas compondo-lhes o espírito e servindo de critério para sua exata compreensão e inteligência:

> É o conhecimento dos princípios que preside a intelecção das diferentes partes componentes do todo unitário que há por nome

---

[62] ZAGO. Princípios, aplicabilidade, modalidade. *In*: MEDAUAR (Org.). *Licitações e contratos administrativos*: coletânea de estudos, p. 2.

sistema jurídico positivo. Violar um princípio é muito mais grave que transgredir uma norma qualquer. A desatenção ao princípio implica ofensa não apenas a um específico mandamento obrigatório, mas a todo o sistema de comandos. É a mais grave forma de ilegalidade ou inconstitucionalidade, conforme o escalão do princípio atingido, porque representa insurgência contra o sistema, subversão de seus valores fundamentais, contumélia irremissível a seu arcabouço lógico e corrosão de sua estrutura mestra.[63]

Na avaliação de um texto normativo há de se apartar as regras dos princípios: regras disciplinam uma situação que, ocorrendo, fazem com que a norma tenha incidência, já os princípios, como explicitado, informam diretrizes gerais de um sistema.

Lucineide Mendes dos Santos bem dispõe sobre os institutos:

> Em um ordenamento jurídico, não pode haver regras incompatíveis, ou uma regra vai ser cumprida ou não, vale ou não vale. Já no que se refere aos princípios, não são imperativos categóricos, são mais amplos do que as regras, eles expressam determinações em que sentido decidir. Ao contrário das regras, que possuem critérios para solução de conflitos, os princípios, por sua natureza, não têm formulações para solução de colisão, eis que exercem um papel diferente dos das regras dentro do sistema jurídico.[64]

Por tudo que elencamos, verifica-se que a enumeração de princípios em atos regulamentares é um erro. Já tratamos do tema antes:

> Princípios jamais deveriam fazer parte de normas regulamentares, mais sim da lei que dispõe sobre as regras gerais, tal como regrado no art. 3º da Lei nº 8.666/93, recebendo destaque especial, porquanto denotam reafirmação de parâmetros éticos e morais.[65]

---

[63] BANDEIRA DE MELLO. *Curso de direito administrativo*, 8. ed., p 545.

[64] SANTOS. *Distinções entre regras e princípios*.

[65] BITTENCOUT. *Pregão eletrônico*, 3. ed., p. 72.

## 9.2 Os princípios adotados no Pregão

Além de repetir os princípios licitatórios já prescritos no art. 3º da Lei nº 8.666/93 (legalidade, impessoalidade, moralidade administrativa, igualdade, publicidade, probidade administrativa, vinculação ao instrumento convocatório e julgamento objetivo),[66] este art. 4º condiciona o Pregão a outros, muitos também encontrados em dispositivos da lei de licitações (celeridade, finalidade, razoabilidade, proporcionalidade, competitividade, justo preço, seletividade e comparação objetiva das propostas).

Exige o diploma regulamentar, tal como a Lei nº 8.666/96, que nas licitações seja preservada a igualdade entre todos, com processamento e julgamento em conformidade com diversos princípios:

a) Princípio da Legalidade, que visa à verificação de conformação de todo o certame com as normas legais vigentes. Máxima em Direito, que resume com precisão a atuação da Administração Pública no atendimento desse princípio, é a distinção procedida entre os universos do Direito Público e do Direito Privado: no primeiro só é possível realizar o que a lei autoriza; no segundo, é factível fazer o que a lei não proíbe. Dessa forma, distingue Eros Grau: "Se pretendermos, portanto, relacionar o princípio da legalidade ao regime de Direito Público, forçoso seria referirmolo, rigorosamente, como princípio da legalidade sob conteúdo de comprometimento positivo".[67]

b) Princípio da Impessoalidade, que, em síntese, veda os "apadrinhamentos", aproximando-se, em muito,

---

[66] Em 2006, o Tribunal de Contas da União determinou, por meio de medida cautelar, a suspensão de Pregão da Agência Nacional de Aviação Civil (ANAC) para a contratação de empresa especializada na prestação de serviços de agenciamento de viagens, com o fornecimento de passagens aéreas nacionais e internacionais, além de operacionalizar reservas e executar qualquer tarefa associada a esses procedimentos. De acordo com o ministro Ubiratan Aguiar, relator do processo, as irregularidades apontadas feriam os princípios da legalidade, isonomia, igualdade e impessoalidade, além de contrariar o caráter competitivo do certame (TC-027.446/2006-0 Plenário).

[67] GRAU. *A ordem econômica na Constituição de 1988*: interpretação e crítica, p. 147.

do Princípio da Igualdade,[68] porquanto impõe que o procedimento licitatório seja destinado a todos os interessados, obstaculizando o desenvolvimento de qualquer tipo de favorecimento pessoal. Qualquer agente público exerce seu trabalho para servir aos interesses da população. Dessa forma, seus atos deverão, necessariamente, ser impessoais, tendo como finalidade o interesse público, e jamais o interesse próprio ou de um grupo de pessoas.[69]

c) Princípio da Moralidade, que, sem dúvida, confunde-se com o Princípio da Probidade Administrativa, elencado posteriormente, que obriga o óbvio: licitador e licitantes devem observar uma conduta honesta e honrada. Leandro Cadenas explica, com propriedade, que, obedecendo a esse princípio, deve o administrador — além de seguir o que a lei determina — pautar sua conduta na moral comum, fazendo o que for melhor e mais útil ao interesse público. O professor relembra que o agente público, ao atuar, deve separar além o bem do mal, o legal do ilegal, o justo do injusto, o conveniente do inconveniente, também o honesto do desonesto, concluindo que é a moral interna da instituição que condiciona o exercício de qualquer dos poderes, mesmo o discricionário.[70] [71] Desse modo, o

---

[68] Nesse mesmo entendimento, Celso Bandeira de Mello. Já para Hely Lopes Meirelles, o princípio da impessoalidade está relacionado ao princípio da finalidade, pois esse se traduz na busca da satisfação do interesse público, que se subdivide em primário (conceituado como o bem geral) e secundário (definido como o modo pelo qual os órgãos da Administração veem o interesse público).

[69] É de se relembrar que o parágrafo único, inc. III, do art. 2º da Lei nº 9.784/1999, que regula o processo administrativo no âmbito da Administração Pública Federal, prescreve que, nos processos administrativos, serão observados os critérios de objetividade no atendimento do interesse público, vedada a promoção pessoal de agentes ou autoridades.

[70] CADENAS. Princípio da moralidade. *Algo sobre vestibular e concurso*. Disponível em: <http://www.algosobre.com.br/direito-administrativo/principio-da-moralidade.html>.

[71] Além do art. 37 da CF, que enumera os princípios da Administração Pública, o princípio da moralidade também é mencionado no art. 5º, LXXIII:
"LXXIII – qualquer cidadão é parte legítima para propor ação popular que vise a anular ato lesivo ao patrimônio público ou de entidade de que o Estado participe, à moralidade administrativa (...)".

princípio denota que, na conduta administrativa, não basta ao agente público obedecer à lei e, diria, nem mesmo a conformação do ato administrativo com a regra legal, mas sim que precisa exercer as suas atividades observando um controle moral essencial à Administração Pública.

d) Princípio da Igualdade, que consta também nos artigos 5º e 37, inc. XXI, da Constituição Federal, e que, em termos de licitação, assegura iguais oportunidades a todos de apresentarem suas propostas para, enfim, celebrar um futuro contrato com a Administração Pública. Dessa maneira, estão vedadas cláusulas no edital que possam desigualar os licitantes, favorecendo uns e prejudicando outros, dando azo a uma forma insidiosa de desvio de poder, muito embora corrigível pela própria Administração ou pela via judicial pertinente.

e) Princípio da Publicidade, que, além de princípio geral de Direito Administrativo, é condição de eficácia da própria licitação e do contrato, dos direitos dos envolvidos na licitação e do seu amplo controle por parte do povo.

f) Princípio da Probidade Administrativa,[72] que sinaliza — numa apreciação do real sentido da palavra, oriunda do latim — para a boa atuação do administrador público. Apesar de confundir-se bastante com a ideia de moralidade, com já esposado, distingue-se a probidade pela prática de atos que implicam no prejuízo da Administração, em face da má qualidade gerencial, ao contrário da moralidade, que se situa no campo ético e, em casos extremos, da honestidade.[73]

---

[72] Os atos de improbidade administrativa são sancionáveis por intermédio da Lei nº 8.429, de 2.6.1992, que surgiu como um real mecanismo de defesa da moralidade do setor público.

[73] "Podemos dizer que todo ato contrário à moralidade administrativa é ato configurador de improbidade. Porém, nem todo ato de improbidade administrativa representa violação à moralidade administrativa" (JACOBY FERNANDES. Improbidade administrativa. *Revista do Tribunal de Contas da União*, p. 30).

g) Princípio da Vinculação ao Instrumento Convocatório, que impede a criação, após iniciado o procedimento licitatório, de critérios diferenciados daqueles estabelecidos no ato convocatório, evitando surpresas para os licitantes, que podem formular suas propostas com inteiro conhecimento do que deles pretende a Administração.

h) Princípio do Julgamento Objetivo, que abarca a fase do procedimento licitatório que diz respeito aos atos concernentes ao pregoeiro: o julgamento. Tal princípio atrela esses atos aos critérios de aferição previamente definidos no ato convocatório, com o intuito de evitar que o julgamento seja realizado segundo critérios desconhecidos dos licitantes.

Indo além, o dispositivo listou outros princípios:

- Princípio da Celeridade, buscando a agilidade do procedimento. Já registramos que este princípio é norteador da licitação na modalidade Pregão, pois procura simplificar procedimentos, afastando ao máximo o rigor excessivo e as formalidades desnecessárias. No Pregão, sempre que possível, as decisões deverão ser tomadas no momento da sessão.[74]

- Princípio da Finalidade, que configura princípio máximo no âmbito do Direito Administrativo, voltado para a regra de interpretação teleológica da norma. Conforme dispôs Bandeira de Mello, tal princípio impõe ao administrador, no manejo das competências postas a seu encargo, uma atuação com rigorosa obediência à finalidade de cada qual, ou seja, cumprindo-lhe não apenas cingir-se à finalidade própria de todas as leis, que é o interesse público, mas também à finalidade específica abrigada na lei a que esteja dando execução.[75]

---

[74] BITTENCOURT. *Curso básico em licitação*, 3. ed., p 27.

[75] BANDEIRA DE MELLO. *Curso de direito administrativo*, 5. ed., p. 255.

- Princípio da Razoabilidade, que exige perfeita conexão entre a opção de conduta escolhida e a finalidade, sempre se voltando para o atendimento ao interesse público. Os atos administrativos no Pregão hão de conter, por conseguinte, estreita relação com o propósito da Administração e os anseios da coletividade, ou seja, pleno equilíbrio entre atos da Administração e a necessidade coletiva.
- Princípio da Proporcionalidade, determinando a elaboração do certame em conformidade com o objeto pretendido. Conforme bem avaliou Bacchelli, a necessidade da Administração, baseada no elemento "proporcionalidade", deve ser entendida no sentido de que a medida a ser adotada não pode exceder os limites indispensáveis à conservação do fim legítimo que se almeja.[76]
- Princípio da Competitividade, que se correlaciona com o princípio da igualdade, uma vez que todos os interessados em contratar com a Administração devem competir em igualdade de condições. A Lei nº 8.666/93 registra, inclusive, que é vedado aos agentes públicos admitir, prever, incluir ou tolerar, nos atos de convocação, cláusulas ou condições que comprometam, restrinjam ou frustrem o seu caráter competitivo.
- Princípio do Justo Preço, que determina que a Administração, com a feitura do Pregão, está atrelada ao trabalho de busca de um preço que possa ser quitado com recursos disponíveis, mas que não esteja em descompasso com aqueles praticados no mercado. Antônio de Jesus Trovão, em monografia sobre o tema, obtempera com acuidade:

---

[76] Disponível em: <http://professorbacchelli.spaceblog.com.br/180891/Os-Principios-de-Direito-Administrativo/>.

Trata-se de uma concepção de que os acordos deverão ser cumpridos também pelos fornecedores — entre si — procedendo em consonância com interesses coletivos (...); porém tal cumprimento deverá dar-se dentro de princípios claros e efetivos — como o preço justo — praticados por todos como forma de realização dos contratos, dando a cada um o que lhe é devido dentro da medida do que é justo e do que é bom. O bom que prevalecerá após as transações e que se sublimará para dentro da estrutura jurídica e social como decorrência de uma infra-estrutura econômica também alojada na mesma medida de justiça (...).[77]

- Princípio da Seletividade, que implica na constante perseguição da seleção da proposta mais adequada, requerendo enormes cuidados com a seleção da proposta, que terá conexão direta com a qualidade do objeto contratado.
- Princípio da Comparação Objetiva das Propostas, que, por estar voltado para a busca da proposta mais vantajosa, veda, em tese, a adoção de qualquer tipo de fator para a sua avaliação que não seja o próprio preço, impedindo a utilização de critérios subjetivos e imperfeitos.

Na correta dicção de Jordão Gomes de Oliveira,[78] estes últimos princípios compõem, na verdade, subprincípios do Princípio da Eficiência, consagrado no *caput* do art. 37 da Constituição Federal.

Nessa linha de raciocínio, também Joel Niebuhr:

A eficiência em licitação pública gira em torno de três aspectos fundamentais: preço, qualidade e celeridade. Daí que do princípio da eficiência, mais abrangente, decorrem outros princípios, entre os quais o do justo preço, o da seletividade, o da celeridade e o da finalidade.[79]

---

[77] TROVÃO. A questão do preço justo. Disponível em: <http://www.boletimjuridico. com.br/doutrina/texto.asp?id=552>.

[78] OLIVEIRA. Pregão eletrônico: transparência como ferramenta de prevenção à corrupção e de efetivação da cidadania. <https://bvc.cgu.gov.br/bitstream/123456789/3551/3/pregao_ eletronico_transparencia_ferramenta.pdf>.

[79] NIEBUHR. *Pregão presencial e eletrônico*, 4. ed., 2008.

Acresça-se que, afora os princípios elencados, outros tantos hão de ser considerados pelo Poder Público, sempre com o firme propósito de dotar o procedimento licitatório do Pregão de clareza e de transparência, tais como o Princípio do Procedimento Formal e o Princípio da Adjudicação Compulsória ao Vencedor da Licitação.

## 9.3 Interpretação em favor da ampliação da disputa

Informa o parágrafo único que as normas disciplinadoras da licitação na modalidade Pregão sempre deverão ser interpretadas em favor da ampliação da disputa entre os interessados, desde que não comprometam o interesse da Administração, a finalidade e a segurança da contratação.

Ora, atendendo ao princípio da competitividade, qualquer norma disciplinadora de uma licitação sempre deverá buscar a ampliação da disputa entre os interessados. Essa é a regra. No Pregão, portanto, o procedimento jamais poderia ser diferente.

Por conseguinte, salta aos olhos a desnecessidade do legislador buscar explicar a forma de interpretação de normas disciplinadoras de um procedimento licitatório. Talvez a intenção tenha sido a de demonstrar que no Pregão o princípio exacerba-se, diante da competição mais acirrada, em função da etapa de lances verbais.

Entrementes, a ressalva causa estranheza. Pelo estabelecido, a interpretação em favor dessa disputa não deverá ocorrer caso comprometa a interesse da Administração ou a finalidade e segurança da contratação.

Pelo literalmente disposto, havendo possibilidade de tal comprometimento, a interpretação deverá abandonar a busca da ampliação da mesma.

Evidentemente, não pode ser essa a intenção da regra, por absurda e descabida. Perseguindo a sua finalidade — considerando a máxima de que não existe inutilidade nas normas — concluímos que o administrador público, na hipótese de constatar a impossibilidade de instauração do

Pregão, em face de inviabilidade de competição, deverá descartá-la, alicerçado em justificativa formal plausível, optando, em consequência, pela contratação direta através do enquadramento em inexigibilidade do certame.

*Art. 5º. A licitação na modalidade de Pregão não se aplica às contratações de obras e serviços de engenharia, bem como às locações imobiliárias e alienações em geral, que serão regidas pela legislação geral da Administração.*

## 10 A questão da não aplicação do Pregão para contratação de obras e serviços de engenharia

Em princípio, em aparente coerência com a definição de bens e serviços comuns, este dispositivo alerta que o Pregão não se aplica às contratações não consideradas simples (comuns), quais sejam, as obras e serviços de engenharia, locações imobiliárias e alienações.

Com exatidão, Marcelo Palmieri concluiu que, se for condição prévia à contratação aferir-se qualquer quesito técnico, certamente não estar-se-ia diante de um objeto que possa ser licitado por Pregão, pois a contratação do objeto desejado não pode depender de ponderações e estudos técnicos mais detalhados, que, em razão de suas particularidades, acabem sendo incompatíveis com a celeridade que se pretende instituir com o Pregão, uma modalidade marcada por características dinâmicas, tais como a possibilidade de lances verbais, a concentração de todos os atos numa única sessão, dentre outras:

> Assim, afastaríamos por completo qualquer possibilidade de se licitar por Pregão somente as obras e os serviços (de engenharia ou não) de alto vulto, assim entendidos, nos termos do art. 56, §3º, da Lei nº 8.666/93, aqueles que envolvam alta complexidade técnica e riscos financeiros consideráveis, bem como toda e qualquer aquisição sob o tipo melhor técnica ou técnica e preço.[80]

---

[80] PALMIERI. O pregão: aspectos práticos. *Jus Navigandi*. Disponível em: <http://jus.uol.com.br/revista/texto/424>. Acesso em: 22 abr. 2011.

Hão de ser considerados bens e serviços comuns, consoante prescreve o parágrafo único do artigo 1º da Lei nº 10.520/02, aqueles cujos padrões de desempenho e qualidade possam ser definidos com objetividade no edital através de especificações usuais no mercado.

Nesse diapasão, inicialmente buscou-se prescrever um elenco exaustivo de bens e serviços (por intermédio de um anexo ao Decreto nº 3.555/2000). Com o passar do tempo, entretanto, a questão foi reavaliada, culminando com uma alteração de entendimento por parte preponderante da doutrina, que concluiu que o rol mencionado seria apenas exemplificativo.[81] Atualmente, a dúvida foi extirpada definitivamente, em face da revogação do citado anexo (Anexo II do Decreto nº 3.555/2000) pelo Decreto nº 7.174, de 12.5.2010.

Na 1ª edição deste trabalho, inexistindo regulamentação, vislumbramos que os bens e serviços comuns seriam aqueles corriqueiros no dia a dia da Administração que inexigissem maiores detalhamentos e especificações, não obstante a necessidade de deterem padrões razoáveis de desempenho e qualidade (a serem definidos no edital).

Verificou-se, contudo, uma diferença de tratamento, comparativamente com o que ocorre na prática, quanto aos diversos convites divulgados pela Administração. Nesses, normalmente, inexiste qualquer tipo de detalhamento quanto à qualidade e, não raro, quanto à especificação, pelo que é atribuída a essa modalidade a "culpa" pela aquisição de material de pouca qualidade.

---

[81] Registre-se que parte da doutrina já defendia que o rol era exemplificativo, fundamentando-se no fato de que o parágrafo único proclamava que bens e serviços comuns seriam aqueles cujos padrões de desempenho e qualidade poderiam ser objetivamente definidos, ou seja, aqueles adquiridos rotineiramente. Logo, não haveria lógica num elenco que listasse apenas alguns, deixando de fora outros tantos possuidores das mesmas características. Além disso, a ferramenta regulamentar, surgida no ordenamento jurídico em 2000, estava atrelada a um artigo da medida provisória. Com a sanção da Lei nº 10.520/02, e com a exclusão — em face de veto presidencial — do artigo que determinava a regulamentação, não mais ela existiria. Ivan Barbosa Rigolin, como fulcro nessa tese, assentiu que o decreto serviria hoje, quando muito, como mera inspiração.

A utilização do Pregão condiciona-se, portanto, à aquisição de bens habitualmente adquiridos pela Administração. Entrementes, verifica-se que o preconizado nos art. 3º e art. 4º da Lei nº 10.520/02 apontam para a exigência de outras condições.

Sendo o Pregão adotado para aquisição de bens comuns e contratação de serviços comuns, e como a definição desses bens e serviços é bastante ampla e indefinida, aguardou-se com bastante expectativa a regulamentação referida no então §2º da medida provisória de origem.

O §2º do art. 3º do regulamento federal ora em análise traz uma definição abrangente, considerando bens e serviços comuns aqueles cujos padrões de desempenho e qualidade possam ser concisa e objetivamente definidos no objeto do edital, em perfeita conformidade com as especificações usuais praticadas no mercado, além de, por intermédio de um anexo (Anexo II), definir, em princípio, um elenco exaustivo de bens e serviços considerados comuns, rol alterado pelo Decreto nº 3.693/2000, com acertos de sequência numérica e organização, e pelo Decreto nº 3.784/2001, que o acresceu de novos itens.

Evidenciou-se, entretanto, que a nova modalidade seria cabível para aquisição de bens comuns e para a contratação de serviços comuns, independentemente de conceitos, e não para um conjunto que una "bens e serviços comuns", como alguns incautos intérpretes já haviam se manifestado (e até praticado). Também ficou absolutamente definido que sua adoção dar-se-ia para contratações de bens e serviços facilmente definidos num edital, sem maiores detalhamentos e rebuscados técnicos. Sobre o assunto, Volnei Moreira dos Santos observa, com absoluta razão, que, em termos pragmáticos, é possível concluir que, pairando resquício de dúvida sobre a possibilidade de se enquadrar produtos ou serviços no elenco dos comuns, forte será o indício de que não o são, devendo ser avaliada com firmeza a hipótese de se afastar o emprego do Pregão.[82]

---

[82] SANTOS. *A lei do pregão no município*: uma visão prática e operacional, p. 17.

Avaliando a questão em outra obra,[83] após trazermos abalizadas opiniões (Benedicto de Tolosa Filho, Benedito Dantas Chiaradia, Clovis Celso Velasco Boechat, Fernando Antônio Santiago Júnior, Francisco Rezende Filho, Leon Frejda Szklarowsky, Luiz Gustavo Rocha Oliveira, Renato Poltronieri, Sergio de Andréa Ferreira, entre outros), defendemos que a listagem de bens e serviços comuns, constante do anexo do Decreto nº 3.555/2000, era exaustiva.

Maurício Balesdent Barreira postulava da mesma forma:

> A definição do caráter — taxativo ou exemplificativo — da lista de bens e serviços comuns estabelecida pelo Decreto nº 3.555/00 depende, a meu ver, de anterior determinação do campo competencial da União. A edição da Lei nº 10.520, de 17 de julho de 2002 decorre da competência atribuída à União Federal para legislar sobre "normas gerais de licitação e contratação" (CF/88, art. 22, XXVII). Mesmo remanescendo algo nebuloso o conceito das normas gerais desde sua introdução no direito pátrio pela Constituição de 1934, alguns delineamentos já se encontram suficientemente identificados pela melhor doutrina, como bem registrou o grande mestre Diogo de Figueiredo Moreira Neto: estabelecem princípios, diretrizes, linhas mestras e não podem entrar em pormenores ou detalhes nem, muito menos, esgotar o assunto legislado; devem referir-se a questões fundamentais; não são normas de aplicação direta. Ora, se a própria natureza das normas gerais limita a ação legislativa ao estabelecimento de linhas mestras, não seria razoável admitir que um decreto, instrumento normativo de que dispõe o Executivo para regular a Administração, *in casu*, a Administração Federal (Pontes de Miranda, em seu Comentários à Constituição de 1946, tomo III, p. 124, já ensinava que não cabe regulamentar o que não se cumpre executar), pudesse extrapolar esses limites, "especificando o geral", para os demais entes federativos. Dessa forma, retornando à questão posta, parece-me que a lista do decreto federal, estabelecida no regular espaço discricionário propiciador da regulamentação de lei, é de fato taxativa, pois visa a determinar o que restou indeterminado pela Lei; aplica-se, no entanto, tão somente à União Federal, pois do contrário representaria extrapolação dos limites das normas gerais, vale dizer, da competência da União.[84]

---

[83]  BITTENCOURT. *Pregão passo a passo*, 3. ed.

[84]  Conforme manifestado por *e-mail*, em 2004.

## Da mesma forma, a dicção de Toshio Mukai:

O parágrafo único do art. 1º considera bens e serviços comuns aqueles cujos padrões de desempenho e qualidade passam a ser objetivamente definidos pelo edital, por meio de especificações usuais no mercado. A MP nº 2.182-18 nos ofereceu essa definição no seu art. 1º, §1º, e no §2º dispôs que o regulamento disporá sobre os bens e serviços comuns do artigo. (...) Destarte, perguntar-se-ia: o rol de bens e serviços comuns, que integra o Anexo II do Decreto federal nº 3.555, de 2000, ainda está de pé? Entendemos que sim, mas apenas para o nível federal, eis que o Decreto nº 3.555/00 continua sendo o Regulamento do Pregão, em nível federal.[85]

Também nessa linha, a então interpretação de Benedicto de Tolosa Filho:

No entanto, como não poderia deixar de ser, algumas questões decorrentes da aplicação do Pregão são polemizadas. Dentre elas, emerge uma indagação constante: a lista de bens e serviços anexa ao Decreto nº 3.555/2000 é exaustiva ou exemplificativa? (...) A interpretação literal e mais simples do problema conduz efetivamente à conclusão de que o rol não é exaustivo, pois, basta que o objeto se coadune com o requisito exigido pelo dispositivo *in comento*, ou seja, com padrão de desempenho e de qualidade que possam ser objetivamente definidos, utilizando-se as expressões usuais disponíveis no mercado. No entanto, independentemente do veto aposto no *caput* do art. 1º da lei que instituiu o Pregão, compete ao Poder Executivo regulamentar a matéria, à vista da conveniência e da oportunidade, utilizando seu poder discricionário. E assim, utilizando dessa faculdade, restringiu, via decreto, apenas no âmbito da União, a lista dos bens e serviços comuns. Portanto, a interpretação teleológica nos leva a concluir que a lista constante do decreto citado é exaustiva, mormente por ser matéria que gravita na órbita do Direito Público.[86]

---

[85] MUKAI. A lei do pregão: novidades na conversão da MP nº 2.182/8. *Fórum de Contratação e Gestão Pública – FCGP*.

[86] Opinião manifestada por *e-mail* em maio 2004. Posteriormente, entretanto, reavaliando a questão, o administrativista reviu sua posição: "Essa exigência decorre da possibilidade de que os licitantes podem, dentro de parâmetros mínimos traçados pelo instrumento convocatório, agregar novas características técnicas, as quais serão

Restava claro que a questão não permitia um fácil delineamento. O próprio Tribunal de Contas da União (TCU), apreciando situação referente a Pregão instaurado na Caixa Econômica Federal (CEF), mostrou-se bastante indeciso:

> (...) discute-se se o decreto mencionado seria aplicável à empresa pública, regida por normas de direito privado. Ainda que fosse, surge a questão de poder o decreto restringir determinados bens ou produtos, de qualquer natureza, enquadráveis, em tese, no conceito legal de bens e serviços comuns. Além disso, seria desarrazoado considerar os terminais de computadores adquiridos via Pregão pela CEF bens comuns. (...) As indagações levantadas não são de fácil solução, nem se apresentam de forma imediata e clara ao administrador. Há razões jurídicas suficientemente fundamentadas para defender mais de uma solução possível. Dessa forma, afasto, de imediato, a culpabilidade dos agentes públicos envolvidos na escolha da modalidade Pregão para a aquisição dos bens questionados pela Unidade Técnica. (...) Ressalto, ainda, que as questões acima levantadas deverão ser resolvidas por ocasião da decisão definitiva a ser proferida no presente feito. Deve, contudo, a Unidade Técnica realizar diligência junto à Caixa Econômica Federal para que sejam apresentadas as razões pelas quais foi adotado o Pregão no presente feito, devendo ser apresentados os motivos que levaram a entidade a entender que os terminais adquiridos foram enquadrados como bens comuns, de que trata o parágrafo único do art. 1º da Lei nº 10.520/02.[87]

---

pontuadas e ponderadas com o preço ofertado. O Anexo II ao Decreto nº 3.555/00, no subitem 2.5, classifica como de natureza comum os microcomputadores de mesa ou portáteis (*notebook*), monitores de vídeo e impressoras, quando o edital do Pregão puder de forma precisa, suficiente e clara especificar esses bens. Com fundamento nos argumentos (...), entendemos como exemplificativo esse rol, havendo possibilidade de ampliação para aquisição de outros equipamentos de informática, como, por exemplo, *scanner* de mesa ou aparelhos multifuncionais, desde que o edital tenha condições de especificá-los corretamente. (...) O Anexo II, invocado, no item 2, cuida da possibilidade de contratar, através de pregão, serviços de apoio à atividade de informática, nominando duas modalidades: serviços de digitação e manutenção de equipamentos. No esteio da tese de que a relação do citado Anexo II é exemplificativa, as aquisições ou as contratações de licença de *softwares* comuns no mercado, indiscutivelmente, por não exigirem complexidade técnica, podem ser operadas através da modalidade de pregão" (*Capacitação de pregoeiro*).

[87] Voto do Ministro Relator Benjamin Zymler, acompanhado pelos demais Ministros da Corte. TCU. Acórdão nº 165/2003, Plenário, referente ao agora rumoroso caso GTech.

ARTIGO 5º

Todavia, em 2003, voltando ao tema, a Corte de Contas Federal assumiu posição mais firme, como se vislumbra no relatório do Ministro Relator:

> (...) Por outro lado, o mencionado decreto (nº 3.555/00) não caracteriza o serviço de locação de mão-de-obra como serviço comum, o que impossibilitaria a utilização da modalidade Pregão. No entanto, a nosso ver, a lista de serviços constante do Anexo II do Decreto nº 3.555/2000 não é exaustiva, haja vista a impossibilidade de relacionar todos os bens e serviços comuns utilizados pela Administração. Como já foi dito anteriormente, os serviços a serem executados pelos profissionais selecionados são de manutenção de bens imóveis e móveis, os quais são caracterizados como serviços comuns pelo Decreto. Dessa forma, embora o serviço de locação de mão-de-obra não esteja explicitamente caracterizado como serviço comum no Decreto, a adoção da modalidade Pregão no presente caso pode, em nosso entendimento, ser considerada viável pelos argumentos já anteriormente expostos. Ademais, entendemos que o objeto licitado não se enquadra como serviço de engenharia, mas apenas como fornecimento de mão-de-obra especializada para a prestação de serviços de manutenção predial. Conclui-se, portanto, que os argumentos apresentados pelo representante não procedem, não constando dos autos indicativo de desrespeito ao Decreto nº 3.555/2000 e à Lei nº 8.666/93 na realização do Edital do Pregão nº 001/03 do Conselho de Justiça Federal – CJF/DF.

Apesar da imprecisão do voto posterior, que, diferentemente do relatório, não foi categórico na espécie:

> (...) Especificamente em relação ao que o CREA/DF alegou, vejo que embora o Decreto nº 3.555/2000 vede a contratação de serviços de engenharia mediante Pregão, no caso presente, essa proibição não se aplica, pois, para estes serviços contratados, de manutenção de bens móveis e imóveis, não seriam necessários serviços de engenharia, e, nesses casos, o Decreto, no seu Anexo II, permite expressamente a contratação mediante Pregão (art. 1º da Lei nº 10.520/02 c/c Anexo II do Decreto nº 3.555/2000).[88]

---

[88] TCU. Acórdão nº 615/2003, Primeira Câmara.

De todo modo, não obstante as decisões do TCU comporem espécies de normas balizadoras de conduta dos agentes públicos, é de se relembrar, como anotamos em livro[89] e artigos, que tais decisões não fazem, sob nenhuma hipótese, coisa julgada, porquanto, como controladora externa, a Corte de Contas possui natureza eminentemente administrativa, apesar dos incontestáveis poderes a ela delegados pela Constituição Federal. É certo, contudo, por não consubstanciarem decisões de natureza jurisdicional, que são passíveis de revisão por parte do Poder Judiciário.[90] É o que o jurista Bruno Fernandes assevera em obra específica sobre os Tribunais de Contas:

> São, portanto, títulos executivos extrajudiciais as decisões proferidas pelos Tribunais de Contas que impliquem em condenação de natureza pecuniária, de sorte que o Judiciário poderá (...) negar validade e eficácia executiva.[91]

Da mesma forma, Marçal Justen alerta que o descumprimento de decisão emanada pelo Tribunal de Contas, por se caracterizar um litígio entre exercentes de função pública, não pode ser identificado como descumprimento de decisão jurisdicional. O jurisconsulto é veemente na conclusão: "Não se

---

[89] *Licitação passo a passo*, 6. ed., 2010.

[90] Ivan Barbosa Rigolin denuncia a impropriedade absoluta da palavra "jurisdição" para o caso dos Tribunais de Contas, como já tem sido enfatizado na melhor doutrina pátria: "(...) e que somente pode ter sido empregada pela própria Constituição em sentido *caseiro, doméstico*, algo como a acepção alegre ou despreocupada, ou informalíssima, mas jamais em sentido técnico jurídico. Porque jurisdição, em sentido formal e técnico processual é a capacidade, legalmente determinada, de *dizer o direito de modo definitivo e como coisa julgada*, e esse poder, pela nossa Constituição, apenas o Judiciário detém. No caso dos Tribunais de Contas, o termo jurisdição se refere à capacidade de dizer tão-só o direito *administrativo* aplicável a casos concretos e localizados dentro da Administração Pública, mas nunca a dizer o direito *final* sobre alguma matéria, que fosse oponível como coisa julgada a terceiros, dentro e fora da Administração — o que é apanágio exclusivo do Poder Judiciário" (A jurisdição dos tribunais de contas. *Fórum de Contratação e Gestão Pública – FCGP*). Com uma visão semelhante, mas com uma ressalva, o jurista Jorge Ulisses Jacoby Fernandes admite a existência de coisa julgada administrativa e formal, pois "não existe sistema puro em nenhum país", em seu completo trabalho, riquíssimo em citações e transcrições de juristas de elevada estirpe (*Tribunais de Contas do Brasil*: jurisdição e competência, p. 121).

[91] FERNANDES. *Tribunal de Contas*: julgamento e execução, p. 181.

admite que o Tribunal de Contas da União pretenda executar compulsoriamente as próprias decisões".[92]

Por tudo que foi explicitado, a adoção do Pregão suscitou ao longo dos anos inúmeras dúvidas nos aplicadores quanto ao enquadramento do objeto da licitação no conceito de bens e serviços comuns. Até os meses iniciais de 2005 verificou-se, conforme varredura no *Diário Oficial da União*,[93] uma verdadeira babel, com a aplicação diuturna das diferentes teses.

Veio à tona então — para pôr mais lenha nessa imensa fogueira — o Decreto Federal nº 5.450/05, com o único intuito de regulamentar o Pregão eletrônico — frise-se, apenas uma forma mais moderna de exteriorização do Pregão —, sem fazer nenhuma menção a qualquer listagem.

Com isso, inicialmente nos deparamos com uma esdrúxula situação: a existência da modalidade de licitação Pregão, bifurcada em duas formas procedimentais, quais sejam a presencial e a eletrônica, contendo a primeira uma relação exaustiva de bens e serviços comuns, e segunda, à mercê das interpretações. Assim, convivia-se com o absurdo paradoxo de ser possível a aquisição de um bem por Pregão, sob a forma eletrônica, o qual não se poderia adquirir por intermédio da forma presencial. Tal fato provocava, no mínimo, a tão temida insegurança jurídica.

A questão era tão delicada que as diversas consultorias atuantes no âmbito das licitações tiveram enorme dificuldade para se posicionar. À época, como exemplo, uma delas se manifestou da seguinte maneira:

> Hipoteticamente, se entendida que a listagem contida no Anexo II do Decreto nº 3.555/2000 é exaustiva, consequentemente, seu conteúdo também deveria ser respeitado no Pregão eletrônico, tendo em vista que, nesse caso, apenas os bens e serviços ali inseridos seriam considerados comuns.[94]

---

[92] JUSTEN FILHO. *Comentários à Lei de Licitações e Contratos Administrativos*: com comentários à MP nº 2.026, que disciplina o pregão, 8. ed., p. 662.

[93] Consoante trabalho minucioso do Advogado da União Francisco Rezende Filho.

[94] Consultoria NDJ, 23 jun. 2005.

Felizmente, como já esposado, dando fim a tal indefinição, o Decreto nº 7.174/10 revogou o Anexo II do Regulamento do Pregão presencial, aprovado pelo Decreto nº 3.555/2000. Certo é que, passados mais alguns anos — antes, todavia, da edição do Decreto que revogou o Anexo II mencionado —, constatamos que a Corte de Contas federal, buscando afastar a insegurança jurídica que a situação causava, fixou entendimento no sentido de reconhecer a possibilidade da adoção do Pregão para serviços de engenharia (e até mesmo para obras), desde que caracterizados como comuns.[95]

Destarte, segundo a orientação do TCU, cabe ao Poder Público verificar se o objeto pretendido enquadra-se na categoria de bem ou serviço comum. Para adoção do Pregão deverá averiguar a presença de todos os seguintes requisitos: (a) se o objeto desejado não necessita de aferição técnica mais acurada; (b) se pode ser considerado rotineiro e usual; e (c) se possui condições de especificação razoável no documento convocatório do certame, à vista de condições usuais de mercado.

---

[95] O TCU admite essa alteração de entendimento em parte do voto do Min. Relator Marcos Vilaça: "9. Houve, então, uma alteração no quadro jurídico em que se concebeu a Decisão 557/2002 – Plenário e, já nesse novo contexto, foi prolatado o Acórdão 817/2005 – 1ª Câmara, Ata 14/2005, Sessão de 3.5.2005, em que a validade da restrição do artigo 5º do Decreto nº 3.555/2000 foi abordada no voto condutor do Exmo. Min. Valmir Campelo, nos seguintes termos: (...)" (TCU. Acórdão nº 1.329/2006, Plenário. *DOU*, 7 ago. 2006).

*Art. 6º. Todos quantos participem de licitação na modalidade de Pregão têm direito público subjetivo à fiel observância do procedimento estabelecido neste Regulamento, podendo qualquer interessado acompanhar o seu desenvolvimento, desde que não interfira de modo a perturbar ou impedir a realização dos trabalhos.*

## 11 Regras procedimentais

### 11.1 Direito público subjetivo garantido aos licitantes

O elaborador do texto regulamentar volta repetir dispositivo da Lei nº 8.666/93 (art. 4º),[96] apesar da declarada subsidiariedade.

Assim, reafirmando que o Pregão, como qualquer modalidade de licitação, constitui um procedimento, o dispositivo garante aos licitantes o direito público subjetivo à fiel observância do procedimento ditado no regulamento. Tal direito, em sentido subjetivo, significa o "poder de ação" assegurado legalmente a qualquer pessoa, objetivando a defesa de bens e à faculdade de agir (*facultas agendi*), exigindo o cumprimento de algo. No caso, o exato cumprimento do procedimento previsto no Regulamento é dever da Administração, sendo que o interesse nesse atendimento não é somente do licitante, mas sim público. Desse modo, quando o licitante exige o cumprimento do procedimento pertinente, está defendendo muito mais que os seus interesses particulares, pois labora na defesa do interesse de toda a coletividade.

---

[96] Lei nº 8.666/93: Art. 4º Todos quantos participem de licitação promovida pelos órgãos ou entidades a que se refere o art. 1º têm direito público subjetivo à fiel observância do pertinente procedimento estabelecido nesta Lei, podendo qualquer cidadão acompanhar o seu desenvolvimento, desde que não interfira de modo a perturbar ou impedir a realização dos trabalhos.

## 11.2 Acompanhamento do procedimento por qualquer cidadão

O preceptivo enfoca ainda a permissão de acompanhamento do desenrolar do certame por qualquer "interessado", desde que, evidentemente, não perturbe ou cometa atos que impeçam a realização dos trabalhos. Vê-se que o redator do regulamento foi infeliz ao buscar inovar, em relação ao art. 4º da Lei nº 8.666/93, substituindo "cidadão" por "interessado". Vide que o termo "interessado" foi adotado, inc. I do art. 9º, para indicar os participantes do certame. À clarividência, o sentido no dispositivo em apreciação não pode ser o mesmo, porquanto, se o fosse, somente teriam acesso aos locais de realização do Pregão os possíveis licitantes, o que restringiria a publicidade do ato, assegurada por força dos arts. 5º, inc. LX, e 37 e da própria Lei nº 8.666 (arts. 3º, §3º; 4º e 63).

Destarte, apesar da "inovação" redacional, há de se entender "qualquer interessado" como "qualquer cidadão", uma vez que, evidentemente, o acesso ao local de realização do certame não pode estar condicionado à comprovação de interesse direto na competição.

Insta alertar que a Lei nº 8.666/93, na Seção III – Dos Crimes e das penas, tipifica a perturbação como crime (art. 93).[97]

---

[97] Lei nº 8.666/93: Art. 93 Impedir, perturbar ou fraudar a realização de qualquer ato de procedimento licitatório: Pena – detenção, de 6 (seis) meses a 2 (dois) anos, e multa.

*Art. 7º. À autoridade competente, designada de acordo com as atribuições previstas no regimento ou estatuto do órgão ou da entidade, cabe:*

*I – determinar a abertura de licitação;*

*II – designar o pregoeiro e os componentes da equipe de apoio;*

*III – decidir os recursos contra atos do pregoeiro; e*

*IV – homologar o resultado da licitação e promover a celebração do contrato.*

## 12 A autoridade competente

A expressão "autoridade competente" tem suscitado dúvidas entre os aplicadores da Lei nº 8.666/93, uma vez que está registrada constantemente no diploma, algumas vezes, inclusive, designando autoridades diferentes.[98] Também a Lei nº 10.520/02 a menciona em diversas ocasiões.

Não é difícil perceber, no entanto, que essa autoridade é aquela que, na esfera organizacional interna da entidade administrativa, possui, regimental ou estatutariamente, competências específicas. É claro, também, que nem sempre significa que seja a autoridade hierarquicamente superior. Como o assunto tem conexão direta com uma despesa futura, não se tem dúvidas que se trata do *ordenador de despesa* do órgão ou entidade, uma vez que sobre ele, como preconizado na Lei nº 4.320/64, recai as responsabilidades sobre os gastos do dinheiro público.[99]

---

[98] Além de, em outros momentos, mencionar o diploma as expressões "autoridade superior" e "autoridade responsável", confundido sobremaneira o aplicador da norma.

[99] O art. 58 da Lei nº 4.320/64 preconiza que "o empenho de despesa é o ato emanado de autoridade competente que cria para o Estado obrigação de pagamento pendente ou não de implemento de condição". Logo, o empenho de despesa deve emanar de autoridade competente (o autorizador da despesa), quais sejam, os Chefes dos Poderes da República, notadamente os Chefes do Executivo. Por delegação de competência, normalmente, há a outorga para Diretores, Chefes de Departamentos, Vice-Diretores, ou outro funcionário credenciado que, como de praxe, assumem a função de ordenadores de despesas.

Sobre o assunto, Marçal Justen considera que se trata de questão que não pode ser definida de modo abstrato, desvinculada do exame da estrutura de cada pessoa integrante da Administração.[100] Da mesma forma, reportando-se a parecer da Advocacia-Geral da União, Ricardo Berloffa, relembra que a autoridade competente está totalmente atrelada à estrutura hierárquico-organizacional do órgão ou entidade.[101]

## 12.1 Atribuições da "autoridade competente"

O redator do decreto procurou compilar no art. 7º os atos de competência da "autoridade competente" elencados nos arts. 3º e 4º da medida provisória original, voltados para as fases interna e externa do certame (transpostos, posteriormente, para a Lei nº 10.520/02).

São atribuições dessa autoridade, consoante prescreve os arts. 3º e 4º da Lei nº 10.520/02: (a) justificar a necessidade de contratação; (b) definir o objeto do certame, as exigências de habilitação, os critérios de aceitação das propostas, as sanções por inadimplemento e as cláusulas do contrato, inclusive com fixação dos prazos para fornecimento; (c) designar, dentre os servidores do órgão ou entidade promotora da licitação, o pregoeiro e respectiva equipe de apoio; (d) decidir sobre os recursos administrativos, caso interpostos; (e) adjudicar o objeto da licitação ao licitante vencedor, na hipótese de existência de recursos administrativos; e (f) homologar o certame.

O artigo 7º do regulamento repete parte das atribuições já listadas na lei (designação do pregoeiro e os componentes da equipe de apoio; decisão sobre os recursos contra atos do pregoeiro; homologação do resultado da licitação) e acrescenta duas óbvias incumbências: uma, preliminar, que é a determinação da abertura de licitação; e outra, ao final do procedimento, que consiste na promoção da celebração do contrato.

---

[100] JUSTEN FILHO. *Comentários à Lei de Licitações e Contratos Administrativos*: com comentários à MP nº 2.026, que disciplina o pregão, 7. ed., p. 682.

[101] BERLOFFA. *A nova modalidade de licitação*: pregão: breves comentários à Lei Federal nº 10.520/02: Lei do Pregão, p. 52.

Todos os procedimentos voltados para a determinação da abertura do certame estão detalhados, de uma forma ou de outra, no artigo seguinte, que versa sobre a fase interna do certame, a denominada "fase preparatória do Pregão".

A etapa inicial (interna), definida como preparatória da licitação, segue a mesma trilha traçada para as modalidades de licitação dispostas na Lei nº 8.666/93.

Apesar de não constar no rol de procedimentos estabelecidos no art. 3º da Lei nº 10.520 ou no art. 7º do Regulamento, a sequência terá início, como em qualquer licitação, com a "requisição do interessado". Em decorrência, observada por certo setor da Administração a necessidade de aquisição de um "bem comum" ou a contratação de um "serviço comum", deverá providenciar a devida solicitação à autoridade competente.

A autoridade competente avaliará o requerido e, concluindo pela necessidade do objeto pretendido, justificará a necessidade da contratação, definirá o objeto de forma precisa e clara, estabelecerá as exigências para a habilitação dos licitantes, os critérios de aceitação das propostas, as penalizações por inadimplência e as cláusulas contratuais (como consta do art. 8º).

Outro ato da autoridade, como antes mencionado, é a designação do pregoeiro e os componentes da equipe que o apoiará. Esse grupo de apoio, que não constava nas versões iniciais da MP, pelo que se verifica, apenas atuará auxiliando e dando algum tipo de suporte ao pregoeiro.

Infelizmente, o idealizador do Regulamento perdeu a oportunidade de definir com riqueza de detalhes as tarefas desse grupo.

É cediço, no entanto, que os componentes desse grupo não terão nenhuma responsabilidade direta sob as decisões e procedimentos, não possuindo nenhuma característica que se assemelha a uma "comissão de licitação".

*Parágrafo único. Somente poderá atuar como pregoeiro o servidor que tenha realizado capacitação específica para exercer a atribuição.*

# 13 A capacitação do pregoeiro

Este dispositivo determina capacitação específica como condição para a assunção da função de pregoeiro.

Com preliminar, impende frisar que, teoricamente, não existe profissional com formação para a realização da tarefa acometida ao pregoeiro, uma vez que inexiste curso oficial (devidamente reconhecido e registrado) para essa capacitação.

A medida provisória que regia o Pregão dispunha que o servidor com tal incumbência deveria ter participado de curso de capacitação específica. Entretanto, a Lei nº 10.520/02 não manteve essa determinação.

Evidentemente, o requisito condicionante tem íntima ligação com o disposto no Decreto nº 5.707, de 23 de fevereiro de 2006, que instituiu a "Política e as Diretrizes para o Desenvolvimento de Pessoal da Administração Pública Federal direta, autárquica e fundacional", o qual considera: (a) capacitação: o processo permanente e deliberado de aprendizagem, com o propósito de contribuir para o desenvolvimento de competências institucionais por meio do desenvolvimento de competências individuais; e (b) eventos de capacitação: os cursos presenciais e à distância, aprendizagem em serviço, grupos formais de estudos, intercâmbios, estágios, seminários e congressos, que contribuam para o desenvolvimento do servidor e que atendam aos interesses da Administração Pública Federal direta, autárquica e fundacional.

Destaque-se que, diversamente do que preconiza o regulamento do Pregão presencial, o §4º do art. 10 do regulamento federal do Pregão eletrônico (Decreto nº 5.450/05), inusitadamente — como se simplesmente inexistisse a regra anterior —, trata a situação com menos rigor, definindo apenas que o agente público designado deve reunir qualificação profissional e ter perfil adequado, cuja aferição é de competência da autoridade designadora.[102]

Como já esposamos, é certo que uma boa atuação do pregoeiro é fundamental para o eficaz resultado do Pregão, notadamente por ser ele, em tese, o único responsável pelo processamento do certame, numa tarefa estressante e em permanente expectativa, constituindo-se, indubitavelmente, numa peça chave para o sucesso do pretendido.

Com justa razão, Gabriela Pércio ressalta a enorme dificuldade que terá o agente público indicado como pregoeiro para atuar, porquanto, ainda que a regulamentação determine que deva deter qualificação profissional, não informa o que se pode entender como tal, impondo que realize diversos atos, sem o oferecimento de meios, instrumentos e limites:

> Coloca-o, enfim, como figura principal de um procedimento dinâmico, substancialmente verbal, um caldeirão em ebulição, atribuindo-lhe a responsabilidade de agir com bom senso, razoabilidade, ponderação, exigindo-lhe que estimule a competição e, ao mesmo tempo, que contenha os ânimos. E isso, sempre alerta em suas tentativas de evitar que o propósito do certame se perca em meio às adversidades de propostas inexequíveis.[103]

Concordamos com Jorge Ulisses Jacoby que, tecendo comentários sobre a matéria, sugere, para o exercício da tarefa com êxito, que o condutor do Pregão presencial possua: boa apresentação pessoal, liderança, capacidade de falar em público, dicção, segurança e, principalmente, domínio do tema,[104] acrescentando que a preparação deverá ultrapassar

---

[102] TCU. Acórdão nº 631/2007, Segunda Câmara. Rel. Min. Aroldo Cedraz. *DOU*, 9 abr. 2007: (...) 9.6.32. Observe a necessidade de implantação do pregão como modalidade licitatória obrigatória para a aquisição dos bens e serviços comuns (...), promovendo capacitação necessária de servidores para nele atuarem e o adequado planejamento dos serviços e compras anuais demandados pela entidade (...).

[103] PÉRCIO. O pregoeiro e a solução de impasses em sessão: algumas "premissas de atuação". *AMPCON – Associação Nacional do Ministério Público de Contas*.

[104] No Pregão eletrônico, acresça-se o domínio dos recursos de informática e conhecimento do sistema.

o mero conhecimento da legislação, compreendendo, por conseguinte, o domínio de técnicas de condução do certame e de negociação, a fim de estimular a competição.[105] Nesse passo, também a sugestão de Aírton Nóbrega:

> O pregoeiro deve reunir, pois, não só conhecimentos da legislação específica e geral, como também ser detentor de habilidades que lhe permitam instaurar o certame e conduzir de forma efetiva e real as negociações, estimulando a competição que se pretende seja normalmente instalada nessa modalidade de licitação através dos lances verbais. Momentos decerto surgirão em que somente a capacidade conciliadora solucionará impasses e permitirá o prosseguimento do certame de forma satisfatória e positiva para a administração.[106]

Cabe acrescentar que, em nossas andanças pela Administração Pública, verificamos a existência de pessoas que, sem cursos específicos, dispõem de totais condições para exercer a função de pregoeiro e outras que, mesmo realizando treinamentos, não detém o perfil adequado para tal[107] (sobre as responsabilidades do pregoeiro, vide ainda a letra "d" do subitem 15.1).[108]

---

[105] FERNANDES, Jorge Ulisses Jacoby. *Qualificação e capacitação do pregoeiro.* <http://www.capitalpublico.com.br/conteudo/giro_capital/default.aspx?Id=cfb5e476-f5a6-47d7-ba6d-c46ff8c6030e>.

[106] NÓBREGA. *Responsabilidades e atuação do pregoeiro.* <http://www.conlicitacao.com.br/sucesso_pregao/pareceres/airtonrocha35.php>.

[107] Defendendo a remuneração dos pregoeiros, Antônio Simeão Ramos assevera: "É muita responsabilidade atribuída a um só servidor, visto que tradicionalmente tais atividades técnicas e decisórias, previstas em lei, eram de um colegiado — a Comissão de Licitações. Assim, seria o caso da criação do cargo e do emprego de pregoeiro dentro da estrutura administrativa" (Procedimentos internos e externos da licitação na modalidade pregão. *ILC – Informativo de Licitações e Contratos*, p. 291).

[108] Vide que, ao tratar da capacitação dos agentes que possuem a atribuição de conduzir licitações, o Tribunal de Contas da União (TCU) tem indicado taxativamente a necessidade de dotá-los de informações necessárias para o bom desempenho: *Proc. 015.237/2005-9: (...) adote medidas com vistas à capacitação de servidores para exercer atribuições relacionadas à condução dos processos de licitação da unidade, dotando-lhes do instrumental necessário que lhes permitam confeccionar os editais, de modo que se desencadeie o processo pertinente à contratação (...).*
*Proc. TC 010.029/2005-3: (...) invista em treinamento dos servidores que lidam com as licitações, de forma a evitar as falhas apuradas no relatório de auditoria da CGH (...).*

*Art. 8º. A fase preparatória do Pregão observará as seguintes regras:*

*I – a definição do objeto deverá ser precisa, suficiente e clara, vedadas especificações que, por excessivas, irrelevantes ou desnecessárias, limitem ou frustrem a competição ou a realização do fornecimento, devendo estar refletida no termo de referência;*

*II – o termo de referência é o documento que deverá conter elementos capazes de propiciar a avaliação do custo pela Administração, diante de orçamento detalhado, considerando os preços praticados no mercado, a definição dos métodos, a estratégia de suprimento e o prazo de execução do contrato;*

## 14 A fase preparatória do Pregão

## 14.1 A definição do objeto

A fase inicial ou interna do Pregão, definida como preparatória da licitação, disposta no art. 3º da Lei nº 10.520/02 e regrada passo a passo neste art. 8º, segue, como já informado, a mesma trilha traçada para as modalidades de licitação existentes na Lei nº 8.666/93.

Repisamos que, apesar de não constar do rol de procedimentos tanto do art. 3º da lei quanto deste art. 8º, que a sequência terá início com a "requisição do interessado".

A norma determina que a autoridade competente avaliará o requerido e, concluindo pela necessidade do objeto pretendido, justificará a necessidade da contratação, definirá o objeto de forma precisa e clara, estabelecerá as exigências para a habilitação dos licitantes, os critérios de aceitação das propostas, as penalizações por inadimplência e as cláusulas contratuais.

Em tal fase, portanto, como se vê, definir-se-á o edital e a minuta de contrato, o qual, por envolver bens e serviços sem complexidade, poderá ser substituído por documentos hábeis substitutivos, tais como a carta-contrato ou até a nota de empenho, valendo-se da finalidade buscada no art. 62 da Lei nº 8.666/93.

Por envolver um objeto de características comuns, o dispositivo veda exigências excessivas, com definições complexas, que, se estabelecidas, reduziriam o universo dos licitantes. Contudo, não se deve entender que essa determinação implicaria na sumária proibição da explicitação das propriedades essenciais do objeto pretendido.

Delimitado o objeto, segue-se a estimativa de valor (orçamento), que norteará o certame.

## 14.2 O termo de referência

O Regulamento traz à baila a necessidade da elaboração de um "termo de referência", documento que conterá elementos que propiciarão a avaliação do custo pela Administração, diante de orçamento detalhado, considerando os preços praticados no mercado, a definição dos métodos, a estratégia de suprimento e o prazo de execução contratual (inciso II)

Como não há previsão na Lei n° 10.520/02 desse termo de referência, e há indicação na Lei n° 8.666/93 no sentido de elaboração de um projeto básico, indagar-se-ia se no Pregão um substituiria o outro, o que determinaria a eliminação do segundo como anexo do instrumento convocatório da licitação.

Conforme informado, o termo de referência, consoante a regulamentação, deverá conter elementos que propiciem a avaliação dos custos pela Administração, diante de orçamento detalhado, considerando diversos fatores. Verifica-se, por conseguinte, que o processo licitatório do Pregão deve ser instruído com esse termo, o qual conterá informações essenciais para o correto andamento da competição.

Entrementes, não nos parece que o termo de referência venha substituir o projeto básico. Ao contrário, vislumbramos, em avaliação conjugada dos textos dos dispositivos que delineiam a matéria, que, pelas informações que conterão, um servirá de suporte para a elaboração do outro, quando o projeto básico, em face do objeto pretendido, for necessário. Contudo, é evidente que, em certas ocasiões, o termo fará as vezes de projeto básico.

É cediço, entrementes, que o termo de referência trará em seu bojo informações simplificadas do objeto da contratação, do custo envolvido e dos métodos necessários. Já o projeto básico, quando necessário, conterá uma descrição detalhada do objeto, com todos os requisitos que a Lei nº 8.666/93 define no inciso IX do art. 6º.

É de se destacar a importância ainda maior que se deu ao orçamento com o Pregão. Portella de Amorim destaca que a matéria ganhou novo alento diante da busca do menor preço real por meio de lances sucessivos e decrescentes entre os licitantes, dando lugar à salutar redução dos preços, que até então não existia.

Claro está, por conseguinte, que, no Pregão, o agente público responsável deve preocupar-se, com o levantamento de preço do objeto pretendido, munindo-se de planilhas e gráficos precisos, uma vez que será com base nesse orçamento que o julgador do certame decidirá.

Nesse particular, tem razão Portella de Amorim ao afirmar que o Pregão está alinhado com a moderna postura da Administração Pública perante si própria, o empresariado e o interesse público em geral, já que, utilizando-se da modalidade, poderá o agente público responsável adquirir e contratar uma diversidade de bens e serviços sem a preocupação de extrapolar a modalidade de licitação ou de fracionar a despesa, posto não haver valor mínimo ou máximo delimitador:

> O orçamento adquire novo valor. É a ferramenta fundamental do pregoeiro no desiderato do Pregão: a obtenção de uma proposta efetivamente justa e vantajosa. Avaliar o bem a ser adquirido ou o serviço a ser contratado deixou de ser tarefa meramente formal para constituir-se na mais sensível fase interna da licitação. Não basta, portanto, ter receita e dar andamento à aquisição ou à contratação. É imprescindível conhecer profundamente o objeto a ser licitado e obter seu real valor de mercado, comparando-o com seus semelhantes ou equivalentes, a fim de que, na sessão pública, possa o pregoeiro ter embasamento suficiente para rechaçar preços altos ou inexeqüíveis, obtendo, em conseqüência, a melhor oferta para a Administração. É de valia registrar que o orçamento bem feito da despesa, além de melhor subsidiar o trabalho do pregoeiro, funciona como defesa do erário e possibilita, com o saldo da economia obtida, novos investimentos para o ente realizador do certame.[109]

---

[109] AMORIM. O valor do orçamento no pregão. *Correio Braziliense*, p. 2.

Ainda sobre o termo de referência, indagar-se-ia se deveria fazer parte do instrumento convocatório, como anexo, uma vez que não há determinação expressa no Regulamento. Considerando o exposto, traçando um paralelo com o que preconiza o §2º do art. 40 da Lei nº 8.666/93 (que dispõe que o projeto básico constitui anexo obrigatório do edital), não há dúvida que a resposta é afirmativa.

Nesse particular, o Tribunal de Contas da União (TCU), inopinadamente, tem seguido orientação diversa, alegando que, para legalidade da matéria, seria suficiente constar o termo de referência nos autos do processo (Acórdãos nºs 1.405/2006, 114/2007, 517/2009, entre outros), argumentando, em síntese, que a hipótese não demandaria a utilização subsidiária da Lei nº 8.666/93. Essa postura, *data máxima venia*, é insustentável, haja vista que as regras de publicidade da Lei nº 8.666/93 configuram-se como gerais, somente deixando de ser aplicáveis na existência de regra específica na esfera do Pregão.

Sobre a matéria, bem ponderou Paulo Sérgio Reis:

> No caso do projeto básico, objetivou o legislador tornar obrigatório à Administração que dê conhecimento pleno aos interessados das condições fundamentais do objeto da licitação e do quanto ela pretende gastar para obtê-lo. No termo de referência a regra é a mesma e o objetivo, por via de consequência, absolutamente igual. Vários são os princípios aí envolvidos: o da transparência, o da publicidade, o da igualdade, o da moralidade, o da vinculação do edital, entre outros. O fundamental é que as regras estejam formalmente estabelecidas e que todos tenham conhecimento amplo das mesmas, para que efetivamente a disputa fique adstrita à seleção daquele que oferecer a melhor proposta, a proposta mais adequada à satisfação do interesse público.[110]

---

[110] REIS. Termo de referência no pregão. *ILC – Informativo de Licitações e Contratos*, p. 350.

*III – a autoridade competente ou, por delegação de competência, o ordenador de despesa ou, ainda, o agente encarregado da compra no âmbito da Administração, deverá:*

*a) definir o objeto do certame e o seu valor estimado em planilhas, de forma clara, concisa e objetiva, de acordo com termo de referência elaborado pelo requisitante, em conjunto com a área de compras, obedecidas as especificações praticadas no mercado;*

*b) justificar a necessidade da aquisição;*

*c) estabelecer os critérios de aceitação das propostas, as exigências de habilitação, as sanções administrativas aplicáveis por inadimplemento e as cláusulas do contrato, inclusive com fixação dos prazos e das demais condições essenciais para o fornecimento; e*

*d) designar, dentre os servidores do órgão ou da entidade promotora da licitação, o pregoeiro responsável pelos trabalhos do Pregão e a sua equipe de apoio;*

*IV – constarão dos autos a motivação de cada um dos atos especificados no inciso anterior e os indispensáveis elementos técnicos sobre os quais estiverem apoiados, bem como o orçamento estimativo e o cronograma físico-financeiro de desembolso, se for o caso, elaborados pela Administração; e*

## 15 Atos de responsabilidade da "autoridade competente"

A fase interna do Pregão chega ao fim com um elenco de atos sob responsabilidade da "autoridade competente".

Tem início definindo delegações possíveis, restringindo a possibilidade de outorga para o ordenador de despesa ou para o encarregado de compras. Infere-se, a partir deste dispositivo, que o Regulamento, quando trata da "autoridade competente", não está fazendo menção ao "ordenador de despesa", como era de se esperar, mas sim ao "autorizador de despesa", que seria aquela autoridade que detém poderes para tomar a decisão política de assumir obrigações e direitos em nome dos órgãos administrativos: o Presidente da República; o Vice-Presidente; os Ministros; os Procuradores-Gerais; os Governadores; os Vice-Governadores; os Prefeitos; os Vice-Prefeitos; os Secretários de Estado; os Secretários Municipais; os Presidentes de autarquias, empresas públicas, sociedades de economia mista e fundações públicas.

## 15.1 Atribuições da "autoridade competente"

São atribuições da "autoridade competente":

a) definir o objeto da licitação de forma clara, concisa e objetiva. Vide que a definição do objeto deverá ser precisa, suficiente e clara, conforme dispõe o inciso II do art. 3º da Lei n º 10.520/02 (que repetiu o texto da MP convertida). O elaborador do Regulamento, portanto, buscou outras palavras para dizer o que a medida provisória já havia dito. Sobre a matéria, Benedicto de Tolosa sugere o atendimento à normatização da ABNT (Associação Brasileira de Normas Técnicas), para melhor identificação do objeto pretendido.

Delimitado o objeto, segue-se a "estimativa de valor", conforme já alertado, consequentemente realizada através de planilhamento, o que origina a expressão "valor estimado em planilhas", sempre mal interpretada pelos que possuem a tarefa de realizar procedimentos licitatórios na Administração.

Verifica-se que, nesse ponto, o idealizador do Regulamento descuidou-se, pois já constava no diploma a determinação da elaboração de orçamento detalhado, parte integrante do termo de referência.

Certo é que a autoridade, para tais definições (do objeto e do valor estimado), deve ter o auxílio da área de compras, devendo obedecer às especificações praticadas no mercado.

b) posteriormente, após a avaliar o requerido e concluir pela necessidade do objeto pretendido, justificará a contratação.

Toda licitação pressupõe ato da autoridade competente justificando a necessidade da contratação do objeto pretendido, com a indicação da oportunidade e da conveniência, bem como

# do atendimento aos requisitos legais correspondentes ao ato (arts. 7º, 8º, 14 e 15 da Lei nº 8.666/93).[111]

---

[111] Lei nº 8.666/93: Art. 7º As licitações para a execução de obras e para a prestação de serviços obedecerão ao disposto neste artigo e, em particular, à seguinte sequência:
I – projeto básico;
II – projeto executivo;
III – execução das obras e serviços.
§1º A execução de cada etapa será obrigatoriamente precedida da conclusão e aprovação, pela autoridade competente, dos trabalhos relativos às etapas anteriores, à exceção do projeto executivo, o qual poderá ser desenvolvido concomitantemente com a execução das obras e serviços, desde que também autorizado pela Administração.
§2º As obras e os serviços somente poderão ser licitados quando:
I – houver projeto básico aprovado pela autoridade competente e disponível para exame dos interessados em participar do processo licitatório;
II – existir orçamento detalhado em planilhas que expressem a composição de todos os seus custos unitários;
III – houver previsão de recursos orçamentários que assegurem o pagamento das obrigações decorrentes de obras ou serviços a serem executadas no exercício financeiro em curso, de acordo com o respectivo cronograma;
IV – o produto dela esperado estiver contemplado nas metas estabelecidas no Plano Plurianual de que trata o art. 165 da Constituição Federal, quando for o caso.
§3º É vedado incluir no objeto da licitação a obtenção de recursos financeiros para sua execução, qualquer que seja a sua origem, exceto nos casos de empreendimentos executados e explorados sob o regime de concessão, nos termos da legislação específica.
§4º É vedada, ainda, a inclusão, no objeto da licitação, de fornecimento de materiais e serviços sem previsão de quantidades ou cujos quantitativos não correspondam às previsões reais do projeto básico ou executivo.
§5º É vedada a realização de licitação cujo objeto inclua bens e serviços sem similaridade ou de marcas, características e especificações exclusivas, salvo nos casos em que for tecnicamente justificável, ou ainda quando o fornecimento de tais materiais e serviços for feito sob o regime de administração contratada, previsto e discriminado no ato convocatório.
§6º A infringência do disposto neste artigo implica a nulidade dos atos ou contratos realizados e a responsabilidade de quem lhes tenha dado causa.
§7º Não será ainda computado como valor da obra ou serviço, para fins de julgamento das propostas de preços, a atualização monetária das obrigações de pagamento, desde a data final de cada período de aferição até a do respectivo pagamento, que será calculada pelos mesmos critérios estabelecidos obrigatoriamente no ato convocatório.
§8º Qualquer cidadão poderá requerer à Administração Pública os quantitativos das obras e preços unitários de determinada obra executada.
§9º O disposto neste artigo aplica-se também, no que couber, aos casos de dispensa e de inexigibilidade de licitação.
Art. 8º A execução das obras e dos serviços deve programar-se, sempre, em sua totalidade, previstos seus custos atual e final e considerados os prazos de sua execução.
Parágrafo único. É proibido o retardamento imotivado da execução de obra ou serviço, ou de suas parcelas, se existente previsão orçamentária para sua execução total, salvo insuficiência financeira ou comprovado motivo de ordem técnica, justificados em despacho circunstanciado da autoridade a que se refere o art. 26 desta Lei. (...)

c) seguir-se-á o estabelecimento dos itens do edital (critérios bem definidos de aceitação das propostas, que se resumirá no menor preço — com atenção para o estabelecimento de especificações mínimas do objeto pretendido; documentos para habilitação; sanções por inadimplemento; e cláusulas contratuais, notadamente quanto a prazos e condições para o fornecimento).

---

Art. 14. Nenhuma compra será feita sem a adequada caracterização de seu objeto e indicação dos recursos orçamentários para seu pagamento, sob pena de nulidade do ato e responsabilidade de quem lhe tiver dado causa.

Art. 15. As compras, sempre que possível, deverão:

I – atender ao princípio da padronização, que imponha compatibilidade de especificações técnicas e de desempenho, observadas, quando for o caso, as condições de manutenção, assistência técnica e garantia oferecidas;

II – ser processadas através de sistema de registro de preços;

III – submeter-se às condições de aquisição e pagamento semelhantes às do setor privado;

IV – ser subdivididas em tantas parcelas quantas necessárias para aproveitar as peculiaridades do mercado, visando economicidade;

V – balizar-se pelos preços praticados no âmbito dos órgãos e entidades da Administração Pública.

§1º O registro de preços será precedido de ampla pesquisa de mercado.

§2º Os preços registrados serão publicados trimestralmente para orientação da Administração, na imprensa oficial.

§3º O sistema de registro de preços será regulamentado por decreto, atendidas as peculiaridades regionais, observadas as seguintes condições:

I – seleção feita mediante concorrência;

II – estipulação prévia do sistema de controle e atualização dos preços registrados;

III – validade do registro não superior a um ano.

§4º A existência de preços registrados não obriga a Administração a firmar as contratações que deles poderão advir, ficando-lhe facultada a utilização de outros meios, respeitada a legislação relativa às licitações, sendo assegurado ao beneficiário do registro preferência em igualdade de condições.

§5º O sistema de controle originado no quadro geral de preços, quando possível, deverá ser informatizado.

§6º Qualquer cidadão é parte legítima para impugnar preço constante do quadro geral em razão de incompatibilidade desse com o preço vigente no mercado.

§7º Nas compras deverão ser observadas, ainda:

I – a especificação completa do bem a ser adquirido sem indicação de marca;

II – a definição das unidades e das quantidades a serem adquiridas em função do consumo e utilização prováveis, cuja estimativa será obtida, sempre que possível, mediante adequadas técnicas quantitativas de estimação;

III – as condições de guarda e armazenamento que não permitam a deterioração do material.

§8º O recebimento de material de valor superior ao limite estabelecido no art. 23 desta Lei, para a modalidade de convite, deverá ser confiado a uma comissão de, no mínimo, 3 (três) membros.

Alerta-se quanto a necessidade de submissão do edital à aprovação jurídica (sobre a matéria, vide o subitem 15.3) e à obrigatoriedade de previsão de recursos orçamentários que assegurarão o pagamento ao contratado.

d) em seguida, designará, dentre os servidores do órgão promotor da licitação — o que afasta a possibilidade da indicação de um estranho aos quadros da Administração — o "pregoeiro", que terá como atribuição conduzir a licitação: recebimento de propostas e lances, como se verá mais adiante; análise da aceitabilidade de tais documentos, com base no que reza o instrumento convocatório; e definição quanto à classificação, habilitação e adjudicação do objeto do certame ao licitante vencedor (conforme determina o inc. IV do art. 3º da Lei nº 10.520/02).

Uma indagação que se faz presente diz respeito à possibilidade da nomeação de servidor ocupante de cargo em comissão para o exercício da função de pregoeiro. Nos termos do dispositivo, verifica-se que a expressão "servidores" foi adotada de forma genérica, o que poderá induzir ao entendimento de que estaria abrangendo todos os que mantêm vínculo de trabalho com a Administração. Nesse diapasão, servidores celetistas ou estatutários, ocupantes de cargos efetivos ou em comissão, estariam enquadrados na regra e, portanto, aptos a ser nomeados como pregoeiros. Ocorre que, ao tratar da equipe de apoio ao pregoeiro, dispôs a norma que a mesma "deverá ser integrada, em sua maioria, por servidores ocupantes de cargo efetivo, pertencentes, preferencialmente, ao quadro permanente do órgão ou entidade promotora da licitação". Numa dedução lógica, conclui-se obrigatoriamente que, se para compor o grupo de apoio (que possui a atribuição de auxiliar ao pregoeiro) a Lei nº 10.520/02 exige vínculo efetivo com a Administração, não há como sustentar que o pregoeiro, que detém atribuições infinitamente superiores, possa não possuir tal vínculo.[112]

---

[112] Com entendimento diverso, Vera Scarpinella defende a possibilidade, desde que detenha a qualificação devida e que haja compatibilidade entre as funções e as

Tratando da matéria no âmbito das comissões de licitação, Ari Sundfeld conclui da mesma forma:

> Mas, como a lei deu destaque à pertença do servidor ao quadro, parece ter pretendido excluir os nomeados para cargos de confiança, pois tais servidores não são permanentes, embora o próprio cargo o seja. Pela mesma razão excluiu os servidores efetivos no estágio probatório, pois ainda não adquiriram estabilidade e, portanto, não são permanentes. Destarte, a lei quer, nas comissões, ao menos dois servidores efetivos estáveis. Mas isso não basta: necessário que o cargo do servidor faça parte do quadro do órgão licitador, não se admitindo, portanto, o ocupante de cargo de outro órgão, simplesmente afastado.[113]

De qualquer sorte, verifica-se, do plano, a atribuição de maior autoridade para o servidor que atuará como pregoeiro, comparativamente a que se atribui à comissão de licitação na Lei nº 8.666/93, uma vez que esse agente recebe até mesmo a competência de adjudicação do objeto ao vencedor da licitação, ato que, no Estatuto, é atribuído à autoridade superior.[114]

Essa ampla atribuição de competências ao pregoeiro tem sido motivo de preocupações por parte preponderante da doutrina.

Alice Maria Gonzalez Borges exteriorizou sua inquietude:

> Preocupam-nos, ainda, outros aspectos da nova modalidade licitatória, do ponto de vista da observância dos princípios vetores das licitações e contratos administrativos. É tradição em nosso direito que as decisões administrativas mais importantes, que

---

atribuições inerentes ao seu cargo (*Licitação na modalidade de pregão*: Lei nº 10.520, de 17.7.2002, p. 99). Também diversamente, o entendimento de Benedicto de Tolosa Filho: "(...) a função de pregoeiro deverá ser desempenhada por servidor pertencente aos quadros do órgão ou da entidade promotora da licitação, e de qualquer forma de provimento, inclusive em comissão" (*Pregão*: uma nova modalidade de licitação: comentários teóricos e práticos, pregão presencial e pregão eletrônico, p. 25).

[113] SUNDFELD. *Licitação e contrato administrativo*: de acordo com as Leis nº 8.666/93 e nº 8.883/94, p. 92.

[114] Verificar-se-á, posteriormente, que nem sempre o ato de adjudicação será da alçada do pregoeiro.

repercutem mais intensamente nos direitos dos administrados, sejam sempre confiadas a órgãos colegiados. Assim, estabeleceram-se largamente, em anos de prática administrativa, regras rigorosas para o funcionamento das comissões de licitação, não só as que operam em caráter permanente, como as que são especialmente designadas para certos certames. A (...) simplesmente, exclui o funcionamento das comissões de licitação. Segundo suas regras, um só servidor designado pela autoridade competente como pregoeiro monopolizará as importantes responsabilidades pelo recebimento das propostas e lances, análise de sua aceitabilidade e classificação, habilitação do licitante vencedor, ou de outros que sejam convocados, em caso de sua inabilitação, e adjudicação do objeto contratual. É muita responsabilidade cometida a um só servidor, o que o deixa vulnerável; e, ao mesmo tempo, uma ameaça ao princípio da moralidade nas licitações.[115]

Pedro Barreto Vasconcellos demonstrou idêntica preocupação:

(...) foi atribuída ao pregoeiro toda a competência para a condução do certame que implica numa enorme responsabilidade. (...) para um melhor andamento do Pregão, é recomendável que a escolha recaia em alguém que tenha capacidade (...). Isso porque o despreparo de um pregoeiro pode afetar negativamente a licitação, prejudicando não só os participantes, como também o erário.[116]

Da mesma forma, Jessé Torres:

Em comparação com as atribuições das comissões de licitação, as do pregoeiro são acrescidas de atos exigentes de pendor e formação adequados (...). Sublinhe-se a necessidade de método eficaz para aferirem-se tais pendores e formação, porque o pregoeiro atuará sozinho (...).[117]

---

[115] BORGES. O pregão criado pela MP nº 2.026/2000: breves reflexões e aspectos polêmicos. *Jus Navigandi*.

[116] VASCONCELLOS. Pregão: nova modalidade de licitação. *Revista de Direito Administrativo – RDA*, p. 225.

[117] PEREIRA JUNIOR. Pregão, a sexta modalidade de licitação. *Portal de Licitações*.

Há, no entanto, vozes dissonantes na doutrina, sustentando que essa ampla atribuição de competências a um único servidor não significa um risco para a Administração.

Vera Scarpinella, por exemplo, não crê que haja perda na qualidade dos atos decisórios relacionados à condução do procedimento licitatório pela mera razão da comissão de licitação ter sido substituída por somente uma pessoa. Além disso, advoga que o pregoeiro não está só neste trabalho, já que a lei garantiu-lhe o auxílio da equipe de apoio.[118]

Ricardo Berloffa é ainda mais enfático:

> Embora seja sustentado por alguns doutrinadores que o melhor formato para decisões desta magnitude sejam conferidas a um colegiado, temos que, a exemplo do que acontece com os leilões normais realizados há tempos na vida pública e privada, o procedimento por ter escopo bem definido limita a superveniência da arbitrariedade por parte do pregoeiro. É um contra-senso imaginar que, em sessão pública, o pregoeiro atue de forma imoral e arbitral e, mesmo que isso viesse a ocorrer, há a possibilidade de recurso administrativo e de reversão do ato lesivo em sede de discussão judicial.[119]

A verdade é que o inciso é extremamente frágil quanto à definição das atribuições, porquanto descreve muito genericamente e sem precisão gramatical, as atribuições do pregoeiro.[120]

## 15.2 O período de investidura do pregoeiro

Quanto ao período de investidura do servidor designado para exercer a função de pregoeiro, nota-se que a lei silencia sobre esse prazo, não informando sequer se, a cada Pregão, há de se designar um pregoeiro novo.

---

[118] SCARPINELLA. *Licitação na modalidade de pregão*: Lei nº 10.520, de 17.7.2002, p. 100.

[119] BERLOFFA. *A nova modalidade de licitação*: pregão: breves comentários à Lei Federal nº 10.520/02: Lei do Pregão, p. 63.

[120] É o que também entendem Ivan Rigolin e Marcos Bottino (*Manual prático das licitações*: Lei n. 8.666/93, 4. ed.).

Parece-nos razoável que essa última opção seja adotada, se levada em consideração a especificidade de cada objeto, não obstante serem sempre bens ou serviços comuns.

Na irrelevância de tal preocupação, o mais lógico será seguir os passos delineados para a questão pela Lei nº 8.666/93, atrelando-se o prazo de investidura à vigência do crédito. Assim, adotando-se o mesmo critério definido para as comissões de licitações, é plausível inferir que o prazo de investidura dos pregoeiros não pode ser superior a um ano.[121]

## 15.3 A aprovação jurídica das minutas de editais e contratos

A Lei nº 10.520/02 não alude à aprovação jurídica do instrumento convocatório da licitação, o que, em princípio, pode levar um desavisado a crer que o tratamento, nesse particular, deverá ser idêntico ao dado às licitações na modalidade "convite". Todavia, por ser o instrumento convocatório um edital, e ainda por ser o Pregão utilizado para aquisições ou contratações de qualquer valor, reputamos que cabe o atendimento ao disposto no art. 38 da Lei nº 8.666/93, sendo obrigatória, para que haja eficácia jurídica, a aprovação do setor jurídico competente. Nesse viés, o Regulamento ora em apreciação elenca no rol de atos essenciais do Pregão o compete parecer jurídico (inciso VII, art. 21).[122]

Aliás, a questão da avaliação jurídica do edital licitatório tem causado discussões de toda a ordem. Trata-se de exigência da Lei nº 8.666/93, aplicável subsidiariamente ao Pregão, consoante o preconizado no parágrafo único do art. 38. Dita a regra legal que as minutas de editais, bem como as dos contratos, acordos, convênios ou ajustes deverão ser previamente examinadas e aprovadas por assessoria jurídica da Administração.

---

[121] O redator da ferramenta regulamentar federal referente ao Pregão eletrônico (Decreto nº 5.450/05) fez valer essas ponderações, disciplinando que a investidura do pregoeiro e de membro da equipe de apoio poderá ser de um ano, admitindo reconduções e permitindo a designação de pregoeiros para licitações específicas (o que consideramos altamente salutar, porquanto, não raro, faz-se necessário o chamamento de um pregoeiro que domine determinada área para dar andamento em certame específico).

[122] Da mesma forma, o Decreto nº 5.450/05, regulamentar do Pregão eletrônico na esfera federal, o elenca no rol documentos que instruem o processo licitatório.

Impende chamar atenção, preliminarmente, para a expressão "minutas". Nem seria necessário o auxílio de um dicionário para se concluir que se trata da avaliação de uma espécie de rascunho, ou seja, de um trabalho ainda em fase inicial. Para não se ter dúvida, segundo o dicionário *Michaelis*, trata-se da "primeira redação escrita de um documento oficial; rascunho".

Não obstante, temos notado a imperiosa solicitação de setores jurídicos de verdadeiros processos, numerados, assinados etc., ou seja, com todas as vestes de um documento final, numa demonstração flagrante de exacerbação da determinação legal, estranhamente sem contestações maiores das unidades administrativas [essa tem sido uma exigência, por exemplo, das Consultorias Jurídicas da União (CJU) da Advocacia-Geral da União — ex-Núcleos de Assessoramento Jurídico (NAJ)].

Com relação ao parecer jurídico, impende o reconhecimento de que a regra tem como finalidade, é claro, evitar a descoberta de defeitos *a posteriori*, situação que, não raro, demandaria a invalidação do documento. Nesse diapasão, fundamentado na ideia de que a aprovação pela assessoria jurídica não se trata de formalidade que se exaure em si mesma, Marçal Justen Filho afirma, com justa razão, que o essencial é a regularidade do ato, não a aprovação da assessoria jurídica. Sustenta o jurista, aliás, que a ausência de observância do disposto no parágrafo único (apreciação e aprovação jurídica) não é causa autônoma de invalidade da licitação.[123]

A nosso ver, a apreciação jurídica é requisito obrigatório para validade jurídica do edital ou contrato. Nesse sentido, entre outras abalizadas palavras, as lições de Carlos Ari Sundfeld:

> (...) o órgão jurídico deve aprovar as minutas, o que lhe confere um poder decisório pouco usual nas atividades consultivas. A medida, radical, visa a assegurar ao máximo a observância do princípio da legalidade, tão desprezado pela Administração Brasileira.[124]

---

[123] JUSTEN FILHO. *Comentários à Lei de Licitações e Contratos Administrativos*, 11. ed., p. 378.

[124] SUNDFELD. *Licitação e contrato administrativo*: de acordo com as Leis nº 8.666/93 e nº 8.883/94, p. 95. As decisões do TCU convergem nesse sentido, sempre indicando

Todavia, apesar de emissão obrigatória, o parecer não necessariamente deverá ser seguido pela Administração. Marçal Justen, da mesma forma, considera que o descumprimento da regra do parágrafo único não nulifica o procedimento se o edital ou o contrato não possuía vício, posto que configurar-se-ia tão somente a responsabilidade funcional para os agentes que deixaram de atender à formalidade.

Parte preponderante da doutrina especializada considera que a falta de aprovação jurídica, em si, pode não caracterizar vício, uma vez que o edital e o contrato, mesmo sem o aval do setor jurídico, podem estar corretos, o que levaria ao entendimento de que a inobservância ao disposto no parágrafo não seria causa de invalidação.

É voz corrente na melhor doutrina que o parecer jurídico não vincula o administrador público, uma vez que se trataria de mera opinião a ser adotada ou não. Neste ponto, inclusive, já se manifestou o STF:

> (...) o parecer não é ato administrativo, sendo, quando muito, ato de administração consultiva, que visa a informar, elucidar, sugerir providências administrativas a serem estabelecidas nos atos de administração ativa.[125]

Recentemente, julgado do STF adentrou na seara dos pareceres jurídicos emitidos para orientação dos administradores públicos, tendo-os categorizados de acordo com sua obrigatoriedade em relação à observância pelo administrador público e pela necessidade de constarem no processo administrativo. O julgado fez distinção de pareceres, distinguindo-os como facultativos, obrigatórios e vinculantes. De acordo com a decisão da Corte Suprema, quando a consulta for facultativa, a autoridade não se vincula ao parecer

---

a observância da obrigatoriedade do exame e aprovação de minutas de editais e de acordos pela Assessoria Jurídica do órgão, ante o que dispõe o parágrafo em comento (Exemplos: decisões nº 107/95-2, nº 359/95-P, nº 319/96-P, nº 167/96-1, nº 91/97-P, nº 584/97-1, dentre outras).

[125] MS nº 24.073/DF. Rel. Min. Carlos Velloso. *DJ*, 31 out. 2003.

proferido, sendo que seu poder de decisão não se altera pela manifestação do órgão consultivo; na hipótese de consulta obrigatória, a autoridade administrativa se vincula a emitir o ato tal como submetido à consultoria, com parecer favorável ou contrário, e se pretender praticar ato de forma diversa da apresentada à consultoria, deverá submetê-lo a novo parecer; quando, por fim, a lei estabelece a obrigação de decidir à luz de parecer vinculante, essa manifestação de teor jurídico deixa de ser meramente opinativa e o administrador não poderá decidir senão nos termos da conclusão do parecer ou, então, não decidir.[126]

Consoante asseveramos — com manutenção após o julgado da Corte Maior — os pareceres referentes aos editais e contratos se alojam nos casos de pareceres obrigatórios, tendo o agente público liberdado para não cumprir o opinado pelo parecerista, podendo emitir o ato da forma que foi submetido à consultoria, sendo obrigado, entrementes, caso pretenda praticar o ato de maneira diversa da apresentada, a submetê-lo a novo parecer.

Há, por conseguinte, total liberdade de ação da Administração para adotar o ato apresentado ao parecerista, não podendo, todavia, alterá-lo da forma em que foi submetido à análise jurídica, exceto se pedir novo parecer.[127]

É o que também colaciona Jair Santana, considerando o previsto no §2º do art. 42 da Lei nº 9.784/1999, que estabelece que, se um parecer obrigatório e não vinculante deixar de ser emitido no prazo fixado (o *caput* do artigo determina o prazo máximo de 15 dias), o processo poderá ter prosseguimento e ser decidido com sua dispensa, sem prejuízo da responsabilidade de quem se omitiu no atendimento:

---

[126] MS nº 24.631/DF. Rel. Min. Joaquim Barbosa. *DJ*, 31 jan. 2008.

[127] Diante dos termos da Lei nº 8.666/93, certamente entendimentos surgirão no sentido de que a apreciação jurídica dos editais se enquadraria nos casos de pareceres vinculantes. Relembra-se, todavia, que doutrina de peso entende não existir no ordenamento jurídico brasileiro hipóteses de pareceres nessa categoria, como, por exemplo, Zanella Di Pietro: "(...) dizer que a autoridade pede um parecer e é obrigada a curvar-se àquele parecer, eu confesso que não conheço exemplos aqui no Direito brasileiro" (Responsabilidade dos procuradores e assessores jurídicos da Administração Pública. *Boletim de Direito Administrativo – BLC*, p. 6).

Seja como for, o parecer do assessor jurídico, via de regra, não tem caráter vinculativo, não estando a Administração Pública obrigada a segui-lo, desde que tenha respaldo legal. Tanto é verdade, que, se o assessor jurídico não respeitar o prazo fixado no *caput* do art. 42, deve a autoridade superior valer-se do disposto no §2º do mesmo artigo, e dar prosseguimento ao certame. (...) A não vinculação do parecer jurídico explica-se pelo fato de que o mencionado documento é opinião técnica, que visa nortear o administrador público na escolha da melhor conduta.[128]

Realmente, como observa o jurista, a doutrina tem encontrado dificuldades para distinguir entre pareceres vinculantes e não vinculantes. Sergio Ferraz e Adilson Dallari, em trabalho minucioso, assentiram que é deveras complicado entender a distinção "pois parecer vinculante não é parecer: é decisão".[129] Ainda sobre a matéria, continua o jurisconsulto:

A ausência ou deficiência de regras claras a propósito da atuação do assessor jurídico tem, não raro, repercussões negativas de toda ordem (...). Devemos lembrar, no entanto, que o parecer é peça obrigatória do procedimento. Embora sua ausência não gere a nulidade daquele, seu conteúdo tem papel relevante, pois orienta o administrador, conferindo base jurídica ao edital.[130]

Como é cediço, os pareceres constituem atos pelos quais os órgãos consultivos emitem opinião sobre assuntos de sua competência. Consubstanciam, portanto, pontos de vista, integrando o processo de formação do ato. A não vinculação do parecer jurídico explica-se, portanto, pelo fato de que se constitui apenas em opinião especializada que objetiva nortear o agente público na escolha de conduta.

No caso do parecer referente à análise jurídica da minuta do edital/contrato, entendemos que o mesmo é peça processual, muito embora sua ausência não determine a nulidade.

---

[128] SANTANA. *Pregão presencial e eletrônico*: sistema de registro de preços: manual de implantação, operacionalização e controle, p. 217.

[129] FERRAZ; DALLARI. *Processo administrativo*, p. 125.

[130] SANTANA. *Pregão presencial e eletrônico*: sistema de registro de preços: manual de implantação, operacionalização e controle, p. 216-217.

## Ronny Charles tem idêntico entendimento:

> Realmente, o parecer emitido pelo órgão de assessoria jurídica serve para a orientação da decisão adotada pelo consulente, sendo também instrumento de verificação da legalidade, legitimidade e economicidade dos atos relacionados à gestão de recursos públicos. Contudo, embora o legislador tenha inovado, em relação ao que era prescrito pelo Decreto-Lei 2.300/86, tratando de "aprovação" das minutas, não nos parece que o prévio exame se caracterize como ato-condição, sem o qual perca validade a relação contratual pactuada.[131]

Afirmando, taxativamente, que os pareceres têm natureza opinativa, de caráter obrigatório, porém não vinculante, tratando exatamente da questão das apreciações das minutas de editais e contratos, é interessantíssima a observação do jurista:

> Essa assertiva é confirmada pela prática administrativa, já que ocorrem contratações ou publicações de editais que desrespeitam a remessa prévia dos autos ao órgão competente pelo assessoramento jurídico, para emissão de parecer, sem que isso cause necessariamente a anulação ou invalidação dos atos administrativos, pelos órgãos de controle. Se admitíssemos o parecer jurídico como vinculante, seria inequívoca a constatação de que todas as licitações, contratações, aditamentos e alterações contratuais, que prescindiram de tal manifestação, seriam inválidos. Mais ainda, significaria, a teor do §1º acima transcrito, que todos esses procedimentos apenas poderiam ter continuidade após a emissão do parecer jurídico, imposição abundantemente desmentida pela realidade fática, sendo, infelizmente, comum a realização de aditamentos contratuais sem a prévia oitiva ao órgão de assessoramento jurídico.

Em função do exposto, trazendo à colação vetusto ensinamento do saudoso mestre Oswaldo Bandeira de Mello — mantido na íntegra na oportuna decisão antes mencionada do STF —, é de se concluir que o parecer emitido pelas consultorias jurídicas referentes às minutas de editais licitatórios e acordos

---

[131] TORRES. *Leis de licitações públicas comentadas*, p. 145.

administrativos enquadram-se efetivamente na categoria de obrigatórios, e não vinculantes, devendo ser encarada como obrigatória apenas a solicitação:

O parecer é obrigatório quando a lei o exige como pressuposto para a prática do ato final. A obrigatoriedade diz respeito à solicitação do parecer (o que não lhe imprime caráter vinculante).[132] [133]

## 15.4 Os autos do processo

Acertando pequena falha técnica existente no inciso III do art. 3º da MP (mantido na Lei nº 10.520/02), o instrumento regulamentar substituiu "autos do procedimento" por "autos". No mais, repetindo o texto do inciso, indica o óbvio: a indispensável instauração de um processo administrativo, no qual serão entranhados todos os documentos inerentes ao procedimento.

O redator do decreto, procurando dar um cunho pessoal ao texto, muda a expressão "justificativa" por "motivação", e dispõe quanto à obrigatoriedade de justificativa de cada um dos atos do inciso anterior (o que determinará certa dificuldade ao executor, em função da obrigatoriedade legal de muitas vezes justificar obviedades), além dos elementos técnicos em que se basearem.

O inciso informa que também deverão compor o processo o orçamento estimado e, caso seja necessário, o cronograma físico-financeiro de desembolso. É claro que, além de tais documentos, outros tantos o comporão, na medida em que forem sendo produzidos.

---

[132] BANDEIRA DE MELLO. *Princípios gerais de direito administrativo*, p. 575.

[133] Sobre a matéria, no que diz respeito à aprovação das minutas dos contratos, vide *Acórdão nº 873/2011– Plenário*, rel. *Min. José Jorge* – 9.2.3. submeta à apreciação da Assessoria Jurídica as minutas de todos os contratos a serem celebrados, obedecendo aos ditames do parágrafo único do art. 38 da Lei nº 8.666/93 (correspondente à subcláusula 7.1.2 do Decreto nº 2.745/1998), estando autorizada a utilizar excepcionalmente minuta-padrão, previamente aprovada pela Assessoria Jurídica, quando houver identidade de objeto — e este representar contratação corriqueira — e não restarem dúvidas acerca da possibilidade de adequação das cláusulas exigidas no contrato pretendido às cláusulas previamente estabelecidas na minuta-padrão.

> *V – para julgamento, será adotado o critério de menor preço, observados os prazos máximos para fornecimento, as especificações técnicas e os parâmetros mínimos de desempenho e de qualidade e as demais condições definidas no edital.*

# 16 A fase de julgamento

Preliminarmente, registre-se a falha de disposição do inciso, uma vez que, voltado para disciplinar o tipo de licitação a ser adotado no Pregão (menor preço), foi encaixado impropriamente em artigo que delineia os atos referentes à fase preliminar (interna) do Pregão. Tal regramento consta, inclusive, no inciso X do art. 4º da Lei nº 10.520/02, que trata da fase externa do Pregão.[134]

Pelo sim pelo não, prevê o inciso que o critério para julgamento de Pregão é menor preço, observando-se os prazos máximos para fornecimento (se for o caso), com atendimento às especificações técnicas e aos parâmetros mínimos de desempenho e qualidade definidos no edital, os quais, quando bem delineados, afastados os possíveis direcionamentos escusos, sempre resultam na melhor proposta.

Dessa forma, inicialmente, antes da análise dos preços, deverá o pregoeiro verificar se o objeto oferecido atende aos requisitos estabelecidos no edital (observando, dessa forma, o princípio da vinculação ao instrumento convocatório). O preço somente será apreciado, portanto, se a proposição for considerada apta.

---

[134] Lei nº 10.520/02: "Art. 4º A fase externa do pregão será iniciada com a convocação dos interessados e observará as seguintes regras: (...) X – para julgamento e classificação das propostas, será adotado o critério de menor preço, observados os prazos máximos para fornecimento, as especificações técnicas e parâmetros mínimos de desempenho e qualidade definidos no edital".

## 16.1 A questão do preço inexequível

Questão que requer cautela é a que envolve a verificação da exequibilidade do preço proposto, notadamente em função dos valores que advirão da etapa de lances, em especial quando o objeto pretendido pela Administração for um serviço.

Não raro, no afã de sagrarem-se vitoriosos na competição, os licitantes reduzem os valores de suas proposições sem analisar cautelosamente a exequibilidade.

Por conseguinte, nessa avaliação, faz-se mister que a Administração utilize mecanismos objetivos para aferição, pois, incontestavelmente, não há possibilidade de se estabelecer critério padrão para a determinação da inexequibilidade de uma proposta.

Em face de diversos questionamentos sobre o tema, o Tribunal de Contas da União (TCU) posicionou-se no sentido que à Administração caberá, após a adoção de critérios objetivos que a façam aduzir que a uma proposta é inexequível, facultar ao licitante a possibilidade de comprovar a sua exequibilidade:

**– Acórdão nº 284/2008, Plenário, rel. Min. Marcos Vilaça**
(...) Seis empresas apresentaram propostas de preços para o Pregão Eletrônico nº 72/2007, (...) para aquisição de software de gerenciamento integrado das áreas de compras, almoxarifado e controle de patrimônio. Três foram desclassificadas antes da fase de lances por terem suas propostas de preços, respectivamente de R$800.000,00, R$1.490.000,0 e R$1.500.000,00, sido julgadas inexequíveis. (...) 3. O primeiro fato que causa espécie neste certame é a desqualificação sumária das propostas mais baixas. *Acredito que o juízo de inexequibilidade seja uma das faculdades postas à disposição da Administração cujo exercício demanda a máxima cautela e comedimento. Afinal, é preciso um conhecimento muito profundo do objeto contratado, seus custos e métodos de produção para que se possa afirmar, com razoável grau de certeza, que certo produto ou serviço não pode ser fornecido por aquele preço.* A questão se torna mais delicada quando verificamos que o valor com que uma empresa consegue oferecer um bem no mercado depende, muitas vezes, de particularidades inerentes àquele negócio, como por exemplo, a existência de estoques antigos, a disponibilidade imediata do produto a economia de escala etc. Nestes casos pode existir um descolamento dos preços praticados por

determinado fornecedor em relação aos dos demais concorrentes, sem que isso implique sua inexequibilidade. (...) 10. Julgo que as questões discutidas acima são suficientes para consubstanciar a existência de indícios de irregularidades que, se confirmadas, poderão implicar a antieconomicidade da contratação, com dano à entidade. A situação também reclama a atuação imediata deste Tribunal, sob pena de serem efetivados os pagamentos à contratada, consolidando-se eventual prejuízo.

**– Acórdão nº 287/2008, Plenário, rel. Min. Ubiratan Aguiar**

20. No que se refere à inexequibilidade, entendo que a compreensão deve ser sempre no sentido de que a busca é pela satisfação do interesse público em condições que, além de vantajosas para a Administração, contentam preços que possam ser suportados pelo contratado sem o comprometimento da regular prestação contratada. *Não é o objetivo de o Estado espoliar o particular, tão pouco imiscuir-se em decisões de ordem estratégica ou econômica das empresas. Por outro lado, cabe ao próprio interessado a decisão a cerca do preço mínimo que ele pode suportar. 21. Assim, o procedimento para a aferição de inexequibilidade de preço definido art. 48, II, §1º, alíneas "a" e "b", da Lei 8.666/93 conduz a uma presunção relativa de inexequibilidade de preços. Isso porque, além de o procedimento encerrar fragilidades, dado que estabelece dependência em relação a preços definidos pelos participantes, sempre haverá possibilidade de o licitante comprovar sua capacidade de bem executar os preços propostos, atendendo satisfatoriamente o interesse da Administração.*

**– Acórdão nº 559/2009, 1ª Câmara, rel. Min. Augusto Nardes**

(...) Nos termos da jurisprudência do TCU, não cabe ao pregoeiro ou à comissão de licitação declarar a inexequibilidade da proposta da licitante, *mas facultar aos participantes do certame a possibilidade de comprovarem a exequibilidade das suas propostas.*

No âmbito do Poder Judiciário, a questão é encarada da mesma forma:

*– AMS nº 34000180390; Processo nº 001340000180390; data da decisão: 25.08.2003; DJ 22.09.2003, p. 95; Relator Desembargador Federal Souza Prudente:*

(...) a inexequibilidade deve ser devidamente comprovada por quem a alegar, não podendo ser presumida.

Nesse diapasão, a Instrução Normativa nº 02, de 30 de abril de 2008, da Secretaria de Logística e Tecnologia da Informação (SLTI) do Ministério do Planejamento, Orçamento e Gestão (MPOG), que dispõe sobre regras e diretrizes para a contratação de serviços na esfera da Administração Federal, determina que a desclassificação de propostas sob tal alegação só poderá ocorrer caso não sejam demonstradas exequibilidades, em especial em relação ao preço e a produtividade apresentada, prevendo, inclusive — havendo indícios de inexequibilidade ou em caso da necessidade de esclarecimentos complementares — a realização de diligências, na forma do §3º do art. 43 da Lei nº 8.666/93.

Sobre a matéria, obtempera Benedicto de Tolosa:

> No âmbito da Administração Pública federal, os órgãos (...) devem utilizar as normas estabelecidas pela Instrução Normativa nº 02/2008, (...) fazendo constar do instrumento convocatório da licitação as planilhas constantes dos anexos à referida Instrução. Os valores dos custos unitários constantes das planilhas serão analisados pelo pregoeiro ou pelos membros das comissões de julgamento de licitações, os quais desclassificarão as propostas que não demonstrem por meio de documentação que comprove os custos e os insumos que são exequíveis. No que concerne à contratação de obras e serviços de engenharia, mesmo que utilizada a modalidade Pregão, a exequibilidade da proposta deve ser demonstrada utilizando-se os parâmetros do §1º da Lei nº 8.666/93, inclusive quando da licitação participar empresas que se beneficiam dos privilégios da Lei Complementar nº 123, de 14 de dezembro de 2006 (Estatuto Nacional da Microempresa e da Empresa de Pequeno Porte).[135]

---

[135] TOLOSA FILHO. Conceito de inexequibilidade da proposta de preços para aquisição de bens na modalidade Pregão. *ILC – Informativo de Licitações e Contratos*.

*Art. 9º. As atribuições do pregoeiro incluem:*

*I – o credenciamento dos interessados;*

*II – o recebimento dos envelopes das propostas de preços e da documentação de habilitação;*

*III – a abertura dos envelopes das propostas de preços, o seu exame e a classificação dos proponentes;*

*IV – a condução dos procedimentos relativos aos lances e à escolha da proposta ou do lance de menor preço;*

*V – a adjudicação da proposta de menor preço;*

*VI – a elaboração de ata;*

*VII – a condução dos trabalhos da equipe de apoio;*

*VIII – o recebimento, o exame e a decisão sobre recursos; e*

*IX – o encaminhamento do processo devidamente instruído, após a adjudicação, à autoridade superior, visando a homologação e a contratação.*

## 17 As atribuições do pregoeiro

A Lei nº 10.520/02 não é nada didática ao tratar das tarefas específicas do pregoeiro. Examinando-se o texto legal identificar-se-á trabalhos afetos ao pregoeiro entremeados ao longo de diversos preceptivos.

Atuando tal como um presidente de comissão de licitação, mas com poderes infinitamente superiores (já que ao presidente não cabe qualquer atitude que o colegiado não aprove), cabe ao pregoeiro conduzir o Pregão, coordenando toda a empreitada.

Neste artigo 9º, o elaborador do decreto tentou reunir as atribuições do pregoeiro, definindo que são de competência exclusiva do pregoeiro, entre outros atos:[136]

---

[136] Dagoberto Domingos de Araújo chama atenção: "Muito embora o pregoeiro tenha as suas atribuições definidas (...) o inc. IV do art. 3º da Lei nº 10.520/02 traz consigo, entre vírgulas, as palavras 'dentre outras' e abre um leque de situações não previstas que

**a)** *credenciamento dos interessados*

Apreciação os documentos de outorga de competência dos licitantes, de modo a certificar-se que os mesmos possuem autorização expressa para deliberarem durante os atos do procedimento licitatório, notadamente para exercer o direito do oferecimento de lances.

**b)** *recebimento dos envelopes das propostas de preços e da documentação de habilitação*

O edital estabelecerá o local, a data e o horário de recebimento dos envelopes com as propostas de preços dos licitantes. É de se entender este horário como limite máximo para esse recebimento e não, como inadvertidamente observam alguns, como momento solene de entrega.

Comentando o inciso VIII do art. 4º da MP original, alertamos que o dispositivo seguia passos equivocados, pois reafirmava categoricamente que os interessados entregariam os envelopes contendo a indicação do objeto e preços após a abertura da sessão. Na verdade, remetia-se à sessão solene de abertura dos envelopes, quando aqueles encaminhados pelo correio ou entregues em datas anteriores, juntar-se-iam aos apresentados *in loco*.

Acresça-se que o decreto, no §1º do art. 12, indica uma atividade do pregoeiro que não foi listada no artigo ora em análise: decidir, no prazo de vinte e quatro horas, sobre petições, de quaisquer pessoas, que tenham sido apresentadas até dois dias úteis da data fixada para recebimento das propostas solicitando esclarecimentos, providências ou tenham impugnado o ato convocatório do Pregão.

**c)** *abertura dos envelopes das propostas de preços, o seu exame e a classificação dos proponentes*

Cabe ao pregoeiro, no momento adequado, verificar os preços propostos e classificar os licitantes. Tais atos serão

---

podem surgir (...) e que são desconhecidas da legislação e do pregoeiro, no entanto ele terá que resolver" (*Pregão presencial e eletrônico*: linguagem prática, 5. ed., p. 24).

estudados oportunamente. Entrementes, insta de pronto alertar que, diferentemente das outras modalidades de licitação, no Pregão, o exame e a classificação deverão ocorrer, em tese, de pronto, o que, sem dúvida, aumenta, em muito, a responsabilidade do agente designado como pregoeiro.

Sublinhe-se que os incisos XII, XV e XVI do artigo 11 oferecem mais informações procedimentais:

I – declarada encerrada a etapa competitiva e ordenadas as propostas, o pregoeiro deverá examinar a aceitabilidade da primeira classificada, quanto ao objeto e valor, decidindo motivadamente a respeito;[137]

II – caso a oferta não seja aceitável ou o licitante desatenda às exigências habilitatórias, o pregoeiro deverá examinar a oferta subsequente, verificando a sua aceitabilidade e procedendo à habilitação do proponente, na ordem de classificação, e assim sucessivamente, até a apuração de uma proposta que atenda ao edital;[138] e

III – nas situações anteriormente elencadas ou na hipótese de não se realizarem lances verbais, o pregoeiro, após verificar a conformidade entre a proposta escrita de menor preço e o valor estimado para a contratação, poderá negociar diretamente com o proponente para que seja obtido preço melhor.

**d)** *condução dos procedimentos relativos aos lances e à escolha da proposta ou do lance de menor preço*

Todo o procedimento do Pregão propriamente dito, notadamente referente aos lances — talvez a parte mais importante

---

[137] A regra regulamentar atende ao preconizado no inc. XI do art. 4º da Lei nº 10.520/02, que dispõe: "XI – examinada a proposta classificada em primeiro lugar, quanto ao objeto e valor, caberá ao pregoeiro decidir motivadamente a respeito da sua aceitabilidade".

[138] Essa regra regulamentar atende ao disposto no inc. XVI do art. 4º da Lei nº 10.520/02: "XVI – se a oferta não for aceitável ou se o licitante desatender às exigências habilitatórias, o pregoeiro examinará as ofertas subsequentes e a qualificação dos licitantes, na ordem de classificação, e assim sucessivamente, até a apuração de uma que atenda ao edital, sendo o respectivo licitante declarado vencedor".

do certame (cuja forma se verificará posteriormente) — será levado a efeito pelo agente público designado como pregoeiro.

**e)** *adjudicação da proposta de menor preço*

Como já comentado, numa comparação com as atribuições das comissões de licitação (Lei nº 8.666/93), verificar-se-á um incremento de responsabilidade para o pregoeiro, uma vez que a ele compete também adjudicar o objeto ao vencedor do certame, ato que, no Estatuto, é tarefa atribuída à autoridade superior competente.

Juridicamente, o ato de adjudicação é de suma importância, haja vista que só a partir dessa atribuição é que o licitante vencedor do certame assume a posição de adjudicatário, o que permite ao agente público penalizá-lo adequadamente, no caso de não atendimento do compromisso assumido perante a Administração (o que configurará a figura do adjudicatário faltoso).[139]

Alerta-se, entretanto, que nem sempre essa atribuição recairá sobre o pregoeiro, porquanto, nos casos em que houver a interposição de recurso administrativo, a incumbência é repassada para a autoridade competente.

Convém alertar que, antes do ato de adjudicação, o pregoeiro tem como incumbência verificar os documentos de habilitação do licitante que conseguiu a primeira colocação na etapa de lances. É o que determina o inc. XII do art. 4º da Lei nº 10.520/02: "XII – encerrada a etapa competitiva e ordenadas as ofertas, o pregoeiro procederá à abertura do invólucro contendo os documentos de habilitação do licitante que apresentou a melhor proposta, para verificação do atendimento das condições fixadas no edital".

**f)** *elaboração de ata*

O art. 21 elenca os atos essenciais do Pregão, dispondo pela junção em processo. Dentre eles, como não poderia deixar

---

[139] A inversão desse ato com o de homologação, conforme se impôs no procedimento do Pregão, não tem o condão de tornar irrelevante o instituto da adjudicação.

de ser, a obrigatória ata da sessão, que conterá, sem prejuízo de outras anotações, os registros: dos licitantes credenciados; das propostas escritas e verbais apresentadas, na ordem de classificação; da análise da documentação exigida para habilitação; e dos recursos interpostos.

Toda reunião referente a um procedimento licitatório deve, obrigatoriamente, demandar a lavratura de ata circunstanciada com registros dos fatos ou das ocorrências verificadas e resoluções tomadas.

Na hipótese do Pregão, em princípio, toda a sessão transcorrerá num mesmo momento.

As diversas deliberações conclusivas nesse sentido são constituídas de atos administrativos e, como tais, devem ser devidamente expressadas, bem como as suas justificativas.

O meio adequado para registro, sem dúvida, é a ata, que relatará os acontecimentos da sessão (as ponderações, as argumentações, os lances, as conclusões, as decisões fundamentadas do pregoeiro etc.).

Destarte, após a deliberação do pregoeiro, deverá ser lavrada uma ata circunstanciada, na qual deverão constar, pormenorizadamente, todas as deliberações e decisões, seguidas das necessárias justificativas, além das demais ocorrências da ocasião. É o que reza o parágrafo único do art. 4º da Lei nº 8.666/93: "O procedimento licitatório previsto nesta lei caracteriza ato administrativo formal, seja ele praticado em qualquer esfera da Administração Pública".

Conquanto, há de se entender, para a validade dos atos componentes de um procedimento licitatório, que é imprescindível a obediência à forma legalmente estabelecida para eles, o que consagra a necessidade de elaboração de atas para a exteriorização das decisões, sem o que não seria viável serem entendidas como legais.

Eliana Goulart leciona sobre a matéria:

> Não se considerem essas ponderações como "excesso de rigor formal", porque, nos procedimentos licitatórios como em quaisquer outros, a falta de enunciação correta de decisões administrativas,

ARTIGO 9º

131

sem a indicação dos respectivos motivos determinantes, constitui nulidade em virtude de desobediência ao enunciado da lei. E esta desobediência aos ditames legais significa afronta ao princípio da legalidade, consagrado na Constituição Federal (art. 37, *caput*), tornando real e presente a nulidade de todos os atos praticados.[140]

Marçal Justen considera que algumas atas deverão ser providenciadas, concluindo pela total impossibilidade de uma única ata ao final do certame. Aponta, nesse mister, a necessidade de formalização de uma ata para registro da abertura da solenidade e o recebimento dos envelopes:

A abertura da solenidade e o efetivo recebimento das propostas (e documentos que a acompanharem) deverá ser objeto de formalização por escrito. O pregoeiro elaborará ata, em que narrará todos os eventos ocorridos, nos termos e segundo as regras usuais consagradas no âmbito de licitações. Pugnando, posteriormente, pela exigibilidade de nova ata quando superada a etapa de classificação.[141]

Justificando esse posicionamento, assevera o jurista:

Deve reduzir-se a escrito a decisão de desclassificação, tanto quanto a classificação provisória. Essa formalização em ata deverá ocorrer antes do início da etapa subseqüente. Não é possível que se produza uma ata única, ao final do certame, que sumarize todos os eventos ocorridos desde o início da sessão. Portanto, deverá seguir-se a solução tradicional, consistente em documentar todos os eventos relevantes, ao início ou final de cada etapa. Essa solução não é incompatível com a natureza do Pregão. A simplicidade dos fatos e a utilização de recursos de informática permitem atendimento a tais exigências sem maiores dificuldades e com grande rapidez.

Opondo-se a esse entendimento, Renata Vilhena sustenta que o registro em ata ocorre ao final do certame: "A sessão do

---

[140] LEÃO. A exteriorização das decisões no procedimento licitatório. *ILC – Informativo de Licitações e Contratos*.

[141] JUSTEN FILHO. Pregão: nova modalidade licitatória. *ILC – Informativo de Licitações e Contratos*.

Pregão se encerra com a leitura e consequente assinatura da ata por todos os licitantes presentes e pelo pregoeiro".[142]

Sopesando os dois posicionamentos, admitimos — por mais estranho que possa parecer — que ambos estão corretos, não obstante, pela forma que a legislação dispôs sobre o procedimento da modalidade, termos convicção, se há que se pender para um lado, que a balança penderia para a segunda hipótese aventada, ou seja, a elaboração de ata única. Senão, vejamos:

O art. 8º da Lei nº 10.520/02 preconiza:

> Art. 8º Os atos essenciais do Pregão, inclusive os decorrentes de meios eletrônicos, serão documentados no processo respectivo, com vistas à aferição de sua regularidade pelos agentes de controle, nos termos do regulamento previsto no art. 2º.

A regra positivada não explicita a elaboração de ata, mas sim a imperiosa necessidade da formação de um processo, onde se fará a juntada de todos os documentos produzidos na licitação (inclusive as atas).

O Pregão, ocorrendo de forma normal, transcorrerá em sessão única. O surgimento de percalços que inviabilizem essa conduta é possível (necessidade de diligências; casos fortuitos ou de força maior; e eventuais suspensões da sessão por qualquer motivo, são exemplos factíveis).

Há a possibilidade, também — e essa hipótese está, inclusive, claramente disposta na regra legal —, de interposição de recursos administrativos pelos licitantes, demandando o envio do processo à autoridade superior para adjudicação, após resolução das petições. Assim, não temos dúvida de que, no Pregão, é pertinente a elaboração de mais de uma ata.

Por outro lado, não parece um bom caminho a elaboração de atas durante o transcurso de uma única sessão, caso transcorra de forma normal, mesmo porque não é essa a praxe no Direito brasileiro quando a matéria tratada é licitação.

---

[142] VILHENA. *Pregão*: uma nova modalidade de licitação. *Portal licitacao.com.br.*

De todo modo, o que se deve deixar bastante claro é que, seja em uma ou em várias atas, todos os fatos relevantes do certame devem restar registrados em documento próprio (ata circunstanciada).

**g)** *condução dos trabalhos da equipe de apoio*

Atuando tal como um presidente de comissão de licitação (com poderes infinitamente maiores), também caberá ao pregoeiro conduzir os atos da equipe de apoio, designando atividades, estabelecendo tarefas e prescrevendo procedimentos que julgar necessários para o bom andamento dos trabalhos.

**h)** *recebimento, o exame e a decisão sobre os recursos*

O pregoeiro deve ser extremamente cauteloso ao exercer essa atribuição. Insta alertar que a decisão sobre os recursos não ocorre somente em sua alçada de atuação, uma vez que, havendo interposição e mantida a sua decisão inicial, há a imperiosa necessidade do encaminhamento à autoridade superior para deliberação.

Ao longo dos anos de aplicação do Pregão, temos verificado falhas na operacionalização dessas atribuições do pregoeiro. O inciso determina que o pregoeiro deverá deter competência para receber, examinar e decidir os recursos. Ocorre que, deverá encaminhá-los à autoridade competente quando mantiver sua decisão. Como o preceptivo registra "o exame e a decisão", não raro os editais equivocadamente atribuem ao pregoeiro a função de julgar o recurso preliminarmente. Todavia, tal ato é de competência exclusiva da autoridade que determinou a licitação. Pelas regras, apenas duas decisões são possíveis ao pregoeiro: reconsiderar ou manter sua resolução. Optando pela segunda hipótese, caberá submeter a questão à autoridade superior competente.

Sobre a matéria, vide os comentários de Ronny Charles:

> Alguns editais, diante da falta de expressa indicação pelo legislador, apontam o pregoeiro como competente para o julgamento dos recursos interpostos. Essa compreensão é equivocada, devendo tal

atribuição ser conferida a autoridade superior. Não se admite que a autoridade recorrida seja a mesma que decida o recurso, pois, em tese, ela já haveria tomado a decisão impugnada com fundamento em suas convicções sobre o problema posto, o que criaria uma tendência prejudicial ao reexame.[143]

### i) *encaminhamento do processo, devidamente instruído, após a adjudicação, à autoridade superior, visando a homologação e a contratação*

Transcorrido todo o procedimento na absoluta normalidade, após a adjudicação, o processo é encaminhado pelo pregoeiro, com a proposição de homologação, à autoridade superior, que o apreciará (ato de verificação de legalidade) e, ao o aprovar, homologará o resultado e determinará a contratação.

Alerta-se, mais uma vez, para a inversão de atos em relação ao procedimento ditado pela Lei nº 8.666/93: no Pregão, adjudica-se e homologa-se; nas licitações da Lei nº 8.666/93, em qualquer uma de suas modalidades, inicialmente há homologação do resultado.

## 17.1 A questão da elaboração do edital de licitação

A Lei nº 8.666/93, balizadora do assunto, não traz expressa menção sobre a competência de elaboração do instrumento convocatório da licitação, referindo-se tão somente aos *agentes públicos*, no art. 3º, §1º, incisos I e II, quando veda a admissão de diversas condições no instrumento que maculem o caráter competitivo do certame.

Tal tarefa também não consta dentre as atribuídas para a comissão de licitação (artigos 6º, XVI, e 51 da Lei nº 8.666/93).

Não se encontra nada sobre a matéria na Lei nº 10.520/02 e no regulamento do Pregão presencial ora em análise.

---

[143] TORRES. *Leis de Licitações Públicas comentadas*, p. 402.

Para deslinde da questão, recorre-se ao Decreto nº 5.450/05, que regulamenta o Pregão eletrônico, o qual indica que tal elaboração constitui trabalho do setor responsável de cada órgão ou entidade:

Art. 11. Caberá ao pregoeiro, em especial: (...) II – receber, examinar e decidir as impugnações e consultas ao edital, apoiado pelo *setor responsável pela sua elaboração* (...).

Art. 18 (...) §1º Caberá ao pregoeiro, auxiliado pelo *setor responsável pela elaboração do edital*, decidir sobre a impugnação no prazo de até vinte e quatro horas.

Sobre o §1º do art. 18, tecemos os seguintes comentários:

Este parágrafo se configura como outro dispositivo que surpreende. (...) A Lei nº 10.520 induz que há incomunicabilidade entre o pregoeiro e a elaboração do edital do Pregão, ou seja, não é de responsabilidade do pregoeiro a sua confecção. A análise do regramento prescrito para a composição de itens que comporão o instrumento convocatório do certame permite a dedução de que é de competência da autoridade superior. Competência diz respeito a uma responsabilização que a lei disciplina e impõe à autoridade. O pregoeiro recebe da norma a competência para dirigir os trabalhos do Pregão, assim como as comissões de licitação a recebem da Lei nº 8.666/93. Daí, qualquer ato que esteja além dessa função não lhe diz respeito.[144]

Destarte, de forma reflexa, as normas que dão azo ao Pregão eletrônico oferecem um rumo à questão: a definição do objeto e a definição das regras competitivas, isto é, a elaboração do instrumento convocatório, configura tarefa de um setor específico da Administração, a ocorrer durante a etapa interna da licitação, jamais do pregoeiro.

---

[144] BITTENCOURT. *Pregão eletrônico...*, 3. ed., p. 163.

*Art. 10. A equipe de apoio deverá ser integrada em sua maioria por servidores ocupantes de cargo efetivo ou emprego da Administração, preferencialmente pertencentes ao quadro permanente do órgão ou da entidade promotora do Pregão, para prestar a necessária assistência ao pregoeiro.*[145]

## 18 A equipe de apoio ao pregoeiro

A equipe de apoio que, como a própria expressão indica, apenas presta auxílio ao pregoeiro, poderá ser composta, diferentemente do requerido quanto à indicação do pregoeiro, por pessoas que não pertençam aos quadros de servidores da Administração, devendo, entretanto, na sua maioria, ser integrada por esses servidores, preferencialmente por funcionários que façam parte de seu quadro permanente.[146]

O dispositivo em comento informa que essa equipe prestará a necessária assistência ao pregoeiro, o que permite inferir que os integrantes desse grupo deverão, em princípio, ser escolhidos dentre os que possuam conhecimento técnico específico sobre o objeto pretendido.

Nessa linha, Arídio Silva, Araújo Ribeiro e Luiz Rodrigues:

> É também desejável a participação na equipe de apoio, de servidores da área ou unidade administrativa responsável pela especificação dos produtos ou serviços a serem licitados. O conhecimento especializado do objeto da licitação é necessário para o exame de aceitabilidade das propostas, face as especificações contidas no edital.[147]

---

[145] O artigo possui o mesmo texto do §1º do art. 3º da Lei nº 10.520/02, complementado apenas por "para prestar a necessária assistência ao pregoeiro".

[146] "Em função da gravidade das irregularidades constatadas, que geraram prejuízo à Infraero, considero, também, deva ser aplicada multa aos responsáveis por tais irregularidades. (...). Apesar de ter sido feita audiência dos membros da equipe de apoio da pregoeira, entendo não ser o caso de apená-los, uma vez que eles não têm funções de natureza decisória" (TCU. Acórdão nº 64/2004, Segunda Câmara Rel. Min. Ubiratan Aguiar).

[147] SILVA; RIBEIRO; RODRIGUES. *Desvendando o pregão eletrônico*: e-gov, cotação eletrônica, registro de preços, internet, Administração Pública: modelos em UML, p. 43.

É o que também aduz Vera Scarpinella:

> Quem tem conhecimento específico do que está sendo licitado deve participar como membro da equipe de apoio, auxiliando o pregoeiro em suas decisões.[148]

Impende relembrar que a equipe de apoio não se equivale aos colegiados formadores das comissões de licitações, ao menos em termos de responsabilidade e decisão. Por outro lado, não se pode negar que, em sendo um grupo de pessoas voltado para analisar um determinado assunto, buscando alcançar o melhor resultado, tem ares e jeito de tal comissão, pelo menos no que tange à tarefa de apreciar e oferecer possíveis soluções ao pregoeiro (como se assessores fossem), o qual, baseado nesse apoio, sozinho decidirá.

Nos termos do dispositivo, verifica-se que a expressão "servidores" foi adotada de forma genérica, o que induz ao entendimento de que estaria abrangendo todos os que mantêm vínculo de trabalho com a Administração. Nesse diapasão, servidores celetistas ou estatutários, ocupantes de cargos efetivos ou em comissão, estariam enquadrados na regra e, por conseguinte, aptos a ser nomeados como membros desse grupo.

---

[148] SCARPINELLA. *Licitação na modalidade de pregão*: Lei nº 10.520, de 17.7.2002, p. 103

*Parágrafo único. No âmbito do Ministério da Defesa, as funções de pregoeiro e de membro da equipe de apoio poderão ser desempenhadas por militares.*

## 19 O pregoeiro e equipe de apoio no âmbito militar

O dispositivo — que possui o mesmo texto do §2º do art. 3º da Lei nº 10.520/02 — é totalmente dispensável, uma vez que permite o que o ordenamento jurídico já autoriza: militares desempenharem as funções de pregoeiro e de membros das equipes de apoio.

Independentemente das alterações constitucionais, notadamente daquelas impostas pela Emenda Constitucional nº 18/1998 — que deu tratamento específico aos membros das Forças Armadas —, os militares continuam, em sentido amplo, sendo servidores públicos, tal como os funcionários civis.

Agentes públicos são aqueles que, de qualquer forma e sob qualquer título, atuam como pressupostos do Estado, executando uma atividade pública (função pública). Em face de a expressão possuir sentido muito abrangente, fez-se mister a classificação em duas categorias: agentes políticos (chefes do Executivo e membros do Legislativo) e servidores públicos (que formam o grande contingente de agentes do Estado, nas mais diversas funções). Servidores públicos são os agentes públicos que exercem função pública em decorrência de relação de trabalho, integrando, assim, o quadro funcional dos entes federativos, das autarquias e das fundações públicas.

Classificam-se os servidores públicos em segmentos específicos. Daí, encontrarmos os "servidores públicos civis e militares", com estatutos infraconstitucionais distintos, diante de normas constitucionais diversas.

Alerta José dos Santos Carvalho, sistematizando os grupos de que se compõe a categoria dos servidores públicos, que a primeira divisão que se deve realizar numa classificação seria a dos servidores públicos civis e militares; classificação que obedece a dois ramos básicos das funções públicas: a civil e a militar.[149]

Do exposto, constata-se a desnecessidade do dispositivo, uma vez que os militares, servidores públicos que são, já estão plenamente autorizados para a assunção da incumbência. É interessante notar que os doutrinadores que se dedicaram à tarefa de estudar a Lei nº 10.520/02 não se ativeram para esse detalhe, dispondo, não raro, obviedades, tais como a melhor formação dos militares para a aquisição de materiais bélicos — como se os órgãos militares só adquirissem tais apetrechos — ou mesmo entendendo que o legislador buscou superar dúvidas acerca do uso do Pregão pelos militares. Ora, nunca — em tempo algum — pairou qualquer tipo de dúvida quanto à formação de comissão de licitações composta por militares. Além disso, na Lei nº 8.666/93 nada há sobre tal questão (e não haveria mesmo de ter); por que, então, haveria com relação ao pregoeiro e a sua equipe de apoio?

Acresça-se que, além de inútil, o dispositivo é causador de embaraço no dia a dia das licitações, pois, numa interpretação literal, impele a um entendimento equivocado: entender que os militares só podem exercer essas funções no âmbito do Ministério da Defesa. Vide, por exemplo, as indagações de Cristiano Gomes de Paula:

1 – No âmbito da Polícia Militar (PM) a função de pregoeiro pode ou não ser exercida por militares? 2 – Pode militar exercer a função de pregoeiro em outros órgãos ou secretarias? 3 – Pode o militar exercer a função, por convocação em outro Poder (Legislativo ou Judiciário)? 4 – Se no âmbito do Poder os procedimentos licitatórios são centralizados, pode o militar integrar a equipe, inclusive na função de pregoeiro? 5 – Há desvio da atividade fim caso militar exerça a função de pregoeiro?[150]

Em função de tudo que antes expusemos, é claro que a resposta será afirmativa para todos os quesitos formulados.

---

[149] CARVALHO FILHO. *Manual de direito administrativo*, 2. ed., p. 398.
[150] PAULA. Admissibilidade PM pregoeiro. Disponível em: <http://artigos.netsaber. com.br/resumo_artigo_861/artigo_sobre_admissibilidade_pm_pregoeiro>.

*Art. 11. A fase externa do Pregão será iniciada com a convocação dos interessados e observará as seguintes regras:*[151]

*I – a convocação dos interessados será efetuada por meio de publicação de aviso em função dos seguintes limites:*[152]

*a) para bens e serviços de valores estimados em até R$160.000,00 (cento e sessenta mil reais):*

*1. Diário Oficial da União; e*

*2. meio eletrônico, na Internet;*

*b) para bens e serviços de valores estimados acima de R$160.000,00 (cento e sessenta mil reais) até R$650.000,00 (seiscentos e cinqüenta mil reais);*[153]

*1. Diário Oficial da União;*

*2. meio eletrônico, na Internet; e*

*3. jornal de grande circulação local;*

*c) para bens e serviços de valores estimados superiores a R$650.000,00 (seiscentos e cinqüenta mil reais):*[154]

*1. Diário Oficial da União;*

*2. meio eletrônico, na Internet; e*

*3. jornal de grande circulação regional ou nacional;*

*d) em se tratando de órgão ou entidade integrante do Sistema de Serviços Gerais – SISG, a íntegra do edital deverá estar disponível em meio eletrônico, na Internet, no site www.comprasnet.gov.br, independentemente do valor estimado;*[155]

---

[151] Lei nº 10.520/02: "Art. 4º A fase externa do pregão será iniciada com a convocação dos interessados e observará as seguintes regras:"

[152] Lei nº 10.520/02: "I – a convocação dos interessados será efetuada por meio de publicação de aviso em diário oficial do respectivo ente federado ou, não existindo, em jornal de circulação local, e facultativamente, por meios eletrônicos e conforme o vulto da licitação, em jornal de grande circulação, nos termos do regulamento de que trata o art. 2º'".

[153] Redação dada pelo Decreto nº 3.693, 20.12.2000.

[154] Redação dada pelo Decreto nº 3.693, 20.12.2000.

[155] Redação dada pelo Decreto nº 3.693, 20.12.2000.

# 20 A fase externa do Pregão

## 20.1 Compatibilização do Regulamento com as regras da Lei nº 10.520/02

Impende destacar, preliminarmente, que, como já esposado, por diversas vezes o regulamento ora em análise foge do intuito de aclarar procedimentos expostos na lei, pois, não raro, alterou o disciplinamento uniforme do procedimento, provocando mais dúvidas que certezas. Nesse passo, far-se-á necessária a adoção de interpretação das normas regulamentares em compatibilidade com as regras da Lei nº 10.520/02. As situações de clara incompatibilidade determinarão a opção pela regra legal.

## 20.2 A publicidade do Pregão

Nos mesmíssimos termos iniciais do art. 4º da MP original (convertido no art. 4º da Lei 10.520/02), o decreto regulamentar trata da chamada "fase externa" do Pregão que segue, com inovações importantes, o procedimento dispensado para tal etapa na Lei nº 8.666/93, oferecendo os matizes para a operacionalização da modalidade.

Inicialmente, tem-se a convocação dos interessados, através da publicidade, com a divulgação do aviso da licitação, o que constitui no primeiro contato do público com o que a Administração necessita. Registre-se que o inc. I do art. 4º da Lei nº 10.520/02 — o qual o inciso I do regulamento busca regulamentar —, devido ao alcance do Pregão (todos os entes federativos), sofreu modificações em relação à medida provisória, tendo dado tratamento correto ao tema que aborda, disciplinando o procedimento de divulgação de forma genérica (e não específica, como anteriormente, quando se referia tão somente ao *Diário Oficial da União*). Ocorre, entretanto, que a redação original da lei levada à sanção presidencial fazia remissão ao §2º do art. 1º, dispositivo que constava da medida provisória (remetendo à regulamentação a definição de bens e serviços comuns), mas que não faz mais parte da lei.

Apercebendo-se do engano, o legislador tentou acertar o que não tinha mais conserto, de vez que não mais continha a lei um artigo que tratasse efetivamente da futura regulamentação, pois o art. 2º, a que se remeteu para o tal acerto, além de ter tido o *caput* vetado, refere-se, em seus parágrafos, somente à regulamentação do chamado Pregão eletrônico.

## 20.3 A divulgação apartada por limites de valor

A divulgação na imprensa oficial é, evidentemente, obrigatória em qualquer situação. Além disso, para bens e serviços de valores estimados em até 160.000,00 (cento e sessenta mil reais), divulgar-se-á também na internet (meio eletrônico). Para os bens e serviços cuja estimativa de preço se encontre acima de R$160.000,00 (cento e sessenta mil reais) até R$650.000,00 (seiscentos e cinquenta mil reais) a publicidade, além da imprensa oficial e internet, também deve ocorrer em jornal de grande circulação local. A justificativa para a divulgação restrita, em termos da imprensa privada, se funda na ideia de que o valor reduzido do objeto pretendido não interessaria a possíveis licitantes de outros locais.

Para bens e serviços de valores estimados superiores a R$650.000,00 (seiscentos e cinquenta mil reais), o jornal privado deverá possuir grande circulação regional ou nacional.[156]

## 20.4 A divulgação realizada por integrantes do Sistema de Serviços Gerais (SISG)

O regulamento preocupa-se de tratar de situação que deveria restringir-se a uma mera determinação interna. Indica

---

[156] A regulamentação federal do Pregão eletrônico (Decreto nº 5.450/05) maximizou os valores, sendo determinada a publicação na imprensa oficial e internet quando os bens e serviços comuns alcancem valores estimados até R$650.000,00; nos casos de valores estimados acima de R$650.000,00 até R$1.300.000,00, reza a publicação na imprensa oficial e internet e jornal de grande circulação local. Se os valores estimados superarem R$1.300.000,00, determina a divulgação na imprensa oficial e internet e jornal de grande circulação regional ou nacional.

ARTIGO 11

que os entes integrantes do Sistema de Serviços Gerais (SISG) — ou seja, os órgãos e unidades da Administração Federal direta, autárquica e fundacional, incumbidos especificamente da execução das atividades da administração de edifícios públicos e imóveis residenciais, material, transporte, comunicações administrativas e documentação, conforme dispõe o Decreto nº 1054, de 23.03.94 — deverão disponibilizar os editais de Pregão na internet através de *site* próprio (<http://www.comprasnet.gov.br>), independentemente do valor estimado.

*II – do edital e do aviso constarão definição precisa, suficiente e clara do objeto, bem como a indicação dos locais, dias e horários em que poderá ser lida ou obtida a íntegra do edital, e o local onde será realizada a sessão pública do Pregão;*[157]

# 21 Dados iniciais do edital de Pregão e do aviso licitatório

Tanto no instrumento convocatório do Pregão como no aviso de divulgação mencionar-se-á, obrigatoriamente, a definição do objeto e o local de ocorrência da sessão pública; já as informações quanto aos locais, dias e horários para leitura do instrumento convocatório do Pregão só dizem respeito, evidentemente, ao aviso.

A elaboração do aviso é assunto que nos preocupa faz tempo. É notório o elevado custo do espaço nos jornais e, também, inexplicavelmente, nas imprensas oficiais. Já na 1ª edição do nosso *Curso básico em licitação*, alertávamos para os gastos desnecessários em tais publicações:

> Os avisos de licitação devem conter os resumos dos editais, com a indicação do local em que os interessados poderão ler e obter o texto integral dos mesmos, bem como todas as informações sobre as licitações. Não existe uma forma definida, motivo pelo qual são encontrados os mais diversos modelos nos jornais. Não vislumbramos nenhuma necessidade de indicação de nomes, departamentos, ou qualquer outra indicação ao final do aviso, como normalmente ocorre, bem como quaisquer outras informações acerca do certame. Sugerimos, também, a não utilização de logotipos (totalmente desnecessários e encarecedores) e outras filigranas. A adoção de espaço reduzido entre as informações iniciais, além do uso de toda a linha são mais que recomendáveis. Tal procedimento reduz, em muito, os custos, gastando-se apenas o necessário do dinheiro público.[158]

---

[157] Lei nº 10.520/02: "II – do aviso constarão a definição do objeto da licitação, a indicação do local, dias e horários em que poderá ser lida ou obtida a íntegra do edital".

[158] Cf. BITTENCOURT. *Curso básico em licitação.*

Tal lembrete é totalmente válido para o Pregão, uma vez que o aviso, conforme dispõe este inciso II, deve apenas definir o objeto pretendido e indicar local, dias e horários em que poderá ser lido ou obtido o edital.

Por fim, registre-se que este dispositivo está totalmente deslocado no contexto do Regulamento, de vez que as informações referentes ao instrumento convocatório não deveriam constar da fase externa, posto que, indubitavelmente, dizem respeito a procedimentos preparatórios, isto é, da fase interna da licitação.

## 22 Regras editalícias não constantes do Regulamento

Nesse ponto, a Lei nº 10.520/02 contém dois incisos (III e IV do art. 4º) sem correspondência no regulamento. Prescrevem os preceptivos:

III – do edital constarão todos os elementos definidos na forma do inciso I do art. 3º, as normas que disciplinarem o procedimento e a minuta do contrato, quando for o caso;

IV – cópias do edital e do respectivo aviso serão colocadas à disposição de qualquer pessoa para consulta e divulgadas na forma da Lei no 9.755, de 16 de dezembro de 1998.

Como não poderia deixar de ser, o inc. III confirma a obrigatoriedade de a Administração indicar no edital convocatório do certame os elementos descritos no inciso I do art. 3º inerentes ao instrumento, quais sejam, o objeto devidamente definido, a exigência documental para a habilitação, os critérios de aceitação das propostas, as sanções para o caso de inadimplemento e as cláusulas do futuro contrato.

Para que o edital tenha molde definitivo, além dos dispositivos obrigatórios, há a necessidade do estabelecimento, com clareza e objetividade, das regras que disciplinarão o procedimento. Sobre o tema, alertamos que a fase de habilitação nele comportada tem contornos inovadores e significativos.

O edital é considerado "lei interna da licitação", motivo pelo qual nada poderá ser exigido do licitante além do que ele estabeleça, sendo vedadas, sob pena de nulidade, a menção de cláusulas, itens ou condições que comprometam, restrinjam ou frustrem o caráter competitivo da licitação ou que estabeleçam preferências ou distinções desatreladas do objeto pretendido.

É importante ressaltar que todas as regras que tratem de edital convocatório de licitações dispostas na Lei nº 8.666/93 são integralmente válidas para o Pregão.

Atendendo plenamente ao princípio da publicidade, o inc. IV preconiza que cópias do edital e do respectivo aviso serão disponibilizadas para consulta de quaisquer interessados e divulgadas na forma da Lei nº 9.755/98. Reputamos desnecessária a menção ao aviso, uma vez que este já tem divulgação pública, diante de sua obrigatória publicação em jornal.

Atente-se que *colocar à disposição* não significa a gratuidade do documento. Assim, tal como prescreve a Lei nº 8.666/93, cobrar-se-á dos interessados os valores referentes aos gastos com reprodução gráfica. Por outro lado, há de se alertar que a colocação à disposição para consulta não determina a obrigatória aquisição do edital para fins de participação de licitação, pois, acertadamente, a Lei nº 10.520/02 veda a exigência de aquisição como condição de participação (art. 5º, II).

Controversa também é a determinação de divulgar o edital e o aviso "na forma" da Lei nº 9.755/98. Primeiro, porque o mandamento está deslocado no contexto legal, já que o assunto "divulgação" recebe tratamento no inciso I. Depois, porque o diploma mencionado não se presta a esse papel, porquanto diz respeito à criação da *homepage* do Tribunal de Contas da União (TCU) que visa à divulgação de dados e informações em cujo elenco não constam editais e avisos de licitação, mas sim, dentre outros documentos orçamentários e financeiros, os resumos de instrumentos contratuais e seus aditamentos, além das ratificações das autoridades superiores (*caput* do art. 26, parágrafo único do art. 61, §3º do art. 62, artigos 116,

117, 119, 123 e 124 da Lei nº 8.666/93) e as relações mensais de todas as compras realizadas pela Administração (art. 16 da lei citada). Como a lei utilizou a expressão "divulgadas na forma", é plausível — e único possível — o entendimento de que a finalidade da regra gira em torno da determinação da publicidade de tais documentos em *site* específico. Entrementes, mesmo nessa linha haveria incoerência parcial, uma vez que o inciso I coloca ao alvedrio do administrador a divulgação por meio eletrônico. Extrai-se, em face ao exposto, não obstante a regra hermenêutica que obriga o intérprete a analisar o texto legal tendo em mente a certeza de que inexistem nele palavras inúteis, que a disposição é inconcussamente de difícil solução.

*III – o edital fixará prazo não inferior a oito dias úteis, contados da publicação do aviso, para os interessados prepararem suas propostas;*

# 23 O prazo de divulgação do certame

O Regulamento apenas inverte o texto da lei (art. 4º, inc. V)[159] Destarte, o prazo mínimo de publicidade do Pregão é de oito dias úteis, a contar da data de sua publicação. Evidentemente, a indicação de que este prazo existe para que os interessados preparem suas propostas é totalmente desnecessária.

Apesar de não mencionado, o cômputo de prazos deverá atender as regras de direito processual, conforme reza o art. 110 da Lei nº 8.666/93. Em consequência, excluir-se-á da contagem o dia de início e será incluído o de vencimento. Também se faz necessário alertar que os prazos somente se iniciam e vencem em dia de expediente do órgão ou entidade.

Dificuldade antiga — que poderia ter sido definitivamente afastada nesta nova norma, mas, infelizmente, foi mantida —, diz respeito ao correto estabelecimento do termo inicial da contagem de prazo, em face da publicação obrigatória do aviso na imprensa oficial e, em certos casos, em jornais privados. Considerando-se que a divulgação de atos oficiais é realizada através da imprensa oficial, visando dar eficácia jurídica aos mesmos, aparentemente tal marco seria de tranquila fixação, ou seja, a partir desta publicação. Contudo, no caso, como a publicidade obrigatória poderá ser subdividida em dois instrumentos divulgadores (imprensas oficial e privada), sugerimos — como sempre o fizemos nas hipóteses de licitações baseadas na Lei nº 8.666/93 — que a contagem se inicie a partir da última publicação, computando-se o prazo do dia útil posterior em diante. Se assim não o for, sempre haverá a possibilidade de

---

[159] Lei nº 10.520/02: "V – o prazo fixado para a apresentação das propostas, contado a partir da publicação do aviso, não será inferior a 8 (oito) dias úteis".

ARTIGO 11 | 149

favorecimentos, com publicação em jornal em data bem posterior àquela de divulgação na imprensa oficial, o que determinaria um reduzido prazo para que o pretenso licitante se mobilizasse, inviabilizando-se a apresentação de propostas.

Também é essencial considerar o que a Lei nº 8.666/93 prescreve quanto à efetiva disponibilização do edital: se o instrumento convocatório estiver inconcluso, não deverá correr o prazo.[160] No mesmo passo, valer-se-ão das regras da Lei nº 8.666/93 quando das alterações de texto do edital que provoquem reformulação de propostas de licitantes: a *incontinenti* reabertura do prazo inicialmente estabelecido (§4º do art. 21 da Lei nº 8.666/93).[161]

---

[160] Lei nº 8.666/93: Art. 21 (...) §3º Os prazos estabelecidos no parágrafo anterior serão contados a partir da última publicação do edital resumido ou da expedição do convite, ou ainda da efetiva disponibilidade do edital ou do convite e respectivos anexos, prevalecendo a data que ocorrer mais tarde.

[161] Lei nº 8.666/93: Art. 21 (...) §4º Qualquer modificação no edital exige divulgação pela mesma forma que se deu o texto original, reabrindo-se o prazo inicialmente estabelecido, exceto quando, inquestionavelmente, a alteração não afetar a formulação das propostas.

*IV – no dia, hora e local designados no edital, será realizada sessão pública para recebimento das propostas e da documentação de habilitação, devendo o interessado ou seu representante legal proceder ao respectivo credenciamento, comprovando, se for o caso, possuir os necessários poderes para formulação de propostas e para a prática de todos os demais atos inerentes ao certame;*

## 24 A sessão pública do Pregão

Este inciso IV regulamenta o inciso VI do art. 4º da Lei nº 10.520/02.[162]

Como já frisado, o Pregão presencial ocorre efetivamente através de sessão pública, com a disputa transcorrendo através da apresentação de propostas e posteriores lances verbais.[163]

Inicialmente, no dia, hora e local indicados no edital, realizar-se-á a sessão pública para recebimento dos envelopes com propostas, quando os representantes dos licitantes deverão identificar-se, comprovando serem detentores de poderes efetivos de representação, principalmente quanto à apresentação de lances no momento adequado, conforme se verá posteriormente.

A etapa de sessão pública o Pregão presencial, aparentemente simples, merece cuidados especiais:

a) Primeiro, em face da imperfeição do texto legal — como também se identifica no procedimento ditado para a mesma situação pela Lei nº 8.666/93 —, permitindo o errôneo e precipitado entendimento de que os envelopes só poderão ser apresentados no dia e

---

[162] Lei nº 10.520/02: Art. 4º (...) VI – no dia, hora e local designados, será realizada sessão pública para recebimento das propostas, devendo o interessado, ou seu representante, identificar-se e, se for o caso, comprovar a existência dos necessários poderes para formulação de propostas e para a prática de todos os demais atos inerentes ao certame.

[163] Diferentemente, é claro, nos pregões eletrônicos os lances ocorrem via internet.

ARTIGO 11 | 151

hora marcados, quando, na verdade, tais invólucros certamente poderão ser entregues anteriormente, ficando sob a guarda da Administração. É o que também observa Ulisses Jacoby Fernandes:

(...) têm-se admitido a participação de empresas pelo correio, como ocorre na licitação convencional. Nesse caso, a exemplo do exposto no item precedente, o licitante estará abdicando do direito de fazer lance e também do direito de recorrer, vez que estará fisicamente ausente ao momento em que o pregoeiro questionará os presentes sobre o interesse em recorrer e solicitará a apresentação dos motivos pertinentes. Contudo, como o titular de direito disponível pode desse dispor, nada impede tal procedimento. (...) A admissão de participação por meio de remessa via postal favorece os órgãos da Administração Pública localizados em regiões mais distantes dos grandes centros e constitui importante passo na transição entre o sistema de Pregão convencional e o eletrônico.

b) Depois, por ter procedimento diferenciado do previsto na Lei nº 8.666/93 quanto à presença do representante na sessão. O comportamento ditado na Lei nº 8.666 não determina a presença dos agentes credenciados dos licitantes, devendo a Administração aguardar o prazo recursal sempre que todos não estejam representados na sessão (relembra-se que, quando todos estão presentes, há a possibilidade de manifestação de desinteresse em recorrer). Já no Pregão, o caminho procedimental é diverso, porquanto, como se verificará posteriormente, caso inexista representação do licitante na sessão, será impossível a manifestação de intenção de recorrer. Na Lei nº 8.666/93, manifesta-se a intenção de não recorrer; no Pregão, manifesta-se a intenção de recorrer. Essa inovação dá agilidade ao procedimento, sendo merecedora de elogios.

Destarte, é de vital importância a preliminar verificação do credenciamento dos licitantes presentes, com a comprovação de que os mesmos possuem poderes efetivos para formulação de lances e para a prática de outros atos inerentes ao certame.

*V – aberta a sessão, os interessados ou seus representantes legais entregarão ao pregoeiro, em envelopes separados, a proposta de preços e a documentação de habilitação;*

*VI – o pregoeiro procederá à abertura dos envelopes contendo as propostas de preços e classificará o autor da proposta de menor preço e aqueles que tenham apresentado propostas em valores sucessivos e superiores em até dez por cento, relativamente à de menor preço;*

## 25 A entrega dos envelopes com preços e documentos

O inciso V do Regulamento regulamentava os procedimentos inerentes à entrega dos envelopes referentes à proposta de preços e a documentação de habilitação.

É interessante ressaltar que, originariamente — na medida provisória de maio de 2000 — o artigo regulamentado continha inciso (de nº VII) que obrigava ao licitante declarar que se encontrava em situação regular perante a Fazenda, a Seguridade Social e o Fundo de Garantia do Tempo de Serviço (FGTS), bem como que, no momento, atendia às exigências do edital quanto à habilitação jurídica e qualificações técnica e econômico-financeira.

Assim, na análise do então dispositivo, asseveramos à época que, além da apresentação do chamado "envelope-proposta", também haveria de ser exibida a tal declaração, o que configurava uma inovação que, apesar de aparentemente tola e desnecessária, era por demais importante, porquanto, além de ter o condão de, preliminarmente, afastar de imediato os aventureiros diante da severa punição por declaração falsa (prescrita adiante no art. 7º), justificar-se-ia, em muito, porque a ausência dessa declaração poderia acarretar percalços no procedimento, diante da possibilidade do "vencedor da licitação", após verificações e lances, constituir-se num devedor do erário. Em contrapartida, possuía também conexão direta com outra inovação capital — que se constituiu na

ARTIGO 11 | 153

grande novidade do Pregão — que era a inversão da fase de habilitação (inversão em tese, já que o legislador, inteligentemente, preocupou-se em manter uma espécie de habilitação prévia com a obrigatoriedade da tal declaração). Posteriormente, sem se entender a motivação, a inteligente inovação foi suprimida das reedições da medida provisória, causando estranheza e decepção. Felizmente, apercebeu-se o legislador a tempo da falha, pelo que fez voltar ao texto da Lei nº 10.520/02, de forma mais simples, a obrigatória declaração do licitante de que se encontra apto para participar do certame, com pleno atendimento aos requisitos habilitatórios exigidos no edital. Como assevera Flávio Amaral Garcia, essa declaração funciona como uma habilitação provisória, calcada no princípio da boa-fé dos licitantes.[164]

Dispõe o inc. VII do art. 4º da Lei nº 10.520/02:

> VII – aberta a sessão, *os interessados ou seus representantes, apresentarão declaração dando ciência de que cumprem plenamente os requisitos de habilitação* e entregarão os envelopes contendo a indicação do objeto e do preço oferecidos, procedendo-se à sua imediata abertura e à verificação da conformidade das propostas com os requisitos estabelecidos no instrumento convocatório;

Com o retorno da regra, voltou à baila a discussão quanto à forma de apresentação dessa declaração: verbal ou formal? O saudoso Diogenes Gasparini, em palestra proferida na capital paulista, optou pela maneira verbal, com simples registro em ata. Outros formaram o grupo dos partidários da declaração formal. Bem que o legislador poderia ter aproveitado a chance para dissipar de vez essa dúvida que, apesar de não ser das mais importantes, pode causar sério empecilho, caso um licitante resolva ajuizar uma ação em face de vício procedimental.

---

[164] GARCIA. *Licitações e contratos administrativos*: casos e polêmicas, p. 17.

Como já exposto, apesar do texto legal oferecer margem à admissão da interpretação de Gasparini, cremos, sinceramente, que ela é simplista demais para atender a sua finalidade (bem além do permissível, em se tratando de um sério procedimento para compras ou contratações de serviços para a Administração Pública), deixando entreaberta a porta para problemas. Pelo sim pelo não, para o total afastamento de imbróglios, somos partidários que, no caso, a formalidade, se não se impõe nos termos literais da lei, ao menos é recomendável.[165]

Apesar do inteligente retorno da declaração, não foi sensata a manutenção categórica de que os interessados entregarão os envelopes contendo a indicação do objeto e do preço oferecidos após a abertura da sessão, fazendo crer ao desavicado, como já nos referimos, que proposições encaminhadas, por exemplo, através do correio, principalmente de empresas não estabelecidas no local da licitação, estarlam sumariamente rechaçadas; situação que, como se sabe, não retrata a verdade.

A lei adota o termo "envelopes" (no plural). Em princípio, essa forma, que causou certa estranheza a alguns intérpretes, não estaria sendo mal adotada, porquanto, na verdade, além do envelope com a proposição de preços, outro invólucro estará sendo entregue nesse momento: o referente aos documentos de habilitação, que somente será aberto posteriormente, em função da inversão da ordem de apreciação já mencionada.

Outra hipótese seria buscar conexão com o envelope que conteria a tal declaração. A redação legal, entretanto, não

---

[165] Ivan Barbosa Rigolin, sustentando a posição de Diogenes Gaparini, mandou-nos um recado: "Pois saiba então o grande amigo e preclaro jurista Sidney Bittencourt que o mestre Gasparini tem neste autor um seu devoto seguidor também quanto a esta questão — como já o tem em incontáveis outras, e de tempo imemorial. Sim, porque se a declaração constitui — *data maxima venia* — um *cancro* dentro da lei do pregão, quanto menos o tivermos por perto, e mais informalmente, melhor será para todos. Se ao invés de uma declaração verbal proferida em alto e bom som for admissível a idéia de que a declaração de habilitação possa ser apenas *sussurrada* aos ouvidos do pregoeiro, ainda melhor restará a aplicação da infelicíssima regra do inc. VII do art. 4º da lei do pregão" (RIGOLIN. Pregão: a inconcebível exigência de declaração de habilitação (Lei nº 10.520/02, art. 4º, inc. VII). *Fórum de Contratação e Gestão Pública – FCGP*).

tem qualidade, pois, pelo que se verifica, não buscou tratar nem do envelope com documentos de qualificação, nem do que conteria a declaração, mas sim apenas do "envelope-proposta", estabelecendo o *link* com o termo "interessados", também no plural, denotando que haverá um envelope ligado a cada proposta.

Felizmente, o regulamento do Pregão presencial (inciso V ora analisado) "acerta" o texto defeituoso, disciplinando que serão entregues ao pregoeiro, em envelopes separados, a proposta de preços e a documentação de habilitação.

De posse dos envelopes, juntamente com as declarações entregues pelos representantes dos licitantes (referentes à ciência do pleno cumprimento dos requisitos de habilitação), o pregoeiro dará início à abertura dos envelopes de propostas, verificando a conformidade das proposituras em relação ao edital, devendo, desde logo, desclassificar todas as proposições que desatendam ao objeto descrito no instrumento convocatório da licitação ou que afrontem regras dispostas no edital quanto a preços.

## 25.1 A fase de classificação

Após a avaliação de conformidade das propostas em relação ao edital, o pregoeiro está obrigado a divulgar as ofertas dos licitantes consideradas classificadas e, evidentemente, as desclassificadas, informando os motivos que desencadearam as desclassificações.

Superada essa etapa, passará o pregoeiro a verificar qual o menor valor proposto e quantas propostas possuem preço até 10% superiores àquele, proclamando então os "classificados".[166]

---

[166] Curiosamente, a regra dos 10% não foi considerada no regulamento federal do Pregão eletrônico. O art. 23 do Decreto nº 5.450/05, que o regulamenta, preconiza que o sistema ordenará automaticamente as propostas classificadas pelo pregoeiro, sendo que somente estas participarão da fase de lance. Há, por conseguinte, discrepância entre o procedimento determinado neste dispositivo e a conduta prescrita na Lei nº 10.520/02. Reputamos, em nosso *Pregão eletrônico* (3. ed. Belo Horizonte: Fórum, 2010),

## Airton Rocha Nóbrega considera imprópria essa determinação:

Aqui outra impropriedade: por que afastar do certame os demais licitantes que tenham cotado preço acima de 10%? E por que exatamente este percentual foi escolhido? É necessário considerar que variações de mercado podem ser verificadas em percentual maior, sem que isso represente impossibilidade de redução.[167]

---

que o redator do decreto buscou a adaptação necessária para o meio eletrônico, considerando a inexistência, no caso, das dificuldades operacionais ocasionadas pelo número elevado de participantes existente no Pregão preferencial. Ainda assim, consideramos irregular a regulamentação, em face da obrigatória necessidade, nessa hipótese, de atendimento ao regrado na lei. Nesse passo, tem-se aí uma das maiores diferenças entre os dois tipos de Pregão do âmbito federal: no presencial, somente os licitantes cujas propostas estejam compreendidas no percentual previsto podem participar da etapa de lances; no eletrônico, todos os concorrentes cujas proposições foram aceitas pelo pregoeiro (consideradas regulares em função de estarem em conformidade com as condições previstas no instrumento convocatório) estão aptas a participar dessa etapa.

[167] NÓBREGA. Licitação na modalidade de pregão. *Jus Navigandi.*

*VII – quando não forem verificadas, no mínimo, três propostas escritas de preços nas condições definidas no inciso anterior, o pregoeiro classificará as melhores propostas subseqüentes, até o máximo de três, para que seus autores participem dos lances verbais, quaisquer que sejam os preços oferecidos nas propostas escritas;*

## 26 Classificação das melhores propostas subsequentes

Este inc. VII regulamenta o inc. IX do art. 4º da Lei nº 10.520/02, que dispõe:

> IX – não havendo pelo menos 3 (três) ofertas nas condições definidas no inciso anterior, poderão os autores das melhores propostas, até o máximo de 3 (três), oferecer novos lances verbais e sucessivos, quaisquer que sejam os preços oferecidos;

Registre-se que o mandamento era bem claro no inciso X da medida provisória original: inexistindo pelo menos três propostas nas condições definidas no inciso anterior (ofertas até 10% superiores à de menor valor oferecido), o oferecimento de novos lances (verbais e sucessivos) poderia ser realizado pelos autores das três melhores propostas.

Reeditada a medida provisória, resolveu o legislador "melhorá-la", inserindo na redação do inciso, que passou a ser o IX, a expressão "até o máximo de três", com manutenção, para nossa perplexidade, na lei convertida.

Infelizmente, na edição da Lei nº 10.520/02, a expressão foi incorporada.

Aparentemente não houve mudança, porquanto apenas se buscou uma limitação. Avaliando a questão com mais apuro, verificar-se-á, entrementes, que o novo texto acarreta dúvidas. Suponhamos que constem, dentre as propostas inseridas nesse contexto: uma com preço 12% superior à menor oferta, outra com 14% e três com 15%. Pelo texto original, as três melhores propostas estariam aptas a continuar no certame, o que determinaria uma nova disputa com seis ofertantes (as cinco, e, evidentemente, a já previamente classificada com menor preço), atendendo, na plenitude, os princípios da igualdade, da competitividade e outros.

O novo regramento, entretanto, impôs o limite máximo de três, parecendo inviabilizar o que a medida original tão bem delineou.

Apesar dos pesares, entendemos, numa interpretação teleológica, que o procedimento deve perseguir a forma constante na redação original da medida provisória, devendo clareá-lo os editais.[168]

Dessa forma, ocorrendo o preceituado, o pregoeiro classificará as três melhores propostas subsequentes, independentemente de percentuais de diferença da primeira, para que seus autores ofereçam lances verbais e sucessivos.

Noutro polo, ou seja, quando, mesmo abrindo-se mão do teto de 10% sobre o menor, inexista o mínimo três licitantes, a solução é a continuidade normal da competição.

É o que também alude Jessé Torres:

> Deve prevalecer a solução menos onerosa para a Administração. Se nenhum vício ou defeito impediu maior participação, devendo-se o reduzido número a contingências de mercado naquele momento ou naquele ramo de atividade, sentido não haveria em declarar-se frustrada a competição. Prossegue-se no certame com qualquer número, um que seja. Se este atender às exigências do edital e cotar preço aceitável, faz jus à adjudicação. Se desatender ao edital, seja por vício na proposta ou em documento e habilitação, será desclassificado ou inabilitado.[169]

---

[168] Jessé Torres segue a mesma trilha: "Discute-se se ao máximo de três corresponde o total de lançadores ou o total dos que se somam aos licitantes que já seriam admitidos a lançar. Assim, se apenas dois estivessem em condições de lançar segundo o critério dos proponentes de preço 10% superior ao menor, seria o caso de somar-se a esses dois apenas mais um, para completar-se o máximo de três, ou de somarem-se a esses dois mais três, perfazendo o total de cinco lançadores? Não há resposta na lei, nem nos decretos de regulamentação, mas a solução mais benéfica para a competitividade superiormente atende ao interesse público. O art. 4º, parágrafo único, do Decreto nº 3.555/2000 (...) giza importante regra de hermenêutica, que se há de aplicar em situações que tais – 'As normas disciplinadoras da licitação serão sempre interpretadas em favor ampliação da disputa entre os interessados, desde que não comprometam o interesse da Administração, a finalidade e a segurança da contratação'. Logo, passariam cinco proponentes para a etapa de lances verbais" (PEREIRA JUNIOR. Sessão Pública. *In*: GASPARINI (Coord.). *Pregão presencial e eletrônico*, p. 104-105).

[169] PEREIRA JUNIOR. Sessão Pública. *In*: GASPARINI (Coord.). *Pregão presencial e eletrônico*, p. 105.

*VIII – em seguida, será dado início à etapa de apresentação de lances verbais pelos proponentes, que deverão ser formulados de forma sucessiva, em valores distintos e decrescentes;*

*IX – o pregoeiro convidará individualmente os licitantes classificados, de forma sequencial, a apresentar lances verbais, a partir do autor da proposta classificada de maior preço e os demais, em ordem decrescente de valor;*

## 27 A etapa de lances verbais

Ultrapassada a fase classificatória, iniciar-se-á a o efetivo apregoamento, com a formulação de lances verbais pelos licitantes classificados, em forma sucessiva e, evidentemente, através de valores distintos e decrescentes.

Em relação às tradicionais modalidades de licitação, o Pregão apresenta inovação importante, porquanto, ao permitir aos "classificados" o oferecimento de lances sucessivos, dando início a um certame tal como um leilão às avessas, o pregoeiro estará estabelecendo uma interação entre os "vendedores" em potencial, proporcionando, incontestavelmente, grande economia para o Poder Público.

Como em qualquer licitação, essa etapa da sessão deverá ser pública e a ela qualquer pessoa poderá comparecer, inclusive, obviamente, os desclassificados.

## 27.1 O credenciamento do representante do licitante

Ressalta-se a importância da presença de efetivo representante do licitante nas sessões, de vez que, caso não se faça presente (endereçando tão somente os envelopes ou encaminhando pessoa não credenciada), só poderá sagrar-se vencedor na hipótese de inexistir outra proposta.

Além disso, a ausência afasta a possibilidade de apresentação de recurso administrativo.

Ressalta-se, contudo, que a Administração não está autorizada a exigir, por intermédio do edital, a presença de representantes credenciados, sob a pretensa sanção de afastamento do licitante do certame. É de se notar que a Lei nº 10.520/02, no inciso VI do art. 4º, ao tratar da identificação do licitante, utiliza a expressão "se for o caso" para a verificação da comprovação de documentos que outorguem poderes para formulação de propostas (lances) e outros atos inerentes ao certame.

## 27.2 A ordem para a formulação dos lances

A Lei nº 10.520/02 não exprime a ordem para a formulação dos lances. O regulamento, entretanto, define que o primeiro lance será oferecido pelo autor da proposta classificada de maior preço (inc. IX do art. 11).

Em alta voz, o pregoeiro deverá convidar cada licitante classificado, sequencialmente a partir do autor da proposta classificada de maior preço, para o oferecimento de lances verbais decrescentes, tendo como base a menor proposta oferecida.

## 27.3 A desistência do lance oferecido

Uma indagação se faz necessária: poderia o licitante, após a apresentação de um lance, desistir dele? Evidentemente, em princípio, não, uma vez que o ato tem contornos jurídicos de compromisso, tal como a proposição escrita. Jorge Ulisses Jacoby compartilha desse entendimento:

> (...) como a proposta deve ser certa, também o lance deve atender a essa regra, pois do contrário simplesmente seria comprometido todo o procedimento. A exemplo do que ocorre com o leilão, o lançador não pode desistir de seu lance, equivalendo o fato à desistência da proposta.[170]

---

[170] Pregão: regulamentação e procedimentos. *L&C – Revista de Direito e Administração Pública*, p. 30.

## 27.4 O limite mínimo para os lances

Uma questão sempre levantada envolve a possibilidade da fixação por parte da Administração promotora do Pregão de um limite mínimo para os lances (nominal ou percentual). Como o Pregão envolve uma sucessão de lances oferecidos, sempre de valor mais reduzido do que o anterior, afigura-se como plausível — senão conveniente — essa prática, com indicação específica no edital, de modo a evitar perda desnecessária de tempo, pois, afinal, a modalidade prima pela celeridade. A adoção desse expediente afastaria a formulação de lances com redução irrisória.

Nesse viés, Jorge Ulisses Jacoby vai além, chegando a admitir que a definição de limites mínimos entre os lances seja realizada pelo pregoeiro, mesmo que o edital nada tenha disciplinado nesse sentido:

> Antes de passar aos lances, propriamente ditos, o pregoeiro pode, havendo ou não previsão no edital, estabelecer um intervalo mínimo entre os lances com a finalidade de otimizar o tempo da sessão do Pregão.[171]

## 27.5 A questão do lance superior ao menor oferecido

Inicialmente, logo após a criação do Pregão no ordenamento jurídico nacional, entendeu-se como inadmissível o oferecimento de lances com valor igual ou superior ao já apresentado. A prática demonstrou, contudo, que esse procedimento não atendia ao espírito do novo certame, pois a formulação de lance de valor igual ou superior ao já apresentado pode vir a ser de grande importância no caso de contratação frustrada.

Não obstante, em face do previsto no inc. IX do regulamento, que determina que o pregoeiro convide individualmente os licitantes classificados, na forma sequencial, para

---

[171] JACOBY FERNANDES. Sistema de registro de preços e pregão presencial e eletrônico. 3. ed., p. 535, 536.

a formulação de lances verbais a partir do autor da proposta classificada de maior preço e os demais, em ordem decrescente de valor, o TCU manteve o entendimento de que, no Pregão presencial, o licitante só pode oferecer lance menor do que o último cotado, isto é, cobrindo a oferta do concorrente.

> **Acórdão nº 2.304/2007, Plenário, Rel. Min. Augusto Sherman Cavalcanti:**
>
> 4. Não obstante, esse último lance da (...) apresentado quando já havia sido registrada oferta em valor inferior, não pode ser registrado, vez que as normas que regem o Pregão presencial exige que os lances sejam efetuados em valores sempre inferiores ao último ofertado. (...)

O tema tem causado diversas discussões em todos os níveis, uma vez que, interessantemente, no Pregão eletrônico, a questão segue outra linha, pois o Decreto nº 5.450/05, que o regulamenta no âmbito federal, permite que lance oferecido por um licitante seja inferior ao último por ele cotado e registrado pelo sistema, ou seja, cobrindo tão somente o seu próprio preço, desvinculando-o, portanto, do menor preço existente.

## 27.6 A questão de limitação das rodadas de lances

Não há regra legal limitando as rodadas de lances. Dessa forma, não caberia ao regulamento estabelecê-la. O TCU já se manifestou contrário a esse expediente, tendo, inclusive, aplicado sanção pecuniária a pregoeiro que o adotou.

> **Acórdão 399/2003, Plenário, Rel. Min. Marcos Vinicios Vilaça**
>
> 10. Já se disse nos autos que a limitação do número de lances em licitação na modalidade Pregão possibilita a manipulação do resultado do certame, tendo em vista o estabelecimento da ordem de apresentação dos lances previsto no art. 4º, inciso IX, do [Anexo I do] Decreto nº 3.555/2000. Dessa forma, estando disciplinada a ordem em que os lances verbais devem ocorrer e estando limitado o número de ofertas aos participantes do Pregão, qualquer que seja a quantidade, estará definido qual dos proponentes classificados

para a fase seguinte disporá do benefício de apresentar o último lance, após conhecidos os menores preços ofertados pelos demais concorrentes. (...)

Essa prática evidenciaria agressão ao princípio da competitividade, porquanto finaliza o certame quando, teoricamente, ainda haveria possibilidade de redução do preço. Entretanto, ocorre, como determinam as práticas licitatórias, que propostas que apresentem preços e condições incompatíveis com os praticados no mercado deverão ser desclassificadas.

Carlos Coelho Motta aponta, com absoluta razão, que a proposta inexequível constitui-se numa verdadeira armadilha para a Administração:

> O licitante vence o certame; fracassa na execução do objeto; e não raro intenta, junto ao órgão contratante, reivindicações de revisão de preços, baseadas nos mais engenhosos motivos. Eis a razão de todos os cuidados legais na delimitação da proposta inexequível.[172]

Destarte, constatada a inexequibilidade da oferta, essa deveria, de ofício, ser declarada.

O regulamento, entrementes, dispõe que "declarada encerrada a etapa competitiva e ordenadas as propostas, o pregoeiro examinará a aceitabilidade da primeira classificada, quanto ao objeto e valor, decidindo motivadamente a respeito" (art. 11, inciso XII).

Constata-se, por conseguinte, que a norma regulamentar impõe a obrigação expressa no sentido de que só se realize a verificação de exequibilidade após a etapa competitiva (*sobre o tema, remetemos o leitor aos comentários ao inciso XII mencionado*).

Marçal Justen comenta sobre a questão no Pregão:

> (...) outro problema sério é o da inexequibilidade de propostas e lances. O problema se agrava quanto a estes últimos. A natureza do processo de oferta de lances pode produzir uma ausência de controle

---

[172] MOTTA. *Eficácia nas licitações e contratos*, p. 252.

efetivo por parte da Administração acerca de preços inexequíveis. Os interessados, no afã de obter a contratação, acabariam por ultrapassar o limite de exequibilidade, reduzindo seus preços a montantes inferiores aos plausíveis.[173]

Airton Rocha Nóbrega também tece comentários específicos:

(...) a sistemática voltada ao exame de propostas quanto ao preço, apresenta-se também como uma condição para aceitação de cotações em licitações realizadas na modalidade de Pregão, sendo dever do pregoeiro proclamar a inaceitabilidade quando constatar que o preço último ofertado não se acha compatibilizado à realidade previamente verificada e inscrita no termo de referência. Não constitui mera faculdade, portanto, avaliar e comparar preços. É dever legal admitir a permanência de licitantes que se apresentem em condições de executar o contrato a ser oportunamente celebrado, contrato este que deve respeitar as características de onerosidade e comutatividade típica dos contratos administrativos.[174]

Nesse particular, opina Jorge Godofredo — considerando a existência de um valor de referência previamente estabelecido — que já na etapa de lances poderá o pregoeiro valer-se do mesmo para paralisá-la:

Na inexistência de regramento sobre o lapso de tempo oferecido para que sejam realizados os lances, tem-se como pertinente duas hipóteses para que eles ocorram: (a) quando não mais forem ofertados lances; ou (b) quando o valor atingido tangenciar o limite mínimo aceitável, com base na estimativa de valor efetuada.[175]

Por fim, esclareça-se que nada obsta que o Pregão prossiga apenas com um participante.[176]

---

[173] JUSTEN FILHO. *Pregão*: comentários à legislação do pregão comum e eletrônico, p. 60.
[174] NÓBREGA. Proposta inexeqüível no Pregão. Disponível em: <http://www.conlicitacao. com.br/sucesso_pregao/pareceres/airtonrocha33.php>.
[175] GODOFREDO. A paralisação da etapa de lances no pregão presencial.
[176] Nessa linha de interpretação, Volnei Moreira dos Santos, considerando que a lei não impõe um número mínimo para o seguimento do feito. Cf. SANTOS. *A lei do pregão no município*: uma visão prática e operacional, p. 45.

## 27.7 Fraudes já detectadas ("escadinha" e "mergulho")

Já se detectou fraude na etapa de permissão de lances entre os que oferecerem até 10% superiores ao menor preço: a combinação de preços das propostas escritas por parte de um grupo de licitantes, de modo que fiquem nesse patamar percentual em relação à proposta de menor valor, quando então todos licitantes envolvidos no esquema passam para a etapa de lances. Tal "manobra" é conhecida como "escadinha" ou "carreirinha".

Caso, ainda assim, algum licitante não participante do esquema ofereça valor inferior, vislumbra-se a utilização de outra modalidade de fraude: um dos participantes apresenta uma proposta inexequível, com o intuito único de impedir uma pluralidade de classificados para a fase subsequente, o que demandará uma competição entre o autor da proposta inexequível e outros com eles mancomunados. Essa fraude é conhecida como "mergulho". Entenda-se: "mergulho" é o oferecimento de um valor muito baixo, objetivando tão somente levar para a fase de lances as outras propostas de menor valor.

A possibilidade do "mergulho" no Pregão desassossega o mestre Antônio Carlos Cintra do Amaral que, mesmo sendo amplamente favorável à existência da modalidade, defende a necessidade de se resistir à tentação de estendê-lo à contratação de bens incomparáveis quanto à sua qualidade, ou a serviços de alguma complexidade técnica ou administrativa, e a de não se ter a ilusão de que a um preço nominal mais baixo corresponde, necessariamente, uma proposta mais vantajosa para a Administração:

> (...) Por outro lado, quando o serviço é de execução continuada (serviço contínuo), o preço efetivamente pago nem sempre coincide com aquele que foi ajustado inicialmente. Isso por um motivo simples: um dos principais problemas verificados, na prática das contratações administrativas, é o *"mergulho"* nos preços, resultante de propostas inexeqüíveis. Esse *"mergulho"* pode conduzir à necessidade de aumentar o preço inicialmente combinado, a fim de evitar-se a descontinuidade do serviço, **o que não terá respaldo jurídico**; ou à rescisão indesejada do contrato, com prejuízo às vezes vultoso, mas

de difícil mensuração econômico-financeira. A possibilidade de ser inexeqüível a proposta vencedora é agravada pelo esquema de oferta de *"lances"* previsto na lei. A proposta mais vantajosa é — ou deve ser — *"firme e séria"*. A confiabilidade entre as partes contratantes é condição necessária para uma boa contratação. Quando uma empresa apresenta sua proposta, supõe-se que ela calculou seus custos e sobre eles estabeleceu a margem do lucro. Se, na fase dos lances, uma proponente que apresentou um preço de **100** baixa seu preço para **80**, das duas, uma: ou os **100** incorporavam um lucro excedente, a ser eventualmente eliminado nos lances, ou os **80** correspondem a uma proposta inexeqüível. Em nenhuma das duas hipóteses, a proposta terá sido *"firme e séria"*. Não haverá confiabilidade. Onde estará a vantagem da Administração nesse caso? Se a apresentação de lances favorece o *"mergulho"* e quebra a confiabilidade que deve nortear a contratação, ela possibilita, igualmente, em certos casos, o conluio entre os licitantes. Abertas as propostas, é possível que a oferta de lances seja dirigida por acordos entre os proponentes aos quais se faculta a apresentação desses lances. Tais acordos podem ser estabelecidos na fase dos lances, ou antes da apresentação das propostas.[177] [178]

Não obstante, parece-nos bastante clara a solução para a fraude do "mergulho": basta que se promova a não aceitação da proposta inexequível. O pregoeiro deve, portanto, estar constante e extremamente atento e munido de totais condições para exercer esse controle.[179]

---

[177] CINTRA DO AMARAL. Vantagens e desvantagens do pregão. *CELC – Centro de Estudos sobre Licitações e Contratos*, grifos no original.

[178] Marçal Justen Filho comenta o uso do "mergulho" no Pregão eletrônico: "Trata-se da atuação conjugada de dois licitantes. Um deles formula lance e, de imediato, o segundo apresenta lance significativamente mais reduzido, possivelmente eivado de inexequibilidade. O sistema bloqueia a formulação de outros lances e o pregão se encerra. Posteriormente, a Administração convoca o licitante vencedor a assinar o contrato, ao qual que ele não acede. Como decorrência, a Administração convoca o segundo classificado — que participara do esquema. Esse segundo classificado fica em situação vantajosa de negociação, evitando reduções muito significativas" (*Comentários à Lei de Licitações e Contratos Administrativos*, 11. ed., p. 295).

[179] Vide que, no caso do Pregão eletrônico federal, já há uma medida preventiva (no portal *ComprasNet*): a permissão de formulação de lances superiores ao menor já apresentado, mas, obviamente, inferior ao último lance do ofertante.

Vislumbram-se, ainda, duas outras soluções: reabertura do Pregão, no caso de existir um vitorioso com preço muito baixo, mas que se recuse a assinar o contrato; ou a negociação com mais licitantes, e não apenas com o que tenha conquistado o segundo lugar.[180]

É inconteste que, para tais situações — e várias outras que são criadas a todo instante para burla nas licitações —, a saída sempre será a prevenção e a vigília constante.[181]

---

[180] Benedicto de Tolosa detectou outras formas de fraude nos pregões presenciais: " (...) temos observado que um crescente número de licitantes, se é que assim podem ser considerados (o adequado seria meliantes), tem tentado fraudar ou pelo menos frustrar a competitividade do certame, utilizando diversas artimanhas que redundam em sérios prejuízos aos cofres públicos e aos licitantes honestos. Eles têm agido basicamente da seguinte forma: (a) participam da licitação, apresentam ofertas com valores baixos, mas são inabilitados por não reunirem condições de habilitação, pois, na modalidade pregão, as fases são invertidas, colocando em dúvida a lisura da contratação; (b) procuram os prováveis licitantes antes do certame e tentam extorqui-los, exigindo determinada quantia para que se abstenham de participar, sob a ameaça de cotarem preços baixos para frustrar o certame; (c) quando se sagram vencedores com preços aviltantes, não executam o objeto do contrato ou entregam materiais de péssima qualidade ou, ainda, em quantidade menor (há casos, por exemplo, em que entregam uma resma de papel sulfite com 460 folhas em vez de 500 folhas e também papel higiênico com 25 metros em vez de 30 metros). (...) Essas práticas colocam os pregoeiros em situação constrangedora, porque, após serem inabilitados, procuram os meios de comunicação e 'denunciam' que foram preteridos e que a Administração preferiu adjudicar o objeto a licitante com preço mais elevado, causando dano ao erário. Embora não seja difícil comprovar a farsa perante os órgãos de controle externo e junto ao Poder Judiciário, raramente a população será convencida" (Fraude nos pregões. *ILC – Informativo de Licitações e Contratos*, p. 442).

[181] João Marcelino Soares assevera, em trabalho específico sobre essa preocupante questão, que a melhor forma de combate às fraudes em licitações é compreendendo-as, melhorando, assim, a sua identificação, prevenção e, através dos mecanismos legais ao alcance de qualquer administrado, a devida repressão (Cf. SOARES. Fraudes em licitações. *Recanto das Letras*. Disponível em: <http://recantodasletras.uol.com.br/textosjuridicos/2036951>).

*X – a desistência em apresentar lance verbal, quando convocado pelo pregoeiro, implicará exclusão do licitante da etapa de lances verbais e na manutenção do último preço apresentado pelo licitante, para efeito de ordenação das propostas;*[182]

## 28 A recusa de apresentação de lance por parte do interessado

Inicialmente, o regulamento determinava o que a medida provisória não regrava, porquanto interferia no procedimento de maneira incisiva. Pelo que estabelecia o dispositivo original, afastar-se-ia sumariamente do procedimento o licitante que não apresentasse lance verbal, quando convocado pelo pregoeiro.

Ora, além dessa determinação não ter constado na regra reguladora e não se constituir como regulamentação, tal ato afrontava sobremaneira o princípio competitivo e a lógica. O oferecimento de lance é facultativo. O não oferecimento, em princípio, faria com que o licitante que detivesse preço superior ao de menor preço soubesse, de antemão, que sua proposta não alcançaria êxito. Saberia, também, todavia, que esse fato não seria determinante da sua exclusão, mas sim de sua derrota. Por outro lado, inexistindo lances dos demais, também poderia o primeiro colocado não oferecer lance, o que, pelos termos do dispositivo, não demandaria a sua vitória na licitação, mas sim a sua exclusão, o que era inadmissível.

A crítica de José Calasans Junior foi veemente:

> Mais uma prescrição descabida. O não-oferecimento de lance pode resultar da convicção do licitante quanto à adequação de sua proposta aos valores do mercado e, portanto, da impossibilidade de reduzi-la. Excluí-lo do certame, em tal hipótese, teria caráter de punição, o que não tem cabimento.[183]

---

[182] Texto alterado pelo Decreto nº 3.693, de 20.12.2000.

[183] CALASANS JUNIOR. O pregão nas licitações de bens e serviços. *Revista Zênite de Licitações e Contratos – ILC*, p. 830.

Como ficariam aqueles que formulassem propostas e não comparecessem à sessão? E os que não encaminhassem representantes com competência para apresentar ou desistir de lances? Irregular e ilógico, o dispositivo merecia rápida revisão. Felizmente, apercebendo-se disso, o Poder Executivo alterou o dispositivo através do Decreto nº 3.693/2000, definindo o óbvio: a desistência em apresentar lance verbal implica tão somente na exclusão da etapa, com a manutenção da última oferta apresentada (que poderá ser, inclusive, como já explicitamos, a proposta vitoriosa, caso inexistam lances verbais).

Insta ressaltar que a Lei nº 10.520/02 não faz qualquer menção sobre a hipótese de recusa do licitante em formular lance.

*XI – caso não se realizem lances verbais, será verificada a conformidade entre a proposta escrita de menor preço e o valor estimado para a contratação;*

# 29 A inexistência de lances

Este inciso XI reforçava nossa crítica quanto ao texto original do inciso anterior, porquanto dispõe sobre a possibilidade real de ausência de lances, o que corresponde à desistência de apresentação de lances verbais por todos os licitantes.

Acertadamente, prevê o inciso, com a geral desistência de oferecimento de lances, que caberá ao pregoeiro o exame da aceitabilidade da menor proposta classificada, quando avaliará a conformidade em relação ao objeto e a compatibilidade com o orçamento previamente elaborado e divulgado.

Vide entendimento do TCU nesse sentido:

> **Acórdão nº 2390/2007 – TCU – Plenário – Min. Rel. Guilherme Palmeira**
>
> 10. Por fim, consignamos (...) que a inexistência de lances em Pregão (presencial ou eletrônico) não implica, por si só, invalidade do certame licitatório em concreto. Assim afirmamos com base na analogia advinda da norma do art. 11, inciso XI, do Anexo I do Decreto nº 3.555/2000 (disciplina as regras do Pregão presencial) c/c o art. 14 do Decreto nº 3.697/2000, no sentido de que "caso não se realizem lances verbais" será verificada a conformidade entre a proposta escrita de menor preço e o valor estimado para contratação.

ARTIGO 11

171

> *XII – declarada encerrada a etapa competitiva e ordenadas as propostas, o pregoeiro examinará a aceitabilidade da primeira classificada, quanto ao objeto e valor, decidindo motivadamente a respeito;*
>
> *XIII – sendo aceitável a proposta de menor preço, será aberto o envelope contendo a documentação de habilitação do licitante que a tiver formulado, para confirmação das suas condições habilitatórias, com base no Sistema de Cadastramento Unificado de Fornecedores – SICAF, ou nos dados cadastrais da Administração, assegurado ao já cadastrado o direito de apresentar a documentação atualizada e regularizada na própria sessão;*

## 30 O último ato da fase de classificação e a fase de habilitação

Os incisos XII e XIII regulamentam o inciso XII do art. 4º da Lei nº 10.520/02, que dispõe:

> XII – encerrada a etapa competitiva e ordenadas as ofertas, o pregoeiro procederá à abertura do invólucro contendo os documentos de habilitação do licitante que apresentou a melhor proposta, para verificação do atendimento das condições fixadas no edital;

## 30.1 A decisão motivada do pregoeiro sobre a aceitação da proposta

A regulamentação determina que, encerrada a fase competitiva e ordenadas as propostas, o pregoeiro apreciará a aceitabilidade da primeira classificada, quanto ao objeto e valor, decidindo motivadamente a respeito. Conforme já obtemperamos, o texto objetiva estabelecer o marco de encerramento da fase de classificação.

Assim, em consequência da adoção do critério "menor preço", avaliados os fatores, dar-se-á a classificação final, pelo que caberá ao pregoeiro decidir efetivamente, expedindo o ato final dessa fase, motivado e justificado quanto à "aceitabilidade" da proposta vencedora, ou seja, informando que a proposta que alcançou o primeiro lugar foi aceita. A decisão do pregoeiro há de ser motivada, como determina a moderna Administração Pública brasileira. A Lei nº 9.784/99, que regula o processo administrativo no âmbito da Administração Pública Federal, vincula a conduta dos agentes públicos, no exercício de suas funções, à motivação de suas decisões.[184]

## 30.2 A fase de habilitação

Encerrada a fase de ordenação de propostas, o pregoeiro somente abrirá o envelope com documentos de habilitação do licitante classificado em primeiro lugar, objetivando a avaliação documental, de modo a caracterizar-se, de fato e de direito, a qualificação para a execução do objeto pretendido.

Nesse ponto, a segunda grande inovação do Pregão: a inversaõ da fase de habilitação, transposta para depois da etapa de classificação, e realizada, inicialmente, somente com a primeira colocada (como é cediço, na Lei nº 8.666/93 não se abre o "envelope-proposta" sem que seja superada a fase habilitatória).

Infelizmente, o redator do regulamento desacertou o que estava absolutamente correto, quando, talvez, por medida de economia — ou mesmo na tentativa de agrupar procedimentos adstritos num mesmo dispositivo —, reuniu num só inciso o que a norma legal dispôs nos incisos XII e XIII do art. 4º.

---

[184] Lei nº 9.784/99: Art. 2º A Administração Pública obedecerá, dentre outros, aos princípios da legalidade, finalidade, motivação, razoabilidade, proporcionalidade, moralidade, ampla defesa, contraditório, segurança jurídica, interesse público e eficiência. Art. 50. Os atos administrativos deverão ser motivados, com indicação dos fatos e dos fundamentos jurídicos, quando:
I – neguem, limitem ou afetem direitos ou interesses;
II – imponham ou agravem deveres, encargos ou sanções;
III – decidam processos administrativos de concurso ou seleção pública;
IV – dispensem ou declarem a inexigibilidade de processo licitatório;
V – decidam recursos administrativos;
VI – decorram de reexame de ofício;
VII – deixem de aplicar jurisprudência firmada sobre a questão ou discrepem de pareceres, laudos, propostas e relatórios oficiais;
VIII – importem anulação, revogação, suspensão ou convalidação de ato administrativo.
§1º A motivação deve ser explícita, clara e congruente, podendo consistir em declaração de concordância com fundamentos de anteriores pareceres, informações, decisões ou propostas, que, neste caso, serão parte integrante do ato.
§2º Na solução de vários assuntos da mesma natureza, pode ser utilizado meio mecânico que reproduza os fundamentos das decisões, desde que não prejudique direito ou garantia dos interessados.
§3º A motivação das decisões de órgãos colegiados e comissões ou de decisões orais constará da respectiva ata ou de termo escrito.

ARTIGO 11 | 173

Note-se que um dos dispositivos regulamentados (inc. XII do art. 4º), ao sofrer alteração na reedição da medida provisória original, e, depois, no texto final da Lei nº 10.520/02, deixou de fazer menção aos documentos de habilitação como antes fazia. Vemos tal fato com desassossego, já que a questão estava bem delineada quanto às certidões voltadas para a qualificação econômico-financeira, porquanto, acertadamente, não determinava que as certidões negativas de falência ou concordata deveriam ser expedidas pelo "distribuidor", como equivocadamente estabelece o inciso II do art. 31 da Lei nº 8.666/93. Já apontamos em outro trabalho[185] uma hipótese excepcional a ser considerada, em função da determinação: quando o pedido de falência tiver sido postulado por terceiro, é de se ter a decisão do Judiciário, pois só assim há pleno conhecimento da situação de fato da empresa.[186]

Ao menos no Pregão, tinha-se, por linhas tortas, o procedimento correto: a certidão negativa deveria ser expedida pelo cartório específico, com decisão final do Judiciário, e não uma simples distribuição que, em princípio, nada demonstra. Com a modificação redacional, foi-se por terra mais uma melhoria textual, em que pese o inciso XIII do mesmo artigo, inserido numa reedição da medida provisória e mantido na lei, não mais listá-la no elenco mínimo de documentos a ser apresentado.

Ressalta-se que, tal como determinado na Lei nº 8.666/93, deve o pregoeiro franquear os documentos a todos os licitantes, que, juntamente com ele, os rubricarão.

Prevê a Lei nº 10.520/02, no inciso XIII do art. 4º, que a habilitação far-se-á com a verificação de que o licitante está em situação regular perante a Fazenda Nacional, a Seguridade Social e o Fundo de Garantia do Tempo de Serviço (FGTS), e as Fazendas Estaduais e Municipais, quando for o caso, com a comprovação de que atende às exigências do edital quanto à

---

[185] Cf. BITTENCOURT. *Licitação passo a passo*: comentando todos os artigos da Lei nº 8.666/93 totalmente atualizada, levando também em consideração a Lei Complementar nº 123/06, que estabelece tratamento diferenciado e favorecido às microempresas e empresas de pequeno porte nas licitações públicas.

[186] Na mesma toada, Marçal Justen Filho: "Quando, porém, o pedido de falência tiver sido formulado por terceiro, a situação muda de figura. Enquanto o Poder Judiciário não decidir a questão, não se pode presumir inidoneidade ou insolvência" (*Comentários à Lei de Licitações e Contratos Administrativos*, 4. ed., p. 204).

habilitação jurídica e qualificações técnica e econômico-financeira. O inciso XIV do mesmo artigo informa que os licitantes poderão deixar de apresentar os documentos de habilitação que já constem do Sistema de Cadastramento Unificado de Fornecedores (SICAF) e sistemas semelhantes mantidos por Estados, Distrito Federal ou Municípios.

O regulamento desordena isso, porquanto determina a verificação com base no SICAF ou em outros dados cadastrais, assegurando somente aos já cadastrados o direito de apresentar, na própria sessão, os documentos atualizados, caso desatualizados no sistema.

Verifica-se, por conseguinte, que o procedimento foi desvirtuado pelo regulamento, pois a lei prevê a apresentação dos documentos como regra, tratando o cadastramento apenas como forma possível de demonstração de habilitação.

Em resumo, o uso do cadastro é facultativo, sendo ilegal subordinar a participação no Pregão a prévio cadastramento.

Apesar do regulamento de desvirtuar a regra legal, o TCU e parte da doutrina buscou dar uma interpretação plausível ao prescrito.

Alexandre Cairo, por exemplo, entendendo que o comando regulamentar não se dirigiu a todos os licitantes, se escuda em decisão emanada pelo TCU[187] para definir como improcedentes as críticas ao desditoso texto:

> A dúvida não parece procedente, vez que o legislador referiu-se somente aos licitantes cadastrados, porque somente a eles foi endereçada a parte final do dispositivo. Quando se fala que aos cadastrados será dado o direito de apresentar a documentação atualizada, significa dizer que a eles é facultado o direito de apresentar na sessão as certidões que não constarem no sistema ou que estejam vencidas no sistema. Tal comando não foi dirigido a todos os licitantes porque os licitantes não cadastrados terão, de qualquer forma, que apresentar toda a documentação na própria sessão.[188]

---

[187] Decisão nº 1.277/2002 – Processo DC nº 127-35/02-P – Relatório do Ministro Iram Saraiva que dispunha sobre a polêmica decorrente da expressão "assegurado ao já cadastrado o direito de apresentar a documentação atualizada e regularizada na própria sessão" constante do inciso XIII do art. 11 do regulamento aprovado pelo Decreto nº 3.555/2000.

[188] CAIRO. Habilitação. *In*: GASPARINI (Coord.). Pregão presencial e eletrônico, p. 269.

ARTIGO 11 | 175

XIV – *constatado o atendimento das exigências fixadas no edital, o licitante será declarado vencedor, sendo-lhe adjudicado o objeto do certame;*

# 31 A declaração do vencedor do Pregão

Este inciso XIV regulamenta o inciso XV do art. 4º da Lei nº 10.520/02.[189] Dando prosseguimento ao certame, o pregoeiro, após a verificação amiúde do atendimento das condições de habilitação, declarará, por intermédio de manifestação fundamentada, o vencedor do Pregão, *sendo-lhe adjudicado o objeto do certame.*

Frisa-se, como lembrete importante, que, nesse momento, o pregoeiro também deverá preocupar-se com a exequibilidade da oferta final, uma vez que o inc. XVI do art. 4º da Lei nº 10.520/02 determina o exame de ofertas subsequentes caso a vencedora da competição desatenda às exigências habilitatórias ou não seja aceitável, porque considerada não exequível. À primeira vista, essa afirmação pode parecer um equívoco, porquanto há uma tendência natural de se fazer transcorrer o procedimento de acordo com a sequência que a lei informa — o que seria o lógico. Numa leitura apressada, portanto, há de se concluir que o dispositivo determina apenas a avaliação do atendimento das exigências habilitatórias do instrumento convocatório. Impende relembrar, contudo, que a Lei nº 10.520/02 se contradiz em certas ocasiões ou atropela a sequência natural dos atos. Marçal Justen avalia que a apreciação acerca da conveniência da oferta já teria sido realizada ao final da etapa competitiva, pelo que caberia tão somente o exame propriamente dito dos documentos de habilitação. *Data venia*, opomo-nos a esse entendimento, pois é exatamente nesse momento que se verifica a exequibilidade da proposta, após a rodada de lances.

O final da etapa competitiva se dá com a avaliação da aceitabilidade do valor auferido após os lances.

---

[189] Lei nº 10.520/02: Art. 4º – Inc. XV – verificado o atendimento das exigências fixadas no edital, o licitante será declarado vencedor;

*XV – se a oferta não for aceitável ou se o licitante desatender às exigências habilitatórias, o pregoeiro examinará a oferta subseqüente, verificando a sua aceitabilidade e procedendo à habilitação do proponente, na ordem de classificação, e assim sucessivamente, até a apuração de uma proposta que atenda ao edital, sendo o respectivo licitante declarado vencedor e a ele adjudicado o objeto do certame;*

## 32 A verificação da oferta subsequente

Este inciso repete dispositivo desacertado da medida provisória, mantido posteriormente na Lei nº 10.520/02 (inc. XVI).[190]

Nas apreciações que realizamos sobre a questão em outros trabalhos, tecemos críticas ao malsucedido texto, que dava margem ao entendimento de que se repetia uma determinação já explicitada anteriormente (avaliação de aceitabilidade do preço ofertado), com a consequente inabilitação do licitante que havia alcançado a primeira colocação, na hipótese de confirmação da não aceitabilidade, partindo o pregoeiro para a verificação dos documentos habilitatórios do segundo colocado, e assim, sucessivamente, até que nessa sequência surgisse, dentre os classificados, um habilitado, quando então proclamar-se-ia o vencedor real do certame.

Outros autores que avaliaram a matéria, também consideraram a quase inutilidade de parte desse texto legal.

Indubitavelmente, tais apreciações se deram em função da imprecisão redacional.

A aceitabilidade a que se refere este inciso diz respeito ao valor auferido após a etapa de lances. Logo, na verdade, o

---

[190] Lei nº 10.520/02 – Art. 4º – XVI – se a oferta não for aceitável ou se o licitante desatender às exigências habilitatórias, o pregoeiro examinará as ofertas subsequentes e a qualificação dos licitantes, na ordem de classificação, e assim sucessivamente, até a apuração de uma que atenda ao edital, sendo o respectivo licitante declarado vencedor.

ato antes realizado — verificação da exequibilidade da oferta — ocorrerá novamente caso tenham sido oferecidos lances, uma vez que, dessa forma, dar-se-á a alteração do preço. Certo é, no entanto, que essa aceitabilidade atrela-se tão somente ao valor ofertado, descabendo qualquer verificação quanto à conformidade do objeto, quanto às especificações e outras exigências editalícias, de vez que tal análise já fora procedida.

Coelho Motta alerta que, subjacentes à prática licitatória, sempre ocorrerão questões relativas à aceitabilidade dos preços ofertados, afirmando que os valores de mercado e o orçamento apresentado pela Administração delinearão os parâmetros de confiabilidade:

> Determinando a faixa de exequibilidade das propostas, evitar-se-ão episódios (infelizmente freqüentes) de licitantes que apresentam o menor preço, sagram-se vencedores e, logo após a contratação, descumprem os termos pactuados e peticionam à entidade contratante exigindo, sob os mais variados pretextos, revisão de preços.[191]

O publicista traz à colação curial advertência de Adilson Dallari que, em vetusta obra, alertara que a inexequibilidade não pode ser simplesmente suposta ou meramente presumida, mas sim evidente, manifesta, extreme de qualquer dúvida razoável.

Todavia, alerta Coelho Motta que a eleição de alguma base concreta de julgamento, aliada ao critério de razoabilidade, seria suficiente para a determinação da viabilidade do preço, transcrevendo palavras de Dallari:

> (...) é conveniente que se estabeleça algum parâmetro destinado a aferir se um determinado preço proposto é ou não viável. Na falta de parâmetro predeterminado, ter-se-á de lançar mão da comparação com preços usualmente praticados, decidindo-se por critérios de razoabilidade e simples bom senso.

---

[191] MOTTA. *Gestão fiscal e resolutividade nas licitações*, p. 99, (a obra de Adilson Abreu Dallari mencionada é *Aspectos jurídicos da licitação*, p. 132-134).

Como já frisado, decidir motivadamente remonta resolver a questão com respaldo em razões objetivas, transparentes e incontroversas. Entrementes, é inconteste que a análise da inexequibilidade do valor proposto constitui trabalho carregado de dificuldades.[192]

Para dar cabo definitivo a esse questionamento, cremos que a melhor solução seria dispor no edital, de forma clara, que a análise de exequibilidade realizar-se-á a partir de informações trazidas pelo licitante, através de planilhas e outros documentos. Contudo, por termos real consciência de tudo que envolve uma licitação desse tipo, sabemos que, na prática, no ardor da competição por lances, esse desfecho, que parece tão factível no papel, adquire ares de impossibilidade.[193]

---

[192] De certa forma, Vera Scarpinella concorda conosco, mesmo apontando que "não há uma relação direta entre o valor orçado pela Administração e a exequibilidade do preço ofertado", pois discorre que, para a análise do valor oferecido, há de se supor que o pregoeiro esteja munido com informações atuais e condizentes com a realidade, sob pena de sua aferição restar inútil. Cf. SCARPINELLA. *Licitação na modalidade de pregão*: Lei nº 10.520, de 17.7.2002, p. 146.

[193] Jorge Ulisses Jacoby Fernandes considera a possibilidade factível: "Não é raro que os licitantes na fase de lances, para não perder a expectativa de contrato, acabem por apresentar preço inexeqüível, reduzindo o preço aquém da possibilidade de pagamento do mínimo legal. Por esse motivo, o pregoeiro pode até interromper essa etapa e determinar que o licitante demonstre a viabilidade da sua proposta, apresentando uma planilha de custos, ou demonstre estar executando contrato com valor similar ou, ainda, a existência de contrato similar, de concorrente seu com outro órgão da Administração Pública. Ao contrário do que pode parecer, é fundamental que um dos pólos da relação contratual apresentada como paradigma seja integrante da Administração Pública para aferir a regularidade fiscal dos envolvidos" (Cf. *Sistema de registro de preços e pregão presencial e eletrônico*).

ARTIGO 11

*XVI – nas situações previstas nos incisos XI, XII e XV, o pregoeiro poderá negociar diretamente com o proponente para que seja obtido preço melhor;*

## 33 A negociação com o proponente vencedor

O dispositivo regulamenta o inciso XVII do art. 4º da Lei nº 10.520/02.[194] Em tese, na busca de redução de preço, o pregoeiro está autorizado a negociar diretamente com o licitante. Temos batido na tecla de que a negociação com o adjudicatário é prática plausível — e adotada nas licitações com fulcro na Lei nº 8.666/93, embora não conste como regra expressa neste diploma —, sendo sempre possível a sua utilização em qualquer modalidade licitatória, desde que levada a efeito com as cautelas devidas, com bastante clareza e lisura, talvez até com parâmetros previamente estabelecidos no instrumento convocatório.[195] Todavia, entendemos — e sublinhamos tal posicionamento em outros estudos — que sua efetivação só poderia ocorrer após o desenlace do certame, isto é, após o surgimento da figura do "adjudicatário", após a superação de todas as fases, inclusive, é claro, a recursal.

Via de consequência, só poderia ser dada vazão à negociação em momento anterior à contratação, ressaltando-se que ela deve ser cordial, sem imposições,[196] sendo totalmente

---

[194] Lei nº 10.520/02 – Art. 4º -XVII – nas situações previstas nos incisos XI e XVI, o pregoeiro poderá negociar diretamente com o proponente para que seja obtido preço melhor.

[195] Assim se posicionava Hely Lopes Meirelles, conforme anotações de palestras que fizemos em tempos do vetusto Decreto-Lei nº 2.300/86, bem como o mestre administrativista português Marcello Caetano, consoante suas palestras, na década de 1970, na Universidade Gama Filho.

[196] Essa também é a dicção de Ruimar Barboza dos Reis: "Prudência, cautela e probidade regerão seus atos de modo a não fugir do ideal da conduta, que é ampliar os benefícios em favor do interesse público, e não o contrário. Ao particular deve ser assegurada a ampla manifestação, para que contraponha suas razões e motivos inclusive por

factível a recusa do licitante, o que determinaria a contratação pelo preço consignado em ata,[197] na hipótese de lance verbal, ou por escrito, caso não tenham sido consignados lances no certame, em face de situações peculiares específicas (como a existência de apenas uma proposta).[198] Tal procedimento também está autorizado quando o vencedor da competição emergir em face da inabilitação do licitante detentor do menor preço, com a verificação sequencial.

Considerando, entrementes, o trato que lhe deu o legislador da Lei nº 10.520/02, bem como em face das motivações

---

ocasião de não aceitar as novas proposituras colocadas pelo agente administrativo. A clareza e a transparência dos atos também impedem que a negociação seja realizada de maneira particular, longe de fiscalizações adequadas. Por fim, a renegociação não pode colocar em risco o procedimento realizado, de modo a torná-lo improfícuo, como também não pode causar dano ao licitante vencedor quando o preço por ele ofertado está amparado pela normalidade dos valores praticados pelo mercado" (Cf. REIS (Org.). *Pregão presencial e eletrônico*: cenário nacional, p. 108).

[197] Os poucos estudiosos que se debruçaram sobre a matéria fixaram-se, conforme nos posicionamos:
– José Calasans Júnior: "O regulamento permite que o pregoeiro negocie com o proponente da melhor oferta para a obtenção de melhor preço" (O pregão nas licitações de bens e serviços. *ILC – Informativo de Licitações e Contratos*).
– Ivan Barbosa Rigolin e Marco Tullio Bottino: "O inciso XVII (...) expressa o óbvio: que o pregoeiro pode negociar com o vencedor do pregão pleiteando a obtenção de preço ainda melhor, o que sempre possível em qualquer licitação, diga o que disser a lei" (*Manual prático das licitações*: Lei n. 8.666/93).
– Carlos Pinto Coelho Motta: "Em qualquer dos casos em for determinada a aceitabilidade de uma proposta, é admissível a negociação direta com o ofertante, objetivando a melhoria da proposta" (*Pregão*: teoria e prática: nova e antiga idéia em licitação pública: atualizada pela Lei nº 10.520, de 17.7.2002).
– Marçal Justen Filho: "A ausência absoluta de lances ou o exaurimento da disputa entre os interessados não são obstáculos a que o pregoeiro insista na apresentação de melhores condições para a Administração Pública" (*Pregão*: comentários à legislação do pregão comum e eletrônico).
– José dos Santos Carvalho Filho: "O único critério seletivo é o de menor preço (art. 4º, X), mas devem ser examinados outros aspectos contemplados no edital (...). Sendo vencedora a de menor preço, o pregoeiro examinará e, segundo a lei, decidirá motivadamente sobre a sua aceitabilidade. Não há, entretanto, indicação do que seja aceitabilidade, mas, considerando-se o sistema licitatório de forma global, parece que a idéia da lei é a de permitir a desclassificação quando o preço ofertado for inexeqüível, ou seja, quando não comportar a presunção de que o contrato será efetivamente executado. Escolhido o vencedor, pode o pregoeiro negociar diretamente com ele no sentido de ser obtido preço ainda melhor" (*Manual de direito administrativo*).

[198] O que tem causado certa discussão na doutrina, em face de alguns entenderem que o pregão não teria validade em virtude de não se ter completado todo o fluxo procedimental (hipótese que discordamos).

listadas no texto positivo (nas situações previstas nos incisos XI e XVI) muito nos intrigava o comando do dispositivo.

Caio Barbosa Neves Júnior, em estudo sobre o tema, vislumbrou, com ineditismo, mas até com certa coerência, em face da péssima técnica redacional do dispositivo, que a finalidade da regra seria buscar dar tratamento ágil no Pregão para uma situação semelhante à que a Lei nº 8.666/93 dispôs no §3º do art. 48:

> Nesse parágrafo o Estatuto faculta à comissão de julgamento da licitação, com fulcro na chamada economia processual, se constatada a existência de falhas em todas as propostas (o que demandaria a desclassificação de todas elas, com a consequente extinção do certame licitatório), fixar um prazo para que os licitantes apresentem novas proposições escoimadas (livres) das causas que ocasionaram a desclassificação.[199]

Realmente, como os incisos XI e XVI da Lei nº 10.520/02 cuidam exclusivamente do exame da aceitabilidade da proposta, era de se crer, em princípio, que a intenção também seria a de facultar ao pregoeiro "negociar", na hipótese de inaceitabilidade total, numa tentativa de "salvar" o procedimento, tal como pretende o dispositivo da Lei nº 8.666/93.

No entanto, a nosso ver, tornar-se-ia bastante confusa a situação quando transposta para a aplicação prática.

Por conseguinte, em nossa ótica, o deslinde do imbróglio ocorrerá se realizada uma comparação mais estreita com o regramento disposto no citado §3º do art. 48 da Lei nº 8.666/93. Nesse é dado a todos os licitantes o direito de alteração de propostas, o que determinaria uma nova verificação por parte da Administração e permitiria que qualquer um viesse a sagrar-se vencedor do certame.

A rigor, no Pregão não haveria de ser diferente, ou seja, com a inaceitabilidade total, estaria o pregoeiro autorizado a "negociar" com todos os licitantes, para que livrassem suas propostas das falhas que determinaram a não aceitação.

---

[199] Artigo "Avaliando o pregão", encaminhado por *e-mail*.

Todavia, estreitando-se ainda mais a avaliação, temos que tal postura é inconcebível, porquanto, transpondo mais uma vez a matéria para a prática, o procedimento se tornaria, sem a menor dúvida, uma verdadeira babel. O inciso XVI do art. 11 do regulamento, que poderia dar sentido ao tema, não atendeu em sua plenitude o espírito de uma norma regulamentar, posto que, com pueris alterações, repetiu o texto da regra posta (então, em MP). Contudo, aferindo-o com mais acuidade, verificar-se-á que seu redator inseriu — nesse caso, com inteligência — a necessidade de atendimento, no contexto, de mais um inciso (o de nº XI do mesmo artigo do decreto, que define procedimentos na hipótese de inexistirem lances verbais). Cremos que aí reside o ponto nuclear da questão, resolvendo-se por completo o busílis, uma vez que a regulamentação determina a negociação somente depois de ultrapassada a etapa de lances, e isso nos parece bastante claro, uma vez que as etapas tratadas nos incisos XI e XVI sobrevêm à de lances.

Por conseguinte, com absoluta convicção, afirmamos que a negociação prescrita neste inciso deverá ser levada a efeito, inicialmente, com o licitante que propôs o menor preço.[200]

---

[200] Essa, entrementes, não é a visão de Maria Sylvia Zanella Di Pietro, uma vez que conclui — salvo engano do que inferimos — que a negociação só poderá ocorrer caso haja inaceitação: "Escolhido o vencedor, só então o pregoeiro examinará a aceitabilidade da proposta em função das exigências do edital. Se a oferta for aceita, o licitante será declarado vencedor. Caso contrário, o pregoeiro poderá negociar diretamente com o proponente" (*Direito administrativo*). Já José dos Santos Carvalho Filho parece entender que a negociação poderá ser realizada tanto na aceitabilidade quanto na não aceitação: "A negociabilidade é tanto viável no caso de não ser aceita a proposta" (*Manual de direito administrativo*). Apesar de seguir caminho diverso, Jorge Ulisses Jacoby Fernandes também vislumbrou que a negociação somente se fará com o vencedor. Trata da matéria de uma forma bastante peculiar, desenvolvendo o raciocínio de que, em face do exame da proposta subsequente ocorreria a negociação, então, no opinamento do festejado jurista, com aquele que houvesse se colocado em segundo lugar (e assim, sucessivamente): "De qualquer modo, a regra no pregão é, uma vez inabilitado o licitante classificado em primeiro lugar, passar ao exame da habilitação dos licitantes remanescentes, segundo a ordem de classificação. Habilitado o segundo classificado, este terá preço superior ao do primeiro, impondo a lei, nesse caso, uma nova etapa: a negociação. O verbo negociar aparece pouco na legislação do ramo do Direito Administrativo. O fundamento dessa carência é a errônea interpretação do princípio da legalidade. Difundiu-se a ideia de que como

Senão, vejamos:
– O inciso XI da Lei nº 10.520/02 discorre sobre o ato de aceitabilidade das propostas iniciais, apresentadas por escrito em envelopes lacrados;
– O inciso XVI da mesma lei trata da segunda aceitabilidade que o Pregão preconiza, isto é, aquela que ocorre após a etapa de lances;
– O inciso XVI do regulamento repete o preceituado nos dispositivos *supra*, com a inserção — visando clarear de vez a matéria — do inciso XI do próprio ato regulamentar, permitindo inferir-se sobre a possibilidade da inexistência de lances verbais, o que confirma, inequivocamente, que a negociação se dará posteriormente à etapa de verificação da aceitabilidade do preço atingido com o oferecimento dos mesmos (que poderá, como informado, ocorrer sem que lances sejam dados).

Objetiva a regra — repisa-se, de péssima técnica redacional — autorizar o pregoeiro a negociar diretamente com o vencedor da competição, numa tentativa de conseguir um preço ainda menor. Sendo o "vencedor" aquele com o oferecimento do menor lance aceitável, é evidente que a negociação será realizada com ele, e não, como apregoam alguns, com todos os licitantes na hipótese de sua inaceitação (seja após a fase de lances ou na inexistência dos mesmos).[201]

---

o administrador público só pode fazer o que a lei autoriza, não lhe cabe gerir, ou gerindo, não lhe se deve dar espaço ao uso do poder discricionário. Nada mais nocivo ao interesse público do que retirar da expressão administrador ou gestor público a noção de administrar e gerir, para transformar os agentes públicos em autômatos cumpridores de normas" (*Sistema de registro de preços e pregão presencial e eletrônico*).
Muitos, ao avaliarem o preceituado, não perceberam que o legislador andou às turras com o andamento cronológico do procedimento, tratando de vários temas às avessas, trocando o posicionamento de etapas. Outros avaliadores simplesmente adotaram a interpretação literal, o que, como é cediço, não é o melhor caminho para o perfeito entendimento de textos legais de Direito Administrativo, dedicando-se à tarefa "com um tom morno e sensabor", como apropriadamente sintetiza Ivan Barbosa Rigolin, o que é de se lamentar profundamente.

[201] Insistimos na tese, entretanto, de que o ato negocial deveria se concretizar após a adjudicação, ainda que o texto positivado informe que deva ocorrer durante a sessão do Pregão.

Por ter sido o legislador bastante infeliz ao redigir o dispositivo, as dúvidas são de tal monta que temos propalado que a matéria se constitui numa verdadeira ode às incertezas. Sobre a situação, Carlos Coelho Motta chegou a cunhar para uma expressão que bem delineia sua hesitação: "navegando sobre as dúvidas".[202]

Contudo, pelo sim pelo não, todos saldaram a institucionalização da negociação das propostas no Pregão.

Mais uma vez urge destacar a necessidade de uma boa formação do agente público designado como pregoeiro — e ressalta aos olhos a importância exagerada que se depositou nos ombros de uma única pessoa — de vez que o ato de negociar requer técnica apurada. Sobre o assunto é exemplar a abordagem de Valquíria Aparecida dos Santos e Maryberg Braga Neto:

> Objetivamente, a realidade incita o administrador pregoeiro a aumentar o seu conhecimento, ininterruptamente, repensando a sua forma de agir, sendo coerente em suas ações, agindo com responsabilidade e ética, qualidades indispensáveis para um profissional contemporâneo que precisa sobreviver num mundo cada vez mais aberto, competitivo e informado. Negociação é um assunto que implica muitas reflexões, impossíveis de serem todas tratadas de uma só vez porque é necessário despertar a consciência de que somos negociadores natos, bastando desenvolver esse potencial que, por vezes, se manifesta apenas cega e reflexivamente, sem qualquer pretensão, método ou planejamento. A natureza inerente ao negociador há de ser desenvolvida para que essas habilidades floresçam. Destaca-se dentre os servidores aquele que congregue qualidades para ser pregoeiro — capacidade de liderança, domínio da legislação e do processo licitatório, rapidez em agir e decidir com segurança, seriedade e transparência, habilidade e comprometimento, equilíbrio e controle emocional —, com potencialidades a serem desenvolvidas tais como a experiência e a técnica de negociar que o tornará um negociador vitorioso. (...) Tendo em conta que a negociação, na própria sessão pública na presença de todos (ao vivo e em cores), apresenta-se como uma interação verbal e de expressão, em que as partes — pregoeiro e licitante — propõem, contrapropõem

---

[202] MOTTA. *Gestão fiscal e resolutividade nas licitações*, p. 95.

e argumentam, o administrador precisa estar bem preparado. A arte da boa negociação requer um plano de negociação com a utilização de táticas aceitáveis para tanto. Fundamental é a dedicação ao trabalho e a ciência de que lida com a coisa pública, gosto pelo que faz, e por que não, boas doses de humor, jogo de cintura, presença de espírito, bom senso, paciência, autocontrole, saber ouvir, capacidade para administrar conflitos sem pressa e com muito discernimento. Ter flexibilidade, tato, adaptabilidade, inteligência, capacidade de desaprender para reaprender os conceitos trazidos pela nova modalidade no contexto nacional, revisão sobre paradigmas, humildade para recomeçar em alguns pontos, ser proativo e não reativo, ter iniciativa.[203]

Também divisando a questão, preocupou-se sobremaneira Vera Scarpinella, a ponto de acentuar a possibilidade do oferecimento de propostas inviáveis:

> É evidente que a Administração deve sempre buscar o melhor negócio; mas — como ressalva Floriano Azevedo Marques Neto — não deve correr o risco de firmar contrato que não será adimplido. Pouco importa se a Administração pode executar a caução ou se ressarcir do dano econômico de uma ou outra forma, pois o contrato inexeqüível gerará dano à coletividade, consubstanciado na interrupção do serviço e na duplicação dos custos burocráticos derivados da abertura de um novo processo de licitação. Posteriormente, em nota de ressalva, reafirma a importância do fato, fazendo constar ensinamentos de Adilson Abreu Dallari, que, a esse respeito afirma que o Poder Público não pode se imiscuir em contratações aventurosas, considerando que não é dado ao agente público arriscar a contratação em condições excepcionalmente vantajosas, porquanto tem o dever de zelar pela segurança e pela regularidade das ações administrativas.[204]

Há de se destacar, definitivamente, que a finalidade da regra foi positivar a autorização da negociação entre a Administração e o "licitante vencedor", na hipótese do agente

---

[203] SANTOS; BRAGA NETO. A negociação como uma realidade inexorável no pregão. *ILC – Informativo de Licitações e Contratos*, p. 120.

[204] SCARPINELLA. *Licitação na modalidade de pregão*: Lei nº 10.520, de 17.7.2002, p. 131.

público entender — com bases seguras — que o valor atingido, superada a etapa de lances, ainda é, apesar de exequível, desconfortável para a Administração (considerando, principalmente, o orçamento disposto no termo de referência), permitindo a inferição de que continua passível de sofrer redução.[205]

Dessa forma, deverá o agente público expor às claras a situação ao vencedor, sem pressões descabidas, permitindo que o licitante possa reavaliar e, se julgar possível, reformular sua proposição, o que fará com que o valor final se torne mais compatível com o orçamento realizado.[206] [207]

---

[205] A negociação na contratação pública configura a solução criativa defendida por Sérgio Resende de Barros, no singular livro *Liberdade e contrato*: a crise da licitação, no qual o autor propõe ideias inovadoras e alternativas absolutamente articuladas para o assunto. Para Resende de Barros, a negociação não subverte o orbe da contratação administrativa, pois, ao contrário, tem o condão de unir a inovação com a tradição: o poder de negociar com o dever de licitar.

[206] Nesse sentido, Ricardo Ribas Berloffa, apontando a negociação, como nós, como uma tentativa de redução do valor da proposta vencedora, realça, com descortino, que a aceitação por parte da empresa é facultativa: "Assim, mesmo que haja a intenção do pregoeiro em realizar a negociação, o licitante não está obrigado a aceitá-la e, nem mesmo, a iniciar as tratativas de negociação" (*A nova modalidade de licitação*: pregão: breves comentários à Lei Federal nº 10.520/02: Lei do Pregão, p. 110-111).

Também nesse sentido, a preciosa dicção de Toshio Mukai: "É da doutrina pacífica que a Administração pode negociar com o vencedor no sentido de que ele abaixe mais o seu preço, uma vez que, como o seu preço já é o menor, tal negociação não trará nenhum prejuízo aos demais licitantes" (A medida provisória dos pregões: inconstitucionalidades e ilegalidades. *Boletim de Licitações e Contratos – BLC*).

Há de se frisar, como apontou Jessé Torres Pereira Junior, que o pregoeiro possui o dever funcional irrenunciável de tentar negociar para a obtenção de melhor preço. O magistrado pronuncia-se como nós, ao informar que o exercício da negociação deve ocorrer no final de cada Pregão. Cf. PEREIRA JUNIOR. *Comentários à Lei das Licitações e Contratações da Administração Pública*: Lei nº 8.666/93, com a redação da Lei nº 8.883/94, 4. ed., p. 1037.

[207] Dados levantados em meados de 2007 demonstram a economia que a negociação proporcionou ao Estado de São Paulo, que iniciou suas contratações através do Pregão no início de 2003: R$4,88 bilhões (número este que representa uma economia de 20% da estimativa de gasto do governo). Segundo estudos, os órgãos da administração pública do estado deveriam gastar pelas aquisições e contratações R$22,8 bilhões, mas pagaram, após negociação, R$18,1 bilhões. Essa economia se refere à diferença entre o preço de mercado pesquisado e o preço que é fechado após a negociação no Pregão. E os resultados conquistados pelos pregoeiros paulistas nessa ampla negociação nos 58.179 pregões encerrados (1.700 pregões eletrônicos e 56.479 pregões presenciais) resultaram em uma economia de R$1,00 bilhão de reais, ou seja, dos 4,88 bilhões economizados pelo governo, R$1,00 bilhão (20%) refere-se ao eficaz trabalho de negociação realizado pelos pregoeiros. Cf. A EFICÁCIA da negociação nos pregões do governo paulista: 1 bilhão de reais. *Pregão*: uma modalidade de licitação.

*XVII – a manifestação da intenção de interpor recurso será feita no final da sessão, com registro em ata da síntese das suas razões, podendo os interessados juntar memoriais no prazo de três dias úteis;*

## 34 A manifestação de intenção de interposição de recurso administrativo

### 34.1 O prazo para interposição de recurso

Conforme previsto no inciso XVIII do art. 4º da Lei nº 10.520/02, após o ato de declaração do vencedor do Pregão por parte de pregoeiro, facultar-se-á a qualquer licitante manifestar imediata e motivadamente a intenção de recorrer da decisão, quando lhe será concedido o prazo de três dias corridos para apresentação do recurso.

Vide que, sempre em função da exacerbada precaução com a agilidade do Pregão, o legislador estabeleceu a forma recursal prevendo o cômputo através de dias corridos, destoando do previsto na Lei nº 8.666/93, que prescreve a contagem em dias úteis (art. 109).

Entretanto, o redator do regulamento determinou a contagem em dias úteis — talvez entendendo, erroneamente, que deveria (e poderia) regulamentar o assunto com fulcro na Lei nº 8.666/93 — além de inserir a necessidade de junção de memoriais, numa preocupação desmedida e desnecessária.

Mais uma vez, infelizmente, o ato regulamentar excedeu na sua atribuição — dessa vez atrapalhando a celeridade sempre perseguida na nova modalidade — dilatando sem autorização o prazo recursal. No entanto, é claro que os editais deverão atender à regra disposta na lei, desconsiderando o que ato regulamentar deliberou.[208]

---

[208] Sobre a questão, comenta Ulisses Jacoby: "Na prática, os licitantes têm muita dificuldade para comprovar o fato, mas nesse ponto o Poder Judiciário tem sido bastante

## 34.2 A anexação de memoriais

Note-se a preocupação do elaborador do texto regulamentar no sentido de indicar a possibilidade de juntada de "memoriais", numa inquietação totalmente desnecessária. É evidente que, no recurso interposto (este sim, a ser apresentado no prazo de três dias, como prescreve a lei), poderá o interessado fazer juntada de qualquer documento que entenda como necessário para a demonstração de suas razões, inclusive de memoriais, que, na técnica jurídica, são documentos descritivos, nos moldes de um relatório, onde são narrados os fatos relativos ao assunto de forma detalhada e coordenada. O memorial, como leciona De Plácido e Silva, é uma peça de esclarecimento a respeito de todos os fatos referentes ao que se promoveu e para mostrar como foram feitos, indicando, assim, a marcha regular que eles tiveram.[209]

Renato Geraldo Mendes conclui de forma idêntica:

a) a Lei nº 10.520 não deixa dúvida de que o prazo a ser concedido, após o término da sessão, é para apresentar razões de recurso. Logo, se existe tal prazo, é porque o recurso não é interposto na sessão, senão teríamos dois momentos para interpor recurso, o que é um despropósito. Portanto, o Decreto Federal nº 3.555 é ilegal quando estabelece prazo para apresentação de memoriais. O prazo é para apresentação de recurso e não para apresentação de memoriais, e não é de três dias úteis, mas de três dias corridos;

b) a manifestação da intenção de recorrer deve ser feita na sessão. No tocante à motivação da intenção de recorrer, esta deve ser apenas sintética para fins de registro na ata. Os motivos apontados não significam, sob o ponto de vista jurídico, que as razões de recurso foram apresentadas, pois deverá ser concedido prazo de três dias para a interposição do recurso. A não-indicação das razões de fato e direito (motivação) que sustentam a intenção de recorrer não invalida a sessão nem impede que se possa recorrer;

---

razoável entendendo que se o licitante ingressa tempestivamente com mandado de segurança, no mesmo prazo do recurso, alegando que não lhe está sendo concedida vista dos autos, a alegação independe de prova, porque ninguém escolheria a via mais difícil para exercer o direito, se possuía a via administrativa, mas acessível" (Cf. JACOBY FERNANDES. *Sistema de registro de preços e pregão presencial eletrônico*, 3.ed.).

[209] SILVA. *Vocabulário jurídico*: edição universitária, p. 1012.

ARTIGO 11 | 189

c) a eventual indicação da motivação da intenção de recorrer não vincula o licitante a ela. Ademais, no prazo de três dias, o licitante recorrente tem absoluta liberdade de constituir as suas razões recursais. Não poderá o pregoeiro, em virtude da recusa ou ausência de indicação da motivação, deixar de conceder o prazo para a interposição de recurso;

d) é restritiva e, portanto, ilegal a exigência de interposição do recurso na própria sessão. Se existe um prazo previsto, após o encerramento da sessão, esse deve ser para o exercício do direito de recorrer e não para apresentar memoriais;

e) o pregoeiro não pode exercer nenhum juízo de admissibilidade em torno da motivação da intenção de recorrer com o propósito de inviabilizar o exercício do direito, pois isso equivaleria a apreciar o mérito do recurso; e

f) a interposição de recurso, na modalidade Pregão, é escrita e não verbal. A interposição deve efetivar-se no prazo de três dias.[210]

## 34.3 Os objetivos da regra recursal no Pregão

Apesar de discordarmos da simplificação imposta ao assunto, de vez que, inusitadamente, só há previsão de uma oportunidade recursal, é necessário relembrar que, na avaliação de um texto legal, não se deve presumir palavras inúteis, sendo curial o estabelecimento de valores concretos aos vocábulos e a todas as frases e dispositivos, para que se descortinem os seus verdadeiros sentidos, pois devem ser entendidos de forma que todas as suas provisões tenham efeito, com nenhuma parte resultando inoperante ou supérflua, nula ou sem significação.

Por conseguinte, vislumbramos que a regra objetiva fazer com que o licitante, inconformado com qualquer decisão do pregoeiro, aguarde o resultado da avaliação do envelope de habilitação e a declaração do vencedor, para só então interpor recurso.

É de se entender que a finalidade foi permitir que recursos sejam interpostos em função de qualquer ato anterior

---

[210] Cf. MENDES. A interposição de recurso na modalidade pregão. *ILC – Informativo de Licitações e Contratos*.

— e não somente quanto ao resultado referente ao vencedor —, situação que, por mais boa vontade que se procure ter, não pode ser considerada correta.[211]

## 34.4 O procedimento recursal

Em virtude da aplicação subsidiária da Lei nº 8.666/93, conclui-se que o recurso administrativo é efetivamente hierárquico, sendo certo, conforme segura lição de Hely Lopes Meirelles, que não cabe à autoridade superior modificar a decisão do pregoeiro, mas tão somente perquirir quanto à legalidade do certame, anulando-o se constatar vício insanável; revogando-o, se houver interesse público; ou, ainda, restituindo-o ao pregoeiro para uma possível revisão. Essa máxima é antiga, conforme já se posicionou toda a doutrina na apreciação da matéria, ainda com base no vetusto e saudoso Decreto-Lei nº 2.300/86.

---

[211] De forma diversa, Jessé Torres não vislumbra irregularidade na forma positivada para recursos, detendo-se, na análise da questão, tão somente ao trato inovador e simplificado que se deu ao assunto: "Intento igualmente simplificador norteia a disciplina (...) traçou para o recurso administrativo cabível no pregão, seja com respeito ao momento e ao prazo de sua interposição, ou ao *iter* de seu processamento. A começar pelo número possível de recursos em cada pregão. Haverá uma oportunidade recursal, diversamente do que ocorre nos procedimentos sujeitos à Lei nº 8.666/93 (...) Ao que preceitua (...) enseja-se o recurso somente depois de declarar-se o vencedor, vale dizer, depois de encerradas as fases de classificação de propostas e de verificação dos documentos de habilitação dos proponentes, de acordo com a ordem de classificação. Não haverá recurso ao final do exame do conteúdo do primeiro envelope. O licitante inconformado aguardará o resultado do exame do conteúdo do segundo envelope e a declaração que aponte o vencedor. Contra a decisão do pregoeiro, que declara o vencedor, é que caberá recurso. Infere-se que esse recurso será a isolada oportunidade para arguirem-se todas as questões referentes ao procedimento, desde o exame do primeiro envelope. Em outras palavras, não há (...) recurso administrativo capaz de suspender o curso do procedimento entre a primeira e a segunda fase. Qualquer que seja a decisão do pregoeiro na primeira fase, não caberá recurso antes de encerrada a segunda fase, porque ao final desta é que todos os incidentes poderão ser alvo de recurso, não antes. Assim, poderá ser objeto de apelo administrativo, uma vez declarado o vencedor, o ato motivado do pregoeiro que, na primeira fase, decidiu sobre a aceitabilidade de proposta de preço (PEREIRA JUNIOR. Pregão, a sexta modalidade de licitação. *Portal de Licitações*. Disponível em: <http://licitacao.uol.com.br/artdescricao.asp?cod=8>).

Interessantemente — não se sabe ao certo o porquê —, surgiram, com o advento da Lei nº 8.666/93, entendimentos diferenciados sobre a forma de resolução final dos recursos administrativos interpostos, acenando alguns para a possibilidade da autoridade superior simplesmente alterar a decisão da comissão de licitação, sob a insustentável alegação da plena revisão do ato impugnado, com fulcro no poder hierárquico, ou seja, supostamente, a autoridade superior teria amplos poderes de, apreciando o ato administrativo, revê-lo e modificá-lo. Felizmente, a melhor doutrina não foi influenciada por essa despropositada interpretação, mantendo-se como dantes, alicerçada em fortes pilares assentados em trabalhos e lições brilhantes do inesquecível mestre Hely.

Sobre o tema, leciona Lúcia Valle Figueiredo, tratando do assunto em avaliação referente ao art. 109 da Lei nº 8.666/93 (fazendo menção, em consequência, à comissão de licitação):

> O julgamento é função de uma comissão, constituída para essa finalidade, e totalmente vinculante para a Administração. O órgão encarregado (...) poderá não ratificá-lo, se entender ter havido erro no julgamento, ou algum vício durante o procedimento. Defeso lhe é substituir-se à Comissão modificando-lhe o julgamento. Poderá anular (...) quando for o caso. Inclusive, deverá devolver o processo à Comissão solicitando novo pronunciamento. O julgamento feito pela Comissão, tendo por base critérios objetivos, previamente selecionados, é um juízo técnico. O estudo, a que a Comissão procede para efetuar o julgamento, é eminentemente técnico, daí resultando ser decisão vinculante.[212]

Da mesma maneira, Marcos Juruena Villela Souto:

> Relembre-se que (...) não pode a autoridade encarregada modificar os seus critérios, mas, tão-somente, determinar o retorno dos autos para correção de eventuais irregularidades ou para apuração de questões em diligências.[213]

---

[212] FIGUEIREDO. *Direitos dos licitantes*, p. 63-64.
[213] SOUTO. *Licitações e contratos administrativos*: Lei nº 8.666, de 21.6.93, comentada, p. 216.

> Outra voz prestigiosa que merece destaque é a de Toshio Mukai:

> Anote-se que o julgamento da concorrência e da tomada de preços é competência exclusiva da comissão de licitação, razão por que a autoridade superior, ao apreciar o recuso, não poderá substituir o julgamento recorrido por outro seu, somente podendo, na decisão recursal, ou confirmar o julgamento efetuado pela comissão, ou anulá-lo, ou invalidar a própria licitação, conforme o caso.[214]

> Também Ulisses Jacoby sinaliza para esse único caminho, citando, inclusive, entendimento firmado pelo TCU:

> O ato de homologar é na essência um ato de controle, de verificação. Concretiza-se pelo binômio — legal ou ilegal — e, por esse motivo, tem limites. O Tribunal de Contas da União já firmou entendimento sobre o tema, chegando em determinado caso específico, a esclarecer que a autoridade superior poderia, inclusive, caso houvesse razão, invalidar a decisão proferida pela comissão, mas, nunca, desclassificar a proposta escolhida e homologar uma outra. É comum inclusive que essa autoridade submeta os autos à verificação do controle interno ou ao órgão jurídico para exame, buscando melhor avaliar o procedimento. Estando ilegal, anulará os atos, cabendo ao pregoeiro no caso, ordenar o refazimento dos atos decorrentes. Em caso célebre, o Tribunal de Contas da União, comprovando que a autoridade homologadora exerceu pressão: obre a CPL acabou por multar apenas aquela, exonerando de responsabilidade os membros da comissão.

> Tratando especificamente do Pregão, assevera Jacoby:

> É comum inclusive que essa autoridade submeta os autos à verificação do controle interno ou ao órgão jurídico para exame, buscando melhor avaliar o procedimento. Estando ilegal, anulará os atos, cabendo ao pregoeiro no caso, ordenar o refazimento dos atos decorrentes.[215]

---

[214] Cf. MUKAI. *O novo estatuto jurídico das licitações e contratos públicos*: comentários à Lei 8.666/93, com as alterações promovidas pela Lei 8.883/94.

[215] JACOBY FERNANDES. Sistema de registro de preços e pregão presencial e eletrônico, 3. ed.

Vislumbra-se uma expressiva demonstração de que o recurso é realmente hierárquico na determinação disposta no inciso XXI do art. 4º da Lei nº 10.520/02, que trata especificamente da petição, que informa: "decididos os recursos, a autoridade competente fará a adjudicação ao vencedor". Infere-se, por conseguinte, que o recurso tem o trâmite que a Lei nº 8.666/93 especifica no §4º do art. 109. O dispositivo dá como intimados os demais licitantes para apresentarem suas contrarrazões, também no prazo de três dias, tendo como marco inicial o dia estabelecido para o término do prazo do recurso inicial, assegurando vista dos autos (ou seja, de todo o processo, inclusive, é claro, do teor do recurso interposto). Dispõe a lei, dessa forma, que bastará a proclamação da decisão para que se inicie a fase recursal, não devendo a Administração proceder qualquer tipo de publicação concernente à declaração do vencedor ou referente à decisão do recurso, mesmo porque as contrarrazões decerto auxiliarão a decisão a ser proferida. É importante ressaltar que o fato do regramento do recurso ser hierárquico não exclui, sob nenhuma hipótese, a possibilidade de reexame espontâneo pela Administração.

## 34.5 A questão da motivação na demonstração de intenção de recurso

A fase recursal nas licitações, notadamente no Pregão, é de máxima importância para os que estão envolvidos com o procedimento, principalmente para o agente designado para exercer a função de pregoeiro, e, logicamente, para os licitantes.

Desassossegado com o trato que foi dado ao assunto na Lei nº 10.520/02, Renato Geraldo Mendes pondera, com extrema razão, que a disciplina de matéria de tamanha importância deveria ser cristalina, jamais suscitando qualquer tipo de dúvida em torno de seus aspectos básicos.

Vê-se que a preocupação exacerbada com a celeridade do certame — e até, de certa forma, com o cerceamento do efeito da petição — fez com que o legislador previsse a obrigatoriedade de manifestação da intenção de recorrer imediata e motivada.[216] Interessantemente, o ato regulamentar não faz menção à necessidade de motivar o recurso no momento da sessão.[217] Não obstante, o aplicador deveria, em princípio, se ater a regra legal que exige a motivação.

Esse regramento demanda reflexão e duas indagações: a) Haveria real efeito jurídico na exigência? b) Poderia o pregoeiro avaliar as motivações e negar a concessão do prazo para interposição de recurso?

Responder-se-ia da mesma forma às duas perguntas: é claro que não, pois o preconizado no art. 5º, XXXIV, "a", da Constituição Federal, que dispõe sobre o direito de petição, impede qualquer outra ilação.

Yara Police aduz com firmeza sobre a matéria:

> Ante a manifestação do licitante quanto à intenção de recorrer — quaisquer que sejam os motivos alegados — cumprirá ao pregoeiro suspender o procedimento, concedendo o prazo legal para o exercício do direito de recurso.[218]

De idêntica maneira, Costa Berloffa:

> É cediço que o princípio do contraditório é direito amplo resguardado pelo art. 5º, inciso LV, da Constituição Federal de 1988, assim, perfeitamente viável que se considere numa análise mais ponderada e detalhada o surgimento de outros argumentos embasadores da

---

[216] Renato Geraldo Mendes considera inaceitável a existência de dúvidas sobre o momento em que o licitante deve interpor o recurso. Incontinenti, discorre que, em decorrência dessa dúvida, outras questões acabam sendo suscitadas: seria possível a interposição de recurso verbal na própria sessão pública? Ou, durante a sessão, deveria ser apenas manifestada a intenção de recorrer? Ou ainda, que razão justificaria a indicação dos motivos da intenção de recorrer na própria sessão? Concluindo, como nós, que todas essas dúvidas decorrem da inadequada disciplina adotada na legislação que rege a nova modalidade licitatória (Cf. MENDES. A interposição de recurso na modalidade pregão. *ILC – Informativo de Licitações e Contratos*).

[217] O regulamento do Pregão eletrônico, todavia, atendendo ao preconizado na lei, o indica.

[218] MONTEIRO. *Licitação*: fases e procedimento: em conformidade com a Lei nº 8.666/93 e alterações da Lei nº 9.648/98, p. 135.

indignação do licitante recorrente. Em consequência, o recorrente pode oferecer no momento da sessão determinado motivo para seu recurso e, num segundo momento, ao cabo dos três dias, apresentar as razões do recurso abordando outro motivo, independente de estar acrescendo ou modificando seu posicionamento inicial.[219]

Nesse passo, também Jessé Torres:

A intenção motivada não inclui os fundamentos da irresignação, que virão no texto do recurso. Para atender à exigência, bastará que o licitante aponte contra o que pretende recorrer.[220]

Ronny Charles avalia na mesma toada:

Quanto à exigência de motivação, ela deve ser compreendida de forma razoável, evitando exigirem-se imediatas minúcias, mas tão somente a indicação superficial da irresignação.[221]

Apesar de entender diversamente,[222] Vera Scarpinella reconhece a possibilidade do recurso não versar totalmente sobre o motivo inicialmente alegado:

É evidente, no entanto, que eventuais nulidades alegadas nos recursos escritos, ainda que não tenham sido levantadas oralmente na própria sessão, deverão ser levadas em consideração pela Administração, que tem o dever de zelar pela legalidade administrativa, o que lhe impõe a obrigação de apurar os fatos e anular os atos contrários à lei.[223]

Curiosamente, Ulisses Jacoby tem outra opinião, pois entende que, diante da hipótese aventada, deve o pregoeiro,

---

[219] BERLOFFA. *A nova modalidade de licitação*: pregão: breves comentários à Lei Federal nº 10.520/02: Lei do Pregão, p. 122.

[220] PEREIRA JUNIOR. Pregão, a sexta modalidade de licitação. *Portal de Licitações*.

[221] TORRES. *Leis de licitações públicas comentadas*, p. 402.

[222] "Deve haver uma vinculação entre aquilo que o licitante indicou como sendo seu descontentamento com o pregão ao final da sessão e suas razões recursais".

[223] SCARPINELLA. *Licitação na modalidade de pregão*: Lei nº 10.520, de 17.7.2002, p. 160.

mesmo que no prazo legal não sejam juntadas as razões, examinar a questão e decidir fundamentalmente. Funda-se o jurista na ideia de que, ao apresentar a motivação na sessão, o recorrente já havia manifestado o seu inconformismo, o que independeria de interposição de recurso.[224] [225]

Questão que deve ser considerada — importante no ambiente prático — diz respeito a uma situação que tem ocorrido constantemente: o licitante manifesta intenção de recorrer, mas não interpõe o recurso no prazo legal. A nosso ver, nesse caso, dar-se-á a decadência, uma vez que ocorre o claro perecimento do direito por decurso de prazo, em face do não exercício no interregno indicado pela lei. Já na hipótese do licitante manifestar intenção de recorrer, sendo-lhe negado acesso aos autos, o prazo há de ficar suspenso, até que haja disponibilização.[226]

---

[224] Cf. JACOBY FERNANDES. Sistema de registro de preços e pregão presencial e eletrônico. 3. ed.

[225] Volnei Moreira dos Santos defende que a regra deve ser entendida na sua literalidade: "A manifestação deverá ser motivada, indicando o recorrente, ainda que sucintamente, o motivo do recurso (...)" (SANTOS. *A lei do pregão no município*: uma visão prática e operacional, p. 58).

[226] Ulisses Jacoby comenta a questão com desenvoltura: "Na prática, os licitantes têm muita dificuldade para comprovar o fato, mas nesse ponto o Poder Judiciário tem sido bastante razoável entendendo que se o licitante ingressa tempestivamente com mandado de segurança, no mesmo prazo do recurso, alegando que não lhe está sendo concedida vista dos autos, a alegação independe de prova, porque ninguém escolheria a via mais difícil para exercer o direito, se possuía a via administrativa, mas acessível" (Cf. JACOBY FERNANDES. *Sistema de registro de preços e pregão presencial e eletrônico*, 3.ed.).

ARTIGO 11 | 197

*XVIII – o recurso contra decisão do pregoeiro não terá efeito suspensivo;*

## 35 A questão do efeito suspensivo do recurso interposto

Prescreve o regulamento federal do Pregão presencial que a interposição de recurso administrativo não gera efeito suspensivo. Além de constituir preceito altamente discutível, principalmente por se tratar de restrição estabelecida via decreto regulamentar, é cediço que o ato está revestido de efeito devolutivo, com a obrigatória apreciação do fato recorrido por parte do agente público responsável, de modo a certificar-se de sua correção.[227] Sua interposição, portanto, demandaria o obrigatório reexame das questões suscitadas.

Nesse compasso, rejeita-se com veemência essa determinação regulamentar, já que, com a interposição do recurso, jamais se consumará o ato de homologação do resultado da licitação, sem que antes ocorra o seu efetivo julgamento.[228] Assim,

---

[227] Sobre os efeitos do recurso, a dicção de Diogenes Gasparini: "Os recursos administrativos, sem exceção, têm efeito devolutivo, mas somente alguns têm efeito suspensivo. O efeito devolutivo é da própria natureza do recurso administrativo, não precisando, por tal motivo, estar previsto em lei. O efeito suspensivo não é da essência do recurso administrativo, necessitando em face dessa circunstância estar previsto em lei ou ser determinado pela autoridade competente se presentes razões de interesse público e a lei assim autorizar. Pelo efeito devolutivo, a autoridade com poder para decidir em instância superior o faz com ampla liberdade, pois se lhe renova o conhecimento e o exame da questão debatida no recurso. O efeito suspensivo determina a paralisação do processo no qual se originou o recurso interposto até sua decisão final, paralisando, por conseguinte, os efeitos do ato decisório combatido. Todos os recursos administrativos previstos na Lei federal das licitações e contratos da Administração Pública têm efeito devolutivo, mas só o recurso hierárquico previsto no art. 109, inc. I, alíneas 'a' e 'b' desse diploma legal tem efeito suspensivo. Os recursos hierárquicos com fundamentos nas demais alíneas desse inciso poderão ter esse efeito se assim lhe for atribuído pela autoridade competente, presentes razões de interesse público, em despacho motivado, conforme prevê o §2º do art. 109 dessa lei. Essa autoridade competente é a que recebe o recurso e se encarrega de levá-lo ao conhecimento da autoridade superior. É, quase sempre, a autoridade autora do ato decisório" (Recursos na licitação e no pregão. *ILC – Informativo de Licitações e Contratos*, v. 11, n. 124, p. 501).

[228] Em que pese o regramento natural do recurso que o predispõe sem efeito suspensivo, conforme leciona Marcos Juruena Villela Souto: "Ao contrário do que ocorre no

na prática, após a adjudicação, paralisar-se-á o procedimento à espera do julgamento do recurso e da homologação.

Jessé Torres ressalta essa situação:

> Mesmo que o pregoeiro adjudique o objeto ao proponente que classificou em primeiro lugar, a Administração não poderá contratá-lo enquanto não houver a homologação pela autoridade competente, e esta somente poderá homologar se julgar improcedente o recurso. Entre a adjudicação e a contratação, o procedimento estará paralisado à espera do julgamento do recurso e da homologação.[229]

Outros, vão além, entendendo que nem mesmo o ato de adjudicação (que no Pregão ocorre antes da homologação) poderá se consumar, já que a Lei nº 10.520/02 define que a adjudicação apenas dar-se-á depois de julgado o recurso.

Nessa linha, Marçal Justen:

> Enquanto não decididos os recursos, não pode haver adjudicação. Sem essa, não cabe contratação. (...) o recurso não seria dotado de efeito suspensivo apenas se fosse viável o prosseguimento do certame concomitantemente com o processamento do recurso.[230]

O não reconhecimento do efeito suspensivo ao recurso certame implicaria no entendimento de que os atos não afetados por ele praticados pelo pregoeiro serão aproveitados. Ao revés, levando em conta o preconizado no inciso XIX do art. 4º da Lei nº 10.520/02 (que determina que os atos insuscetíveis de aproveitamento sejam considerados invalidados), verifica-se que, se procedente o recurso, a adjudicação deveria ser

---

processo civil, a regra é que os recursos não tenham efeito suspensivo, o que significa dizer que o ato recorrido é imediatamente exequível, ainda que *sub judice*. Isso nada mais é que uma conseqüência da presunção da legalidade que milita em favor dos atos administrativos. Entretanto, nas decisões quanto à habilitação de candidatos e de julgamento de propostas, será atribuído o efeito suspensivo" (*Licitações e contratos administrativos*: Lei nº 8.666, de 21.6.93, comentada, p. 353).

[229] PEREIRA JUNIOR. *Comentários à Lei das Licitações e Contratações da Administração Pública*, 6. ed., p. 1019.

[230] JUSTEN FILHO. *Pregão*: comentários à legislação do pregão comum e eletrônico, p. 213.

invalidada. Não foi por outro motivo que José Alexandre Gazineo proferiu o seguinte entendimento:

> Deste modo, e em atenção ao prestígio das decisões administrativas, e nos casos de recursos mais complexos e que demandem análise mais acurada, (...) se deve reconhecer ao pregoeiro, caso a caso, a competência para, mediante decisão fundamentada, conferir ao recurso efeito suspensivo, designando nova sessão de continuação, para após julgamento.[231] [232]

Destarte, considerando que a Lei nº 10.520/02 é silente sobre a matéria, e que, nessas situações, necessitar-se-á adotar subsidiariamente as regras da Lei nº 8.666/93 (e, ainda, diante de nenhuma menção no decreto regulamentar federal do Pregão eletrônico), sugere-se que a Administração atribua efeito suspensivo a qualquer recurso interposto no Pregão.[233]

## 35.1 A autoridade competente para a atribuição do efeito suspensivo

Em face do fixado no item anterior, soergue-se a questão quanto à competência para a concessão do efeito suspensivo aos recursos interpostos. Seria do pregoeiro ou da autoridade superior?

---

[231] GAZINEO. Dos recursos administrativos na modalidade de pregão. *Jus Navigandi*.

[232] Também nesse diapasão, Jair Eduardo Santana: "É evidente que o recurso possui efeito suspensivo, ao contrário do que afirma o decreto. Se impostado o recurso, deflagra-se, a partir de sua admissibilidade, o seu respectivo trâmite, culminando com o julgamento pela autoridade competente, é óbvio que o feito está paralisado no tocante à questão objeto do recurso. Suponha-se em recurso de A contra sua inabilitação e habilitação de B. Provido o recurso, a adjudicação será feita ao recorrente, e não a B. Ou seja, não tem o menor sentido lógico prosseguir-se com os demais atos do procedimento enquanto pendente tal recurso hierárquico" (Recurso no pregão. *Revista O Pregoeiro*. Disponível também em: <http://www.jairsantana.com.br/admin/arquivos/Recurso_pregao_I.pdf>).

[233] Tatiana Camarão, Fabiana Gusmão e Fausto Cunha Pereira também sugerem essa conduta: Seria aconselhável que a Administração Pública considerasse qualquer recurso interposto como tendo efeito suspensivo, pois, caso contrário, se esse recurso tiver efeito devolutivo, o pregoeiro continuará com o procedimento e adjudicará o objeto ao licitante vencedor podendo vir a perder todos os atos praticados se o recurso for julgado procedente (Cf. CAMARÃO; GUSMÃO; PEREIRA. *Manual prático do pregão*, p. 56).

No Pregão, havendo a interposição do recurso, cabe ao pregoeiro recebê-lo e analisá-lo, mas nunca julgá-lo, uma vez que, em função do efeito devolutivo, o julgamento compete exclusivamente à autoridade superior. Em consequência, vislumbra-se que a concessão do efeito suspensivo aos recursos interpostos no Pregão não cabe ao pregoeiro e nem à autoridade superior, uma vez que a tal decorre da própria sistemática imposta pela lei.

Dessa forma, na existência de recurso administrativo, deverão ficar sobrestados os atos subsequentes até o julgamento dos recursos pela autoridade superior.[234]

---

[234] Sobre a matéria, dispôs Ulisses Jacoby: "Os efeitos do recurso são, tradicionalmente, suspensivo e devolutivo. Suspensivo quando, como o próprio nome indica, suspende a decisão da qual se recorre; devolutivo porque devolve à autoridade que decidiu ou a seu superior o inteiro conhecimento da matéria. Todo o recurso tem o efeito devolutivo. Ao tempo da regulamentação pelo decreto, o recurso não tinha efeito suspensivo. Com o advento da Lei nº 10.520/02, a questão ficou sem disciplinamento, merecendo o melhor entendimento no sentido de se atribuir efeito suspensivo à decisão. Fundamenta-se essa interpretação no fato de que não há utilidade em se dar seguimento a ato cujo exame de mérito pode alterar a sua substância. Excepciona-se, em tese, quando há nítido intuito protelatório" (As peculiaridades da fase recursal do pregão. *ILC – Informativo de Licitações e Contratos*, p. 239).

ARTIGO 11

XIX – o acolhimento de recurso importará a invalidação apenas dos atos insuscetíveis de aproveitamento;

# 36 A invalidação dos atos insuscetíveis de aproveitamento

Este inciso repete o texto da lei que objetiva regulamentar (inc. XIX do art. 4º da Lei nº 10.520/02). Inusitadamente, a regra legal dá um tratamento bem diferenciado ao regime recursal daquele já consagrado no âmbito das licitações. É cristalina a tentativa no sentido de "salvar" o procedimento, de modo que, dentro do possível, possa ser mantido, sem que haja a necessidade de instauração de nova licitação, depois de galgados vários passos. Tudo indica, entretanto, que, na prática, as dificuldades avolumarse-ão, posto que prima o diploma por um verdadeiro desatino, adotando o princípio da convalidação dos atos, teoricamente validando alguns que poderão conter vícios. Apreciando a questão, Ricardo Berloffa concluiu que o legislador procedeu dessa forma com o firme propósito de aproveitar os efeitos produzidos (ainda que viciados), por ser mais benéfico do que a determinação de invalidação total de seus efeitos e, consequentemente, da reestruturação de todo o procedimento. A nosso ver, a regra configura-se numa total insensatez.[235] Observa-se que a opção da via judicial pelo licitante inconformado, ao contrário do que muitos imaginam, pode ser escolhida em qualquer ocasião, independentemente de interposição ou não de recurso administrativo.

---

[235] Jorge Ulisses Jacoby Fernandes avalia a situação de maneira inopinada, tratando o assunto como se o procedimento ditado não merecesse críticas em face da antijuridicidade. O autor chega a apresentar um exemplo que, *mui respeitosamente*, estranhamos: "Assim, por exemplo, se a equipe de apoio rejeita o credenciamento de um licitante para dar lance e a respectiva proposta estava no intervalo dos que seriam selecionados para dar lance, essa etapa deve ser repetida, anulando-se por conseqüência, a fase de lance, o julgamento da proposta e da habilitação" (Cf. *Sistema de registro de preços e pregão presencial e eletrônico*, 3. ed.).

## Sobre o tema, Ivan Rigolin leciona didaticamente:

Esta opção pela ação judicial, quase sempre o mandado de segurança, pode acontecer antes, durante, depois ou "apesar" do recurso administrativo. Nenhuma relação de conexão necessária tem com aquele, e um não pressupõe nem prejudica o outro, salvo, logicamente, em hipóteses que só em si se contradigam (...). Não existe, de resto, como em outros tipos de postulação judicial contra a Administração, necessidade de que se "exaurem as vias administrativas" antes de peticionado judicialmente algum direito do licitante que, eventualmente, poderia ser deferido por recurso administrativo, ou até mesmo por representação à autoridade ou sumário pedido de reconsideração (cf. art. 109, II e III, da Lei nº 8.666/93); e, mesmo que não figurassem esses incisos na lei de licitações, a Constituição já garantiria, como sempre garantiu ao cidadão, os direitos de representação e de petição ao poder público.[236] [237]

Como se trata de uma sequência de atos, a Administração, julgando favoravelmente os recursos, deverá avaliar a possibilidade invalidar um ou vários, com o aproveitamento de outros. Somente os atos incapazes de serem aproveitados é que serão invalidados. Não raro, temos certeza, a insuscetibilidade será total.

Vide as impressões de Sergio de Andréa Ferreira sobre a questão:

O recurso que cabe no procedimento do Pregão é (...) recurso *ex post* contra qualquer ato praticado até a proclamação do vencedor ou extinção do processo licitatório e, pois, imediatamente antes do término da sessão pública, o que leva a que, vitorioso o recorrente, o promotor do certame possa vir a ter que refazer o *iter* procedimental, segundo o princípio geral de que, "anulado o processo, reputam-se de nenhum efeito todos os subsequentes que dele dependam" (CPC, art. 248).[238]

---

[236] Cf. RIGOLIN; BOTTINO. *Manual prático das licitações*: Lei nº 8.666/93, 7. ed.

[237] Da mesma forma, Roberto Bazilli e Sandra Miranda: "Escolhida uma das vias (administrativa ou judicial), não se encontra elidida a possibilidade de se socorrer da outra" (*Licitação à luz do direito positivo*: atualizado conforme a Emenda Constitucional nº 19, de 4.6.1998, e a Lei nº 9.648, de 27.5.1998).

[238] FERREIRA. Fase recursal. *In*: GASPARINI (Coord.). *Pregão Presencial e eletrônico*, p. 181.

Nessa seara, questão aflitiva no trato dado ao recurso administrativo é o esquecimento do legislador quanto à preclusão (não obstante tê-la mencionado no inciso posterior, quando ainda medida provisória), porquanto, como é cediço, numa licitação, com atos sucessivos e vinculados, não é possível a revogação de um, quando outro já tenha ocorrido, uma vez que, com o novo ato, dar-se-á a preclusão em relação ao anterior.

Volnei Moreira dos Santos, preocupado com o regramento, alude que, se o acolhimento de um recurso importar na declaração da nulidade de um ato insuscetível de recomposição, o processo será totalmente inútil, posto que a sua modificação implicaria na alteração de regras após o início do certame, o que macularia o princípio da vinculação ao instrumento convocatório:

> Sendo assim, podemos constar que eventual acolhimento de recurso interposto, contra ato da Administração pode decretar a anulação de todo o procedimento ou a renovação de determinados atos, o que também, de certa forma, deixará de atender ao objetivo do Pregão, qual seja, a celeridade das contratações do Poder Público.[239]

---

[239] SANTOS. *A lei do pregão no município*: uma visão prática e operacional, p. 60.

*XX – decididos os recursos e constatada a regularidade dos atos procedimentais, a autoridade competente homologará a adjudicação para determinar a contratação;*

# 37 A adjudicação do objeto do certame ao vencedor

Este inciso XX regulamenta os incisos XXI e XXII do art. 4º da Lei nº 10.520/02, os quais contêm os seguintes textos:

> XXI – decididos os recursos, a autoridade competente fará a adjudicação do objeto da licitação ao licitante vencedor;
>
> XXII – homologada a licitação pela autoridade competente, o adjudicatário será convocado para assinar o contrato no prazo definido em edital;

Superada a etapa recursal, o pregoeiro deverá adjudicar o objeto da licitação ao vencedor (determinação legal que estranhamos, uma vez que a Lei nº 8.666/93, modificando regras estabelecidas no antigo Decreto-Lei nº 2.300/86, atribuiu o ato de adjudicação à autoridade superior competente, após a homologação do resultado da competição).[240]

A adjudicação no Pregão cabe reflexão. Na verdade, os efeitos jurídicos desse ato em nada diferem dos que lhe são atribuídos pela Lei nº 8.666/93. A adjudicação constitui ato administrativo pelo qual se atribui ao vencedor da licitação o objeto do certame. Trata-se, por conseguinte, de ato constitutivo gerador de efeitos jurídicos significativos:

a) O adjudicatário adquire o direito de contratar com a Administração nos termos propostos;

---

[240] Infelizmente, ainda são encontrados defensores da arcaica tese de que a sequência correta seria "adjudicação – homologação". Independentemente da má técnica redacional da Lei nº 8.666/93, parece-nos que trata de assunto já superado. Em nosso *Licitação passo a passo* discorremos sobre o tema, apontado com clareza que a precedência da homologação é mais do que lógica, como repisaremos na apreciação do inciso XXII mais à frente.

b) O adjudicatário fica vinculado ao prometido em sua proposta;
c) O adjudicatário passa a sujeitar-se às penalidades previstas no edital, caso se negue a celebrar o contrato nas condições e prazos estabelecidos; e
d) A Administração está impedida de contratar o objeto licitado com outro (licitante ou não).

Nesse passo, evidencia-se que a adjudicação só pode ser efetuada por agente administrativo investido de poderes para tal. Dessa banda, jamais poderia o pregoeiro efetivar esse ato, uma vez que a ele cabe apenas conduzir o Pregão, não dispondo de poder para vincular o licitante vencedor à Administração. Portanto, não é absurdo entender que a adjudicação tratada na Lei nº 10.520/02 não seria a mesma de que trata a Lei nº 8.666/93. Convém relembrar, contudo, que a adjudicação somente será procedida pelo pregoeiro quando inexistir interposição de recurso administrativo, posto que, havendo recurso, transferir-se-á a competência à autoridade superior.

Sobre a matéria, asseveramos:

Em nossa ótica — e defenderemos essa posição sempre —, deveria o legislador ter-se pautado no que dispõe sobre a disciplina o Estatuto (Lei nº 8.666/93), conferindo tão somente à autoridade competente a atribuição de adjudicação. Sabe-se, entretanto, que a busca da agilidade, mais uma vez, foi determinante para o estabelecimento dessa conduta.[241]

# 38 A homologação

Após a adjudicação, o processo deverá ser encaminhado à autoridade superior, com a proposição de homologação, a qual o apreciará (ato de verificação de legalidade) e, se o aprovar, homologará o resultado e determinará a contratação.

---

[241] BITTENCOURT. *Pregão eletrônico*: Decreto nº 5.450, de 31 de maio de 2005: Lei nº 10.520, de 17 de julho de 2002: considerando também a Lei Complementar nº 123/2006, que estabelece tratamento diferenciado e favorecido às microempresas e empresas de pequeno porte, p. 218.

Essa é a regra prevista na Lei nº 10.520/02 (inc. XXII do art. 4º). Trata-se de mais uma inversão em relação à Lei nº 8.666/93. Pelo disposto, somente será homologada a licitação através da autoridade competente, após a adjudicação. Esse não é o regramento para as modalidades licitatórias tradicionais. Sobre o assunto, já nos espraiamos anteriormente, demonstrando o motivo de nossa certeza na afirmação de que a homologação se constitui num ato que deve ocorrer antes do ato de adjudicação:

> A doutrina sempre viveu às turras quanto a duas figuras tão conhecidas em tema de licitação: a homologação e a adjudicação. É de se relembrar que o Decreto-Lei nº 2.300/86, em seu texto original, fazia referência à "adjudicação" como ato pertinente à autoridade superior. Atendia a Lei a insistentes clamores de diversos publicistas, questionando a norma anterior, que consideravam a adjudicação como efeito imediato do julgamento, o que caberia à Comissão de Licitação. Hely Lopes Meirelles, mentor intelectual do Decreto-Lei nº 2.300/86, defendia a tese de que a adjudicação estava implícita no julgamento. O eminente administrativista Francisco Mauro Dias, fulcrado nos ensinamentos do mestre Marcello Caetano, em curso e convívio estreito em Lisboa, sustentava que a deliberação da autoridade competente configuraria a adjudicação. Na preciosa obra *Princípios fundamentais do direito administrativo*, Marcello Caetano aludia ao tema: "A adjudicação é o ato administrativo pelo qual a autoridade competente escolhe (...) aquela que é preferida para celebração do contrato". Na época, o legislador, procurando dar fim à dúvida, alterou o texto legal, através da edição do Decreto-Lei nº 2.348/87, suprimindo a menção ao termo "adjudicação", referindo-se ao assunto tão-somente como a "deliberação da autoridade competente". O costume, entretanto, manteve a figura no dia a dia da licitação, o que, sem dúvida, colocou mais "lenha na fogueira doutrinária". A Lei nº 8.666 trouxe novamente à baila o termo "adjudicação" e, por um triz, não fosse mais um "cochilo" do legislador e um defeito de técnica, solucionaria definitivamente o problema, ao menos no nível de regulação legislativa. Dispôs a lei pela "deliberação da autoridade competente quanto à homologação e adjudicação do objeto da licitação" (inc. VI). Ao mesmo tempo, infelizmente (e aí está o "cochilo"), manteve o texto da norma anterior (claramente, uma repetição, sem ter o legislador se apercebido do fato), quando elencava os documentos referentes

ao processo administrativo da licitação, mencionando "atos de adjudicação do objeto da licitação e da sua homologação" (inc. VII, art. 38). Da avaliação dos dois textos, conclui-se, com certa facilidade, que a nova lei retornou ao regramento inicial do Decreto-Lei nº 2.300/86, determinando que a autoridade superior primeiro homologue o resultado trazido pela Comissão de Licitação para só então adjudicar o objeto da licitação ao vencedor do certame. Cremos que andou certo o legislador, pois não haveria sentido algum na atribuição de competência à Comissão de Licitação para adjudicar. A Comissão é constituída para alcançar a melhor proposta, baseada exclusivamente no que determina o edital. Daí em diante, cabe à "autoridade competente", ou seja, àquela que detém poderes para "representar" a entidade promotora da licitação, promover a apreciação de todo o procedimento e, exercendo sua autoridade e competência, concordar com todo o ocorrido e "deliberar", "homologando" para posteriormente "adjudicar". Comunga dessa tese Marcos Juruena Villela Souto: "Após o julgamento, os autos do procedimento são remetidos à autoridade superior para, exercendo função inerente ao controle hierárquico, verificar se o feito teve tramitação adequada, com vistas à aposição de sua chancela... A conseqüência natural do julgamento é a adjudicação do objeto do contrato àquele que apresentar a melhor proposta. Era ato da Comissão de Licitação, após classificar as propostas em ordem de preferência; agora, à luz do disposto no art. 43, VI, a adjudicação é ato da autoridade superior, como conseqüência da homologação do procedimento (...)". Assim também entende Marçal Justen: "A atividade jurídica da Comissão de Licitação se exaure com a classificação (...). Não se finaliza, porém, o procedimento licitatório. Após concluída a via recursal, o resultado encontrado pela Comissão de Licitação deverá ser levado à deliberação da autoridade competente, para sua homologação e adjudicação".[242]

É conveniente, contudo, como a lei manteve o texto originado na MP que deu rumo ao Pregão inicialmente, que a Administração cumpra a determinação irregular, adjudicando para depois homologar.

---

[242] BITTENCOURT. *Licitação passo a passo...*, 6. ed.

*XXI – como condição para celebração do contrato, o licitante vencedor deverá manter as mesmas condições de habilitação;*

*XXII – quando o proponente vencedor não apresentar situação regular, no ato da assinatura do contrato, será convocado outro licitante, observada a ordem de classificação, para celebrar o contrato, e assim sucessivamente, sem prejuízo da aplicação das sanções cabíveis, observado o disposto nos incisos XV e XVI deste artigo;*

## 39 A manutenção das condições de habilitação do licitante vencedor (adjudicatário)

Os incisos XXI e XXII não encontram regras de apoio na Lei nº 10.520/02.

Repetindo regramento já previsto na Lei nº 8.666/93 (inc. XIII do art. 55), o inciso XXI, com a intenção de garantir o cumprimento das obrigações assumidas pelo adjudicatário, estabelece uma exigência lógica: a comprovação de manutenção das condições habilitatórias requeridas no transcorrer do procedimento licitatório.

O inciso XXII, autoriza — à semelhança do preconizado no §2º do art. 64 da Lei nº 8.666/93 —, quando o vencedor da licitação não fizer a comprovação referida no inciso anterior, a convocação de outro licitante, respeitada a ordem de classificação, para a contratação do objeto pretendido, desde que comprovados os requisitos habilitatórios.

A regra imposta exige a manutenção das condições demonstradas para habilitação para a celebração do contrato. Essa determinação é óbvia, de vez que, nesse momento, são verificadas todas as condições do licitante demonstráveis de sua capacidade para atender ao objeto pretendido, autorizando, assim, a sua contratação.

Uma questão aflora: o preço do outro licitante convocado para contratar deverá ser respeitado? Ou respeitar-se-á a determinação disposta na Lei nº 8.666/93 de atendimento irrestrito ao preço do primeiro colocado? Encontrar-se-á resposta na determinação prescrita ao final do inciso: observação das disposições dos incisos XV e XVI do mesmo artigo. Se a regra remete para o tratamento dado ao assunto no inciso XV, é forçoso concluir que, por se tratar de um procedimento totalmente especial e inovador, respeitar-se-á o regramento ditado no dispositivo, impondo-se o acatamento do preço real do proponente, afastando-se a disciplina que lhe dá a Lei nº 8.666/93.

> *XXIII – se o licitante vencedor recusar-se a assinar o contrato, injustificadamente, será aplicada a regra estabelecida no inciso XXII;*[243]

## 40 A recusa do licitante vencedor (adjudicatário) a assinar o contrato

O inciso XXIII regulamenta o inciso XXIII do art. 4º da Lei nº 10.520/02, que determina, na hipótese de recusa injustificada do adjudicatário a assinar o contrato, a aplicação do inciso XVI do mesmo artigo.

O citado inciso XVI está voltado, única e exclusivamente, para a busca de uma oferta que atenda às exigências editalícias. Constata-se, daí, que, a recusa de assinatura do contrato — caracterizando a figura do "adjudicatário faltoso" — demandará que o pregoeiro retorne ao exame das ofertas, na ordem de classificação dos licitantes, apurando outra oferta "aceitável", para então vir à tona outra "declaração de vencedor".

É o que o regulamento tenta informar. O texto inicial, antes da alteração imposta pelo Decreto nº 3.693/2000, apontava para a retomada da sessão. Posteriormente, direcionou-se o assunto para aplicação da regra preconizada no inciso XXII, dando tratamento ao "adjudicatário faltoso" exatamente igual ao que é oferecido ao vencedor em situação irregular, o que, convenhamos, dá no mesmo.

Dessa maneira, regulamentando esse procedimento — seguindo os mesmos lógicos passos ditados para a hipótese de inabilitação do licitante que tenha apresentado menor proposta, mas que não atenda ao exigido quanto aos documentos de qualificação (inciso XV) —, no caso de recusa injustificada do adjudicatário, o pregoeiro retomará a sessão e convocará os demais licitantes para fazê-lo (assinatura do contrato, e

---

[243] Texto alterado pelo Decreto nº 3.693, de 21.12.2000.

não apresentação de novas propostas), na estrita ordem de classificação, sem esquecer-se do dever de apenar o faltoso, por descumprimento de compromisso.

É de fundamental importância ressaltar que a Lei nº 10.520/02 oferece tratamento diferente daquele que é dado para o assunto na Lei nº 8.666/93, quanto à regra para a celebração contratual com outros que não sejam o real vencedor do certame (adjudicatário faltoso). Como já alertado na avaliação do inciso XV, na Lei nº 8.666/93 há vinculação dos licitantes remanescentes à proposta do licitante vencedor (conforme regra prescrita no parágrafo 2º do art. 64). No Pregão não, em face da expressa determinação da lei ao acatamento ao ditado no seu inciso XVI, que determina a apuração de proposta que atenda ao edital.

Vide nossos comentários, em obra específica, ao inciso XXIII do art. 4º da Lei nº 10.520/02:

> O inciso dispõe, sem muitos rodeios, que será aplicado o prescrito no inciso XVI, caso o licitante vencedor (na verdade, adjudicatário, em função da adjudicação realizada), convocado regularmente, se negue a celebrar o contrato. Uma leitura apressada faz crer que o inciso trata da punição ao adjudicatário faltoso. Entretanto, surpreendentemente, numa apreciação com mais vagar verificar-se-á que a regra está voltada somente para a busca de uma oferta que atenda as exigências editalícias. De todo modo, é inconteste que, além dessa conduta, obriga-se a Administração a sancionar o adjudicatário faltoso, nos termos do art. 81 da Lei nº 8.666/93, aplicando-lhe as penalizações cabíveis listadas no art. 87 da mesma lei, sanções que, adverte-se, deverão estar explicitadas no edital. Destarte, por linhas tortas, o inciso determina a desclassificação do adjudicatário faltoso, com a retroação e o reinício dos trabalhos licitatórios a partir do exame de ofertas subsequentes e a qualificação dos licitantes na ordem de classificação, ato que, se necessário, repetir-se-á sucessivamente até o alcance de um outro licitante vencedor (é o que se pode inferir da expressão *aplicar-se-á o disposto no inciso XVI*, porquanto, atendendo ao princípio da finalidade, é, sem dúvida, o mais lógico, apesar de péssima técnica redacional).[244]

---

[244] BITTENCOURT. *Pregão passo a passo*, 4. ed., p. 193.

## 40.1 A negociação com os demais classificados

Outro aspecto interessante diz respeito à possibilidade de negociação com o proponente classificado em segundo lugar. O inciso XVI do regulamento informa que o pregoeiro poderá negociar diretamente com o licitante que tenha obtido o melhor preço, atendendo ao indicado no inciso XVII do art. 4º da Lei nº 10.520/02. Assim, como o 2º colocado passou a ter o melhor preço, o pregoeiro instará o licitante a reduzir o seu preço, tentando, ao menos, a igualar o preço do adjudicatário desistente do contrato. Ressalta-se que o licitante não tem nenhuma obrigação de reduzir o preço oferecido (sobre a negociação, vide maiores esclarecimentos nos comentários ao inciso XVI).

## 40.2 A aplicação no Pregão da regra de oferecimento de oito dias para a apresentação de novas propostas escoimadas de falhas

Indaga-se se seria aplicável a regra do art. 48, §3º, da Lei nº 8.666/93, que prevê, quando todos os licitantes forem inabilitados ou todas as propostas forem desclassificadas, a possibilidade de a Administração oferecer aos licitantes o prazo de oito dias úteis para a apresentação de nova documentação ou de outras propostas escoimadas das causas que levaram à inabilitação ou desclassificação.

Como a premissa é a que todos os licitantes tenham sido inabilitados ou todas as propostas tenham sido desclassificadas, caso tal ocorra num Pregão, poderá o pregoeiro utilizar esse expediente.

Essa situação, entrementes, dificilmente ocorrerá no Pregão, pois, como bem pondera Jessé Torres,[245] quando todos os proponentes forem inabilitados, provavelmente ainda ter-se-ão na expectativa outros licitantes cujas propostas escritas — cotadas com valores superiores à proposta de menor preço

---

[245] PEREIRA JUNIOR. Sessão Pública. *In*: GASPARINI (Coord.). *Pregão presencial e eletrônico*, p. 105.

em mais de 10% — não passaram à etapa dos lances verbais. Assim, antes de cogitar da concessão de nova oportunidade aos desclassificados e inabilitados, obrigar-se-á o pregoeiro a chamar à disputa esses outros licitantes, que não foram desclassificados. Em princípio, por conseguinte, só após a desclassificação ou inabilitação desses outros licitantes é que se cogitará da adoção do preconizado no art. 48, §3º, da Lei nº 8.666/93.

> *XXIV – o prazo de validade das propostas será de sessenta dias, se outro não estiver fixado no edital.*

# 41 O prazo de validade das propostas

## 41.1 O prazo de 60 dias ou outro estabelecido no edital

O inciso XXIV repete *ipsis litteris* o texto do art. 6º da Lei nº 10.520/02, o qual, por sua vez, reedita o §3º do art. 64 da Lei nº 8.666/93, com a inserção da ressalva quanto à possível existência de outro prazo no edital.

Acresça-se que tal ressalva apenas atende a entendimento doutrinário vigente, que interpretou o texto da Lei nº 8.666/93 exatamente como o agora claramente estabelecido para o Pregão.

A elaboração do dispositivo sofreu influência direta do opinamento do mestre Hely Lopes Meirelles, que, em obra marcante, comentou: "Os proponentes ficam obrigados a manter suas propostas até 60 dias após a sua abertura, se outro prazo não for fixado no edital".[246]

Destarte, a regra, em princípio, é a liberação dos compromissos assumidos pelo adjudicatário após o decorrer de 60 dias do dia de entrega da proposta sem a devida convocação, ou o decorrer de qualquer outro prazo que a Administração fixe no instrumento convocatório. Trata-se, portanto, de simples termo liberatório. Ultrapassado o prazo, não tendo sido chamado para celebrar o contrato, o adjudicatário estará descompromissado.

---

[246] MEIRELLES. *Licitação e contrato administrativo*, 11. ed., p. 111.

## 41.2 O estabelecimento de prazo de validade da proposta superior a 60 dias

Novidade se verifica quanto à possibilidade de estabelecimento de prazo superior no edital (pois inferior já se entendia possível nas licitações tradicionais). Critica-se, contudo, a falta de precisa indicação do marco inicial da contagem. Vide que, no âmbito da Lei nº 8.666/93, o prazo tem início na data de entrega das propostas, que se reputa exíguo, considerando os vários percalços que poderão interferir neste prazo, notadamente em face dos possíveis recursos e contrarrazões. Nesse diapasão, qual seria a data de início do prazo de validade para o Pregão? Bom seria se o cômputo tivesse início na data de abertura das propostas, por ser mais lógico e justo, como dispunha o vetusto Decreto-Lei nº 2.300/86. Entretanto, infelizmente, mais uma vez devido à aplicação subsidiária da Lei nº 8.666/93, há de se admitir que a data de início de contagem, na falta de informações na lei e no regulamento, será a de entrega das propostas. Insta acrescer que, mesmo ultrapassado o prazo máximo, poderá o adjudicatário, ao ser consultado, demonstrar interesse em manter o preço proposto. Nesse caso, ainda que vencido o prazo, não há impedimento para a contratação.

*Art. 12. Até dois dias úteis antes da data fixada para recebimento das propostas, qualquer pessoa poderá solicitar esclarecimentos, providências ou impugnar o ato convocatório do Pregão.*

## 42 Solicitação de esclarecimentos, providências ou impugnação do edital

A Lei nº 10.520/02 silencia acerca da questão que envolve o esclarecimento de dúvidas atinentes ao Pregão. Todavia, independentemente disso, é inconteste que poderão surgir dúvidas de toda ordem num Pregão instaurado que só poderão ser sanadas pela Administração.

Este artigo 12 trata de *solicitação de esclarecimentos, providências ou impugnar o ato convocatório do Pregão.*

A solicitação de esclarecimentos não se confunde com o direito de impugnar o ato convocatório. Enquanto o primeiro apenas tem como propósito esclarecer dúvidas decorrentes do texto, o segundo intenciona apontar ilegalidade a algum ponto edital, buscando a sua modificação ou mesmo exclusão.

No que diz respeito a impugnação, a Lei nº 8.666/93 dispõe sobre a matéria nos parágrafos 1º e 2º do art. 41, preconizando que qualquer licitante ou cidadão são partes legítimas para impugnar um edital de licitação por irregularidade na aplicação da lei.

O pedido de esclarecimentos é tratado na Lei nº 8.666/93 no inciso VIII do artigo 40, o qual prescreve a obrigatoriedade de fazer constar nos editais licitatórios os locais, horários e meios de comunicação à distância para fornecimento pela Administração de elementos, informações e esclarecimentos.

No Pregão, a matéria não dever receber trato diverso, ainda que não conste tal determinação no regulamento, pois a Administração está obrigada a oferecer respostas às consultas, notadamente quando provocada, uma vez que a questão tem conexão direta com o controle da legalidade do edital.

Também com fundamento no art. 41 da Lei nº 8.666/92, o art. 12 em comento legitima cidadãos e licitantes a provocarem a Administração quando da percepção de eventuais vícios no edital, não só através da via administrativa, por intermédio da impugnação do ato convocatório, como também para solicitar esclarecimentos ou até providências.

É importante ressaltar que a vinculação da Administração ao edital divulgado não implica na sua imutabilidade, pois, como qualquer ato administrativo, o instrumento convocatório do Pregão sempre poderá ser revisto.

## 42.1 O prazo para o exercício do direito

O regulamento confere o exercício dos direitos elencados desde que sejam realizados até dois dias úteis antes da data fixada para o recebimento das propostas. Por conseguinte, o ato de apresentação dos envelopes (proposta e documentação) caracteriza a aceitação inequívoca dos termos do ato convocatório.

Observe-se que o regulamento englobou as duas soluções da Lei nº 8.666/93 no mesmo bloco, adotando prazo único de dois dias úteis para as manifestações.

Insta aclarar que, apesar de consagrado na prática e aceito pela Corte de Contas, consideramos esse mandamento ilegal, de vez que conflita com o que prevê a Lei nº 8.666/93 para a espécie. Como é cediço, nas situações em que a lei do Pregão não dispõe, há de se adotar subsidiariamente a Lei nº 8.666. A Lei nº 10.520/02 não regra a hipótese de impugnação do instrumento convocatório da licitação, o que determina a adoção subsidiária do Estatuto. Sendo o decreto apenas um ato regulamentar, não pode conter em seu texto qualquer mandamento que modifique disposições legais. Dessa forma, o contido no dispositivo em comento, que indica até dois dias úteis antes da data prevista para a abertura das propostas para a impugnação, conflita com o preconizado no §1º do art. 41 da Lei nº 8.666/93, segundo o qual aos não licitantes cabe impugnar o edital até cinco dias úteis da data prevista para a abertura da licitação.[247] Os esclarecimentos oferecidos pela Administração hão de ser convincentes. O Poder Público tem a obrigação moral de elucidar qualquer ponto obscuro. Em princípio, a solicitação do interessado deverá ser formal (até mesmo por *e-mail*), podendo até ser verbal, desde que a Administração a reduza a termo.

É de suma importância que as respostas sejam divulgadas para todos os que retiraram ou venha a retirar o edital, pois tal atitude garantirá o pleno atendimento ao princípio da igualdade, de vez que todos devem ter acesso a informações que demandarão a elaboração das propostas.[248]

---

[247] Diversamente, Benedicto de Tolosa considera correta a atitude do elaborador do decreto, uma vez que o prazo para realização da modalidade de Pregão é de, no mínimo, oito dias úteis, o que inviabilizaria a impugnação pelo licitante no prazo e na forma prevista nas licitações regidas pela Lei nº 8.666/1993 (*Pregão*: uma nova modalidade de licitação: comentários teóricos e práticos, pregão presencial e pregão eletrônico, 3. ed., p. 61).

[248] "A resposta de consulta a respeito de cláusula de edital (...) é vinculante; desde que a regra assim explicitada tenha sido comunicada a todos os interessados, ela adere ao edital" (STJ. REsp 198.665/RJ, rel. min. Ari Pargendler, Segunda Turma, *DJ* 22.03.1999).

*§1º. Caberá ao pregoeiro decidir sobre a petição no prazo de vinte e quatro horas.*

*§2º. Acolhida a petição contra o ato convocatório, será designada nova data para a realização do certame.*

## 43 A decisão sobre petições

O §1º é outro dispositivo do regulamento que surpreende. A Lei nº 10.520/02 induz claramente que há incomunicabilidade entre o pregoeiro e a elaboração do edital do Pregão, não sendo de responsabilidade do pregoeiro a sua confecção. A análise do regramento prescrito para a composição de itens que comporão o edital permitem a dedução de que essa competência é da autoridade superior.

Competência diz respeito a uma responsabilidade que a lei disciplina e impõe à autoridade. O pregoeiro recebe da norma a competência de dirigir os trabalhos do Pregão. Nesse pé, tudo que estiver além dessa função não lhe diz respeito. Responder às impugnações é matéria estranha ao trabalho de direção da licitação. Em consequência, é fácil deduzir que a atividade de decidir sobre impugnações não é compatível com a competência atribuída ao pregoeiro definida pela norma.

A regulamentação, inadvertidamente — não obstante a própria regra estabelecida e o unânime entendimento doutrinário —, põe tudo isso por terra, disciplinando que cabe ao pregoeiro decidir sobre a petição no prazo de 24 horas.

Como o pregoeiro poderá decidir sobre algo que não lhe compete?

A situação se agrava quando se verifica que a Lei nº 10.520/02 silencia quanto a essas petições. O regulamento dispõe sobre algo que a lei não regulou, dando ao tema tratamento contrário daquele que lhe é dado pelo ordenamento jurídico vigente.

Dando vezo ao assunto, considerando que a resposta à impugnação é de responsabilidade da Administração, há de se entender que o pregoeiro apenas estará atuando como um mero divulgador da decisão, a qual ocorrerá, obrigatoriamente, no prazo de 24 horas.

Nessa linha de raciocínio, Marçal Justen:

> Até se pode concordar com o disposto no §1º enquanto a atividade restringir-ser a esclarecimentos acerca de questões evidentes ou inquestionáveis. No entanto, não se poderia aceitar que o pregoeiro produzisse resposta que envolvesse qualquer inovação nas condições iniciais. Nem seria admissível que o pregoeiro dispusesse de competência para acolher impugnação, modificar a data prevista para o Pregão e corrigir defeitos do ato convocatório. É que a competência para produzir o ato convocatório não e do pregoeiro, mas da autoridade superior (dita "competente"), tal como se infere do art. 3º, inc. I, da Lei nº 10.520.[249]

## 43.1 O não impedimento de participação na licitação dos que a impugnarem

Ainda quanto à impugnação, há outra regra na Lei nº 8.666/93 que, em função da lacuna deixada pela Lei nº 10.520/02, é pertinente ao Pregão. Trata-se do §3º do art. 41, segundo o qual a impugnação oferecida tempestivamente pelo licitante não o impedirá de participar do processo licitatório até o trânsito em julgado da decisão.

Temos afirmado que essa determinação legal — que não constava no Estatuto anterior (o Decreto-Lei nº 2.300/86) — foi estabelecida para simplificar. Entrementes, por incrível, tem recebido interpretação incorreta, contrária à sua finalidade, até por profissionais bastante experimentados.

Em épocas passadas, nas licitações alicerçadas no Decreto-Lei nº 2.300/86, não raro, por falta de dispositivo específico, os impugnantes, tão somente em virtude de terem questionado

---

[249] JUSTEN FILHO. *Pregão*, 5. ed., p. 228.

o edital, eram sumariamente afastados do certame. A regra foi inserida objetivando afastar esse tipo de atitude. Destarte, mesmo tendo impugnado o edital de Pregão, havendo ou não resposta por parte da Administração, continuará o licitante-impugnante normalmente no certame.

## 43.2 A responsabilização da autoridade pela recusa da Administração em responder a pedidos de esclarecimentos e impugnações

Uma questão que sempre nos é apresentada diz respeito à responsabilização da autoridade que assina o instrumento convocatório em face da recusa por parte da Administração em responder a pedidos de esclarecimentos e impugnações. Consoante o esculpido na alínea "b" do inc. XXXIV do art. 5º da CF, todos têm direito a receber dos órgãos públicos informações de interesse particular, coletivo ou geral. Tal determinação constitucional encarta o direito de petição e visa à garantia dos princípios da publicidade e da transparência, os quais devem pautar a conduta da Administração Pública em relação aos atos que pratica. Não foi por outro motivo que o Supremo Tribunal Federal (STF) decidiu que o direito de petição, presente em todas as Constituições brasileiras, se qualifica como importante prerrogativa de caráter democrático:

> Trata-se de instrumento jurídico-constitucional posto a disposição de qualquer interessado — mesmo daqueles destituídos de perso-nalidade jurídica —, com a explícita finalidade de viabilizar a defesa, perante as instituições estatais, de direitos ou valores revestidos tanto de natureza pessoal quanto de significação coletiva. Entidade sindical que pede ao Procurador-Geral da República o ajuizamento de ação direta perante o STF. *Provocatio ad agendum*. Pleito que traduz o exercício concreto do direito de petição. Legitimidade desse comportamento.[250]

---

[250] ADIn nº 1.247/PA, Rel. Min. Celso de Mello

Sobre a matéria, se pronunciou o Superior Tribunal de Justiça (STJ) no sentido de que, como direito constitucionalmente assegurado, o de petição deve merecer da autoridade administrativa a quem se dirige o requerimento, não só a devida apreciação como, de antemão, a tomada de providências necessárias a tanto.[251]

Em face ao exposto, é inegável que a omissão ou a recusa no que concerne à resposta a indagações e impugnações ao instrumento convocatório da licitação constitui procedimento que demandará a responsabilização do agente que pratica tais atos, porquanto, além de ilegal, conflita, sobremaneira, com os princípios da Administração Pública explicitados na Constituição Federal. Logo, a Administração tem o dever de responder quaisquer indagações, ainda que agente responsável não considere razoáveis as razões apresentadas.

Vide, sobre a questão, a orientação da Consultoria Zênite, com o qual estamos inteiramente de acordo:

> (...) é importante dizer que a responsabilização poderá ser administrativa, em virtude do descumprimento de um dever funcional, civil, na hipótese de a conduta resultar em dano, ou até mesmo criminal, na hipótese de a conduta constituir um dos crimes previstos na legislação penal. Vale frisar, ainda, que a recusa da autoridade em responder à manifestação legalmente estabelecida em favor do licitante configura ilegalidade por omissão, em função do desrespeito ao princípio da autotutela, que deve marcar a atuação administrativa. Desse modo tal circunstância pode dar ensejo à impetração de mandado de segurança, em virtude da violação de direito líquido e certo do licitante em ter o seu pleito respondido pelo administrador.[252]

---

[251] STJ, Acórdão nº 5.864/DF. *DJ*, 22 mar. 1999.

[252] Cf. SESSÃO pública – Ata – Registro das manifestações dos licitantes – Obrigatoriedade – Considerações (Orientação da Consultoria). *Informativo de Licitações e Contratos – ILC*, v. 16, n. 185.

## 43.3 A atribuição de efeito suspensivo à impugnação ao edital de Pregão

Como já exposto, o efeito suspensivo é aquele que obstaculiza a manifestação da eficácia de uma decisão, determinando a paralisação procedimental. A apresentação de impugnação no Pregão inevitavelmente determinará que os atos subsequentes fiquem na dependência de decisão, pois o procedimento se sujeitará à resposta da Administração. Assim, conclui-se que a impugnação ao edital terá, indubitavelmente, efeito suspensivo.

Com o mesmo entendimento, Edgar Guimarães, correlacionando a impugnação com os recursos administrativos:

> Contudo, da análise da sistemática recursal do Pregão, é possível concluir que recurso no Pregão será recebido no efeito suspensivo, já que esse efeito dela decorre. Tendo em vista que a interposição de recurso no Pregão inevitavelmente gerará a suspensão do curso da licitação, já que os atos procedimentais subsequentes estarão pendentes até a decisão dos recursos, pode-se dizer que há sim atribuição de efeito suspensivo à impugnação ao edital.[253]

## 43.4 O estabelecimento de nova data para a realização do Pregão

Provida a petição, nova data deverá ser designada para a realização da competição, considerando que a decisão determinará modificação de *status quo*. De regra, portanto, o acatamento da impugnação demandará uma alteração no texto do instrumento convocatório da competição licitatória, pressupondo-se modificações nas exigências ou nas condições de participação. Como a mudança provavelmente determinará a reformulação das propostas, impor-se-á a reabertura do prazo inicial de publicidade.

---

[253] GUIMARÃES. Impugnação ao edital de pregão. *Biblioteca Digital Fórum de Contratação e Gestão Pública – FCGP*. Disponível em: <http://www.bidforum.com.br/bid/PDI0006. aspx?pdiCntd=34488>. Acesso em: 27 jun. 2011.

*Art. 13. Para habilitação dos licitantes, será exigida, exclusivamente, a documentação prevista na legislação geral para a Administração, relativa à:*

*I – habilitação jurídica;*

*II – qualificação técnica;*

*III – qualificação econômico-financeira;*

*IV – regularidade fiscal; e*

*V – cumprimento do disposto no inciso XXXIII do art. 7º da Constituição e na Lei nº 9.854, de 27 de outubro de 1999.*

*Parágrafo único. A documentação exigida para atender ao disposto nos incisos I, III e IV deste artigo deverá ser substituída pelo registro cadastral do SICAF ou, em se tratando de órgão ou entidade não abrangido pelo referido Sistema, por certificado de registro cadastral que atenda aos requisitos previstos na legislação geral.*

## 44 A documentação habilitatória no Pregão

O inc. XIII do art. 4º da Lei nº 10.520/02 prescreve as regras para a demonstração da habilitação dos licitantes, indicando que tal far-se-á com a verificação de que o licitante está em situação regular perante a Fazenda Nacional, a Seguridade Social e o Fundo de Garantia do Tempo de Serviço (FGTS), e as Fazendas Estaduais e Municipais, quando for o caso, com a comprovação de atendimento às exigências do edital quanto à habilitação jurídica e qualificações técnica e econômico-financeira.

Em face do uso subsidiário da Lei nº 8.666/93, normalmente aplicar-se-ão os regramentos constantes nos seus artigos 27 a 31, que dizem respeito ao assunto. Entretanto, é de extrema relevância apontar que a natureza comum do objeto obriga um enfoque redutor da complexidade dos requisitos habilitatórios no Pregão.[254]

---

[254] Com o mesmo raciocínio, Alexandre Cairo: "A exigência dos documentos habilitatórios não deve ser considerada em completa conformidade com as da Lei nº 8.666/93,

Já comentamos em outra obra que o exagero na exigência documental no Pregão só dificulta o atendimento ao princípio da celeridade que se impõe para esse tipo de competição. É de suma importância, portanto, que a Administração se atenha a solicitar os documentos necessários que garantam a plena execução do objeto, nada mais que isso. Com exceção dos documentos que demonstrem regularidade junto à seguridade social, obrigatórios em face de determinação constitucional, todos os demais só devem ser solicitados caso realmente necessite o Poder Público de informações sobre eles que garantirão a certeza de que o licitante está plenamente apto a atender ao solicitado.

Destarte, ao verificar a habilitação do licitante no Pregão, a preocupação do pregoeiro deve recair na avaliação da capacidade de contrair obrigações; verificação de capacitação técnica efetiva, com demonstração de aptidão para execução do objeto pretendido; e na verificação de documentos relativos à qualificação econômico-financeira, tendo sempre em mente que essa apreciação objetiva verificar a demonstração de capacidade para executar satisfatoriamente o objeto pretendido.

Nesse passo, este art. 13 buscou regulamentar a matéria nesse sentido, inserindo, entrementes, a exigência de cumprimento ao disposto no inciso XXXIII do art. 7º da Constituição e na Lei nº 9.854, de 27 de outubro de 1999, consoante dispõe sobre a matéria a Lei nº 8.666/93.

## 44.1 A documentação habilitatória

A fase de habilitação é momento do certame em que são avaliadas as condições do licitante para se qualificar a execução do objeto pretendido pela Administração. Satisfazendo todos os requisitos dispostos no edital passa o licitante à condição de habilitado, considerado apto a ser contratado. A documentação

---

vez que o processo relativo ao pregão é caracterizado pela simplicidade em razão da natureza dos bens e serviços licitados, considerados comuns" (Habilitação. *In*: GASPARINI (Coord.). *Pregão presencial e eletrônico*, p. 269).

necessária para a habilitação jurídica deve denotar, por conseguinte, a sua capacidade para contrair obrigações e exercer direitos.

## 44.1.1 A comprovação de habitação jurídica

A documentação necessária para a habilitação jurídica deve denotar a capacidade do licitante para contrair obrigações ou exercer direitos. Em razão disso, não há possibilidade de minimizar-se essa verificação no Pregão, uma vez que há de se exigir todos os documentos indispensáveis à validade da futura contratação.

As regras para verificação da habilitação jurídica dizem respeito aos Direitos Civil e Empresarial, variando de acordo com a natureza jurídica do licitante.

Assim, quando o objeto pretendido viabilizar a participação de pessoa física, deverá constar do rol de documentos de comprovação de habilitação jurídica a cédula de identidade.

A empresa individual demonstrará capacidade jurídica por intermédio do registro comercial, realizado na Junta Comercial.

As sociedades comerciais demonstraram que estão juridicamente habilitadas por intermédio da apresentação de seus atos constitutivos, normalmente o contrato social.

No caso de sociedades por ações, a comprovação ocorre com os demonstrativos da eleição de seus administradores.

As sociedades civis realizam a demonstração através da apresentação da inscrição de seus atos constitutivos em registros civis de pessoas jurídicas.

No tocante à participação de sociedades estrangeiras, faz-se mister a apresentação do decreto de autorização de funcionamento no País.[255] Verifica-se que a Lei nº 8.666/93, ao

---

[255] Carlos Pinto Coelho Motta lista os artigos do Código Civil com conexão direta com as empresas estrangeiras com funcionamento em solo nacional, alertando que os dispositivos apresentam uma série de peculiaridades e detalhamentos que intencionam a aclimatação jurídica dessas empresas no Brasil:

ARTIGO 13

227

tratar da matéria, obriga, quando a atividade exigir, o ato de registro ou a autorização para funcionamento expedida por órgão competente (como, por exemplo, instituições financeiras). Em consequência, não havendo tal exigência, não deve o edital mencioná-la, cabendo ao elaborador do edital avaliar com cuidado a documentação para comprovação de habilitação jurídica, em função do objeto pretendido, solicitando tão somente os documentos necessários para comprovação de existência e capacidade de fato e de direito.

## 44.1.2 A comprovação de regularidade fiscal

Os documentos a serem exigidos como prova de regularidade fiscal hão de demonstrar que o licitante está em situação regular com suas obrigações fiscais.

A demonstração de regularidade perante o Fisco Federal, a Seguridade Social e o FGTS, e as Fazendas Estaduais e Municipais (obviamente, nas hipóteses de licitações efetuadas por entes estaduais e municipais), configuram a documentação exigida.

No tocante à seguridade social, deve ser exigida a certidão de regularidade junto ao INSS. Além de tal comprovação, exigir-se-á, também, a de regularidade com o FGTS, expedida pela Caixa Econômica Federal.

---

– Art. 1.123: inicia o capítulo que trata da sociedade que depende de autorização do Poder Executivo para funcionar;
– Art. 1.134: afirma que a sociedade estrangeira, qualquer que seja seu objeto, não pode, sem autorização do Poder Executivo, funcionar no País, ainda que por estabelecimentos subordinados, podendo, todavia, ressalvados os casos expressos em lei, ser acionista de sociedade anônima brasileira;
– Art. 1.135: é facultado ao Poder Executivo, para conceder a autorização, estabelecer condições convenientes à defesa dos interesses nacionais. Do decreto deve constar o montante do capital destinado às operações no País;
– Art. 1.136: a sociedade autorizada só inicia sua atividade após inscrita no registro próprio do lugar em que deva se estabelecer;
– Art. 1.137: a sociedade autorizada ficará sujeita às leis e tribunais brasileiros, quanto a ato e operações praticadas no Brasil; e
– Art. 1.138: a sociedade estrangeira autorizada a funcionar é obrigada a ter, permanentemente, representante no Brasil, com poderes para resolver quaisquer questões e receber citação judicial. O representante somente pode agir perante terceiros depois de arquivado e averbado o instrumento de sua nomeação (In: artigo "Procedimentos em Licitações Internacionais").

Anote-se que a exigência é de "regularidade" e não de "quitação". Dessa forma, existindo o parcelamento de débito junto à Fazenda, está o licitante apto a comprová-la. Sobre a regularidade junto à Previdência Social, o Tribunal de Contas da União reiteradamente tem se manifestado por sua obrigatória comprovação em convites e, ainda, para cada pagamento em contratos de execução continuada, pelo que, evidentemente, deverá também ser comprovada nos pregões.[256] [257]

No tocante à comprovação de regularidade para com a Fazenda Nacional, sempre nos posicionamos contrários à exigência de certidão negativa da dívida ativa, constante com certa frequência em alguns editais (e, inclusive, no SICAF, para fins de cadastramento). Ora, sendo a dívida ativa um crédito fiscal, que, por sua vez, é subdividido em "créditos fiscais propriamente ditos e os que são a ele equiparáveis", englobando tributos, contribuições, multas, foros, aluguéis, alcances e reposições, é

---

[256] "a) por força do disposto no §3º do art. 195 da Constituição Federal, a documentação relativa à regularidade com a Seguridade Social, prevista no inc. IV do art. 29 da Lei nº 8.666/93 e, mais discriminadamente, no art. 27-a da Lei nº 8.036/90, no art. 47-I-a da Lei nº 8.212/91, no art. 2º a da IN nº 93/93-SRF e no item 4-I-a da Ordem de Serviço INSS/DARF nº 052/92, é de exigência obrigatória nas licitações públicas, ainda que na modalidade convite, para contratação de obras, serviços ou fornecimento, e mesmo que se trate de fornecimento para pronta entrega; b) a obrigatoriedade de apresentação da documentação referida na alínea 'a' acima é aplicável igualmente aos casos de contratação de obra, serviço ou fornecimento com dispensa ou inexigibilidade de licitação, *ex vi* do disposto no §3º do art. 195 da CF, citado; c) nas tomadas de preços, do mesmo modo que nas concorrências para contratação de obra, serviço ou fornecimento de bens, deve ser exigida obrigatoriamente também a comprovação de que trata o inc. III do art. 29 da Lei nº 8.666/93 a par daquela a que se refere o inc. IV do mesmo dispositivo legal; d) nos contratos de execução continuada ou parcelada, a cada pagamento efetivado pela administração contratante, há que existir a prévia verificação da regularidade da contratada com o sistema da seguridade social, sob pena de violação do disposto no §3º do art. 195 da Lei Maior" (Decisão TCU nº 705/94 – Plenário. Proc. nº 020.032/93-5. *DOU*, 6.12.1994, p. 18.612).

[257] Temos insistido, em contraposição ao que tem decidido o TCU, que a exigência de regularidade fiscal diz respeito à verificação de requisito para a habilitação em licitações, e não para motivar o não pagamento por serviços já executados por contratados. Em escólio ao que sustentamos, a confirmação jurisprudencial: "A exigência de regularidade fiscal é motivo que impede a participação em licitação e assinatura de contrato administrativo, mas não o pagamento pelos serviços já executados" (TRF, 1ª Região. AC nº 2007.34.00.016914-1/DF, 4ª Turma. Rel. Des. Fed. João Batista Moreira. *DJF 1*, 5.6.2009).

inconcebível, por falta de amparo legal, a inabilitação de um licitante (ou um não cadastramento de um pretendente), por ter deixado de efetuar o pagamento de, por exemplo, uma multa de trânsito ou um aluguel. Sendo o débito de natureza não tributária, afastada está a incidência que a lei visa evitar, não havendo restrição para que o mesmo venha a ser contratado pela Administração.[258]

## 44.1.2.1 O direito das microempresas à regularização fiscal *a posteriori*

A Lei Complementar nº 123/06 concede às microempresas e às empresas de pequeno porte o benefício de regularização fiscal posterior, permitindo, portanto, a participação no Pregão de empresas dessa natureza mesmo que possuam, inicialmente, documentação fiscal com irregularidade. Sagrando-se vencedoras do Pregão, será permitido o acerto da documentação.[259]

## 44.1.3 A comprovação de qualificação técnica

A documentação exigida como qualificação técnica deve demonstrar aptidão técnica do licitante para execução do objeto pretendido. O revogado DL nº 2.300/86, em seu art. 25, §2º, exigia, genericamente, o atendimento de requisitos previstos em lei especial, inscrição profissional, prova de aptidão para o desempenho de atividade e compatível em quantidades e

---

[258] Para nosso dissabor, a comprovação junto à Receita Federal agora se disponibiliza de forma conjunta: *Certidão Conjunta PJ* (Certidão Conjunta Negativa de Débitos relativos a Tributos Federais e à Dívida Ativa da União) que, segundo o *site* da Receita Federal, "somente será emitida quando for verificada a regularidade fiscal do sujeito passivo quanto aos tributos administrados pela Secretaria da Receita Federal do Brasil – RFB e quanto à Dívida Ativa da União administrada pela Procuradoria Geral da Fazenda Nacional – PGFN" (Disponível em: <http://www.receita.fazenda. gov.br/GuiaContribuinte/CN_%20PJ.htm>. Acesso em: 25 nov. 2009).

[259] Sobre o assunto, com mais detalhes, consulte-se a parte deste trabalho que trata especificamente do tratamento diferenciado dado às microempresas e pequenas empresas no Pregão.

prazos com o objeto da licitação. A Lei nº 8.666/96 exacerbou as solicitações, também exigindo uma real demonstração de capacitação técnica. Aparentemente, entretanto, fixou-se apenas na demonstração técnico-profissional, consistindo na existência de quadro de pessoal (permanente) que domine as técnicas necessárias para a execução do objeto licitado, comprovada por intermédio de atuação anterior desse(s) profissional(is).

Justen, comentando o tema, asseverou:

> Deixa de ser relevante a experiência formalmente atribuída a uma pessoa jurídica para investigar-se se as pessoas físicas a ela vinculadas dispõem de experiência efetiva e satisfatória no campo de que se trate.[260]

Do mesmo modo, Blanchet:

> No caso em pauta, não mais interessa se a empresa em seu conjunto dispõe de aptidão para executar o objeto do futuro contrato, mas sim e unicamente se esta possui em seu quadro permanente profissional de nível superior detentor de atestado de experiência técnica pela execução de obra ou serviço similar à atividade objeto da licitação.[261]

O afastamento da verificação técnico-operacional (fruto de veto presidencial) tem produzido complexas discussões ao longo dos anos de aplicação do diploma legal. Relembra-se que o projeto aprovado pelo Congresso Nacional fazia distinção entre essa capacitação e a técnico-profissional, relacionando a primeira à aptidão de empresa, e a segunda à experiência pessoal do(s) profissional(nais), o que orientava as possíveis exigências editalícias. Deu-se o veto sob a alegação de que as regras permitiriam excessivas exigências por parte da Administração. Com a supressão da capacitação técnico-operacional da norma, interpretações diferentes foram oferecidas pela doutrina: uma, com sustentação encontrada no inc. II do mesmo artigo, defendendo a total possibilidade de exigir-se tal

---

[260] JUSTEN FILHO. *Comentários à Lei de Licitações e Contratos Administrativos*, 4. ed.

[261] BLANCHET. *Licitação*: o edital à luz da nova lei, p. 201.

ARTIGO 13 | 231

capacitação, porquanto se permite a exigência de demonstração de experiência anterior; outra, à qual nos filiamos inicialmente, posicionada tal como dispõe explicitamente o §1º, que veda a demonstração de requisitos não previstos no art. 30, proibindo, dessa forma, a exigência de capacitação técnico-operacional. O texto original do parágrafo vetado dispunha:

> Art. 30 (...) §1º A comprovação de aptidão referida no inciso II deste artigo, no caso de licitações pertinentes a obras e serviços, será feita por atestados fornecidos por pessoas jurídicas de direito público ou privado, devidamente certificados pela entidade profissional competente, limitadas as exigências a: a) quanto à capacitação técnico-profissional: comprovação do licitante de possuir em seu quadro permanente, na data da licitação, profissional de nível superior detentor de atestado de responsabilidade técnica por execução de obra ou serviço de características semelhantes, limitadas estas exclusivamente às parcelas de maior relevância e valor significativo do objeto da licitação, vedadas as exigências de quantidades mínimas ou prazos máximos; b) quanto à capacitação técnico-operacional: comprovação do licitante de ter executado, no somatório de até 3 (três) contratos, quantitativos mínimos não superiores a 50% (cinqüenta por cento) daqueles previstos na mensuração e exclusivamente nas parcelas de maior relevância técnica ou de valor significativo, do objeto da licitação, e a 50% (cinqüenta por cento) das relações quantitativos/prazos global destas, admitida a soma de atestados quando referidos a um mesmo período, sem limite de contratos.

Posteriormente, o projeto de lei que originou a Lei nº 8.883/94 buscou alterar o §1º (transformando a alínea "a" em inc. I, sem a expressão "quanto à") e inserir o inc. II, com duas alíneas. Com o veto a este último, o dispositivo manteve-se com apenas um inciso dispondo apenas sobre a capacidade técnico-profissional, que é o que está em vigor. Com isso, em estudos anteriores chegamos a pugnar pela impossibilidade da demonstração da capacitação técnico-operacional; todavia, reavaliando a questão, concluímos que, mesmo com o veto presidencial, a exigência persiste, pois, enquanto se afirma que o veto eliminou a possibilidade, a justificativa para a exigibilidade tem alicerce numa análise teleológica não só de todo o dispositivo, como de todo o contexto legal.

Nesse particular, acompanhamos o desencadear interpretativo lógico de Gabriela Pércio e Renato Geraldo Mendes, em monografia sobre o tema:

O art. 30 permite, inegavelmente, a exigência de comprovação relativa a três aspectos da capacidade técnica: geral, prevista no inc. I; específica, contida no inc. II; e operativa, no inciso II e também no §6º. A capacidade técnica específica está representada pela "aptidão" e pela indicação de equipamentos e pessoal adequado; a capacidade operativa consubstancia-se no comprometimento relativo à disponibilidade dos recursos no momento da execução do contrato. As noções de capacidade técnico-profissional e operacional estão necessariamente insertas na de capacidade técnica específica, prevista no inc. II, jamais sendo possível entender que teriam elas advindo das determinações do §1º, mero desdobramento do *caput*, criado para o fim de regulamentar seu conteúdo. Operacional, segundo o *Dicionário Aurélio da Língua Portuguesa*, é a qualidade daquilo que está "para funcionar, em condições de realizar operações". E esse atributo somente é alcançado, com toda a certeza, se existir suporte material e humano devidamente suficiente, quantitativa e qualitativamente. Então, especialmente no tocante à capacidade técnico-operacional, é possível afirmar, de forma muito lúcida, que a existência de instalações, equipamentos e pessoal adequado são elementos inerentes a ela. A experiência anterior do licitante é uma das facetas da capacidade técnico-operacional, mas não a única. Em conseqüência, não é correto afirmar, genericamente, que o veto eliminou a possibilidade de exigir demonstração de capacidade técnico-operacional em licitações para contratar obras e serviços.[262]

Como a comprovação de qualificação técnico-operacional destina-se a permitir que a Administração verifique se o licitante (pessoa jurídica) possui a capacidade suficiente para assunção dos encargos decorrentes da eventual contratação, demonstrando aptidão para a execução do pretendido, é desarrazoado entender que essa capacitação não é vital para uma boa contratação — e, em consequência, para a segurança jurídica da Administração.

---

[262] PÉRCIO; MENDES. A capacidade técnico-operacional e a demonstração de experiência em licitações para obras e serviços de engenharia: repensando o art. 30, inc. II, §1º, inc. I da Lei nº 8.666/93. *ILC – Informativo de Licitações e Contratos*.

ARTIGO 13 | 233

## No mesmo diapasão, Cintra do Amaral:

O que foi impedido, pelo veto, de ingressar no sistema jurídico não foi a capacitação técnico-operacional, mas a disciplina dessa capacitação contida na alínea b do §1º do art. 30 do projeto de lei. É verdade que não existe na lei, em decorrência do veto, a expressão capacitação técnico-operacional, como ocorre com a capacitação técnico-profissional. Mas o conceito de capacitação técnico-operacional ingressou no sistema jurídico por força do inc. II do art. 30, interpretado em conjugação com o art. 33, III, que permite o somatório de quantitativos de empresas consorciadas.[263]

## Roberto Bazilli segue a mesma rota:

A demonstração da qualificação técnica dos licitantes, nos termos da legislação vigente, implica na comprovação da capacitação técnico-profissional e na de aptidão do licitante para desempenho de atividade pertinente e compatível com o objeto do certame, ou seja, na demonstração de sua capacidade operativa. O que foi impedido de ingressar no sistema jurídico, pelo veto presidencial, não foi a exigência de demonstração da capacitação técnico-operacional, mas sim a disciplina dessa capacitação, inicialmente prevista na alínea "b" do §1º, do art. 30 do projeto de lei, que deu origem à Lei nº 8.666/93.[264]

É importante salientar que o TCU, após decisões diversas e controversas, posicionou-se favorável à comprovação das duas formas de capacitação.[265] Da mesma maneira, colacionou o Superior Tribunal de Justiça.[266]

---

[263] CINTRA DO AMARAL. Qualificação técnica da empresa na nova Lei de Licitações e Contratos Administrativos: Lei 8.666/93. *Revista Trimestral de Direito Público.*

[264] BAZILLI. A qualificação técnica no procedimento licitatório e a capacidade técnico-operacional do licitante. *ILC – Informativo de Licitações e Contratos.*

[265] TCU – Decisão nº 285/2000 – Plenário Rel. Min. Adhemar Paladini Ghisi: "O cerne de toda a questão reside no fato de saber se apesar do veto lançado ao art. 30, §1º, inciso II, da Lei nº 8.666/93, continua ou não sendo possível exigir a comprovação de capacidade técnico-operacional das empresas participantes da licitação. Sobre o tema, cumpre denotar que segundo o escólio do renomado mestre Hely Lopes Meirelles, licitação 'é o procedimento administrativo mediante o qual a Administração Pública seleciona a proposta mais vantajosa par o contrato de seu interesse. Como procedimento desenvolve-se através de uma sucessão ordenada de atos vinculantes para a Administração e para os licitantes, o que propicia igual oportunidade

a todos os interessados e atua como fator de eficiência e moralidade nos negócios administrativos' (*Direito Administrativo Brasileiro*, Malheiros, 19. ed., p. 247). Assim, o que se busca efetivamente através da licitação é uma disputa justa entre os interessados concorrentes, com o objetivo final de se obter a oferta mais proveitosa e lucrativa. Ora, ocorre que para se chegar a tanto por óbvio a Administração Pública deve se cercar de todas as garantias possíveis, pois é o dinheiro da comunidade que será gasto. Portanto, não basta selecionar o melhor preço, urge se saber, também, se a empresa-candidata se acha mesmo em condições econômicas, estruturais e técnicas para desenvolver os trabalhos que serão contratados. Exatamente por isso é de rigor a imposição de várias exigências para o fim de habilitação ou qualificação do interessado, as quais constarão obrigatoriamente do edital convocatório e devem guardar consonância absoluta aos regramentos previstos no arts. 27 a 31 da Lei nº 8.666/93. Segundo ainda o saudoso doutrinador invocado, habilitação 'é o ato pelo qual o órgão competente (geralmente, o julgador da licitação, mas pode ser também a Comissão de Julgamento do registro cadastral, quando existente na repartição interessada), examinada a documentação, manifesta-se sobre os requisitos pessoais dos licitantes, habilitando-os ou inabilitando-os. Habilitado ou qualificado é o proponente que demonstrou possuir os requisitos mínimos de capacidade jurídica, capacidade técnica, idoneidade econômico-financeira e regularidade fiscal, pedidos no edital; inabilitado, ou desqualificado é o que, ao contrário, não logrou fazê-lo' (*apud op. cit.*, p. 267). É inegável que à época da elaboração da Lei nº 8.666/93 houve a retirada do tópico em que estava prevista a exigência de comprovação de capacidade técnico-operacional dos candidatos (art. 30, §1º, inc. II), levando a supor que com isso se pretendeu extirpar de todos os certames administrativos dito item qualificativo. Nada mais falso, com a devida vênia daqueles que entendem em sentido contrário. A realidade é que apesar da supressão do inciso legal acima epigrafado, vários dispositivos da mesma Lei nº 8.666/93 continuaram a prever a comprovação por parte da empresa, de sua capacidade técnico-operacional. Assim, deparamos com os arts. 30, inc. II, 30, §3º, 30, §6º, 30, §10 e 33, inc. III, do diploma legal já referenciado, onde permanecem exigências de demonstração de aptidão da própria empresa concorrente — e não de profissional existente em seu quadro funcional —, inclusive mediante a apresentação de atestados, certidões e outros documentos idôneos. Ora, se a intenção final fosse realmente a de afastar por completo a exigência e comprovação da propalada capacidade técnico-operacional da empresa interessada, não haveria o porquê de se manter em voga outros dispositivos que prevêem exatamente esse tipo de demonstração. Destarte, e até porque as disposições legais não devem ser isoladamente analisadas, sob pena de se incorrer em interpretação final equivocada, bem se vê que o requisito provocador de toda a cizânia (capacidade técnico-operacional da empresa) permanece pulsante apesar do veto ao inc. II do §1º do art. 30. Até porque referida demonstração de capacidade técnico-operacional é mesmo de suma importância, pois pouca valia terá a concorrente possuir em seu quadro de pessoal permanente um profissional nos moldes discriminados no art. 30, §1º, inc. I, se ela mesma, empresa, não tiver capacidade operacional para desenvolver os trabalhos que a Administração Pública busca executar. A corroborar todo o entendimento acima abraçado encontramos novamente lição do Hely Lopes Meirelles, o qual preleciona o seguinte: 'a comprovação da capacidade técnico-operacional continua sendo exigível, não obstante o veto aposto à letra 'b' do §1º do art. 30. Na verdade, o dispositivo vetado impunha limitações a essa exigência e a sua retirada do texto legal deixou a critério da entidade licitante estabelecer, em cada caso, as exigências indispensáveis à garantia do cumprimento das obrigações, exigências, essas, que devem ser pertinente e compatíveis com o objeto da licitação' (*apud op. cit.*, p. 270). Pode-se mesmo dizer que nesse caso 'o tiro saiu pela culatra', pois os atestados de aptidão da própria empresa continuam sendo exigíveis através de outros dispositivos daquela mesma lei e o resultado final do veto em tela foi somente

Tal demonstração, em princípio, seria materializada com apresentação de certidão nos termos preconizados no art. 30, inc. II, ou seja, com a comprovação de aptidão para desempenho de atividade pertinente e compatível em características, quantidades e prazos com o objeto da licitação. Contudo, há de se sopesar com cautela essa questão, haja vista que, com isso, se estaria afastando, de plano, as empresas novas.

Nesse sentido, bem se posicionaram Geraldo Ataliba e Rosolea Folgosi, entendendo que tal fato restringiria o acesso às novas empresas, contrariando frontalmente o espírito da Constituição e os princípios informadores da própria legislação. Considerando o conjunto do direito positivo como sistema, concluíram que seria incorreto impedir que essa capacidade fosse também demonstrada por uma empresa recém-constituída, mas já contando com profissionais de experiência comprovada (com atestados de responsabilidade técnica devidamente registrados), bem como toda uma infraestrutura gerencial (idoneidade e organização empresarial), que deverá ser devidamente comprovada, na forma do que estabelece o art. 30, §6º, da Lei nº 8.666/93. São palavras dos professores citados: "Veja-se que esta empresa nova — sem condição de apresentar atestados em seu próprio nome — terá também que comprovar (como o fará a empresa já antiga no *métier*) possuir todas as

---

a eliminação dos limites de quantidade e prazos das obras e serviços objetos daqueles atestados, nada mais. Em corolário de todo o retro-exposto, chegamos à conclusão segura de que nada de ilegal ou imoral existe nas exigências insertas nos itens 'g' e 'g.1' do edital, os quais devem permanecer pulsantes e vigorantes, emanando plenamente a sua força impositiva e com alcance a todos os pretensos concorrentes, inclusive o Impetrante. Isto posto, e ante o mais que dos autos consta, tenho por bem denegar a segurança pleiteada por Transportadora e Terraplanagem A. Fernandez Ltda. contra o Superintendente do Departamento de Águas e Esgotos de Jundiaí e o Presidente da Comissão Permanente de Licitação do Departamento de Águas e Esgotos de Jundiaí, para o fim de revogar a liminar concedida e manter íntegras e vigorantes as cláusulas 'g' e 'g.1' do edital da concorrência pública nº 003/95-CERJU, ora atacadas. Oficie-se ao Impetrado, comunicando a presente decisão".

[266] Processo AgRg no REsp nº 816.946/PR. Agravo Regimental no Recurso Especial nº 2006/0024176-1. Rel. Min. Francisco Falcão – 1ª Turma. Julg.: 6.6.2006. *DJ*, 30.6.2006, p. 184.

condições financeiras e econômicas (com regularidade fiscal), para garantir a execução do contrato".

Estar-se-á, portanto, cuidando de uma empresa nova, mas que já nasce com potencial (econômico, gerencial, técnico, etc.) e não de empresas aventureiras, que não oferecerão garantia nenhuma à Administração Pública, na efetivação dos contratos administrativos.

Com bom exemplo, elucidam o entendimento:

> Diz-se que não basta um Zerbini, sozinho, sem uma equipe médica e instalações adequadas (ou seja, uma empresa-hospitalar de renome e tradição), para demonstrar capacidade técnica na sua especialidade cirúrgica. Isso é fato. Mas suponhamos que o prof. Zerbini e sua equipe médica e técnica tivessem constituído uma nova empresa (hospital), adquirindo todos os equipamentos da tecnologia mais moderna existente, empregando todos os servidores necessários: enfim, criando um hospital modelo. Esta empresa (hospital) não teria comprovação de capacidade técnica pretérita, ou seja, atestados em seu nome próprio. Mas por óbvio que teria capacidade técnica presente (e futura). Por outro lado, se aquela empresa (hospital) da qual Zerbini e sua equipe técnica se desligaram, não mantém em seus quadros nenhum outro profissional com a mesma especialidade e competência, terá ela capacidade técnica pretérita, mas não terá capacidade técnica atual. E, entre essas duas, qualquer paciente, com um mínimo de inteligência, não teria dúvida em escolher o hospital novo, para submeter-se a uma cirurgia cardíaca.[267]

Conclui-se, por conseguinte, que as exigências referentes à capacitação não podem ficar restritas à apresentação de atestados que demonstrem que a empresa licitante realizou obras e/ou serviços compatíveis com o objeto pretendido.[268]

---

[267] ATALIBA; FOLGOSI. Comprovação de capacidade técnica em licitação. *ILC – Informativo de Licitações e Contratos*.

[268] A "experiência anterior" deve, na prática, ser adotada com bastante cautela, já que se presta para demonstrar não a prestação de objeto idêntico ao licitado, mas sim a experiência com "características semelhantes, limitadas estas exclusivamente às parcelas de maior relevância e valor significativo do objeto da licitação". A indeterminação dos conceitos de semelhança, maior relevância e valor significativo não raramente conduzem à estipulação de exigências aparentemente destinadas à contratação mais vantajosa, em ambiente equânime. Comentando a questão, Fernão

Destarte, temos que, não obstante a exigência de comprovação da capacitação técnico-profissional, não há como desconsiderar a demonstração de capacitação técnico-operacional da empresa, a qual tem como fim verificar se a mesma detém aptidão para a execução do objeto pretendido, sob pena, caso não se faça a exigência, de se colocar em risco o interesse público, cabendo ao agente público responsável a tarefa de avaliar a conveniência e a necessidade da inserção de tal requisito no edital.

Por fim, complementando a documentação demonstradora de qualificação técnica, há a exigência de comprovação de registro ou inscrição na entidade profissional fiscalizadora do exercício de profissões regulamentadas (inc. I do art. 30 da Lei nº 8.666/93). Tal exigência deve, entrementes, ser adotada com cautela, já que somente deverá ocorrer quando houver restrição legal ao livre exercício de uma atividade.

---

Justen de Oliveira obtempera, com justa razão, que "as restrições que violam exatamente esse pressuposto de isonomia surgem a pretexto de selecionar o licitante que demonstre aptidão específica de executar a obra ou prestar o serviço no tempo correto e com a qualidade adequada. No entanto, estipulações técnicas excludentes da experiência suficiente e não-idêntica são excludentes da competição; na prática transformando semelhança em identidade; maior relevância em absoluta; valor significativo em irrelevante". Essa, inclusive, conforme traz a lume o jurista, foi a posição do Tribunal de Justiça do Paraná em recente acórdão, no qual manteve a sentença (confirmatória de liminar em mandado de segurança) que reconheceu como inválida a exigência editalícia de o licitante demonstrar experiência idêntica em serviço de pavimentação com asfalto polimerizado — com desqualificação do licitante que comprovasse experiência apenas com asfalto convencional. O entendimento unânime do acórdão reconheceu que a demonstração de qualificação técnica se satisfaz com a apresentação de atestado técnico de, nos termos da Lei, "execução de obra ou serviço de características semelhantes" ao do objeto a ser contratado: "Reexame Necessário. Licitação. Edital. Exigência que injustificadamente restringe o número de participantes. Ilicitude. Concessão da Ordem. Sentença mantida em sede de reexame necessário 1. Nos termos do art. 3º, §1º, inc. I, da Lei de Licitações é vedado aos agentes públicos incluir no edital de licitação cláusulas ou condições que restrinjam ou frustrem o caráter competitivo da concorrência. 2. Restando demonstrado que quem já realizou serviços com asfalto convencional está apto a também realizar serviços no qual se faça uso de asfalto com borracha ou com polímeros, mostra-se ilegal a exigência de que os interessados a participar da concorrência apresentem comprovante de já terem realizado serviços de asfalto com borracha ou com polímeros, bastando a apresentação de comprovante de já terem realizado serviços com asfalto convencional" (Reexame necessário nº 464.605-7, Rel. Juiz Subst. 2º Grau Eduardo Sarrão, v.u., j. 09.12.2008) (Cf. OLIVEIRA. Qualificação técnica em licitação: a invalidade de exigir experiência idêntica. *Informativo Justen, Pereira, Oliveira e Talamini*. Disponível em: <http://www.justen.com.br/informativo>).

## 44.1.4 A comprovação de qualificação econômico-financeira

A documentação exigida para a qualificação econômico-financeira deve transparecer a capacidade nessa seara do licitante, demonstrando que detém condições para execução satisfatória do objeto pretendido, limitando-se a exigência ao balanço patrimonial, demonstrações contábeis do último exercício social e certidão negativa de pedido de falência ou concordata, expedida pelo cartório distribuidor da sede da pessoa jurídica, ou de execução patrimonial, expedida no domicílio da pessoa física.

Algumas hipóteses excepcionais devem ser consideradas, conforme a seguir:

a) quando o pedido de falência tiver sido postulado por terceiro, é de se ter a decisão do Judiciário, pois só assim se tem conhecimento da situação de fato da empresa;

b) na hipótese de o licitante ser empresa criada no exercício em que se está efetuando a licitação, em vez de balanço, deve ser exigido apenas o balancete correspondente ao mês anterior.

No tocante às demonstrações contábeis, ressalta-se que sua apresentação depende de características específicas de cada empresa, considerando sua constituição jurídica.

É de se relembrar que também no âmbito da qualificação econômico-financeira inexiste autorização legal para a ampliação no edital do rol de documentos que a lei estabelece, sendo admissível, evidentemente, a sua redução, de acordo com as características do objeto licitado.

## 44.1.5 O cumprimento do dispositivo no inc. XXXIII da Constituição Federal

O regulamento do Pregão presencial deu vezo ao tema neste art. 13, mas, despropositadamente, repetiu uma determinação tola e descabida da Lei nº 8.666/93, introduzindo como exigência habilitatória o "cumprimento do dispositivo no inc. XXXIII da Constituição e na Lei nº 9.854, de 27 de outubro de 1999".

Sobre essa esdrúxula exigência, já nos posicionamos contrariamente em trabalho publicado em diversos boletins jurídicos à época da introdução do texto na Lei nº 8.666/93 por intermédio da Lei nº 9.854/99, bem como em obra específica:

> Esta lei, que nasce na "calada da noite" surpreendendo a todos, é de um descabimento tão grande, tão desmedido, que, confessamos, ao lê-la — e rapidamente termos recorrido ao texto constitucional, pois a norma nos remete a ele —, não acreditamos no que líamos. Achamos que ocorrera erro de digitação, vagamos pelos incisos próximos ao mencionado no dispositivo, procurando um indício de dispositivo mais coerente, até concluirmos, perplexos, que não havia erro do profissional encarregado pela digitação. Pasmem todos: a lei insere como documentação comprovadora de capacidade, visando à contratação, por parte da Administração Pública, da demonstração do cumprimento de um direito social do trabalhador, que é o de não ser empregado com menos de 18 anos em trabalho noturno, perigoso ou insalubre, ou ainda menor de 16 anos, a não ser que seja requisitado como aprendiz, desde que, nesses casos, não seja menor de 14 anos. Além da habilitação jurídica, qualificações econômico-financeira e técnica e regularidade fiscal, também devem demonstrar "regularidade social". Fico pensando onde estavam com a cabeça os que redigiram este absurdo e, pior, aqueles que aprovaram essa barbaridade, tornando-a "viva" em nosso ordenamento jurídico.[269]

Anote-se que a doutrina em peso adotou o mesmo entendimento.

Ivan Rigolin, por exemplo, dispôs:

> O edital não precisará consignar nenhuma exigência de demonstração, pelos licitantes, de que atendem ao disposto no art. 7º, inc. XXXIII, da Constituição. Tal qual quanto a todos os demais possíveis requisitos do edital em matéria de habilitação, previstos nos arts. 28 a 31 da Lei de Licitações, a exigência passa a ser apenas permitida ao edital, jamais obrigatória. Leia-se o *caput* dos arts. 28 a 31 e se chegará a essa conclusão, como o fizeram os doutrinadores brasileiros, todos

---

[269] BITTENCOURT. *Licitação passo a passo*: comentários a todos os artigos da Lei nº 8.666/93, com as alterações estabelecidas pelas leis nº 8.883/94, 9.032/95, 9.648/98 e 9.854/99, 4. ed., p. 136-140.

sem nenhuma exceção, (...). Aconselhamos vivamente a todos os elaboradores de edital não colocarem jamais no edital a exigência.

Assim, estarão dando prova de elevado descortino administrativo, deixando de prestigiar uma lei simplesmente ridícula, e que fazia tanta falta ao ordenamento jurídico brasileiro quanto uma tuberculose.[270]

Também a dicção de Jorge Ulisses Jacoby:

> Outra questão se refere à possibilidade de dispensar a exigência da declaração imposta pela Lei nº 9.854, de 27.10.1999, referente ao emprego, pelo futuro contratado de menores. Como essa lei altera a Lei nº 8.666/93 e essa só é aplicada subsidiariamente não se vislumbra a necessidade de sua aplicação compulsória na modalidade do Pregão. Pode, então, ser dispensada.[271]

Jessé Torres, sustentando que a omissão na Lei nº 10.520/02 exclui a referida exigência constitucional dos editais do Pregão, obtemperou:

> Descabe invocar o caráter suplementar da lei geral em relação à especial, exatamente em homenagem ao princípio da especialização. Na hermenêutica jurídica, a norma especial derroga a geral em matéria de sua especialização. Se a lei do Pregão afastou de seu procedimento diferenciado a exigência que a lei geral remete aos procedimentos em geral, há de prevalecer a norma especial.

## 45 A substituição da documentação habilitatória pelo registro cadastral

O parágrafo único deste artigo 13 regulamenta o inciso XIV do art. 4º da Lei nº 10.520/02,[272] tratando da possibilidade de

---

[270] O excitante problema dos menores de idade nas licitações: a Lei nº 9.854, de 27.10.1999, não haverá o que fazer em Brasília?. *Direito Administrativo, Contabilidade e Administração Pública – DCAP.*

[271] Cf. JACOBY FERNANDES. Sistema de registro de preços e pregão presencial e eletrônico, 3. ed.

[272] Lei nº 10.529/2002: Art. 4º (...) XIV – os licitantes poderão deixar de apresentar os documentos de habilitação que já constem do Sistema de Cadastramento Unificado de Fornecedores – SICAF e sistemas semelhantes mantidos por Estados, Distrito

substituição de documentos habilitatórios por demonstração de registro cadastral no Sistema de Cadastramento Unificado de Fornecedores da Administração Federal (SICAF).

O SICAF é um subsistema do SIASG (Sistema Integrado de Administração de Serviços Gerais), estabelecido pelo Decreto nº 1.094, de 23.3.1994, que tem como função auxiliar outro sistema, o SISG (Sistema de Serviços Gerais), que objetiva organizar as atividades de administração de edifícios públicos e imóveis residenciais, material, transporte, comunicações administrativas e documentação dos órgãos civis da Administração Federal direta, autárquica e fundacional.

Destina-se o SICAF especificamente à informatização e operacionalização, buscando dotar a Administração Pública de instrumento de modernização, notadamente na catalogação de materiais e serviços, cadastramento de fornecedores e registro de preços.

O Decreto nº 3.722/2001 lhe dá forma, regulamentando o art. 34 da Lei nº 8.666/93, o qual determina que os órgãos e entidades da Administração Pública que realizem frequentemente licitações manterão registros cadastrais para efeito de habilitação, tendo sofrido importante alteração através do Decreto nº 4.485/2002.

Prevê o regulamento que, estando o licitante cadastrado no SICAF, liberar-se-á da apresentação dos documentos que demonstrem a habilitação jurídica, a qualificação econômico-financeira e a regularidade fiscal (sobre o SICAF, para aprofundamento, remete-se o leitor aos comentários ao inciso XIII do art. 11). Do mesmo modo, em se tratando de órgão ou entidade não abrangido pelo sistema, a substituição se dará por certificado de registro cadastral que atenda aos requisitos previstos na legislação geral.[273]

---

Federal ou Municípios, assegurado aos demais licitantes o direito de acesso aos dados nele constantes.

[273] Lei nº 8.666/93: Art. 32 (...) §2º O certificado de registro cadastral a que se refere o §1º do art. 36 substitui os documentos enumerados nos arts. 28 a 31, quanto às informações disponibilizadas em sistema informatizado de consulta direta indicado no edital, obrigando-se a parte a declarar, sob as penalidades legais, a superveniência de fato impeditivo da habilitação.

Anote-se que a documentação que demonstrará qualificação técnica independe de cadastramento, estando intimamente ligada ao objeto pretendido.

Art. 34. Para os fins desta Lei, os órgãos e entidades da Administração Pública que realizem freqüentemente licitações manterão registros cadastrais para efeito de habilitação, na forma regulamentar, válidos por, no máximo, um ano.

§1º O registro cadastral deverá ser amplamente divulgado e deverá estar permanentemente aberto aos interessados, obrigando-se a unidade por ele responsável a proceder, no mínimo anualmente, através da imprensa oficial e de jornal diário, a chamamento público para a atualização dos registros existentes e para o ingresso de novos interessados.

§2º É facultado às unidades administrativas utilizarem-se de registros cadastrais de outros órgãos ou entidades da Administração Pública.

Art. 35. Ao requerer inscrição no cadastro, ou atualização deste, a qualquer tempo, o interessado fornecerá os elementos necessários à satisfação das exigências do art. 27 desta Lei.

Art. 36. Os inscritos serão classificados por categorias, tendo-se em vista sua especialização, subdivididas em grupos, segundo a qualificação técnica e econômica avaliada pelos elementos constantes da documentação relacionada nos arts. 30 e 31 desta Lei.

§1º Aos inscritos será fornecido certificado, renovável sempre que atualizarem o registro.

§2º A atuação do licitante no cumprimento de obrigações assumidas será anotada no respectivo registro cadastral.

Art. 37. A qualquer tempo poderá ser alterado, suspenso ou cancelado o registro do inscrito que deixar de satisfazer as exigências do art. 27 desta Lei, ou as estabelecidas para classificação cadastral.

*Art. 14. O licitante que ensejar o retardamento da execução do certame, não manter a proposta, falhar ou fraudar na execução do contrato, comportar-se de modo inidôneo, fizer declaração falsa ou cometer fraude fiscal, garantido o direito prévio da citação e da ampla defesa, ficará impedido de licitar e contratar com a Administração, pelo prazo de até cinco anos, enquanto perdurarem os motivos determinantes da punição ou até que seja promovida a reabilitação perante a própria autoridade que aplicou a penalidade.*

*Parágrafo único. As penalidades serão obrigatoriamente registradas no SICAF, e no caso de suspensão de licitar, o licitante deverá ser descredenciado por igual período, sem prejuízo das multas previstas no edital e no contrato e das demais cominações legais.*

## 46 As sanções aplicáveis

O artigo 14 regulamenta o art. 7º da Lei nº 10.520/02, que tem o seguinte texto:

Art. 7º Quem, convocado dentro do prazo de validade da sua proposta, não celebrar o contrato, deixar de entregar ou apresentar documentação falsa exigida para o certame, ensejar o retardamento da execução de seu objeto, não manter a proposta, falhar ou fraudar na execução do contrato, comportar-se de modo inidôneo ou cometer fraude fiscal, ficará impedido de licitar e contratar com a União, Estados, Distrito Federal ou Municípios e, será descredenciado no Sicaf, ou nos sistemas de cadastramento de fornecedores a que se refere o inciso XIV do art. 4º desta Lei, pelo prazo de até 5 (cinco) anos, sem prejuízo das multas previstas em edital e no contrato e das demais cominações legais

A leitura do dispositivo legal descortina um elenco de irregularidades concernentes a condutas praticadas no curso da licitação e por ocasião da contratação.

Quando da apreciação anterior deste artigo 7º da lei, expusemos que seu texto, apesar de deixar de lado diversas situações passíveis de serem apenadas, fixava as sanções para os licitantes que fizessem declarações falsas ou deixassem de apresentar os documentos de habilitação.

Uma nova redação do dispositivo com a reedição da medida provisória original — mantida e ampliada na lei — acertou a falha, inserindo as tais outras situações (com reiteração no regulamento do Pregão presencial).

Já verificamos alhures que o inciso III do art. 4º da Lei nº 10.520/02, fazendo remissão ao inciso I do art. 3º, impõe o dever do agente público fazer constar no edital do Pregão as sanções por inadimplemento.

O artigo 7º da lei procura complementar o assunto, não só dispondo sobre as regras referentes às penalidades específicas, como quanto às multas, obrigatoriamente previstas no edital e no contrato, além das "demais cominações legais", isto é, as estabelecidas nos artigos 86 a 88 da Lei nº 8.666/93.

Dessa forma, o licitante que, convocado dentro do prazo de validade de sua proposta, deixar de entregar ou apresentar documentação falsa, será apenado administrativamente com a sanção de impedimento de contratar com a União, Estados, Distrito Federal ou Municípios, dependendo da esfera que estiver transcorrendo o certame, além do possível descredenciamento no Sistema de Cadastramento de Fornecedores (SICAF), no âmbito da União, ou nos sistemas de cadastramentos de fornecedores das outras esferas de governo, pelo elástico prazo de cinco anos, sem prejuízo das multas previstas e das demais cominações legais.

Este dispositivo — mais um de péssima técnica redacional[274] — deve ser apreciado com reflexão e cautela, uma vez que

---

[274] O texto do artigo é de tamanha infelicidade que suscitou o seguinte comentário de Ivan Rigolin: "É o dispositivo mais engraçado que alguém um dia já terá lido em todo o direito brasileiro (...) Custa a crer possa ter sido escrito, mas custa mais crer que tenha sido reeditada 17 vezes a MP, e depois se convertido na lei com a atual redação, sem que a assessoria da Presidência da República se tenha dado conta do inominável absurdo daquela redação — na qual, repita-se, como merecido divertimento a quem muito já trabalhou, serve às maravilhas. (...) É conhecida a figura do louco de todo o gênero no Código Civil. Terá escapado algum do estabelecimento de tratamento adequado, e redigido este art. 7º da lei dos pregões? Todo ser humano precisa divertir-se um pouco, é bem certo, pois que ninguém é máquina incansável

leitura descuidada e apressada poderá conduzir a entendimento que, a nosso ver, não se coaduna com o ordenamento jurídico vigente.

Em princípio infere-se, da primeira leitura, que o sancionamento na licitação na modalidade Pregão, caso o adjudicatário desatenda o compromisso assumido,[275] seria o impedimento de contratar com a Administração e o descredenciamento no sistema de cadastramento pelo prazo máximo de cinco anos, sem prejuízo das multas previstas no instrumento convocatório e no contrato, bem como as demais cominações legais. Entrementes, além de confundir alhos com bugalhos, misturando crimes com irregularidades passíveis de sanções administrativas, o deplorável texto leva o desavisado a crer que, no Pregão, a punição poderá ser mais pesada do que a adotada em qualquer outra modalidade licitatória, posto que, nas demais modalidades da Lei nº 8.666/93, o prazo máximo de sanção é de dois anos (art. 87, III). Evidentemente, não há sentido nessa descabida conclusão, pois é inadmissível que, na mesma ordem jurídica, uma falta idêntica seja punida de forma diferenciada.

Daí concluímos, após inúmeras releituras desse insensato dispositivo, que a sanção de impedimento de licitar e contratar com a Administração estaria desatrelada da nova penalização criada no artigo — e não constante da Lei nº 8.666/93 —, que é a de descredenciamento nos sistemas de cadastro.

Assim, entendemos que o lapso temporal máximo da sanção de suspensão só pode ser o estabelecido no artigo 87, inciso II, da Lei nº 8.666/93 (período não superior a dois anos), ficando o prazo de cinco anos apenas para a sanção de descredenciamento.

---

de trabalhar. Apenas parece que texto de lei federal não é o palco mais apropriado para tanto folguedo e tão absoluta inconsciência do que quer que seja" (RIGOLIN; BOTTINO. *Manual prático das licitações*: Lei nº 8.666, de 21 de junho de 1993, 7. ed., p. 493, 495).

[275] Negando-se a celebrar o contrato, deixando de entregar ou apresente documentação falsa, ensejando o retardamento da execução do objeto, deixando de manter a proposta oferecida, falhando ou cometendo fraude na execução contratual, comportando-se de forma inidônea ou cometendo fraude fiscal.

## 46.1 A questão do prazo da sanção

Ao revés, diversos intérpretes têm esposado o entendimento de que o legislador, em face da sistemática diferenciada da modalidade de licitação Pregão, teria tido o intuito de fixar a possibilidade de sancionamento por prazo superior a dois anos, possibilitando, em determinadas situações, ser o licitante penalizado por até cinco anos. Em consequência, num primeiro momento, poder-se-ia argumentar que houve uma opção legal acerca do período de sancionamento na modalidade Pregão, de tal sorte que teria sua aplicação, sempre observando a devida razoabilidade na aplicação da sanção.

Ocorre que tal postura poderia gerar, na prática, consequências questionáveis quanto à legalidade e à constitucionalidade, em face de não ser possível conceber que condutas idênticas praticadas em licitações de modalidades diversas venham a ser repreendidas de forma diversa, unicamente em razão do rito específico de uma delas, uma vez, que, para servir de parâmetro para a aplicação da sanção, há de se considerar a gravidade do ato praticado e não a modalidade de licitação adotada.

Ao comentar o artigo, Volnei Moreira dos Santos concluiu, sem rodeios, que houve inovação para possibilitar o aumento da pena de suspensão do direito de licitar e contratar com o Poder Público do limite máximo de dois para cinco anos.[276]

Na mesma trilha, Joel Niebuhr:

> O artigo (...) prescreve apenas duas sanções, aplicáveis cumulativamente e para todas as situações (...) tudo pelo prazo de até cinco anos. (...) Convém advertir que as penalidades entabuladas (...) não contêm prazo prefixado. Os cinco anos a que faz referência o dispositivo é o limite máximo de aplicação da sanção, a ser adotado em situações extremadas (...).[277]

---

[276] SANTOS. *A lei do pregão no município*: uma visão prática e operacional, p. 73.

[277] NIEBUHR. *Pregão presencial e eletrônico*, p. 256.

No âmbito da Corte de Contas federal, prevalece a interpretação anteriormente descrita, sem nenhuma preocupação quanto às consequências práticas:

**TCU. Acórdão nº 1.280/2007, Plenário. Rel. Min. Benjamim Zymler**

2. É de ressaltar que o tratamento conferido pela Lei nº 10.520/02 à recusa do licitante em honrar sua proposta subsume-se ao princípio geral contido no art. 81 da Lei de Licitações e Contratos Administrativos, o qual, conjugado ao art. 64 do mesmo diploma legal, prevê a possibilidade de aplicação de sanção ao particular pelo inadimplemento injustificado na concretização da contratação. (...)

23. Nada obstante, no modelo do Pregão, o tema apresenta contornos jurídicos distintos, em face das características dessa modalidade, cujo procedimento, ao tempo em que proporciona a dinamização da seleção dos concorrentes, exige dos interessados a ampliação do dever de cuidado objetivo na formulação de suas propostas. Prova disso é a previsão de uma sanção própria e distinta daquela estabelecida na Lei nº 8.666/93 para os casos em que o proponente deixar de honrar sua oferta.

24. Com efeito, estabelece o art. 7º da Lei do Pregão que a prática das infrações ali descritas acarretará impedimento de licitar e contratar com a União, Estados, Distrito Federal ou Municípios e descredenciamento no Sicaf ou nos sistemas de cadastramento de fornecedores pelo prazo de até 5 anos, sem prejuízo das multas previstas no edital e no contrato e das demais cominações legais.

**TCU. Acórdão nº 5.375/2009, Primeira Câmara. Rel. Min. Augusto Sherman Cavalcanti**

5.4 Ilegalidade na previsão de sanções, em desconformidade com o artigo 7º da Lei 10.520/02: item 14 do edital e cláusula décima segunda da minuta do contrato – anexo VIII do edital.

5.4.1 Sobre este item, o Cofecon limita-se a informar que os valores da multas estão dispostos na cláusula décima segunda da minuta do contrato – anexo VIII do edital.

5.4.2 Apesar de o Cofecon ter alterado a modalidade de licitação de tomada de preços para Pregão, em relação às sanções administrativas o edital manteve as penalidades previstas nos artigos 86, 87 e 88 da Lei 8.666/93, e não mencionou em momento algum o disposto no artigo 7º da Lei 10.520/02:

Quem, convocado dentro do prazo de validade da sua proposta, não celebrar o contrato, deixar de entregar ou apresentar documentação falsa exigida para o certame, ensejar o retardamento da execução de seu objeto, não mantiver a proposta, falhar ou fraudar na execução do contrato, comportar-se de modo inidôneo ou cometer fraude fiscal, ficará impedido de licitar e contratar com a União, Estados, Distrito Federal ou Municípios e, será descredenciado no Sicaf, ou nos sistemas de cadastramento de fornecedores a que se refere o inciso XIV do art. 4º desta Lei, pelo prazo de até 5 (cinco) anos, sem prejuízo das multas previstas em edital e no contrato e das demais cominações legais.

5.4.3 De acordo com o artigo 9º da Lei 10.520/02, para a modalidade Pregão, aplicam-se subsidiariamente as normas da Lei 8.666/93.

Assim, propomos que se determine ao Cofecon incluir nos próximos editais de licitação na modalidade Pregão que as sanções administrativas serão regidas pelo disposto no artigo 7º da Lei 10.520/02, e, subsidiariamente, pelas disposições da Lei 8.666/93.

Tarso Cabral Violin relembra, no entanto, que, no processo de aplicação de sanções administrativas, devem ser adotados, obrigatoriamente, razoabilidade, isonomia e proporcionalidade, acolhendo os ditames de um Estado Democrático de Direito. Acresce o jurista, com propriedade, que, de acordo com o princípio geral que rege a dosimetria das penas, a sanção deverá ser tão mais gravosa quanto mais grave for a infração, sendo inafastável a utilização de penalidades com efeitos distintos, conforme diferentes forem as condutas que as ensejarem:

As infrações de mesma gravidade e cercadas pelos mesmos elementos fáticos devem receber a mesma sanção, enquanto que as que emergirem de circunstâncias fáticas diversas e não tiverem idêntica gravidade, devem receber sanções também diversas, devendo ser maior o prejuízo causado ao infrator quanto mais grave for a infração cometida. Diante da possibilidade de que, na prática, seja possível que condutas idênticas praticadas, por exemplo, em contrato decorrente de licitação na modalidade tomada e preços e Pregão sejam apenadas com gravidade absolutamente distintas, é que se poderia aventar de eventual ilegalidade e inconstitucionalidade da norma em comento.[278]

---

[278] Tarso Cabral Violin, parecer emitido em 8 out. 2002 (Consultoria NDJ).

A regra deixa enorme dúvida quanto à sanção de descredenciamento, em face da expressão "se for o caso".

Presume-se que é deixada ao arbítrio do agente público a avaliação discricionária, de modo que possa apreciar a amplitude de malefício para com a Administração. Além disso, é deveras preocupante a forma redacional empregada, com a junção de situações distintas no mesmo rol, já que, em termos gradativos, algumas são bem mais graves que outras (exemplo: a falsificação documental é de gravidade infinitamente superior a uma simples não exposição de documentos, em que pese que, com a não apresentação, estaria o licitante incorrendo numa espécie de falsidade ideológica, uma vez que anteriormente exibiu a declaração dando ciência de que cumpria plenamente os requisitos de habilitação, conforme prevê o inciso VII do art. 4º).

Por outro lado, é de se admitir que a apresentação irregular de documentos poderá ser totalmente involuntária, até mesmo por divergência de interpretação, não se constituindo, nessa hipótese, numa "falta" passível de punição.

Renato Geraldo Mendes, com a mesma preocupação, argumenta:

> No tocante às consequências a serem suportadas pelo vencedor, é preciso separar o joio do trigo. Uma coisa é a falsificação documental; outra é a inabilitação ocasionada pelo não-atendimento das condições exigidas no edital. É inegável que o sistema adotado para o Pregão impõe maiores cautelas e exigências do que o adotado para as modalidades tradicionais, no qual a habilitação é prévia à classificação. Não resta dúvida de que uma penalidade deve haver para o licitante que não atender às exigências fixadas, até porque no início da sessão pública ele declara atender a todas as condições impostas no edital. Essa questão deve ser avaliada com muita cautela, pois não pode ser fator inibidor da participação. É preciso perceber que a habilitação no Pregão envolve todos os aspectos previstos no art. 27 da Lei nº 8.666/93, ou seja, jurídico, fiscal, técnico e econômico-financeiro. Notadamente, em torno do aspecto técnico, podem surgir inúmeras questões polêmicas. Portanto, a gravidade das penalidades a serem impostas pode produzir uma espécie de desinteresse pela licitação, o que reduzirá a competição.[279]

---

[279] MENDES. A interposição de recurso na modalidade pregão. *ILC – Informativo de Licitações e Contratos*.

## Avaliando da mesma forma, Luis Gustavo Alves Smith:

Nesse ponto, o rigor da disciplina punitiva estabelecida na medida provisória enseja o dever de uma maior clareza e especificidade quando da estipulação dos documentos e requisitos para a habilitação, sob pena de ocasionar um movimento de "fuga" das empresas potenciais licitantes, por receio de, mesmo que de boa-fé, certas de estarem cumprindo todas as exigências do edital, venham, por divergência de interpretação, sofrer uma punição que vai além do alijamento para aquele certame, mas de outros, em virtude de uma falha que ensejaria tão-somente a sua inabilitação. Tal movimento não seria nada benéfico para a Administração, ao contrário, diminuiria a competitividade e, conseqüentemente, reduziria a possibilidade de contratação pelo menor preço do mercado. A medida provisória procurou estabelecer uma punição severa para a falsidade de declaração voluntária e consciente, mas não previu a possibilidade de uma declaração falsa não consciente e desprovida de dolo, mas, tão-só de má interpretação ou falta de clareza no edital.[280]

Em consequência, verifica-se que, ocorrendo uma das situações elencadas no dispositivo, far-se-á necessária a comprovação do dolo, notadamente na hipótese de falta de documentação. Infelizmente, perdeu o legislador a oportunidade de ditar procedimentos para a apuração, visando o atingimento de provas que legitimariam a aplicação da sanção.

Como a norma presume como gravíssimas as condutas listadas, como se infere na gradação das penas, parece-nos bastante complicado para o agente público obtemperar com objetividade.

Calha relembrar, por fim, que a aplicação de sanções pressupõe o contraditório e a ampla defesa, garantido o direito prévio da citação e da ampla defesa.

---

[280] SMITH. Uma nova modalidade de licitação: o pregão. *ILC – Informativo de Licitações e Contratos.*

ARTIGO 15

*Art. 15. É vedada a exigência de:*

*I – garantia de proposta;*

*II – aquisição do edital pelos licitantes, como condição para participação no certame; e*

*III – pagamento de taxas e emolumentos, salvo os referentes a fornecimento do edital, que não serão superiores ao custo de sua reprodução gráfica, e aos custos de utilização de recursos de tecnologia da informação, quando for o caso.*

## 47 As vedações

O artigo 15 regulamenta o art. 5º da Lei nº 10.520/02, repetindo-o integralmente, mais uma vez desatendendo aos objetivos da norma regulamentar.

Trata o preceptivo de vedações legais, buscando afastar possíveis práticas que, não raro, atrapalham o bom andamento das licitações. Proíbe, por conseguinte: que a Administração exija garantia de proposta; estabeleça como condição para participação na licitação que o instrumento convocatório seja adquirido; e cobre taxas e emolumentos.

### 47.1 Vedação de exigência de garantia de proposta

Destacamos o avanço deste dispositivo. A Lei nº 8.666/93, inexplicavelmente, fez voltar ao seio das licitações uma determinação já banida dos procedimentos licitatórios, que é a de garantia de proposta.[281]

---

[281] O inciso III do art. 31 da Lei nº 8.666/93 elenca, como documento passível de ser solicitado para demonstração de efetiva qualificação econômico-financeira numa licitação, a garantia, nas mesmas modalidades e previstos no *caput* e §1º do art. 56 da mesma lei, limitando-a a 1% do valor estimado do objeto da contratação.

# Sobre esse absurdo retorno ao Estatuto, trazemos à colocação os abalizados comentários críticos de Marcos Juruena:

A possibilidade de ser exigida garantia como fator de habitação, além de caracterizar retrocesso, sem amparo constitucional, nada prova. Acaba por haver distinção entre os que podem pagar seguro e os que não podem. A caução ou fiança não provam que ninguém é capaz (aliás, sequer podem garantir o cumprimento do contrato, mas tão-somente penalidades).[282]

Agora, ao menos no Pregão, a exigência está terminantemente proibida, afastando-se, assim, a corriqueira desistência de empresas de participação em licitações, por se negarem à submissão a uma cobrança que só serve para macular o princípio da competitividade.

## 47.2 Vedação de aquisição do edital

O inciso II possui texto simples e inovador, apesar de óbvio. Pelo disposto na Lei nº 8.666/93 (§5º do art. 32), o agente público pode inferir que a aquisição do edital, com o pagamento do custo efetivo de reprodução gráfica, constitui condição para participação no certame. Dessa maneira, tal circunstância estaria preceituada no edital. A falta de aquisição impediria

---

[282] SOUTO. *Licitações e contratos administrativos*: Lei nº 8.666, de 21.6.93, comentada, p. 129. O STJ já decidiu pela inaplicabilidade da inexigência cumulada de requisitos relativos à licitação e ao contrato: "Ementa: Direito administrativo. Medida cautelar. Agravo de instrumento. Pregão. Leis nº 8.666/93 e nº 10.520/02. Cumulação de exigências. Impossibilidade (artigo 31, §2º, da lei de licitações). I – À licitação modalidade pregão, aplicam-se, subsidiariamente, disposições da Lei nº 8.666/93. II – O artigo 31, §2º da Lei de Licitações determina que a Administração eleja um dos três requisitos, na fase de habilitação, em termos de exigência de comprovação da qualificação econômico-financeira da empresa licitante, para depois estabelecer que tal requisito também será suficiente a título de garantia ao contrato a ser posteriormente celebrado. III – Ao cumular dois requisitos, um na fase de habilitação, outro na fase do contrato, a Administração culminou por afrontar o supracitado dispositivo da Lei nº 8.666/93, deixando ainda de observar o disposto no artigo 5º, I, da Lei nº 10.520/02, devendo ser garantida à empresa recorrente, a não exigência da garantia na fase do contrato (REsp nº 822.337/MS. Rel. Min. Francisco Falcão).

a participação. Este providencial inciso veda essa equivocada inferência. Ora, se o edital está à disposição, podendo ser lido ou obtido, não há razão alguma para a imposição de compra. Na verdade, só esse inciso citado bastaria para que se entendesse que a participação na licitação não está atrelada à aquisição. Como, entretanto, os problemas operacionais e de interpretação são muitos, o dispositivo merece elogios.

## 47.3 Vedação de cobrança de taxas

O inciso III reedita, sem grandes alterações redacionais, a proibição de cobrança de taxas e/ou emolumentos (retribuições por serviços prestados) já disposta na Lei nº 8.666/93,[283] ressalvando os valores referentes ao fornecimento do edital, a quem quiser adquiri-lo, limitados aos custos efetivos da reprodução gráfica, estendendo a determinação, em função dos novos meios de comunicação, à cobrança dos gastos referentes à utilização da divulgação por intermédio da tecnologia de informação (que, em face da dificuldade de mensuração, tornar-se-á de difícil aplicação prática).

---

[283] Lei nº 8.666/93: "Art. 32. (...) §5º Não se exigirá, para a habilitação de que trata este artigo, prévio recolhimento de taxas ou emolumentos, salvo os referentes a fornecimento do edital, quando solicitado, com os seus elementos constitutivos, limitados ao valor do custo efetivo de reprodução gráfica da documentação fornecida".

*Art. 16. Quando permitida a participação de empresas estrangeiras na licitação, as exigências de habilitação serão atendidas mediante documentos equivalentes, autenticados pelos respectivos consulados e traduzidos por tradutor juramentado.*

*Parágrafo único. O licitante deverá ter procurador residente e domiciliado no País, com poderes para receber citação, intimação e responder administrativa e judicialmente por seus atos, juntando os instrumentos de mandato com os documentos de habilitação.*

## 48 O Pregão internacional

O §3º do art. 23 da Lei nº 8.666/93 prevê como regra, quando da instauração de limitação internacional, a adoção da modalidade concorrência, de modo que possa a Administração apreciar com acuidade a documentação a ser apresentada. Buscando, entretanto, dar mais flexibilidade ao licitador, a norma faz alusão à *tomada de preços internacional*, na existência efetiva de um cadastro de fornecedores estrangeiros, e ao *convite internacional*, na hipótese de inexistir fornecedor no país dos bens e serviços pretendidos.

Com o advento da modalidade *Pregão*, instituída pela Medida Provisória nº 2.026/2000, regulamentada inicialmente pelo Decreto Federal nº 3.555/2000 ora em comento, posteriormente convertida na Lei nº 10.520/02, verificou-se, com certa perplexidade, que a ferramenta regulamentar deu amplitude internacional a tal modalidade, uma vez que deu azo, no art. 16, ao *Pregão internacional*, estabelecendo condições em texto que reproduz o §4º do art. 32 da Lei nº 8.666/93, comentado anteriormente.[284] Posteriormente, o Decreto nº 5.450/05, que

---

[284] Duas diferenças se notam: a primeira, relativa à substituição de "ou" por "e". O parágrafo único, ao tratar do procurador da empresa estrangeira participante do Pregão, determina que o licitante estrangeiro deverá constituir procurador para "responder administrativa e judicialmente", enquanto na Lei nº 8.666/93 adota o "ou". Não nos

regulamentou o Pregão eletrônico no âmbito federal, ensejou, no art. 15, ao Pregão eletrônico internacional.

A nosso ver, trata-se de mais um erro de sistematização dentre tantos que as normas do Pregão trouxeram à tona, uma vez que, para ter abrangência internacional, tal como ocorreu com as outras modalidades licitatórias, deveria a autorização partir da norma regradora (no caso, a MP, e depois a lei), jamais do diploma regulamentador.[285]

Na primeira edição deste trabalho, obtemperamos:

Este art. 15 tenciona legitimar o Pregão eletrônico internacional — tal como já previa o Pregão presencial internacional o art. 16 do regulamento aprovado pelo Decreto nº 3.555/2000 —, dando margem à participação de empresas estrangeiras (domiciliadas em outro país) no certame. Entretanto, em face do Princípio da Legalidade, temos afirmado que, para alcançar a abrangência internacional, a forma obrigatoriamente deveria constar no texto legal. Logo, a nosso ver, como o Decreto inovou no ordenamento jurídico brasileiro "criando"

---

parece que a mudança deu novo rumo ao tema, a não ser que o intérprete da Lei nº 8.666 aduzisse, erroneamente, que possuía autorização legal para, discricionaria-mente, exigir uma ou outra outorga; a segunda — que, a nosso ver, não chega a ser novidade, mas, ao menos, esclarece a questão —, concerne à juntada do mandato aos documentos de habilitação, procedimento não explícito no Estatuto de Licitações, mas, evidentemente, coerente, de vez que seria totalmente descabida a presunção de legiti-midade do representante.

[285] Na doutrina especializada há os que buscam adotar a utilização subsidiária da Lei nº 8.666/1993 nesse aspecto, defendendo, no que tange aos pregões internacionais, a observância do contido no art. 42 do Estatuto. É o que sustenta Ariosto Peixoto: "Não existe óbice na legislação que impeça a realização de Pregão eletrônico internacional, no entanto, devem ser observadas várias peculiaridades e características que não são comuns às licitações de âmbito nacional. A falta de disposição expressa na Lei do Pregão (Lei nº 10.520/02) obriga a utilização subsidiária da Lei nº 8.666/93, portanto, no que se refere às licitações internacionais, sob qualquer modalidade, inclusive o Pregão, deve-se observar o contido no art. 42, da Lei nº 8.666/93" (É possível fazer pregão eletrônico internacional?. Disponível em: <http://licitacao.uol.com.br/adm/img_upload/asse237.pdf>). Há, por fim, os que avaliam que princípios balizadores da Administração Pública alicerçariam o uso. Nesse viés, o entendimento de Josiel Gomes da Silva: "Embora as Leis 8.666/1993 e 10.520/02 silenciem acerca da possibilidade em se realizar pregão internacional, não se deve entender imediatamente como vedação. Os princípios da eficiência, da proporcionalidade, da razoabilidade, da impessoalidade e da moralidade são capazes de sustentar a aplicação efetiva do pregão internacional. Desse modo, os Decretos nº 3.555/2000 e 5.450/05 ao permitirem em seus arts. 16 e 15, respectivamente, a participação de empresa estrangeira em pregão, não contrariam o sistema jurídico aplicável às licitações" (Parecer emitido em 18.01.2011).

o Pregão internacional, uma vez que a Lei nº 10.520/02 nada dispôs sobre o tema, somos partidários de sua ilegalidade.

Rodrigo Alberto C. da Silva e Julio Cesar Mollica, após ressaltarem que a realização de um Pregão internacional encontra dificuldade prática da língua, tanto mais se for eletrônico, posto que todos os atos devam ser praticados no vernáculo nacional, também concluem pela impossibilidade legal de instauração de pregões internacionais:

> Ademais, não cremos que exista a possibilidade de realização de pregões internacionais no Brasil, na medida em que embora a lei que cria o Pregão seja genérica ao determinar que este é viável para a aquisição de bens e serviços comuns, sem qualquer restrição, a lei de licitações (art. 23, §3º, da Lei 8.666/93) determina que as licitações internacionais devem se dar nas modalidades de concorrência ou tomada de preços quando houver fornecedor nacional, e excepcionalmente convite quando não houver. Considerando que a lei que criou o Pregão não alterou referido artigo da Lei de Licitações e que esta é aplicada subsidiariamente àquela, acreditamos que o artigo permanece em pleno vigor. Dessa forma, uma vez que aos administradores públicos não é permitido fazer nada que a lei expressamente não determine e não havendo permissão para a realização de Pregão internacional no artigo que disciplina a realização de contratação pública com estrangeiros, não é permitida pela legislação brasileira a realização de pregões internacionais.[286]

É fato, todavia, que uma simples varredura na *internet* será suficiente para a constatação do uso indiscriminado do Pregão internacional, em quaisquer de suas formas (presencial ou eletrônica), sob a complacência e até mesmo a anuência dos órgãos de controle, inclusive o TCU, uma vez que já apreciou situações voltadas para o tema sem sequer fazer menção à possibilidade de ilegalidade, como a seguir demonstrado:[287]

---

[286] SILVA, Rodrigo Alberto C. da; MOLLICA, Julio Cesar. Pregões internacionais: ponto de vista. *ILC – Informativo de Licitações e Contratos*, p. 122.

[287] Sobre o assunto, Fernando Normando, após análise percuciente, constatou que o que vem ocorrendo é um desvirtuamento da modalidade do Pregão (O pregão e a licitação internacional. *Boletim de Licitações e Contratos – BLC*).

**Acórdão 598/2003 – Plenário – Ministro Relator: Ubiratan Aguiar**

(...)

Os preços médios finais obtidos no *Pregão Internacional* MME nº 002 e 003/2001 são de "US$7,83 /W instalado" no caso da empresa BP-SOLAR e de "US$6,49 /W sem instalação" no caso das empresas ATERSA e GAMESA, estão compatíveis com os preços do mercado, se considerarmos todos componentes do sistema conforme informado anteriormente. Portanto, não procede a acusação de dumping.

(...)

**Acórdão 946/2007 – Plenário – Min. Relator: Raimundo Carreiro**

(...)

70. Citam o Acórdão TCU 598/2003 – Plenário, referente a *Pregões Internacionais*, em que não são questionadas as aceitações de cotação em moeda estrangeira.

(...)

**Acórdão 766/2010 – Plenário – Min. Relator: José Jorge**

(...)

A importação dos fatores de coagulação é a principal medida adotada atualmente pelo governo brasileiro. Por meio de *pregões internacionais* são adquiridos os medicamentos necessários para o tratamento dos pacientes portadores de coagulopatias.

(...)

**Acórdão 1386/2010 – Segunda Câmara – Ministro Relator: Aroldo Cedraz**

(...)

Em relação ao Convênio nº 158/2006, o justificante solicita "que sejam considerados os mesmos argumentos sustentados acima, referente ao convênio nº 144/2006. Ressalvando-se que, neste caso específico, os recursos têm origem no Ministério da Saúde e o procedimento licitatório para aquisição do equipamento se desenvolveu no âmbito da Fundação de Apoio – Pregão Internacional nº 028/2007 (ANEXO XIII), o que garantiu o devido respeito aos recursos públicos, visto que foram seguidos os ditames da lei de licitações".

(...)

Em outra esfera federativa, vide, por exemplo, decisão sobre a matéria proferida pelo Tribunal de Contas do Distrito Federal (TCDF):

Processo nº: 36919/2008

Interessado: Secretaria de Estado de Segurança Pública

Assunto: Representação

(...)

Ressente-se o representante da realização de Pregão internacional, modalidade não abrigada pela legislação de regência. Em reposta à impugnação administrativa feita pelo mesmo autor ao edital em tela, o pregoeiro responsável afirma não se tratar de licitação internacional, admitindo a Administração apenas a participação de empresas com filiais e/ou representações estabelecidas no Brasil (fls. 218 – anexo).

Para a 1ª ICE, independentemente da discussão acerca da configuração de licitação internacional, *não se vislumbra a vedação de realização de Pregão internacional como afirma o representante. O dispositivo legal citado (art. 23, §3º, da Lei nº 8.666/93) permite a realização de licitação internacional nas diversas modalidades elencadas à época da edição da norma, desde que observados os requisitos legais.* A modalidade de licitação denominada Pregão, segundo dispõe a Lei nº 10.520/02, poderá ser adotada em substituição às estabelecidas na Lei de Licitações desde que para a aquisição de bens e serviços considerados comuns. A falta de previsão na Lei instituidora não implica necessariamente sua vedação de utilização em certames internacionais, cuja admissão, em princípio, é possível desde que atendidos os requisitos previstos no citado artigo 23 da Lei de Licitações.

(...)

VOTO

(...)

Tendo em vista que as questões levantadas na Representação haviam sido analisadas pelo Pregoeiro, não restando dúvida em relação às impropriedades levantadas no documento autuado nesta Corte, aprovo a Informação nº 252/2008-1ª ICE/Divisão de Acompanhamento e *decido ad referendum* do Plenário, com base no artigo 85 do Regimento Interno do Tribunal por:

(...)

II – no mérito, considerar improcedente a representação formulada pelo cidadão indicado à fl. 01 dos autos, contra os atos praticados no procedimento licitatório deflagrado pelo Pregão Presencial nº 110/2008-CECOM/SUPRI/SEPLAG; (...) Brasília-DF, em 16 de dezembro de 2008.

Ressalta-se, também, que, no âmbito do Poder Judiciário, já há decisão que, de certa forma, confirma a possibilidade da instauração do Pregão internacional, como se deduz da sentença a seguir transcrita:

**Tribunal Regional Federal da 2ª região**

Agravo de instrumento nº 2003.02.01.017910-8

Relator: Desembargador Fernando Marques

Ementa: Processual civil. Liminar em mandado de segurança. Administrativo. Pregão. Lei 10.520/02 e decreto 3.555/2000. Aquisição de insumos farmacêuticos. Participação de empresas estrangeiras. Efeito suspensivo de recursos administrativos. Preferência aos produtos nacionais. Decreto 4.543/2002. Escolha da proposta mais vantajosa para a administração. Art. 3º da lei 8.666/93. Inclusão da pregoeira na qualidade de impetrada. Art. 9º do decreto 3.555/2000.

– A licitação realizada por Pregão, poderá ser utilizada para a aquisição de bens e serviços comuns, especificados no parágrafo único do artigo 1º da Lei 10.520/02 e no art. 3º, §2º do Decreto 3.555/2000. O item 1.7 do Anexo II do Decreto nº 3.555/2000 lista "medicamentos, drogas e insumos farmacêuticos" como bens considerados comuns. Não comprovada a alegação de ilegalidade do aviso publicado e do edital de Pregão.

– A participação de empresas estrangeiras, é permitida na modalidade de licitação Pregão, conforme se depreende da leitura do disposto no art. 16 do Decreto 3.555/2000. (...)

# 49 Da representação legal no Brasil

O parágrafo 4º do art. 32 da Lei nº 8.666/93 preconiza que, nas licitações internacionais, as empresas estrangeiras que não funcionem no país, tanto quanto possível, atenderão às exigências da lei mediante documentos equivalentes, autenticados pelos respectivos consulados e traduzidos por tradutor juramentado, devendo ter representação legal no Brasil com poderes expressos para receber citação e responder administrativa ou judicialmente.

O artigo do regulamento em análise substituiu o vocábulo "ou" por "e" (administrativa *e* judicialmente). Entendemos que o regulamento apenas acertou falha redacional da Lei nº 8.666/93.

Como é cediço, o procedimento licitatório se desenrola através de fases. Na fase de habilitação, a Administração avalia cuidadosamente se os participantes da competição possuem aptidão para executar o objeto pretendido. A habilitação constitui, por conseguinte, a partir das exigências legais, o reconhecimento de requisitos para participação no certame, tendo como efeito jurídico a qualificação ou a desqualificação (inabilitação) dos licitantes.

## 49.1 A documentação exigida

A legislação dispõe sobre a documentação a ser exigida dos licitantes para fins de habilitação. Em geral, estes dispositivos deverão ser atendidos por brasileiros e estrangeiros nas licitações.[288]

O artigo 32 da Lei nº 8.666/93 elenca as condições para a apresentação dessa documentação. Seu §4º assenta sobre os documentos a serem apresentados pelas empresas estrangeiras, que não funcionem no Brasil, nas licitações internacionais. O art. 16 do regulamento reafirma essa condição.

Sobre o tema, escrevemos:

> Quanto aos documentos a serem apresentados pelos licitantes estrangeiros, constata-se uma preocupação do legislador quando fez constar no texto legal *"tanto quanto possível, atenderão"*, o que traduz as enormes dificuldades com que se defrontarão cada licitante, de países diversos, com direitos diversos, para atendimento das exigências.[289]

---

[288] Para aprofundamento no assunto "habitação", *vide*: (a) para as licitações tradicionais da Lei nº 8.666/93, o nosso *Licitação passo a passo* (6. ed. Belo Horizonte: Fórum, 2010); (b) para o pregão, regido pela Lei nº 10.529/02, os nossos *Pregão passo a passo* (4. ed. Belo Horizonte: Fórum, 2010) e *Pregão eletrônico* (3. ed. Belo Horizonte: Fórum, 2010).

[289] *Licitação passo a passo...*, 6. ed.

Como não poderia deixar de ser, os dispositivos claramente reconhecem a aplicação da lei do local de constituição da pessoa jurídica, ou seja, no que concerne à constituição e funcionamento das empresas licitantes estrangeiras não há de se pensar em lei brasileira. Com efeito, na medida em que, para a constituição dessas empresas, a lei estrangeira exija pressupostos similares aos da lei brasileira, deverá ser promovida a prova de preenchimento dos requisitos correspondentes.

Dessa forma, naquilo que for possível, as empresas estrangeiras demonstrarão condições de habilitação, precipuamente quanto à regularidade jurídica; à aptidão para execução do objeto (demonstração técnica); e à qualificação econômico-financeira.

Insta ressaltar a dificuldade dos julgadores na tarefa de avaliação de equivalência dos documentos, diante do infinito repertório de regras jurídicas de países com concepções totalmente diversas. Destarte, os executores desse trabalho deverão ter imensa cautela na verificação documental, valendo-se, caso necessário para uma decisão acertada, de diligências e da inteligência de profissionais especializados, sublinhando-se que tais diligências não se prestam para a inserção posterior de documentos não apresentados no momento adequado, mas apenas para verificação de fatores como validade, coerência com a legislação do país de origem do licitante etc. Reconhece-se, por exemplo, que, nos países de direito anglo-saxão, a manifestação através de normas consuetudinárias (costumes) é uma constante, com a fé pública amparando as declarações, regra que deve ser respeitada, pois, como é cediço, os países desenvolvidos culturalmente não dão à burocracia a importância que lhes dá os de menor desenvolvimento.

Observa-se, desse modo, que a apresentação de documentos equivalentes depende exclusivamente do ordenamento jurídico de cada país, devendo os julgadores agir e avaliar diante de tal preceito.

Atente-se para a assertiva de Roberto Bazilli e Sandra Miranda:

> É raro, mas pode acontecer que não seja possível ao licitante estrangeiro a apresentação sequer de um documento equivalente, o que não deverá inviabilizar a sua participação, dado que o legislador

previu expressamente que a apresentação de documentação equivalente se fizesse na medida do possível.[290]

Sobre a matéria, Jonas Lima alerta para um detalhe de suma importância:

> Uma observação imprescindível que precisa ser feita (...) é que a equivalência de documentos não existe para todos os requisitos de habilitação. Por exemplo, um medicamento registrado no exterior não implica em dispensa de registro na Agência Nacional de Vigilância Sanitária – ANVISA. Da mesma forma, profissionais de engenharia que desejarem validar seus acertos de responsabilidade técnica de obras realizadas no exterior terão como obrigação essencial o registro dos atestados perante o CREA, sob pena de serem considerados inválidos na licitação.[291]

Constantemente, equivocam-se os agentes públicos quando buscam interpretar e aplicar este mandamento. Como o art. 28 da Lei nº 8.666/93 — que dispõe sobre a documentação referente à habilitação jurídica nas licitações — estabelece, no inciso V, exigências a serem feitas a estrangeiros que venham a se estabelecer no Brasil, apontando a necessidade de decreto de autorização, em se tratando de empresa ou sociedade estrangeira em funcionamento no País, e de ato de registro ou autorização para funcionamento expedido pelo órgão competente, quando a atividade assim o exigir (consoante os arts. 1.134 a 1.141 do Código Civil),[292] muitos avaliam que nas licitações internacionais essa regra se faz presente.

---

[290] BAZILLI; MIRANDA. *Licitação à luz do direito positivo*, p. 140.

[291] LIMA. *Licitação pública internacional no Brasil*, p. 93.

[292] Art. 1.134. A sociedade estrangeira, qualquer que seja o seu objeto, não pode, sem autorização do Poder Executivo, funcionar no País, ainda que por estabelecimentos subordinados, podendo, todavia, ressalvados os casos expressos em lei, ser acionista de sociedade anônima brasileira. (...)
Art. 1.135. É facultado ao Poder Executivo, para conceder a autorização, estabelecer condições convenientes à defesa dos interesses nacionais.
Parágrafo único. Aceitas as condições, expedirá o Poder Executivo decreto de autorização, do qual constará o montante de capital destinado às operações no País, cabendo à sociedade promover a publicação dos atos referidos no art. 1.131 e no §1º do art. 1.134.
Art. 1.136. A sociedade autorizada não pode iniciar sua atividade antes de inscrita no registro próprio do lugar em que se deva estabelecer.

Ocorre que, quando a norma menciona "empresas estrangeiras que não funcionem no país", está tratando exclusivamente de empresas não estabelecidas no Brasil,[293] e não de empresas que, em virtude de contrato celebrado com a Administração, venham a atuar temporariamente em solo nacional para a execução de um objeto específico. Em princípio, a atividade eventual não obriga a autorização de funcionamento, com o cumprimento da lei interna que disciplina a matéria. No mesmo entendimento, Marçal Justen:

> Segundo entendimento pacífico, não constitui "funcionamento" no Brasil a atividade eventual, precária e isolada. Uma empresa estrangeira, mesmo sem autorização governamental, pode praticar atos isolados. O "funcionamento" no Brasil se configura quando exista continuidade e permanência na atividade desenvolvida.

É importante que fique claro que as regras do Código Civil disciplinam a forma para o funcionamento das empresas

---

(...)
Art. 1.137. A sociedade estrangeira autorizada a funcionar ficará sujeita às leis e aos tribunais brasileiros, quanto aos atos ou operações praticados no Brasil.
Parágrafo único. A sociedade estrangeira funcionará no território nacional com o nome que tiver em seu país de origem, podendo acrescentar as palavras "do Brasil" ou "para o Brasil".
Art. 1.138. A sociedade estrangeira autorizada a funcionar é obrigada a ter, permanentemente, representante no Brasil, com poderes para resolver quaisquer questões e receber citação judicial pela sociedade.
Parágrafo único. O representante somente pode agir perante terceiros depois de arquivado e averbado o instrumento de sua nomeação.
Art. 1.139. Qualquer modificação no contrato ou no estatuto dependerá da aprovação do Poder Executivo, para produzir efeitos no território nacional.
(...)
Art. 1.141. Mediante autorização do Poder Executivo, a sociedade estrangeira admitida a funcionar no País pode nacionalizar-se, transferindo sua sede para o Brasil.
§1º Para o fim previsto neste artigo, deverá a sociedade, por seus representantes, oferecer, com o requerimento, os documentos exigidos no art. 1.134, e ainda a prova da realização do capital, pela forma declarada no contrato, ou no estatuto, e do ato em que foi deliberada a nacionalização.
§2º O Poder Executivo poderá impor as condições que julgar convenientes à defesa dos interesses nacionais.
§3º Aceitas as condições pelo representante, proceder-se-á, após a expedição do decreto de autorização, à inscrição da sociedade e publicação do respectivo termo.
[293] Na verdade, deveria tratar de pessoas, já que o tema diz respeito a pessoas jurídicas e físicas.

estrangeiras no Brasil, enquanto as da Lei nº 8.666/93 dão vezo aos casos em que as empresas estrangeiras não estejam estabelecidas no Brasil.

Destarte, se o objeto da licitação internacional demandar funcionamento no Brasil, a empresa estrangeira deverá cumprir o preconizado no Código Civil.

Sobre o assunto, o magistério de William Romero:

> (...) conclui-se que as empresas estrangeiras sem autorização para funcionamento no Brasil podem participar de licitações (...), desde que tais licitações tenham por objeto prestações que não impliquem a incidência da vedação do art. 1.134 do Código Civil. Em tais condições, a participação de estrangeiros sem autorização de funcionamento é amparada pelo art. 32, §4º, da Lei 8.666/93. Porém, caso o objeto contratual envolva funcionamento no Brasil conforme definido pelo art. 1134 do Código Civil, a participação de empresas estrangeiras pressuporá a autorização, cuja apresentação será exigível na forma do art. 28, inc. V, da Lei 8.666/93.[294]

Nesse sentido, Coelho Motta:

> Segundo a Lei Nacional de licitações e contratos, a participação de empresa estrangeira, como concorrente, em licitação realizada em território brasileiro não exige, necessariamente, que tal empresa "funcione" no Brasil. Explicitando o afirmado: a) caso tal empresa "funcione" no Brasil, a Lei nº 8.666/93 já impunha como condição o decreto de autorização (...); b) caso "não funcione", não se aplicam *in totum* as exigências do Código Civil e, "conforme a atividade desempenhada", não haveria necessidade do decreto de autorização para participar como ofertante em licitação.[295]

Da mesma forma, Leonardo Manata:

> Assim, o §4º do art. 32 da Lei nº 8.666/93 regulamenta a participação de "empresas estrangeiras que não funcionam no Brasil" nas

---

[294] ROMERO. Participação de empresas estrangeiras em licitações no Brasil. Disponível em: <http://www.justen.com.br//informativo.php?&informativo=23&artigo=397&l=pt>.

[295] MOTTA. *Aplicação do Código Civil às licitações e contratos*, p. 257.

licitações internacionais instauradas por órgãos ou entidades públicas brasileiros, ao passo que o inciso V do mesmo diploma legal disciplina a participação das "empresas estrangeiras em funcionamento no Brasil" nas licitações "nacionais" (na falta de uma definição melhor). Se o objeto do contrato decorrente da licitação exigir, de algum modo, o funcionamento da empresa estrangeira no Brasil, aplicar-se-á o disposto no inciso V do art. 28 da Lei de Licitações.[296] [297]

## 49.2 A autenticação pelos consulados

Ainda quanto aos documentos habilitatórios apresentados por empresas estrangeiras, o dispositivo determina a autenticação pelos respectivos consulados.

Costumeiramente, incorrem também em equívoco os condutores das licitações quando da verificação dessas autenticações, porquanto, de acordo com o previsto na Convenção de Viena, os documentos deverão ser *consularizados*, isto é, sofrer o crivo do consulado brasileiro no âmbito da jurisdição de sua emissão.

Diferentemente do que alguns equivocadamente consideram, a autenticação consular não constitui o ato de autenticação efetuado pelos cartórios e tabelionatos brasileiros (autenticação que tem como objetivo atestar que a cópia do documento confere com o original), pois presta-se para informar o valor probatório da idoneidade do licitante para fins de habilitação.

Quem também notou a ocorrência do errôneo entendimento foi Marcos Juruena:

> Destarte, impõe-se não confundir: a autenticação consular tem função de atestar que os documentos obtidos no país de origem têm o mesmo

---

[296] MANATA, Leonardo. Participação de empresas estrangeiras em licitações no Brasil. Disponível em: <http://edittal.com/pt/artigos/participacao-de-empresas-estrangeiras-em-licitacoes-no-brasil/>.

[297] Em sentido contrário, Ricardo Fiuza, ao comentar o art. 1.134 do Código Civil: "Qualquer que seja o objeto societário, a sociedade estrangeira deve requerer autorização governamental para poder realizar atos e negócios em território nacional. (...) para atos e negócios contratados no Brasil, deve ela obter a necessária autorização do Poder Executivo" (*Novo Código Civil comentado*, p. 1015-1016).

objetivo e valor probatório da idoneidade do licitante para fins de habitação; não se trata de reconhecimento de assinatura, mas de validade do documento — a autenticação cartorária tem por objeto atestar que a cópia do documento confere com o original.[298]

O dispositivo determina também a tradução de documentos, a qual se efetuará, obrigatoriamente, por servidor juramentado (conforme dispõem os artigos 156 e 157 do Código de Processo Civil[299] e consigna o art. 224 do Código Civil).[300][301]
Vide jurisprudência do Tribunal de Justiça de Minas Gerais:

> Concorrência Pública Empresa estrangeira. Exigência legal. Licitantes diversos. Mandado de segurança. Chamamento. Desnecessidade. Consoante previsto na Lei 8.666/93, artigo 32, §4º, as empresas estrangeiras que não funcionem no Brasil e que tenham interesse em participar de concorrência pública devem atender, "tanto quanto possível", as exigências postas em edital, mediante documentos equivalentes, autenticados pelos respectivos consulados no Brasil e traduzidos para o idioma português por tradutor juramentado no Brasil. Na primeira fase concernente apenas a habilitação de licitantes, e não se cuidando de classificação ou escolha do vencedor, não há que falar em litisconsórcio, desnecessário o chamamento de todos para compor a lide em sede de mandado de segurança impetrado por um ou alguns, por não haver prejuízo a qualquer dos participantes.[302]

Nesse ponto, surge uma importante dúvida prática: o que fazer na ocorrência de uma falha material, ou seja, qual a atitude na inexistência de certificação consular ou a tradução procedida

---

[298] SOUTO. *Direito administrativo contratual*, p. 217.

[299] Art. 156 – Em todos os atos e termos do processo é obrigatório o uso do vernáculo.
Art. 157 – Só poderá ser junto aos autos documento redigido em língua estrangeira, quando acompanhado de versão em vernáculo, firmada por tradutor juramentado.

[300] Art. 224. Os documentos redigidos em língua estrangeira serão traduzidos para o português para ter efeitos legais no País.

[301] Estranhamente, o Superior Tribunal de Justiça (STJ) acolheu como válida uma tradução realizada por tradutor oficial sueco, em face de não haver dúvidas de conteúdo – MS nº 5.281 – DF (*apud* JUSTEN FILHO, *op. cit.*, p. 367).

[302] ApCiv nº 142.873/9, j. 24.6.99. *Fórum Administrativo – FA*, ano 1, n. 1, mar. 2001 *apud* MOTTA. *Eficácia nas licitações e contratos*, 10. ed., p. 312.

por tradutor público? A resposta imediata — e simplista — seria a sumária inabilitação. Ivo Ferreira de Oliveira, sabiamente, oferece resposta diversa, não se alicerçando na nulidade, mas na ineficácia relativa dos documentos, com a possibilidade de convalidação por intermédio da realização de competente diligência:

> À primeira vista, e diante de norma expressa, que exige a autenticação consular e a tradução por tradutor juramentado, a resposta seria a inabilitação de licitante, toda vez que documentos apresentados em língua estrangeira não atendessem às prescrições legais — norma cuja *ratio* é o princípio da soberania nacional. Não pensamos assim. E tampouco estamos sós, neste particular. Paulo Roberto Trompczynski, ex-consultor jurídico do Tribunal de Contas do Estado do Paraná (...) enfrentou, recentemente, a seguinte questão: documentos a serem apresentados em outros idiomas, que não o português ou o espanhol (exigidos pelo Edital/Caderno de Bases e Condições) foram entregues desacompanhados das respectivas versões, tendo, por isso, a comissão inabilitado a proponente — donde o recurso. (...) a tradução é simples complemento, que confere eficácia ao documento, sendo imprestável para substituí-lo, correspondendo, portanto, à mera formalidade legal que lhe confere o efeito por ele visado (...). E, sendo assim, constatada a necessidade da tradução como providência indispensável para a eficácia dos documentos apresentados em inglês, a Comissão, deveria, no caso em tela, ter diligenciado, por analogia à faculdade constante do próprio ato convocatório do certame, que possibilitava aos licitantes substituírem, por outra do mesmo original, cópia ilegível ou borrada, solicitando a entrega da versão no prazo que viesse a estabelecer. Não se diga que a diligência afigurar-se-ia via imprópria para tanto, na medida em que só sendo admitida para colher esclarecimento ou informação complementa nos precisos termos com que foi prevista, não poderia oportunizar a apresentação de documentos pelo licitante, pena de ilegalidade. Isso porque, embora a tradução seja instrumentada em certidão fornecida pelo tradutor oficial ela, em si mesma, não é um documento, mas complemento de eficácia daquele oportunamente oferecido pela interessada em idioma estrangeiro, que não altera, acrescenta ou inova seu conteúdo, mas apenas lhe confere validade. Na esteira do entendimento de Trompczynski, cremos que a nãoapresentação por parte da proponente de atestados traduzidos, longe está de torná-los nulos, porque, na lição abalizada do Professor

Manuel A. Domingues de Andrade, a nulidade pressupõe uma falta ou irregularidade quanto aos seus elementos internos — e, nos atestados, não havia qualquer vício de formação. O fato de não estarem vertidos para o português, caracteriza apenas ineficácia em sentido estrito, isto é, falta ou irregularidade de outra natureza. Mais: em que pese estarem desacompanhados da tradução para o vernáculo, os atestados produziram efeitos *inter partes*, embora não perante terceiros, tipificando, ainda na linguagem precisa de Domingues de Andrade, ineficácia relativa. E, em casos de ineficácia relativa, para recorrermos ao simbolismo de rara beleza de que serviu o notável mestre lusitano, se está diante de *"negócios bifrontes, negócios com cabeça de Jano"*: quanto a uma das partes produzem efeitos; quanto à outra não. Por conseguinte, não sendo nulos os atestados, mas simplesmente ineficazes perante terceiros, nada impediria que fossem convalidados pela posterior apresentação do texto vertido, mercê da realização de diligência — diligência de versão —, assinando-se prazo razoável para que o interessado o fizesse.[303]

## 49.3 A representação legal no Brasil

Peculiar é a forma que a normatização dispõe sobre a obrigatoriedade de representação legal no Brasil. De acordo com o preconizado, o representante deterá poderes expressos para receber citações e intimações, além de responder administrativa ou judicialmente.

Fica a dúvida quanto aos limites desses poderes. Responderia o representante, por exemplo, no caso da empresa internacional adjudicatária tornar-se "adjudicatária faltosa", ou seja, deixar de efetivamente atender ao chamamento da Administração para celebração do contrato? Entendemos que, teoricamente, sim, mas, na prática, não. Ora, como um mero escritório de representação poderia responder, tanto administrativa quanto juridicamente, por ato de uma empresa estabelecida no exterior? O escritório, no caso, com raras exceções, apenas cumpre o papel de "ponte" ou "contato", assumindo alguns compromissos através de contrato, desconhecendo todo

---

[303] OLIVEIRA. *Diligências nas licitações públicas*, p. 122-125.

o funcionamento operacional da empresa, e, por conseguinte, totalmente impossibilitado a qualquer intervenção. Sobre a matéria, anote-se a dicção de Armando Garcia Junior:

> É certo que o agente, quando autorizado pelo empresário, pode "fechar o negócio", vendendo efetivamente o produto. Isso não significa, porém, que ele deva portar a mercadoria para a venda.[304]

Infere-se, apesar da expressa menção de responsabilidade administrativa e judicial, que essa representação constitui-se por meio de um contrato de agenciamento que, como leciona Garcia Junior, configura o acordo em que uma determinada pessoa física ou jurídica — o agente — obriga-se frente a outra, sob remuneração, a promover e concluir atos ou operações de comércio por conta e nome alheios, como intermediário independente.

> A atividade do agente baseia-se em uma óbvia relação de confiança entre ele e seu representado. (...) O termo "agência", largamente adotado nos meios profissionais, é empregado, no plano internacional, como equivalente a agenciamento ou representação comercial internacional. Nesse sentido, o substantivo "agência" indica o verbo "agenciar", que no mundo inteiro possui o significado de promover determinada atividade. No caso, o agente é aquele que promove determinada atividade econômica. Isso não quer dizer que a atividade seja produzida pelo agente. O agenciamento corresponde, na realidade, a um ato de representação realizado pelo agente, para divulgar e eventualmente (se autorizado) concluir negócios em nome de um terceiro (empresário/empresa) que é quem, juridicamente, produz a atividade econômica.[305]

Na ótica de Jonas Lima, a representação nada mais é que um credenciamento, ou seja, o ato pelo qual o representante de uma empresa apresenta os documentos necessários para

---

[304] GARCIA JUNIOR. *Como representar bens e serviços estrangeiros no Brasil*, 3. ed., p. 6.
[305] GARCIA JUNIOR. *Como representar bens e serviços estrangeiros no Brasil*, 3. ed., p. 15-16.

ser "acreditado" ou "reconhecido" oficialmente como seu legítimo porta-voz e com poderes de compromisso em nome do representado.[306]

Sublinhando a importância dessa representação, a dicção de Wolgran Junqueira Ferreira:

> Esta cláusula é importante, pois fica eleito o foro para discutir eventuais desacertos — o Brasil —, evitando-se destarte as demoradas cartas rogatórias que são as precatórias a serem cumpridas no exterior.[307]

Da mesma forma, Rainier Belotto Plawiak:

> Tal regra é de extrema valia e se coaduna com a exigência de rapidez do comércio internacional, pois, caso não houvesse tal representante em território nacional, a citação teria que se dar por carta rogatória através do STF, tornando tal processo extremamente burocrático e moroso. Neste aspecto foi acertada a decisão da lei, pois há a consonância da ordem jurídica interna com as exigências do comércio internacional.[308]

---

[306] LIMA. *Licitação pública internacional no Brasil*, p. 83.

[307] FERREIRA. *Licitações e contratos na Administração Pública*, p. 135.

[308] PLAWIAK. Contratos administrativos internacionais: a Lei nº 8.666/93 frente às normas do comércio internacional. *Revista Brasileira de Direito Internacional*.

*Art. 17. Quando permitida a participação de empresas reunidas em consórcio, serão observadas as seguintes normas:*

*I – deverá ser comprovada a existência de compromisso público ou particular de constituição de consórcio, com indicação da empresa-líder, que deverá atender às condições de liderança estipuladas no edital e será a representante das consorciadas perante a União;*

*II – cada empresa consorciada deverá apresentar a documentação de habilitação exigida no ato convocatório;*

*III – a capacidade técnica do consórcio será representada pela soma da capacidade técnica das empresas consorciadas;*

*IV – para fins de qualificação econômico-financeira, cada uma das empresas deverá atender aos índices contábeis definidos no edital, nas mesmas condições estipuladas no SICAF;*

*V – as empresas consorciadas não poderão participar, na mesma licitação, de mais de um consórcio ou isoladamente;*

*VI – as empresas consorciadas serão solidariamente responsáveis pelas obrigações do consórcio nas fases de licitação e durante a vigência do contrato; e*

*VII – no consórcio de empresas brasileiras e estrangeiras, a liderança caberá, obrigatoriamente, à empresa brasileira, observado o disposto no inciso I deste artigo.*

*Parágrafo único. Antes da celebração do contrato, deverá ser promovida a constituição e o registro do consórcio, nos termos do compromisso referido no inciso I deste artigo.*

## 50 A participação de consórcios em pregões

Este art. 17 traduz com fidelidade todo o art. 33 da Lei nº 8.666/93.

A regra regulamentar, atendendo a essa normatização da Lei nº 8.666/93, trata o consórcio como uma associação de empresas para participar da licitação.

Cabe ao administrador público, na elaboração do edital, avaliar se será permitida a participação no certame de empresas consorciadas, partindo do pressuposto de que dificilmente as empresas, de forma isolada, teriam condições para execução do objeto pretendido, por ser o mesmo de grandes proporções ou coisa que o valha.

Dessa forma, a opção do agente público de vedar a participação de empresas em consórcio deverá ser devidamente motivada, sempre considerando a ampliação da competitividade e a complexidade do objeto pretendido.

Em Acórdão recente, o Ministro Benjamim Zymler sustenta que a previsão de admissão de consórcios em licitações não é obrigatória, de vez que depende exclusivamente da discricionariedade administrativa e, também, porque as competições licitatórias, de maneira geral, não inspiram o somatório de forças característico da formação de consórcios, tendo em mente que as condições de participação estão ao alcance de grande quantidade de empresas.[309]

Em que pese a douta opinião, não podemos assentir com o enquadramento da vedação em ato discricionário, haja vista que não há como afastar a participação de consórcios sem justificativa plausível. Essa, inclusive, tem sido a orientação do próprio TCU, que indica:

> **Acórdão nº 1.678/2006 – Plenário. Rel. Min. Augusto Nardes**
>
> 9.4.2 abstenha-se de vedar, sem justificativa razoável, a participação de empresas em consórcio, de modo a restringir a competitividade do certame, contrariando o art. 3º da Lei nº 8.666/93; (...).

## 50.1 O compromisso de constituição do consórcio

Condição importante é a estabelecida no inc. I, determinando o compromisso de constituição do consórcio, subscrito pelos consorciados.

---

[309] Acórdão nº 2.392/2007 – Plenário. Ata nº 22/2008, Rel. Min. Benjamin Zymler. Sessão 11.6.2008. Aprovação. 12.6.2008. *DOU*, 13.6.2008.

Destarte, as empresas não deverão promover a constituição e o registro do consórcio para participação na licitação, bastando apenas, nessa etapa, o compromisso formal de uma futura constituição. Somente o grupo vencedor terá o dever de promover a formalização do consórcio, antes da celebração do contrato, conforme prescreve o parágrafo único. Acrescenta-se que a regra estabelece condições apenas para consórcio de empresas, o que inviabiliza a possibilidade de constituição de consórcio entre profissionais.

## 50.2 A liderança brasileira no consórcio

A nosso ver, há flagrante inconstitucionalidade quando dispõe a norma sobre a obrigatoriedade da liderança recair sobre a empresa brasileira, porquanto, ao permitir a participação da empresa estrangeira, não pode interferir na decisão de quem deterá a liderança.

## 50.3 A apresentação individualizada da documentação

Curiosamente, de forma diversa da estabelecida na Lei nº 8.666/93, que permite, na hipótese de qualificação técnica e econômico-financeira, o atingimento dos valores e exigências por intermédio do somatório dos quantitativos dos consorciados, no Pregão a regra prevê que cada um dos participantes do consórcio deverá apresentar, de maneira individualizada, a documentação exigida.

## 50.4 A solidariedade entre as empresas consorciadas

A regulamentação repete a Lei nº 8.666/93, informando que os integrantes de consórcios possuem responsabilidade solidária, isto é, respondem pelos atos do consórcio em pé de igualdade (responsabilidade comum). A responsabilização solidária é acertada porque há situação conjunta de empresas consorciadas, haja vista que a Administração, quando o habilita, considera o conjunto de fatores técnicos e documentais dos seus componentes, contratando-o como um todo.

Situação interessante ocorre quando, tendo sido celebrado o contrato com o consórcio vencedor, passado certo tempo, com a execução do objeto ocorrendo normalmente, acontece a saída de um dos seus integrantes. A questão envolve a alteração da composição comercial do consórcio que foi criado com o único objetivo de atender ao interesse da Administração que o contratou, visando a consecução do objeto voltado para projeto específico.

Alhures, tecemos considerações específicas acerca do tema:[310]

> Parece-nos curial definir-se, de plano, como se enquadra a figura do consórcio perante o direito pátrio e, principalmente, qual o papel que cumpre (ou assume) quando envolvido com procedimentos licitatórios e contratos administrativos. (...) discernindo que se trata de uma associação entre sociedades, sem personalidade jurídica, onde os consorciados somente se obrigam nas condições previstas no respectivo contrato, respondendo cada um por suas obrigações, sem presunção de solidariedade.

> Verifica-se, assim, que o consórcio nada mais é que uma união de esforços, numa associação temporária de duas ou mais sociedades, visando a consecução de determinado objetivo, caracterizando-se, refrisa-se, pela transitoriedade e pela manutenção da autonomia jurídica de cada ente consorciado. No que tange à área comercial, não existe previsão de responsabilidade solidária, respondendo cada membro pelos atos a eles imputáveis.

> Egberto Lacerda Teixeira e José Alexandre Tavares Guerreiro sintetizam, com rara felicidade, a configuração do consórcio no mundo jurídico: "O consórcio não é sujeito de direitos, não podendo, correlatamente, assumir obrigações enquanto tal. Simples fórmula associativa de diversas pessoas jurídicas, desprovido de personalidade e patrimônio, e com conotação marcadamente contratual, o consórcio age, no mundo jurídico, por intermédio das empresas que o constituem, notadamente e na prática, através de uma empresa

---

[310] BITTENCOURT. Alteração de composição de consórcio criado com o objetivo de atender a Administração Pública. *In*: BITTENCOURT (Org.). *Temas controvertidos sobre licitações e contratos administrativos*, p. 205.

ARTIGO 17 | 275

líder, escolhida pelos demais. São os consortes, portanto, que assumem obrigações e responsabilidades perante terceiros, cabendo-lhes igualmente exercer os direitos decorrentes dos atos jurídicos que celebram, ainda que com escopo comum".[311]

Já no Direito Administrativo, mais precisamente no âmbito das licitações e contratações públicas, a participação do consórcio depende de autorização expressa do documento convocatório, conforme prevê o art. 33 da Lei nº 8.666/93, assumindo o líder do consórcio tão somente o papel de representante das empresas que o compõem perante a Administração.

O motivo determinante da possível existência do consórcio é de fácil compreensão, qual seja, a reunião de duas ou mais empresas para o alcance de um objeto que sozinhas jamais teriam condições de realizar.

Ressalta-se que, na Lei de Licitações, a permissão de participação de consórcios, apesar de não enquadrar-se nas situações em que o Administrador atua com discricionariedade, também não se constitui numa regra, uma vez que a autorização somente se perfaz quando o Poder Público, sopesando o mercado, avalia que dificilmente uma única empresa terá condições de realizar o objeto pretendido. Característica marcante da abordagem técnico-jurídica do instituto do consórcio, no âmbito das licitações, é a responsabilidade solidária dos que o compõem pelos atos praticados pela associação, em que pese a forte posição doutrinária que defende a inconstitucionalidade dessa regra, por considerar que a mesma desnatura a figura do consórcio no ordenamento jurídico brasileiro.

Por conseguinte, enquanto nos consórcios organizados com base no modelo do Direito Comercial, os consorciados respondem individualmente pelos seus atos, no de âmbito do Direito Administrativo há a responsabilidade conjunta pelos atos praticados, o que poderia fazer crer ao desavisado que o possível desligamento de uma das empresas poria fim, inapelavelmente, ao contrato, como se desencadeasse uma espécie de "falência" do consórcio.

Tal desencadeamento, a nosso ver, carece de profunda reflexão. Inicialmente, em face da crítica que se faz à solidariedade imposta somente na legislação administrativa. Posteriormente, diante da necessidade precípua de se preservar ao máximo o interesse público, devendo o intérprete, ao avaliar uma regra legal, verificar

---

[311] TEIXEIRA; GUERREIRO. *Das sociedades anônimas no direito brasileiro*, p. 797.

preliminarmente se inexistem caminhos que permitam a manutenção do *status quo*, de modo a não macular-se o interesse da coletividade.

É evidente que, com base na solidariedade prevista, pode o Poder Público exigir de cada um dos consorciados (individual ou conjuntamente) o cumprimento das obrigações assumidas, uma vez que, embora figure como contratado o consórcio, na realidade a figura apresenta-se como mero rótulo a encobrir as empresas que o constituem.

Nesse contexto, as empresas, apesar de consorciadas e teoricamente solidárias, atuam individualmente, não obstante, como já mencionado, unirem forças para um objetivo comum. Assim, pode-se afirmar que a pessoa jurídica "consórcio" inexiste, uma vez que, na hipótese de qualquer lesão de direito das partes, a incidência da ação recairá tão-somente sobre as empresas, diante da ausência de personalidade jurídica da associação.

É certo, entrementes, que a habilitação do consórcio (fase preponderante na licitação) resulta da avaliação conjunta das características individuais de cada um.

Essa dicotomia é, a nosso ver, aparente, pois, mesmo na fase de habilitação, avaliam-se individualmente as empresas, verificando-se se as mesmas, na conjugação de esforços, se complementam.

A legislação estabelece uma diretriz específica para a liderança consorcial. Dita o §1º do art. 33 da Lei de Licitações que o consórcio deve possuir uma empresa líder, provendo o instrumento convocatório das condições a serem por esta preenchida, do que, evidentemente, decorrerá a desclassificação do consórcio no caso de tais condições não serem satisfeitas.

As características que envolvem estas condições, entretanto, não são nem de leve informadas no texto legal.

Não obstante a inconstitucionalidade defendida pela doutrina quanto a esta obrigatoriedade, por ofensa flagrante à livre concorrência, com interferência na liberdade de decisão de quem exercerá a liderança, verifica-se total dificuldade dos aplicadores da lei no que se refere a mais esta situação de discricionariedade que a lei oferece ao agente público.

É cediço, entretanto, que a empresa líder apenas representa o consórcio no trato com o Poder Público, ou seja, configura-se apenas naquela empresa que recebe a outorga para travar os contatos negociais com a Administração em nome das empresas consorciadas.

Hely Lopes Meirelles, tratando o tema, conclui da mesma forma: "A firmal líder não representa juridicamente as demais integrantes do consórcio, porque este não possui personalidade própria; se a tivesse, deixaria de ser consórcio para apresentar-se como nova entidade jurídica".[312]

Em face da indefinição quanto aos critérios a serem adotados no edital para a caracterização da empresa líder, é de praxe o estabelecimento de percentuais maiores para atendimento dos tradicionais documentos de comprovação técnica para demonstração de aptidão (habilitação).

Depreende-se, diante do exposto, uma tênue importância da empresa líder no consórcio, sendo necessária a sua existência para que, como já mencionado, fixe-se a representante dos consórcios perante a Administração, que agirá, num primeiro momento, como intermediadora e controladora do cumprimento das obrigações contratuais.

Assim também se posicionaram Ivan Barbosa Rigolin e Marco Tulio Bottino, relembrando que: "As condições específicas de como se dará esse relacionamento devem figurar com todos os detalhes no edital completo, nas condições gerais, onde serão previstas questões como o controle e a fiscalização da execução do objeto contratual; a responsabilização dos consorciados e seu eventual apenamento administrativo por inadimplência de condição; formas e condições de pagamento, e distribuição das parcelas devidas a cada consorciado, para isso fixando-se medições e sistemas de acompanhamento; o encaminhamento de pedidos e reivindicações dos consorciados, e outras possíveis".[313]

Também nessa linha de entendimento, posicionou-se o Advogado da União Francisco Rezende Filho, em parecer emitido no Rio de Janeiro, em outubro de 1998, destacando, de maneira veemente, dois aspectos importantes: a flagrante inconstitucionalidade da regra e a branda atuação da líder, nos consórcios para atendimento de contratos administrativos.

Infere-se, pelo exposto, que, apesar da obrigatoriedade da definição da empresa líder do consórcio, tal fato não denota importância maior que demande uma grande preocupação da Administração, porquanto, também como mencionado anteriormente, cada empresa em consórcio necessitará satisfazer na licitação (ou no seu afastamento), de *per si*, todos os requisitos para habilitação, de vez que, mesmo consorciados, não perdem a condição de pessoa jurídica isolada.

---

[312] MEIRELLES. *Direito administrativo brasileiro*, 20. ed., p. 287.
[313] RIGOLIN; BOTTINO. *Manual prático das licitações*: Lei nº 8.666/93, 5. ed., p. 211.

Em face das diversas premissas, não se pode olvidar que, iniciada a execução de um contrato por um consórcio, tendo havido prévia licitação ou o devido afastamento legal, é de se ter cautela caso ocorra uma descontinuação consorcial, com a saída de um dos consorciados.

É fato que parte minoritária da doutrina, fulcrada na solidariedade que a lei impõe, além do necessário atendimento *intuitu personae*, tem concluído pela inadmissibilidade da retirada da empresa líder de consórcio, ao longo da execução contratual.[314]

Parece-nos, no entanto, conforme já explicitado, que esta interpretação, totalmente isolada e discrepante da maioria esmagadora doutrinária, desfalece, por desconsiderar o que foi fartamente demonstrado anteriormente, qual seja, a tênue linha que sustenta a solidariedade, além da branda importância da empresa líder na constituição do consórcio.

É claro que, para a manutenção do acordo com as empresas restantes do consórcio, há de se ater a Administração a alguns requisitos inafastáveis. Num primeiro momento, faz-se mister observar objetivamente a proporção da participação na execução do objeto da consorciada que se retirou do consórcio. Se considerada não somente a percentagem, mas a natureza da participação, ou seja, o que lhe caberia efetivamente executar, avaliando-se se esta pode ser desempenhada pelas empresas remanescentes (individualmente ou em conjunto), já que, com o passar do tempo, as mesmas podem ter crescido, evoluído e atingido um patamar antes não alcançado, sem que haja prejuízo para a Administração, vislumbra-se que, neste aspecto, nada poderia obstar a assunção da obrigação.

Além disso, como segundo passo, demonstrada a ausência de qualquer prejuízo no que se refere à execução, deve o Poder Público solicitar, ainda, justificativa da desconstituição do consórcio, que será devidamente apreciada, visando elidir eventual alegação de "aluguel" de participação.

Sobre o tema, alerta Marçal Justen que se deve reprimir que a empresa forneça seu nome comercial apenas para viabilizar a participação de outras na licitação. "Evita-se a conjugação de um número absurdo de empresas, todas reunidas apenas para o fim de propiciar quantitativos mínimos e cuja viabilidade de operação é nula. Enfim, a restrição legal relaciona-se com a idéia de capacitação real e não meramente formal ou aparente".[315]

---

[314] Esse é o entendimento, por exemplo, da consultoria Zênite.

[315] JUSTEN FILHO. *Comentários à Lei de Licitações e Contratos Administrativos*: de acordo com a Emenda Constitucional nº 19, de 4.6.1998, e com a Lei Federal nº 9.648, de 27.5.1998, 5. ed., p. 340.

Por derradeiro, apesar da saída da empresa líder, por si só, não demandar a descontinuidade da contratação, faz-se necessário que as remanescentes comprovem terem alcançado capacidade técnica idêntica ou superior àquela demonstrada pela empresa que se retirou do consórcio, demonstrando, também, que reúnem possibilidades de preencher as condições de liderança dispostas no instrumento convocatório (quase sempre condições de habilitação técnica, já, portanto, comprovadas).

Destarte, atendidos todos os pressupostos, entendemos ser inconteste a legalidade da ação de permanência da contratação, devendo para tal ser providenciado o competente aditamento, restando relembrar que, caso não atendidos qualquer um dos requisitos, é dever do Administrador partir para a rescisão contratual.

*Art. 18. A autoridade competente para determinar a contratação poderá revogar a licitação em face de razões de interesse público, derivadas de fato superveniente devidamente comprovado, pertinente e suficiente para justificar tal conduta, devendo anulá-la por ilegalidade, de ofício ou por provocação de qualquer pessoa, mediante ato escrito e fundamentado.*

*§1º A anulação do procedimento licitatório induz à do contrato.*

*§2º Os licitantes não terão direito à indenização em decorrência da anulação do procedimento licitatório, ressalvado o direito do contratado de boa-fé de ser ressarcido pelos encargos que tiver suportado no cumprimento do contrato.*

## 51 Revogação e anulação

O art. 18 reproduz, com leves alterações, o art. 49 da Lei nº 8.666/93.

Em princípio, qualquer ato administrativo pode ser revogado ou anulado. A revogação é utilizável quando a autoridade da Administração, exercitando sua competência administrativa, chega à conclusão de que certo ato não atendeu ao interesse público, pelo que resolve dar a ele um fim. Celso Bandeira de Mello conceitua a revogação como "a extinção de um ato administrativo ou de seus efeitos por outro ato administrativo, efetuada por razões de conveniência e oportunidade, respeitando os efeitos precedentes".[316]

Diversamente, a anulação não está alicerçada no interesse público, mas sim no vício, na ilegalidade.

A possibilidade jurídica de a Administração revogar ou anular seus próprios atos está confirmada na Súmula nº 473 do STF, que dispõe:

A Administração pode anular seus próprios atos, quando eivados de vícios que os tornam ilegais, porque deles não se originam direitos; ou revogá-los por motivo de conveniência ou oportunidade,

---

[316] BANDEIRA DE MELLO. *Elementos de direito administrativo*. 3. ed., p. 154.

respeitados os direitos adquiridos, e ressalvada, em todos os casos, a apreciação judicial.

Como a revogação ato ínsito da Administração, causou estranheza a inovação trazida pela Lei nº 8.666/93 ao comportamento do agente público nesse particular, o que originou diversas manifestações pregando a inconstitucionalidade da regra. Decorre que o novo diploma limita bastante o poder discricionário do mesmo quando condiciona a revogação da licitação à ocorrência de fato superveniente em razão de interesse público, devidamente comprovado. Entretanto, não é tarefa fácil definir o interesse público. Acreditamos que a noção de interesse público varia em função do interesse e do lugar, daí serem precisas as ponderações de Dalmo de Dallari sobre o assunto:

> Outra dificuldade que muitos autores ressaltam diz respeito à consideração subjetiva do que seja interesse público, uma vez que os dados de fato podem ser os mesmos e, no entanto, um agente da Administração, a partir daqueles fatos, chega à conclusão de que determinada orientação é de interesse público, e outro agente da Administração, utilizando os mesmos fatos, chega à conclusão de que o rumo oposto é que é do interesse público.[317]

Diante de conceituação imprecisa, entendemos que o comportamento do agente público, em face do mandamento legal, deve pautar-se sempre na busca da finalidade do ato. Havendo desvio, ou seja, tendo o administrador motivos concretos e fundamentados que o façam inferir que o fim perseguido não será alcançado e, com isso, o não atendimento ao "bem comum", deverá (poder-dever) revogar a licitação. Sobre o tema, há de se sublinhar que o interesse público, legalmente definido como responsabilidade do Estado e finalidade de sua ação, não é outro senão, em síntese, o bem comum em sua expressão positiva.[318]

---

[317] DALLARI *apud* DI PIETRO. *Discricionariedade administrativa na Constituição de 1988.*
[318] MOREIRA NETO. *Curso de direito administrativo*: parte introdutória, parte geral, parte especial, 8. ed.

## 51.1 A questão da indenização

O §2º informa, tal como prevê a Lei nº 8.666/93, que a anulação da licitação não gera obrigação da Administração indenizar, salvo se ocorrer após a celebração do contrato e da execução de parte do objeto, pelo que esta parcela seria indenizada (a anulação da licitação induz à anulação do contrato).

A nosso ver, esse regramento configura flagrante inconstitucionalidade, pois a CF garante indenização aos lesados, por perdas e danos, sempre que ação do Estado der causa a essa lesão. Tem absoluta razão, portanto, Marçal Justen, ao asseverar que se deve reconhecer que a responsabilidade civil do Estado não adquire contornos especiais para o campo das licitações, aplicando-se nelas os princípios e regras já consagrados no Direito Administrativo. A indenização dependerá da existência de dano cuja concretização seja casualmente derivada da ação do Estado.[319]

A anulação do procedimento licitatório pode vir a acontecer após a celebração do contrato, o que ensejará a invalidade desse contrato por vício de origem. Nesse caso, evidentemente, cabe à Administração indenizar o contratado pelo que houver executado do objeto contratual, contanto que a ele não seja imputável à causa da anulação.

O desfazimento da licitação deve ser precedido de garantia do contraditório e da ampla defesa, conforme previsão constitucional (art. 5º, inc. LV, CF). Ressalta-se que não se está fazendo referência ao direito de recurso administrativo, mas sim do direito dos licitantes manifestarem-se em processo regular instaurado pela Administração.

---

[319] JUSTEN FILHO. *Comentários à Lei de Licitações e Contratos Administrativos*: de acordo com a Lei Federal nº 8.666, de 21.6.1993, p. 297.

ARTIGO 19 | 283

*Art. 19. Nenhum contrato será celebrado sem a efetiva disponibilidade de recursos orçamentários para pagamento dos encargos, dele decorrentes, no exercício financeiro em curso.*

## 52 A efetiva disponibilização de recursos orçamentários para pagamento dos contratos

Na 1ª edição deste trabalho, comentamos que, apesar de não constar objetivamente no diploma, fazia-se mister a previsão de recursos orçamentários que assegurem o pagamento das obrigações.

Este artigo 19 do regulamento preocupou-se com tal fato — não obstante entendermos que se trata de matéria atinente à lei, não ao regulamento — pois, em vez de determinar a "previsão orçamentária", dispõe que, para a celebração do contrato há de existir "efetiva disponibilidade de recursos orçamentários para pagamento no exercício financeiro em curso", o que, em princípio, afasta até mesmo a adoção dos restos a pagar.

Ainda assim, José Calasans não considera suficiente a inserção deste artigo, diante da omissão da lei em ponto fundamental:

> O que se impõe é a indicação precisa da existência, no momento da abertura do Pregão, dos recursos orçamentários que permitam a futura contratação. Nesse ponto incidem, indubitavelmente, as normas gerais da Lei nº 8.666/93 (arts. 7º, §2º, III, e 14), que têm natureza de princípios fundamentais de toda licitação pública.[320]

De outra banda, em posição que concordamos, sustenta Paulo Marcos Schmitt:

---

[320] CALASANS JUNIOR. O pregão nas licitações de bens e serviços. *ILC – Informativo de Licitações e Contratos*, p. 830.

No que diz respeito às questões orçamentárias, observe-se que os dispositivos (...) não condiciona a realização da licitação à disponibilidade de recursos orçamentários, mas fixa a necessidade de indicação de recursos próprios para a despesa, o que se relaciona com a previsão da existência de tais recursos. Não há impedimento, por exemplo, que a licitação seja iniciada e, eventualmente concluída, antes de iniciado o exercício orçamentário no qual será realizada a contratação. (...) Assim, o mais adequado seria deflagrar o certame com indicação orçamentária do próximo exercício, ainda que não se tenha objetivamente a dotação específica para a realização das despesas, vez que o orçamento (LDO/LOA) normalmente ainda não se encontra aprovado. A realização da despesa pública caracteriza-se pelo empenho da despesa (art. 35, inc. II, da Lei nº 4.320/64) e que, para a sua emissão, utilizam-se dotações consignadas na Lei Orçamentária Anual. Portanto, a mera indicação de que os recursos estão previstos já confere relativa segurança ao processo. Daí, se a lei (...) condiciona o início da licitação à indicação de recursos orçamentários, a contratação depende da efetiva disponibilidade orçamentária e financeira de tais recursos. Nesse sentido, caso a contratação venha a ocorrer apenas em (...), nada obsta (e nos parece a melhor alternativa, senão a única) que a Administração possa dar início à licitação, mesmo sem a disponibilidade de recursos orçamentários no presente momento, sendo suficiente e indispensável apenas a indicação da previsão dos recursos no orçamento (no caso, orçamento do exercício seguinte por conta da LDO já aprovada ou mesmo em tramitação) para dar suporte à despesa. Porém, a contratação somente poderá ser feita mediante a real disponibilidade orçamentário-financeira de tais recursos, ou seja, somente depois de aprovada a lei de orçamento do exercício subseqüente poder-se-á proceder à contratação com o prévio empenho da despesa.[321]

Sobre a questão, já nos pronunciamos no livro *Licitação passo a passo*:[322]

Este artigo traz outra inovação relevante: previsão de recursos para início da licitação. O art. 6º do Decreto-Lei nº 2.300/86 obrigava a

---

[321] SCHMITT. Questões pontuais sobre licitações e contratos em final de mandato: princípio da continuidade do serviço público. *ILC – Informativo de Licitações e Contratos*, p. 1127.

[322] 6. ed. Belo Horizonte: Fórum, 2010. p. 80.

existência de previsão orçamentária somente para o contrato. Com isso, tínhamos a todo o momento revogações de licitações, após, muitas vezes, árduos procedimentos, simplesmente por inexistência de recursos para a contratação, o que, com certeza, possibilitaria uma ação indenizatória por parte dos licitantes, ante os gastos de mobilização. Entrementes, o vínculo da previsão orçamentária à licitação, apesar de salutar, tem trazido problemas quase insolúveis.

Certo é que, consoante o preconizado no inciso II do §2º, as licitações só podem ser deflagradas se existir previsão de recursos orçamentários que assegurem o pagamento das obrigações decorrentes do objeto a ser executado no exercício financeiro em curso, de acordo com o respectivo cronograma. Tal questão tem suscitado debates de toda ordem, uma vez que, é claro, qualquer contratação que importe em dispêndio de recursos públicos dependerá da existência dos mesmos. Como a lei trata da licitação — e não do contrato, como ocorria com a lei pretérita — inseriu-se a expressão "previsão". Assim, a primeira impressão é a de que essa imposição decorre do princípio constitucional de que as despesas devem estar previstas no orçamento (art. 167, incs. I e II). Dessa forma, os compromissos só poderiam ser assumidos caso existisse receita (esse, inclusive, tem sido o entendimento majoritário). Ocorre que a solução de vincular a licitação à existência real de receita conflita, quase sempre, com o dia a dia da Administração, ocasionando, não raro, um grande vácuo entre o início do exercício financeiro e a data do orçamento aprovado. Logo, a regra legal vista sob essa ótica inviabilizaria as contratações durante alguns meses, no momento que se enfrentasse a questão na prática.

Em consequência, com o objetivo de oferecer uma linha de ação consistente para o problema, defendemos que a expressão "previsão" deva ser entendida exatamente como os dicionários a explicitam, qual seja, como uma avaliação realizada com antecedência, fundada, logicamente, em alguns alicerces seguros (tais como: históricos, previsões de comissões internas voltadas para questão etc.).

Assim, deverá o agente público responsável fazer constar no instrumento convocatório todos os elementos que responderão pela eventual despesa, com a indicação da dotação estimada na proposta orçamentária. Tal solução, inclusive, de certa forma, foi albergada pelo TCU, como se depreende do exposto na Decisão Plenária nº 622/96.

*Art. 20. A União publicará, no Diário Oficial da União, o extrato dos contratos celebrados, no prazo de até vinte dias da data de sua assinatura, com indicação da modalidade de licitação e de seu número de referência.*

*Parágrafo único. O descumprimento do disposto neste artigo sujeitará o servidor responsável a sanção administrativa.*

## 53 A publicação do extrato do contrato

Este artigo determina tratamento especial para a publicação na Imprensa Oficial dos extratos dos contratos oriundos do Pregão, visando a sua eficácia jurídica, determinando a divulgação, no prazo de até vinte dias da data de sua assinatura, com a indicação da modalidade de licitação e de seu número de referência.

A determinação causa surpresa em face de dois aspectos: (a) inicialmente, por ser assunto da alçada contratual, com todos os seus passos prescritos na parte reservada para tal Lei nº 8.666/93 (a Lei nº 10.520/02 não tem o condão de alterar disposições referentes aos contratos oriundos de qualquer modalidade de licitação). Ora, a publicação de extratos de contratos celebrados pela Administração já possui regramento próprio, em termos de prazos, no art. 61, parágrafo único, da Lei nº 8.666/93;[323] e (b) depois, diante de regras já positivadas para a elaboração de extratos de contratos, previstas no art. 33 do Decreto nº 93.872/86.[324]

---

[323] Lei nº 8.666/93: Art. 61. Todo contrato deve mencionar os nomes das partes e os de seus representantes, a finalidade, o ato que autorizou a sua lavratura, o número do processo da licitação, da dispensa ou da inexigibilidade, a sujeição dos contratantes às normas desta Lei e às cláusulas contratuais.
Parágrafo único. A publicação resumida do instrumento de contrato ou de seus aditamentos na imprensa oficial, que é condição indispensável para sua eficácia, será providenciada pela Administração até o quinto dia útil do mês seguinte ao de sua assinatura, para ocorrer no prazo de vinte dias daquela data, qualquer que seja o seu valor, ainda que sem ônus, ressalvado o disposto no art. 26 desta Lei. (redação dada pela Lei nº 8.883/94).

[324] Decreto nº 93.872/86: Art. 33. Os contratos, convênios, acordos ou ajustes, cujo valor exceda a CZ$2.000.000,00 (dois milhões de cruzados), estão sujeitos às seguintes formalidades:

O descumprimento de ato funcional por parte de servidor público, em qualquer situação, sujeita o responsável ao sancionamento administrativo. Nesse curso, o parágrafo único seria totalmente dispensável, tendo, por conseguinte, somente a função de alertar ao desavisado.

---

I – aprovação pela autoridade superior, ainda que essa condição não tenha sido expressamente estipulada no edital e no contrato firmado;

II – publicação, em extrato, no *Diário Oficial da União*, dentro de 20 (vinte) dias de sua assinatura.

§1º Os contratos, convênios, acordos ou ajustes firmados pelas autarquias serão aprovados pelo respectivo órgão deliberativo.

§2º O extrato a que se refere este artigo, para publicação, deverá conter os seguintes elementos:

a) espécie;

b) resumo do objeto do contrato, convênio, acordo ou ajuste;

c) modalidade de licitação ou, se for o caso, o fundamento legal da dispensa desta ou de sua inexigibilidade;

d) crédito pelo qual correrá a despesa;

e) número e data do empenho da despesa;

f) valor do contrato, convênio, acordo ou ajuste;

g) valor a ser pago no exercício corrente e em cada um dos subseqüentes, se for o caso;

h) prazo de vigência.

i) data de assinatura do contrato. (incluída pelo Decreto nº 206/91)

*Art. 21. Os atos essenciais do Pregão, inclusive os decorrentes de meios eletrônicos, serão documentados ou juntados no respectivo processo, cada qual oportunamente, compreendendo, sem prejuízo de outros, o seguinte:*

*I – justificativa da contratação;*

*II – termo de referência, contendo descrição detalhada do objeto, orçamento estimativo de custos e cronograma físico-financeiro de desembolso, se for o caso;*

*III – planilhas de custo;*

*IV – garantia de reserva orçamentária, com a indicação das respectivas rubricas;*

*V – autorização de abertura da licitação;*

*VI – designação do pregoeiro e equipe de apoio;*

*VII – parecer jurídico;*

*VIII – edital e respectivos anexos, quando for o caso;*

*IX – minuta do termo do contrato ou instrumento equivalente, conforme o caso;*

*X – originais das propostas escritas, da documentação de habilitação analisada e dos documentos que a instruírem;*

*XI – ata da sessão do Pregão, contendo, sem prejuízo de outros, o registro dos licitantes credenciados, das propostas escritas e verbais apresentadas, na ordem de classificação, da análise da documentação exigida para habilitação e dos recursos interpostos; e*

*XII – comprovantes da publicação do aviso do edital, do resultado da licitação, do extrato do contrato e dos demais atos relativos a publicidade do certame, conforme o caso.*

## 54 Atos essenciais do Pregão presencial

Numa válida tentativa de auxílio, principalmente ao pregoeiro, o legislador fez constar nesse artigo alguns atos essenciais do Pregão que, obrigatoriamente, comporão os autos do processo licitatório, com a ressalva de que os documentos provenientes de meios eletrônicos também serão entranhados.

A nosso ver, o "tiro pode sair pela culatra", uma vez que o aplicador desatento do regulamento pode ser levado a crer que o dispositivo elenca todos os passos da modalidade, o que, absolutamente, não é verdade.

## 55 A questão da aprovação jurídica

Interessante notar que no rol consta um ato não registrado na Lei n° 10.520/02 e no próprio regulamento, mas constitui-se em determinação da Lei n° 8.666/93: a aprovação jurídica do edital.

A Lei n° 8.666/93 determina o prévio exame e aprovação das minutas pela assessoria jurídica da Administração, ou seja, pelo setor jurídico da própria entidade que tenha instaurado o certame ou que venha a formalizar o contrato (art. 38, parágrafo único).

A questão da avaliação jurídica do edital licitatório tem causado discussões de toda a ordem. Trata-se de exigência aplicável subsidiariamente ao Pregão.

Dita a regra legal que as minutas de editais, bem como as dos contratos, acordos, convênios ou ajustes deverão ser previamente examinadas e aprovadas por assessoria jurídica da Administração.

Impende o reconhecimento de que a regra tem como finalidade evitar a descoberta de defeitos *a posteriori*, situação que, não raro, demandaria a invalidação do documento.

Nesse diapasão, fundamentado na ideia de que a aprovação pela assessoria jurídica não se trata de formalidade que se exaure em si mesma, afirma Marçal Justen, com razão, que o essencial é a regularidade do ato, não a aprovação da assessoria jurídica. Sustenta o jurista, aliás, que a ausência dessa observância não é causa autônoma de invalidade da licitação.[325]

---

[325] JUSTEN FILHO. *Comentários à Lei de Licitações e Contratos Administrativos*, 11. ed., p. 378.

A nosso ver, a apreciação jurídica é requisito obrigatório para validade jurídica do edital ou contrato. Nesse sentido, entre outras abalizadas palavras, as lições de Ari Sundfeld:

> (...) o órgão jurídico deve aprovar as minutas, o que lhe confere um poder decisório pouco usual nas atividades consultivas. A medida, radical, visa a assegurar ao máximo a observância do princípio da legalidade, tão desprezado pela Administração Brasileira.[326] [327]

Todavia, apesar de emissão obrigatória, o parecer não necessariamente deverá ser seguido pela Administração. Marçal Justen, da mesma forma, considera que o descumprimento da regra não nulifica o procedimento se o edital ou o contrato não possuía vício, posto que configurar-se-ia tão somente a responsabilidade funcional para os agentes que deixaram de atender à formalidade.[328] [329]

Recentemente, julgado do Supremo Tribunal Federal (STF) adentrou na seara dos pareceres jurídicos emitidos para orientação dos administradores públicos, tendo-os categorizados de acordo com sua obrigatoriedade em relação à observância pelo administrador público e pela necessidade de constarem no processo administrativo. O julgado fez distinção de pareceres, distinguindo-os como facultativos, obrigatórios

---

[326] SUNDFELD. *Licitação e contrato administrativo*: de acordo com as Leis nº 8.666/93 e nº 8.883/94, p. 95.

[327] As decisões do TCU convergem nesse sentido, sempre indicando a observância da obrigatoriedade do exame e aprovação de minutas de editais e de acordos pela Assessoria Jurídica do órgão, ante o que dispõe o parágrafo em comento (Exemplos: decisões nº 107/95-2, nº 359/95-P, nº 319/96-P, nº 167/96-1, nº 91/97-P, nº 584/97-1, dentre outras).

[328] Parte preponderante da doutrina especializada considera que a falta de aprovação jurídica, em si, pode não caracterizar vício, uma vez que o edital e o contrato, mesmo sem o aval do setor jurídico, podem estar corretos, o que levaria ao entendimento de que a inobservância ao disposto no parágrafo não seria causa de invalidação.

[329] É voz corrente na melhor doutrina que o parecer jurídico não vincula o administrador público, uma vez que se trataria de mera opinião a ser adotada ou não. Neste ponto, inclusive, já se manifestou o STF: "(...) o parecer não é ato administrativo, sendo, quando muito, ato de administração consultiva, que visa a informar, elucidar, sugerir providências administrativas a serem estabelecidas nos atos de administração ativa" (MS nº 24.073/DF – Rel. Min. Carlos Velloso, *DJ*, 31.10.2003).

e vinculantes. De acordo com a decisão da Corte Suprema, quando a consulta for facultativa, a autoridade não se vincula ao parecer proferido, sendo que seu poder de decisão não se altera pela manifestação do órgão consultivo; na hipótese de consulta obrigatória, a autoridade administrativa se vincula a emitir o ato tal como submetido à consultoria, com parecer favorável ou contrário, e se pretender praticar ato de forma diversa da apresentada à consultoria, deverá submetê-lo a novo parecer; quando, por fim, a lei estabelece a obrigação de decidir à luz de parecer vinculante, essa manifestação de teor jurídico deixa de ser meramente opinativa e o administrador não poderá decidir senão nos termos da conclusão do parecer ou, então, não decidir.[330]

Consoante temos asseverado — com manutenção após o julgado da Corte Maior —, os pareceres referentes aos editais e contratos se alojam nos casos de pareceres obrigatórios, tendo o agente público liberdade para não cumprir o opinamento do parecerista, podendo emitir o ato da forma que foi submetido à consultoria, sendo obrigado, entrementes, caso pretenda praticar o ato de maneira diversa da apresentada, a submetê-lo a novo parecer.

Há, por conseguinte, total liberdade de ação da Administração para adotar o ato apresentado ao parecerista, não podendo, contudo, alterá-lo da forma em que foi submetido à análise jurídica, exceto se pedir novo parecer.[331]

É o que também colaciona Jair Santana, considerando o previsto no §2º do art. 42 da Lei nº 9.784/99, que estabelece que, se um parecer obrigatório e não vinculante deixar de ser emitido no prazo fixado (o *caput* do artigo determina o prazo máximo de 15 dias), o processo poderá ter prosseguimento e ser

---

[330] MS nº 24.631/DF – Rel. Min. Joaquim Barbosa, *DJe*, 31.01.2008.

[331] Diante dos termos da Lei nº 8666/1993, haverá de surgir entendimentos no sentido de que a apreciação jurídica dos editais se enquadraria nos casos de pareceres vinculantes. Relembramos, todavia, que doutrina de peso entende não existir no ordenamento jurídico brasileiro hipóteses de pareceres dessa categoria, como, por exemplo, a administrativista Maria Sylvia Di Pietro, "(...) dizer que a autoridade pede um parecer e é obrigada a curvar-se àquele parecer, eu confesso que não conheço exemplos aqui no Direito brasileiro" (Responsabilidade dos procuradores e assessores jurídicos da Administração Pública. *Boletim de Direito Administrativo – BDA*, p. 6, jan./2008).

decidido com sua dispensa, sem prejuízo da responsabilidade de quem se omitiu no atendimento:

> Seja como for, o parecer do assessor jurídico, entretanto, via de regra não tem caráter vinculativo, não estando a Administração Pública obrigada a segui-lo, desde que tenha respaldo legal. Tanto é verdade, que, se o assessor jurídico não respeitar o prazo fixado no *caput* do artigo 42, deve a autoridade superior valer-se do disposto no §2º do mesmo artigo, e dar prosseguimento ao certame. A não vinculação do parecer jurídico explica-se pelo fato de que o mencionado documento é opinião técnica, que visa nortear o administrador público na escolha da melhor conduta.[332]

Realmente, como observa o jurista, a doutrina tem encontrado dificuldades para distinguir entre pareceres vinculantes e não vinculantes. Dallari e Ferraz, em trabalho minucioso, assentiram que é deveras complicado entender a distinção "pois parecer vinculante não é parecer: é decisão".[333]

Ainda sobre a matéria, continua o jurisconsulto:

> Devemos lembrar, no entanto, que o parecer é peça obrigatória do procedimento. Embora sua ausência não gere a nulidade daquele, seu conteúdo tem papel relevante, pois orienta o administrador, conferindo base jurídica ao edital. A ausência ou deficiência de regras claras a propósito da atuação do assessor jurídico tem, não raro, repercussões negativas de toda ordem, (...).

Como é cediço, o parecer constitui ato pelo qual os órgãos consultivos emitem opinião sobre assuntos de sua competência. Consubstanciam, portanto, pontos de vista, integrando o processo de formação do ato. A não vinculação do parecer jurídico explica-se, portanto, pelo fato de que se constitui apenas em opinião especializada que objetiva nortear o agente público na escolha de conduta.

No caso do parecer referente a análise jurídica da minuta do edital/contrato, entendemos que o mesmo é peça processual, muito embora sua ausência não determine a nulidade.

---

[332] *Pregão presencial e eletrônico*, 2. ed., p. 311.

[333] *Processo administrativo*, p. 125.

Com idêntico entendimento, Ronny Charles:

> Realmente, o parecer emitido pelo órgão de assessoria jurídica serve para a orientação da decisão adotada pelo consulente, sendo também instrumento de verificação da legalidade, legitimidade e economicidade dos atos relacionados à gestão de recursos públicos. Contudo, embora o legislador tenha inovado, em relação ao que era prescrito pelo Decreto-Lei 2.300/86, tratando de "aprovação" das minutas, não nos parece que o prévio exame se caracterize como ato-condição, sem o qual perca validade a relação contratual pactuada.[334]

Afirmando, de forma taxativa, que os pareceres têm natureza opinativa, de caráter obrigatório, porém não vinculante, tratando exatamente da questão das apreciações das minutas de editais e contratos, é interessantíssima a observação do jurista:

> Essa assertiva é confirmada pela prática administrativa, já que ocorrem contratações ou publicações de editais que desrespeitam a remessa prévia dos autos ao órgão competente pelo assessoramento jurídico, para emissão de parecer, sem que isso cause necessariamente a anulação ou invalidação dos atos administrativos, pelos órgãos de controle. Se admitíssemos o parecer jurídico como vinculante, seria inequívoca a constatação de que todas as licitações, contratações, aditamentos e alterações contratuais, que prescindiram de tal manifestação, seriam inválidas. Mais ainda, significaria, a teor do §1º acima transcrito, que todos esses procedimentos apenas poderiam ter continuidade após a emissão do parecer jurídico, imposição abundantemente desmentida pela realidade fática, sendo, infelizmente, comum a realização de aditamentos contratuais sem a prévia oitiva ao órgão de assessoramento jurídico.

Em função do exposto, concluímos, trazendo à colação vetusto ensinamento do saudoso mestre Oswaldo Bandeira de Mello — mantido na íntegra na oportuna decisão antes mencionada do STF —, que o parecer emitido pelas consultorias jurídicas referentes às minutas de editais licitatórios e acordos administrativos enquadram-se efetivamente na categoria de obrigatórios, e não vinculantes, devendo ser encarada como obrigatória apenas a solicitação:

---

[334] *Leis de Licitações Públicas Comentadas*, 2. ed., p. 145.

O parecer é obrigatório quando a lei o exige como pressuposto para a prática do ato final. A obrigatoriedade diz respeito à solicitação do parecer (o que não lhe imprime caráter vinculante).[335]

## 55.1 A responsabilidade do advogado quanto à aprovação jurídica

Assunto trazido constantemente à baila, de capital importância, diz respeito à responsabilidade do profissional do Direito no que tange a sua manifestação acerca da minuta de edital ou de acordo.

A questão gira em torno da existência ou não de responsabilidade solidária.

Alguns doutrinadores se debruçaram sobre a matéria, e todos, de uma forma ou de outra, concluíram pela solidariedade, com a consequente punição, quando esse profissional tem postura que afronte o Direito ou mesmo com a adoção de procedimentos não fundados em documentos ou outras provas.

A matéria encontra-se no momento equacionada, em face do entendimento do Superior Tribunal Federal (STF), que rejeitou a pretensão sumária do TCU de responsabilizar solidariamente um advogado de uma estatal com o agente que, baseado em seu parecer, decidiu pela contratação direta, considerado posteriormente irregular. Na decisão, concluiu a Corte Superior pela "impossibilidade, dado que o parecer não é ato administrativo, sendo, quando muito, ato de administração consultiva, que visa informar, elucidar, sugerir providências administrativas a serem estabelecidas. O advogado somente será civilmente responsável pelos danos causados, se decorrentes de erro grave, inescusável, ou de ato ou omissão praticado com culpa (...)".[336]

---

[335] *Princípios gerais de direito administrativo*, p. 575.

[336] Decisão proferida no MS nº 24.073-3/DF.

> Art. 22. *Os casos omissos neste Regulamento serão resolvidos pelo Ministério do Planejamento, Orçamento e Gestão.*

Dispõe o dispositivo quanto à competência para a resolução de casos omissos porventura surgidos na aplicação do regulamento, indicando para tal o Ministério do Planejamento, Orçamento e Gestão. Esse tipo de delegação nos traz logo à mente uma especial monografia do prof. Toshio Mukai, que andamos a repetir todas as vezes que somos instados a tratar do tema. O trabalho intitula-se *E ainda se legisla por portarias e/ou instruções normativas*, no qual o ilustre doutrinador dá vazão a toda a sua preocupação em face do então Ministério da Administração — baseado na competência a ele delegada pelo art. 3º do Decreto nº 1.094/1994 — ter editado a Instrução Normativa nº 5/1995, ditando procedimentos referentes ao Sistema de Cadastro Unificado de Fornecedores (SICAF), com determinações inconstitucionais e ilegais.

Incansável defensor do ordenamento jurídico pátrio, contrariadamente escreveu Mukai: "Ora, a Instrução Normativa vai muito além (...) quer se estender a toda a Administração Federal e não se atém aos aspectos operacionais (...)".[337]

Também Marçal Justen demonstrou desassossego: "É inconstitucional que um Ministro de Estado pretenda disciplinar atribuições e procedimentos englobados na competência de outros Ministérios".[338]

Como temos afiançado, estamos sempre na torcida que o citado ministério não se exceda nessa competência.[339]

---

[337] MUKAI. E ainda se legisla por portarias e/ou instruções normativas. *Boletim Legislativo Adcoas.*

[338] JUSTEN FILHO. *Comentários à Lei de Licitações e Contratos Administrativos*: com comentários à MP nº 2.026, que disciplina o pregão, 7. ed., p. 345.

[339] Ao longo dos anos de aplicação do Pregão, temos notado que o Ministério do Planejamento, salvo raríssimas exceções, tem delineado com eficiência o mister que lhe foi outorgado.

APENSO

# PROCEDIMENTO COMPLETO DO PREGÃO PRESENCIAL PASSO A PASSO

(LEI FEDERAL Nº 10.520/2002 – LEI FEDERAL Nº 8.666/1993 – REGULAMENTO APROVADO PELO DECRETO FEDERAL Nº 3.555/2000)

## 1 Etapa interna (introdutória)

– Surgimento da necessidade de aquisição de um "bem comum" ou a contratação de um "serviço comum".

– Elaboração da "requisição" pelo interessado, com a devida justificativa.

– Aprovação da necessidade pela autoridade competente, com a devida justificativa, após a verificação da previsão de recursos orçamentários.

– Elaboração da "estimativa de valor", através de orçamento detalhado, fulcrado nos preços praticados no mercado (estimativa em planilhas).

– Definição do objeto da licitação.

– Elaboração do "termo de referência", considerando o orçamento efetuado, no qual constarão os métodos, a estratégia de suprimento (se for o caso), prazo de execução do contrato (ou instrumento substitutivo) e outros elementos julgados necessários.

– Reserva de recursos orçamentários.

- Estabelecimento de critérios de aceitação das propostas, exigências para a habilitação, sanções aplicáveis, cláusulas contratuais etc. (ou seja, elaboração do edital e da minuta de contrato).
- Aprovação jurídica da minuta do edital e da minuta de contrato (ou documento substitutivo).
- Determinação da abertura da licitação.
- Designação do "pregoeiro" (servidor da Administração) e dos componentes da "equipe de apoio" ao pregoeiro.
- Divulgação do edital através de aviso na imprensa oficial, na internet e, em situações especiais que necessitem de grande divulgação, em jornal privado.

## 2 Etapa externa

- Credenciamento dos representantes.
- Abertura da sessão pública.
- Recebimento da declaração formal de pleno conhecimento dos requisitos habilitatórios.
- Recebimento dos envelopes (proposta e documentação).
- Abertura dos envelopes com propostas.
- Seleção, com base nos critérios estabelecidos no edital.
- Divulgação, em alta voz, do resultado.
- Solicitação de oferecimento de lances (iniciando a partir do licitante que teve a proposta classificada em último lugar, ou seja, a proposta classificada, mas com preço mais alto).
- Classificação final, com a declaração do "vencedor".
- Exame, pelo pregoeiro, da proposta (lance) classificada em primeiro lugar quanto à compatibilidade em relação ao estimado pela contratação.
- Verificação, pelo pregoeiro, de quais licitantes são ME ou EPP ou, ainda, cooperativas (enquadráveis no estabelecido no art. 34 da Lei nº 11.488/07).
- Se a 1ª classificada for ME/EPP/cooperativa, será vencedora do certame.

PROCEDIMENTO COMPLETO DO PREGÃO PRESENCIAL PASSO A PASSO | 301

- Caso a 1ª classificada seja uma média ou grande empresa, o certame deverá ser considerado empatado, caso haja ME/EPP/cooperativa que tenha oferecido lance de até 5% superior ao melhor lance (empate ficto). Daí, essa deverá apresentar nova proposta no prazo máximo de 5 minutos após o encerramento dos lances, sob pena de preclusão.
- Caso a ME/EPP/cooperativa não apresente novo lance, serão convocadas a oferecê-lo às demais ME/EPP/cooperativas também empatadas fictamente, sendo concedido o prazo de cinco minutos.
- Abertura do envelope de documentação do "vencedor".
- Divulgação do resultado da apreciação da documentação.
- Indagação quanto à intenção de interposição de recurso.
- Manifestação ou não de intenção de interposição de recurso (motivada).

*A partir desse momento, dois caminhos poderão ser tomados, dependendo da existência ou não de manifestação de interposição de recurso.*

## 2.1 Não existindo manifestação recursal

- Imediata adjudicação, realizada pelo pregoeiro.
- Possibilidade de negociação direta com o adjudicatário, numa tentativa de redução do preço ofertado.
- Término da sessão, com a lavratura de ata.
- Homologação, realizada pela autoridade competente.
- Convocação para a celebração do contrato (ou instrumento substitutivo).

## 2.2 Tendo ocorrido interposição de recurso

- Término da sessão, com a lavratura de ata.
- Decisão quanto aos recursos (realizada através do procedimento determinado para recurso hierárquico).

- Adjudicação, realizada pela autoridade competente.
- Possibilidade de negociação direta com o adjudicatário, numa tentativa de redução do preço oferecido.
- Homologação; e
- Convocação para a celebração do contrato (ou instrumento substitutivo).

# MODELOS

# MODELO DE "PORTARIA DE DESIGNAÇÃO DO PREGOEIRO E EQUIPE DE APOIO"

Portaria nº _____/2011

_____, Diretor da _____, no uso de suas atribuições legais e considerando o disposto no Decreto nº 3.555, de 8 de agosto de 2000, designa o servidor_____ para atuar como PREGOEIRO desta Diretoria, pelo prazo de 12 meses, a contar da presente data, designando, também, os servidores listados abaixo para comporem a sua equipe de apoio:

1._____

2._____

3._____

4._____

_____, _____ de _____de_____

_____
Diretor

# MODELO DE "MANIFESTAÇÃO DE INTENÇÃO DE INTERPOSIÇÃO DE RECURSO EM PREGÃO"

MANIFESTAÇÃO DE INTENÇÃO DE
INTERPOSIÇÃO DE RECURSO

LICITAÇÃO: Nº \_\_\_\_

Pregão

_____, representante legal da empresa _____, manifesta a intenção de interpor recurso contra o ato _____ do PREGOEIRO, em virtude de _____.

_____

Local e data

_____

Assinatura

# MODELO DE "EDITAL DE PREGÃO"

MINISTÉRIO DA _____
EDITAL DE LICITAÇÃO Nº_____/___
MODALIDADE: Pregão

Por ordem do Ordenador de Despesas do (nome do órgão), faço público que, no salão de reuniões, localizada no _____, nesta cidade, em ato público, será realizada licitação na modalidade Pregão, do tipo MENOR PREÇO, em conformidade com o que determina a Medida Provisória nº___/2001, o regulamento aprovado pelo Decreto nº 3.555/2000, a Lei nº 8.666/93, subsidiariamente, demais normas legais pertinentes e as condições do presente edital, sendo observadas as seguintes datas e horários:

a) visita técnica obrigatória às instalações do Parque Computacional deste órgão, dia ___/___/___, às _____ horas.

b) reunião de esclarecimento de dúvidas na sala de reuniões deste órgão, dia ___/___/___, às _____ horas.

c) credenciamento dos representantes das empresas interessadas: dia ___/___/___, às _____horas.

d) abertura da sessão pública, com o recebimento dos envelopes com "proposta de preços" e "documentos de habilitação", dia ___/___/___, às _____ horas.

e) abertura dos envelopes de "proposta de preços": dia ___/___/___, às _____ horas.

# 1 – APROVAÇÃO JURÍDICA DA MINUTA DE EDITAL

A minuta do presente Edital foi aprovada pela Assessoria Jurídica da _____ através do Parecer nº _____, nos termos do parágrafo único do art. 38, da Lei nº 8.666/93.

# 2 – DO OBJETO DA LICITAÇÃO

O objeto da presente licitação é a contratação de empresa especializada para prestação de serviços de Manutenção Corretiva e Preventiva dos Equipamentos do Parque Computacional deste órgão, conforme especificado neste Edital e seus anexos.

# 3 – DOS ANEXOS

Fazem parte integrante do Edital os seguintes anexos:
a) Termo de referência;
b) Minuta de contrato;
c) Modelo de proposta de preços;
d) Modelo de atestado de visita técnica; e
e) Modelo de proposta de preços.

# 4 – DO CREDENCIAMENTO

Os representantes dos licitantes serão credenciados pelo Pregoeiro e deverão apresentar procuração, através de instrumento público ou de instrumento particular com firma reconhecida, que lhes confira poderes para oferecer lances, negociar preços e praticar todos os demais atos pertinentes ao certame, em nome da empresa licitante.

Sendo o representante sócio ou dirigente da licitante, deverá apresentar cópia do respectivo Estatuto ou Contrato Social, no qual estejam expressos seus poderes.

Além do instrumento de mandato, deverão apresentar obrigatoriamente sua cédula de identidade ou documento equivalente.

# 5 – DAS CONDIÇÕES DE PARTICIPAÇÃO

## 5.1 – Da participação

Somente poderão participar desta licitação empresas brasileiras ou empresas estrangeiras em funcionamento no Brasil, pertencentes ao ramo do objeto licitado, sendo vedada a participação de consórcios, empresas com falência decretada, concordatárias, declaradas inidôneas para licitar ou contratar com a Administração Pública ou com suspensão do direito de licitar e contratar com este órgão.

## 5.2 – Da habilitação

A habilitação à presente licitação será realizada mediante comprovação de:
– habilitação jurídica;
– qualificação técnica;
– qualificação econômico-financeira; e
– regularidade fiscal

## 5.2.1 – Habilitação jurídica

a) Ato constitutivo, estatuto ou contrato social em vigor, devidamente registrado, em se tratando de sociedades comerciais, e, no caso de sociedades por ações, acompanhado de documentos de eleição de seus administradores;
b) Inscrição do ato constitutivo, no caso de sociedades civis, acompanhada de prova de diretoria em exercício; e
c) Decreto de autorização, em se tratando de empresa ou sociedade estrangeira em funcionamento no País, e ato de registro ou autorização para funcionamento expedido pelo órgão competente.

## 5.2.2 – Qualificação técnica

a) Registro ou inscrição na entidade profissional competente;
b) Atestado de visita técnica devidamente preenchido e assinado pelo servidor responsável pela condução da visita às instalações do parque computacional deste órgão no dia ___/___/___;
c) Declaração formal de que dispõe de aparelhamento (equipamentos) que comportam a plena execução do objeto pretendido, indicando, também, a qualificação de cada um dos membros da equipe técnica responsável pela realização do objeto da presente licitação; e
d) Comprovação, mediante atestado emitido por pessoas jurídicas de direito público ou privado, devidamente registrado na entidade profissional competente, de que o licitante possui, em seu quadro permanente, profissional de nível superior ou outro devidamente reconhecido pela entidade competente detentor de atestado de responsabilidade técnica por execução de serviço de características semelhantes quando for o caso, ou sob cuja responsabilidade técnica foram executados serviços similares ao objeto de contratação.

## 5.2.3 – Qualificação Econômico-Financeira

a) Balanço patrimonial e demonstrações contábeis do último exercício social, podendo os mesmos serem atualizados por índices oficiais, quando encerrados há mais de três meses da data de apresentação da proposta.
Para efeito de avaliação de boa situação financeira do licitante, serão avaliadas as demonstrações de Liquidez Geral (LG), Solvência Geral (SG) e Liquidez Corrente (LC). As empresas que apresentarem resultado igual ou menor que 1(um) em qualquer dos índices deverão comprovar o capital mínimo de R$_____ (_____).

MODELO DE "EDITAL DE PREGÃO" | 311

b) Certidão negativa de falência ou concordata expedida pelo distribuidor da sede da pessoa jurídica.

## 5.2.4 – Regularidade Fiscal

a) Prova de inscrição no Cadastro Nacional de Pessoas Jurídicas (CNPJ);
b) Prova de regularidade para com a Fazenda Nacional; e
c) Prova de regularidade relativa à Seguridade Social e ao Fundo de Garantia por Tempo de Serviço (FGTS), demonstrando situação regular no cumprimento dos encargos sociais instituídos por lei, mediante apresentação das respectivas certidões.

## 5.2.5 – Do Sistema de Cadastro Unificado de Fornecedores (SICAF) e do Certificado de Registro Cadastral (CRC)

Os licitantes poderão deixar de apresentar os documentos de habilitação que já constem do SICAF, assegurado aos demais licitantes o direito de acesso aos dados nele constantes.

Os licitantes poderão também apresentar CRC (Certificado de Registro Cadastral), em substituição aos documentos porventura constantes de cadastro de órgão da Administração Pública, assegurado ao já cadastrado o direito de apresentar a documentação atualizada e regularizada na própria sessão.

## 6 – DA FORMA DE APRESENTAÇÃO DAS PROPOSTAS DE PREÇOS E DOS DOCUMENTOS DE HABILITAÇÃO

As propostas de preços e os documentos de habilitação deverão ser apresentados separadamente, em envelopes lacrados, com os seguintes dizeres, externamente:

"ENVELOPE Nº 1:
MINISTÉRIO DA_____
PROPOSTA DE PREÇOS
LICITAÇÃO Nº _____/_____ Pregão
EMPRESA: _____".

"ENVELOPE Nº 2:
MINISTÉRIO DA_____
DOCUMENTOS DE HABILITAÇÃO
LICITAÇÃO Nº _____/_____ Pregão
EMPRESA: _____".

## 6.1 – Da proposta

6.1.1 – A proposta deverá ser assinada pelo titular da empresa licitante ou por representante devidamente qualificado, isenta de emendas e rasuras.

6.1.2 – Não serão consideradas propostas com ofertas de vantagens não previstas neste Edital, nem preço ou vantagem baseada nas ofertas das demais licitantes. Para todos os efeitos legais e de direito, serão consideradas nulas e sem nenhum efeito as inserções às propostas não exigidas pelo presente Edital, tais como: "condições gerais"; "cláusulas contratuais"; etc.

6.1.3 – O preço deverá ser proposto em valores unitários dos serviços e por valor total mensal, como consta no modelo de proposta (Anexo ___), em moeda nacional, escrito obrigatoriamente por extenso e em algarismos, entendendo-se que, em caso de divergência entre os valores expressos por estas modalidades, prevalecerá o valor escrito por extenso.

O preço ofertado será absolutamente líquido, nele devendo estar computadas todas as despesas que incidam sobre o serviço, tais como: impostos, encargos sociais, etc., as quais ficarão a cargo da futura CONTRATADA.

MODELO DE "EDITAL DE PREGÃO" | 313

## 6.2 – Prazo de validade da proposta

O prazo de validade da proposta deve ser de 60 (sessenta) dias corridos, a contar de sua entrega.

## 6.3 – Dos documentos de habilitação

6.3.1 – Os documentos de habilitação serão, preferencialmente, arrumados na ordem em que estão citados neste Edital. Todas as folhas serão rubricadas pelo titular da empresa licitante ou por representante devidamente qualificado, e numeradas em ordem crescente.

6.3.2 – Os documentos poderão ser apresentados em original, por qualquer processo de cópia autenticada por cartório competente ou por servidor da Administração ou ainda por publicação em órgão da imprensa oficial.

## 7 – DA SESSÃO DO PREGÃO

Declarada aberta a sessão, os credenciados entregarão ao pregoeiro os envelopes com as propostas de preços e os documentos de habilitação. Os envelopes com os documentos de habilitação permanecerão lacrados sob guarda do mesmo.

7.1 – Da abertura dos envelopes com propostas de preços (classificação das propostas).

7.1.1 – Os envelopes com as propostas de preços serão abertos imediatamente pelo pregoeiro, que verificará a conformidade das propostas com os requisitos estabelecidos neste Edital, desclassificando, preliminarmente, aquelas que estiverem:

a) em desacordo com este Edital;

b) com preços excessivos (manifestamente superiores ao limite de preços do mercado), tomando-se como paradigma a "estimativa de valor" (demonstrada através de orçamento detalhado) contido no Termo de Referência em anexo; ou

c) com preços manifestamente inexequíveis.

# 314 | SIDNEY BITTENCOURT
PREGÃO PRESENCIAL – COMENTÁRIOS AO DECRETO Nº 3.555/2000 E AO REGULAMENTO DO PREGÃO...

7.1.2 – Verificada a compatibilidade com o exigido no edital, serão classificadas a proposta de menor preço e aquelas que tenham valores sucessivos e superiores em até 10% (dez por cento) daquela.

7.1.3 – Quando não existirem, no mínimo, três propostas superiores em até 10% (dez por cento) da menor proposta de preços, serão classificadas as três melhores propostas subsequentes à de menor preço, quaisquer que sejam seus valores.

7.1.4 – Havendo empate entre propostas de preços que se enquadrem nas hipóteses descritas nos dois subitens anteriores, serão todas consideradas classificadas.

## 7.2 – Dos lances verbais

7.2.1 – Após a classificação das propostas, o pregoeiro a divulgará em alta voz, e convidará individualmente os representantes dos licitantes classificados a apresentarem lances verbais, a partir do autor da proposta classificada de maior preço, de forma sucessiva, em valores distintos e decrescentes.

7.2.2 – A desistência de apresentação de lance verbal, após a convocação realizada, implicará na exclusão do licitante do certame, a não ser que todos os licitantes se recusem a apresentar lances verbais, quando, então, a ordem de classificação das propostas escritas será mantida.

7.2.3 – A rodada de lances verbais será repetida quantas vezes o pregoeiro considerar necessário.

## 7.3 – Do julgamento

7.3.1 – Encerrada a fase de oferecimento de lances verbais, as propostas serão reordenadas e o pregoeiro examinará a aceitabilidade da proposta agora primeira classificada, se for o caso.

## 7.4 – Da habilitação

7.4.1 – Superada a fase de classificação, o pregoeiro passará a abertura do envelope de documentos da primeira colocada, para exame.

7.4.2 – Se o primeiro colocado não for considerado habilitado, serão convocados os demais licitantes, na ordem de classificação, para exame de seus documentos de habilitação.

7.4.3 – O pregoeiro divulgará a classificação final, com a proclamação do vencedor do certame.

7.4.4 – Posteriormente, todos os licitantes serão consultados quanto a intenção de interposição de recursos, quando, então, dependendo do resultado da consulta, será seguido um dos caminhos constantes do item 9.

7.4.5 – Da reunião lavrar-se-á ata circunstanciada, na qual serão registradas todos os atos do procedimento e as ocorrências relevantes e que, ao final, será assinada pelo pregoeiro e pelos licitantes.

7.4.6 – Caso, excepcionalmente, seja suspensa ou encerrada a sessão antes de cumpridas todas as fases preestabelecidas, os envelopes, devidamente rubricados pelo pregoeiro e licitantes, ficarão sob a guarda do pregoeiro, sendo exibidos aos licitantes na reabertura da sessão ou na nova sessão previamente marcada para prosseguimento dos trabalhos.

## 8 – DO DIREITO DE PETIÇÃO

8.1 – Os licitantes que manifestaram o interesse em recorrer, terão o prazo máximo de três dias úteis para fazê-lo, a contar da data da lavratura da ata, ficando estabelecido o mesmo prazo para a apresentação, pelos demais licitantes, de contrarrazões, contado a partir do dia de término do prazo concedido para recurso.

8.2 – Os recursos serão dirigidos ao Ordenador de Despesas, via pregoeiro, que poderá reconsiderar seu ato, no prazo de três dias úteis, ou então, neste mesmo prazo, encaminhar o recurso, devidamente instruído, ao Ordenador, que proferirá a decisão no mesmo prazo, a contar do recebimento.

8.3 – Os resultados dos recursos serão divulgados mediante afixação no quadro de avisos deste órgão e comunicados a todos os licitantes via fax.

## 9 – DA ADJUDICAÇÃO E DA HOMOLOGAÇÃO

9.1 – Inexistindo manifestação recursal, caberá ao pregoeiro a adjudicação do objeto da licitação ao licitante vencedor, com a posterior homologação do resultado pelo Ordenador de Despesas, afixando-se a decisão no quadro de avisos.

9.2 – Ocorrendo recursos, resolvidos os mesmos, caberá ao Ordenador de Despesas a adjudicação do objeto da licitação ao licitante vencedor, seguindo-se a competente homologação do resultado, com a afixação da decisão no quadro de avisos.

## 10 – DA NEGOCIAÇÃO COM O ADJUDICATÁRIO

Adjudicado o objeto ao vencedor do certame, poderá o pregoeiro negociar diretamente com o adjudicatário, buscando obter um melhor preço.

## 11 – DA VISTA DOS AUTOS

Os autos do processo de licitação estarão com vista franqueada às interessadas na Divisão de Serviços Gerais deste órgão.

## 12 – DA IMPUGNAÇÃO AO EDITAL

Até 2 (dois) dias úteis antes da data fixada para recebimento das propostas, qualquer pessoa poderá solicitar esclarecimentos, providências ou impugnar o presente edital, mediante petição por escrito, protocolada na Secretaria deste órgão.

O pregoeiro decidirá sobre a petição no prazo de vinte e quatro horas.

Caso a impugnação seja acolhida, ou os esclarecimentos ou providências solicitados determinem alterações no Edital, será designada nova data para a realização do Pregão.

## 13 – DA REVOGAÇÃO E DA ANULAÇÃO

O Ordenador de Despesas poderá revogar a presente licitação, existindo razões de interesse público decorrente de fato superveniente devidamente comprovado, devendo anulá-la, por ilegalidade, mediante parecer escrito e devidamente fundamentado, assegurando-se o contraditório e a ampla defesa antes da deliberação final sobre o desfazimento do certame licitatório.

## 14 – DO CONTRATO A SER CELEBRADO

### 14.1 – Do prazo

Fica estabelecido o prazo de até três dias, a contar da homologação da licitação pelo Ordenador de Despesas, para a convocação do adjudicatário visando à celebração do contrato.

### 14.2 – Da manutenção das condições de habilitação

Para assinar o contrato o adjudicatário deverá comprovar que estão mantidas todas as condições demonstradas para habilitação no Pregão.

### 14.3 – Da publicação do extrato do contrato

As despesas referentes à publicação do extrato do contrato e de seus documentos decorrentes (termos aditivos, etc.) no *Diário Oficial da União* (*DOU*) correrão por conta da futura contratada.

# 15 – DO ADJUDICATÁRIO FALTOSO

## 15.1 – Das sanções

Recusando-se o adjudicatário a celebrar o respectivo contrato, após regularmente convocado no prazo estabelecido, ou não comprovando a manutenção das condições de habilitação na data da convocação, estará sujeito às seguintes sanções:

a) multa de ___ % (___por cento) do valor de sua proposição de preços; e

b) suspensão temporária de participar em licitação e impedimento de contratar com a este Ministério, por prazo não superior a _____ anos.

## 15.2 – Da cumulação de sanções

A sanção de suspensão de participar de licitação e impedimento de contratar poderá ser aplicada juntamente com a multa, facultada a defesa prévia do interessado no respectivo processo, no prazo de cinco dias úteis, a contar da data de publicação na imprensa oficial.

## 15.3 – Da convocação dos licitantes remanescentes

Caso o adjudicatário não apresente situação regular no ato da assinatura do contrato, ou recuse-se a assiná-lo, serão convocados para celebrá-lo os licitantes remanescentes, observada a ordem de classificação.

## 15.4 – Da extensão das penalidades

A sanção de suspensão de participar em licitação e contratar com este Ministério poderá ser também aplicada àquelas que:

MODELO DE "EDITAL DE PREGÃO" | 319

I – Retardarem a execução do Pregão;
II – Demonstrem não possuir idoneidade para contratar com a Administração; e
III – Fizerem declaração falsa ou cometerem fraude fiscal.

## 16 – DAS INFORMAÇÕES COMPLEMENTARES

Informações complementares que visem obter maiores esclarecimentos sobre a presente licitação serão prestadas pela Divisão de Obtenção deste órgão, no horário das 12:30 às 16:30 horas, pelo telefone/fax _____, ou, ainda pelo *e-mail*: _____.

Rio de Janeiro, em ____ de _____ de 2011.

_____
Cargo ou função

# REFERÊNCIAS

AMORIM, Portela. O valor do orçamento no pregão. *Correio Braziliense*, 18 jun. 2001. Caderno Direito e Justiça.

ARAÚJO, Dagoberto Domingos de. *Pregão presencial e eletrônico*: linguagem prática. 5. ed. Curitiba: Ed. Negócios Públicos, 2009.

ATALIBA, Geraldo; FOLGOSI, Rosolea. Comprovação de capacidade técnica em licitação. *ILC – Informativo de Licitações e Contratos*, n. 9, p. 532, nov. 1994.

BANDEIRA DE MELLO, Celso Antônio. *Curso de direito administrativo*. 5. ed. São Paulo: Malheiros, 1994.

BANDEIRA DE MELLO, Celso Antônio. *Curso de direito administrativo*. 8. ed. São Paulo: Malheiros, 1996.

BANDEIRA DE MELLO, Celso Antônio. *Elementos de direito administrativo*. 3. ed. rev. ampl. e atual. com a Constituição Federal de 1988. São Paulo: Malheiros, 1992.

BANDEIRA DE MELLO, Celso Antônio. Licitação nas estatais em face da EC nº 19. *Revista Diálogo Jurídico*, Salvador, n. 12, mar. 2002. Disponível em: <http:www.direitopublico.com.br>. Acesso em: 10 nov. 2009.

BANDEIRA DE MELLO, Oswaldo. *Princípios gerais de direito administrativo*. Rio de Janeiro: Forense, 1969. 2 v.

BARREIRA, Maurício Balesdent. 2004. *E-mail*.

BARROS, Sérgio Resende de. *Liberdade e contrato*: a crise da licitação. Piracicaba: Unimep, 1995.

BASTOS, Elísio Augusto Velloso. Pregão: limitação ao âmbito da União: inconstitucionalidade manifesta: possibilidade de sua utilização imediata por todos os membros da federação. *ILC – Informativo de Licitações e Contratos*, Curitiba, v. 9, n. 99, maio 2002.

BAZILLI, Roberto. A qualificação técnica no procedimento licitatório e a capacidade técnico-operacional do licitante. *ILC – Informativo de Licitações e Contratos*, Curitiba, v. 4, n. 40, jun. 1997.

BAZILLI, Roberto; MIRANDA, Sandra Julien. *Licitação à luz do direito positivo*. São Paulo: Malheiros, 1999.

BERLOFFA, Ricardo Ribas da Costa. *A nova modalidade de licitação*: pregão: breves comentários à Lei Federal nº 10.520/02: Lei do Pregão. Porto Alegre: Síntese, 2002.

BITTENCOURT, Sidney. Alteração de composição de consórcio criado com o objetivo de atender a Administração Pública. *In*: BITTENCOURT, Sidney (Org.). *Temas controvertidos sobre licitações e contratos administrativos*. Rio de Janeiro: Temas & Idéias, 2009.

BITTENCOURT, Sidney. *As licitações públicas e o estatuto nacional das microempresas*. 2. ed. Belo Horizonte: Fórum, 2010.

BITTENCOURT, Sidney. *Curso básico em licitação*. 3. ed. São Paulo: Lex Aduaneiras, 2011.

BITTENCOURT, Sidney. *Curso básico em licitação*. Rio de Janeiro: Revan, 1998.

BITTENCOURT, Sidney. *Licitação passo a passo*: comentando todos os artigos da Lei nº 8.666/93 totalmente atualizada, levando também em consideração a Lei Complementar nº 123/06, que estabelece tratamento diferenciado e favorecido às microempresas e empresas de pequeno porte nas licitações públicas. 6. ed. rev. ampl. e atual. Belo Horizonte: Fórum, 2010.

BITTENCOURT, Sidney. *Pregão eletrônico*: Decreto nº 5.450, de 31 de maio de 2005: Lei nº 10.520, de 17 de julho de 2002: considerando também a Lei Complementar nº 123/2006, que estabelece tratamento diferenciado e favorecido às microempresas e empresas de pequeno porte. 3. ed. rev. ampl. e atual. Belo Horizonte: Fórum, 2010.

BITTENCOURT, Sidney. *Pregão passo a passo*. 3. ed. Rio de Janeiro: Temas & Idéias, 2004.

BITTENCOURT, Sidney. *Pregão passo a passo*. 4. ed. Belo Horizonte: Fórum, 2010.

BLANCHET, Luiz Alberto. *Licitação*: o edital à luz da nova lei: Lei nº 8.666, de 21.6.1993. Curitiba: Juruá, 1993.

BLUM, Renato Opice. A internet e os tribunais. *Mundo Jurídico*.

BORGES, Alice Gonzalez. O pregão criado pela MP n. 2026/00: breves reflexões e aspectos polêmicos. *Jus Navigandi*, Teresina, ano 5, n. 43, jul. 2000. Disponível em: <http://jus.com.br/revista/texto/425>.

CADENAS, Leandro. Princípio da moralidade. *Algo sobre vestibular e concurso*. Disponível em: <http://www.algosobre.com.br/direito-administrativo/principio-da-moralidade.html>.

CAIRO, Alexandre. Habilitação. *In*: GASPARINI, Diogenes (Coord.). *Pregão presencial e eletrônico*. Belo Horizonte: Fórum, 2006.

CALASANS JUNIOR, José. O pregão nas licitações de bens e serviços. *ILC – Informativo de Licitações e Contratos*, Curitiba, n. 80, out. 2000.

CAMARÃO, Tatiana; GUSMÃO, Fabiana; PEREIRA, Fausto Cunha. *Manual prático do pregão*. Belo Horizonte: Mandamentos, 2008.

CARVALHO FILHO, José dos Santos. *Manual de direito administrativo*. 2. ed. Rio de Janeiro: Lumen Juris, 1999.

CARVALHO FILHO, José dos Santos. *Manual de direito administrativo*. 12. ed. Rio de Janeiro. Lumen Juris, 2005.

CINTRA DO AMARAL, Antônio Carlos. A Emenda 19 e o pregão, exposição proferida, como presidente da sessão, na abertura do painel sobre "O estágio atual das licitações e contratos administrativos. Imposição do procedimento licitatório aos entes criados – Administração Indireta – ou qualificados pelo Estado – Organizações Sociais". CONGRESSO BRASILEIRO DE DIREITO ADMINISTRATIVO, 14., Goiânia, 13 a 15 de setembro de 2000.

CINTRA DO AMARAL, Antonio Carlos. Novas considerações sobre o pregão. *CELC – Centro de Estudos sobre Licitações e Contratos*, São Paulo, 1º nov. 2002. Comentários. Disponível em: <http://www.celc.com.br/comentarios/71.html>. Acesso em: 28 jun. 2011.

CINTRA DO AMARAL, Antonio Carlos. Pregão: uma nova modalidade de licitação. *CELC – Centro de Estudos sobre Licitações e Contratos*, São Paulo, 1º jun. 2000. Comentários. Disponível em: <http://www.celc.com.br/comentarios/17.html> Acesso em: 1º jan. 2011.

CINTRA DO AMARAL, Antonio Carlos. Qualificação técnica da empresa na nova Lei de Licitações e Contratos Administrativos: Lei 8.666/93. *Revista Trimestral de Direito Público*, n. 5.

CINTRA DO AMARAL, Antonio Carlos. Vantagens e desvantagens do pregão. *CELC – Centro de Estudos sobre Licitações e Contratos*, São Paulo, 1º set. 2008. Comentários. Disponível em: <http://www.celc.com.br/comentarios/156.html> Acesso em: 1º jan. 2011.

COPOLA, Gina. Pregão: nova modalidade de licitação: simplificação de procedimento para aquisição de bens e serviços comuns. *Doutrina Adcoas*, v. 3, n. 10, p. 285-287, out. 2000.

CORREIA JÚNIOR, Newton. Crimes pela Web exigem lei própria. *Jornal ANJ*.

CRETELLA JÚNIOR, José. *Das licitações públicas*. 18. ed. Rio de Janeiro: Forense, 2006.

DALLARI, Adilson de Abreu. *Aspectos jurídicos da licitação*. 5. ed. atual. São Paulo: Saraiva, 2000.

DANTAS, Ivo. Constitucionalidade da reedição de medidas provisórias. *Consulex – Revista Jurídica*, v. 1, n. 3, p. 5-7, mar. 1997. Entrevista.

DI PIETRO, Maria Sylvia Zanella. *Direito administrativo*. 2. ed. São Paulo: Atlas, 1991.

DI PIETRO, Maria Sylvia Zanella. *Discricionariedade administrativa na Constituição de 1988*. 2. ed. São Paulo: Atlas, 2001.

DI PIETRO, Maria Sylvia Zanella. Responsabilidade dos procuradores e assessores jurídicos da Administração Pública. *Boletim de Direito Administrativo – BDA*, v. 24, n. 21, p. 6, jan. 2008.

DI PIETRO, Maria Sylvia Zanella. Responsabilidade dos procuradores e assessores jurídicos da Administração Pública. *Boletim de Direito Administrativo*, São Paulo, v. 24, n. 1, jan. 2008.

FERNANDES, Bruno Lacerda Bezerra. *Tribunal de Contas*: julgamento e execução. Campinas: Edicamp, 2002.

FERRAZ, Sérgio; DALLARI, Adilson Abreu. *Processo administrativo*. São Paulo: Malheiros, 2001.

FERREIRA, Sergio de Andréa. Fase recursal. *In*: GASPARINI, Diogenes (Coord.). Pregão presencial e eletrônico. Belo Horizonte: Fórum, 2006. p. 181.

FERREIRA, Wolgran Junqueira. *Licitações e contratos na Administração Pública*. São Paulo: Edipro, 1994.

FIGUEIREDO, Lúcia Valle. *Direitos dos licitantes*. 3. ed. rev. ampl. e atual. Pela Constituição de 1988 e pelo Decreto-Lei nº 2.300/86 e alterações posteriores. São Paulo: Malheiros, 1992.

FIUZA, Ricardo. *Novo Código Civil comentado*. São Paulo: Saraiva, 2002.

GARCIA JUNIOR, Armando Alvares. *Como representar bens e serviços estrangeiros no Brasil*. 3. ed. São Paulo: Lex, 2006.

GARCIA, Flávio Amaral. *Licitações e contratos administrativos*: casos e polêmicas. Rio de Janeiro: Lumen Juris, 2007.

GASPARINI, Diogenes. *Direito administrativo*. 13. ed. rev. e atual. São Paulo: Saraiva, 2008.

GASPARINI, Diogenes. *Pregão presencial e eletrônico*. Belo Horizonte: Fórum, 2006.

GASPARINI, Diogenes. Recursos na licitação e no pregão. *ILC – Informativo de Licitações e Contratos*, Curitiba, v. 11, n. 124, jun. 2004.

GAZINEO, José Alexandre Lima. Dos recursos administrativos na modalidade de pregão. *Jus Navigandi*, Teresina, ano 10, n. 756, 30 jul. 2005. Disponível em: <http://jus.com.br/revista/texto/7097>. Acesso em: 23 set. 2011.

GODOFREDO, Jorge. *A paralisação da etapa de lances no pregão presencial*.

GRAU, Eros Roberto. *A ordem econômica na Constituição de 1988*: interpretação e crítica. São Paulo: Revista dos Tribunais, 1990.

GUIMARÃES, Edgar. Impugnação ao edital de pregão. *Biblioteca Digital Fórum de Contratação e Gestão Pública – FCGP*, Belo Horizonte, ano 5, n. 51, mar. 2006. Disponível em: <http://www.bidforum.com.br/bid/PDI0006.aspx?pdiCntd=34488>. Acesso em: 27 jun. 2011.

JACOBY FERNANDES, Jorge Ulisses. A constitucionalidade do pregão. *Correio Braziliense*, Brasília, 20 nov. 2000. Caderno Direito e Justiça, p. 2.

JACOBY FERNANDES, Jorge Ulisses. Improbidade administrativa. *Revista do Tribunal de Contas da União*, v. 28, n. 73.

JACOBY FERNANDES, Jorge Ulisses. Licitação internética. *Jornal do Commercio*, Rio de Janeiro, 29 mar. 2001.

JACOBY FERNANDES, Jorge Ulisses. As peculiaridades da fase recursal do pregão. *ILC – Informativo de Licitações e Contratos*, n. 145, mar. 2003

JACOBY FERNANDES, Jorge Ulisses. Pregão: regulamentação e procedimentos. *L&C – Revista de Direito e Administração Pública*, v. 3, n. 29, nov. 2000.

JACOBY FERNANDES, Jorge Ulisses. Qualificação e capacitação do pregoeiro. Disponível em: <http://www.capitalpublico.com.br/conteudo/giro_capital/default.aspx?Id=cfb5e476-f5a6-47d7-ba6d-c46ff8c6030e>.

JACOBY FERNANDES, Jorge Ulisses. *Sistema de registro de preços e pregão presencial e eletrônico*. 3. ed. rev. atual. e ampl. Belo Horizonte: Fórum, 2008. (Coleção Jacoby de direito público, v. 7).

JACOBY FERNANDES, Jorge Ulisses. *Sistema de registro de preços e pregão*. Belo Horizonte: Fórum, 2003.

JACOBY FERNANDES, Jorge Ulisses. *Tribunais de Contas do Brasil*: jurisdição e competência. Belo Horizonte: Fórum, 2003.

JUSTEN FILHO, Marçal. *Comentários à Lei de Licitações e Contratos Administrativos*: de acordo com a emenda constitucional n. 19, de 4 de junho de 1998, e com a Lei Federal n. 9.648, de 27 de maio de 1998. 5. ed. rev. e ampl. São Paulo: Dialética, 1998.

JUSTEN FILHO, Marçal. *Comentários à Lei de Licitações e Contratos Administrativos*: com comentários à MP nº 2.026, que disciplina o pregão. 7. ed. rev. ampl. e acrescida de índice alfabético de assuntos. São Paulo: Dialética, 1999.

JUSTEN FILHO, Marçal. *Comentários à Lei de Licitações e Contratos Administrativos*: com comentários à MP nº 2.026, que disciplina o pregão. 8. ed. São Paulo: Dialética, 2000.

JUSTEN FILHO, Marçal. *Comentários à lei de licitações e contratos administrativos*. 4. ed. Rio de Janeiro: Aide, 1995.

JUSTEN FILHO, Marçal. *Comentários à Lei de Licitações e Contratos Administrativos*. 11. ed. São Paulo: Dialética, 2005.

JUSTEN FILHO, Marçal. *Pregão*. 5. ed. São Paulo: Dialética, 2009. p. 228.

JUSTEN FILHO, Marçal. *Pregão*: comentários à legislação do pregão comum e eletrônico. São Paulo: Dialética, 2001.

JUSTEN FILHO, Marçal. *Pregão*: comentários à legislação do pregão comum e eletrônico. 4. ed. rev. e atual. de acordo com a Lei Federal nº 10.520/2002 e os decretos federais nº 3.555/2000 e nº 5.450/2005. São Paulo: Dialética, 2008.

JUSTEN FILHO, Marçal. *Pregão*: comentários à legislação do pregão comum e eletrônico. São Paulo: Dialética, 2001.

JUSTEN FILHO, Marçal. Pregão: nova modalidade licitatória. *ILC – Informativo de Licitações e Contratos*, Curitiba, v. 8, n. 84, p. 3-32, jan. 2001.

LEÃO, Eliana Goulart. A exteriorização das decisões no procedimento licitatório. *ILC – Informativo de Licitações e Contratos*, Curitiba, n. 54, p. 749, ago.1998.

LIMA, Jonas. *Licitação pública internacional no Brasil*. Curitiba: Negócios Públicos, 2010.

MANATA, Leonardo. Participação de empresas estrangeiras em licitações no Brasil. Disponível em: <http://edittal.com/pt/artigos/participacao-de-empresas-estrangeiras-em-licitacoes-no-brasil/>. Acesso em: 11 jan. 2011.

MANUEL, Luis Eduardo Coimbra de. Breves comentários ao Decreto nº 7.174/10. *ILC – Informativo de Licitações e Contratos*, Curitiba, n. 199, p. 889, set. 2010.

MEIRELLES, Hely Lopes. *Direito administrativo brasileiro*. 20. ed. São Paulo: Malheiros, 1995.

MEIRELLES, Hely Lopes. *Direito administrativo brasileiro*. 23. ed. São Paulo: Malheiros, 1998.

MEIRELLES, Hely Lopes. *Licitação e contrato administrativo*. 11. ed. São Paulo: Malheiros, 1996.

MENDES, Renato Geraldo. A interposição de recurso na modalidade pregão. *ILC – Informativo de Licitações e Contratos*, Curitiba, n. 119, p. 48, jan. 2004.

MONTEIRO, Yara Police. *Licitação*: fases e procedimento: em conformidade com a Lei nº 8.666/93 e alterações da Lei nº 9.648/98.

MOREIRA NETO, Diogo de Figueiredo. *Curso de direito administrativo*: parte introdutória, parte geral, parte especial. 8. ed. rev. aum. e atual. pela Constituição de 1988. Rio de Janeiro: Forense, 1989.

MOREIRA, Ricardo Santos. Parecer s/nº, emitido em 29 de maio de 2011.

MOTTA, Carlos Pinto Coelho Motta. *Eficácia nas licitações e contratos*. 8. ed. Belo Horizonte: Del Rey, 1999.

MOTTA, Carlos Pinto Coelho Motta. *Eficácia nas licitações e contratos*. 10. ed. Belo Horizonte: Del Rey, 2005.

MOTTA, Carlos Pinto Coelho. *Aplicação do Código Civil às licitações e contratos*. Belo Horizonte: Del Rey, 2004.

MOTTA, Carlos Pinto Coelho. Eficácia nas Licitações e Contratos. 8. ed. Belo Horizonte: Del Rey, 1999.

MOTTA, Carlos Pinto Coelho. *Gestão fiscal e resolutividade nas licitações*. Belo Horizonte: Del Rey, 2001.

MOTTA, Carlos Pinto Coelho. *Pregão*: teoria e prática: nova e antiga idéia em licitação pública: atualizada pela Lei nº 10.520, de 17.7.2002. 2. ed. rev. e atual. até 13.8.2004. São Paulo: NDJ, 2004.

MOTTA, Carlos Pinto Coelho. Procedimentos em Licitações Internacionais. *Fórum de Contratação e Gestão Pública – FCGP*, Belo Horizonte, ano 1, n. 6, p. 629-638, jun. 2002.

MUKAI, Toshio. A lei do pregão: novidades na conversão da MP nº 2.182/8. *Fórum de Contratação e Gestão Pública – FCGP*, Belo Horizonte, ano 1, n. 8, ago. 2002.

MUKAI, Toshio. A medida provisória dos pregões: inconstitucionalidades e ilegalidades. *Boletim de Licitações e Contratos – BLC*, Curitiba, v. 15, n. 2, fev. 2002.

MUKAI, Toshio. E ainda se legisla por portarias e/ou instruções normativas. *Boletim Adcoas*, v. 30, n. 1, jan. 1996.

MUKAI, Toshio. *O novo estatuto jurídico das licitações e contratos públicos*: comentários à Lei 8.666/93, com as alterações promovidas pela Lei 8.883/94. 3. ed. rev. atual. e ampl. São Paulo: Revista dos Tribunais, 1994.

NEVES JÚNIOR, Caio Barbosa. Avaliando o pregão. Artigo encaminhado por *e-mail*.

NIEBUHR, Joel de Menezes. *Pregão presencial e eletrônico*. 4. ed. rev. atual. e ampl. Curitiba: Zênite, 2008.

NÓBREGA, Airton Rocha. Licitação na modalidade de pregão. *Jus Navigandi*, Teresina, ano 5, n. 42, jun. 2000. Disponível em: <http://jus.com.br/revista/texto/422>.

NÓBREGA, Airton Rocha. Proposta inexeqüível no Pregão. Disponível em: <http://www.conlicitacao.com.br/sucesso_pregao/pareceres/airtonrocha33.php>.

NÓBREGA, Airton Rocha. Responsabilidades e atuação do pregoeiro. Disponível em: <http://www.conlicitacao.com.br/sucesso_pregao/pareceres/airtonrocha35.php>

NORMANDO, Fernando. O pregão e a licitação internacional. *Boletim de Licitações e Contratos – BLC*, Curitiba, v. 17, n. 12, dez. 2004.

NUCCI, Carina. O mouse contra os ratos. *Veja*, v. 38, n. 23, p. 136-137, 8 jun. 2005.

OLIVEIRA, Fernão Justen. Qualificação técnica em licitação: a invalidade de exigir experiência idêntica. *Informativo Justen, Pereira, Oliveira e Talamini*, Curitiba, n. 24, fev. 2009. Disponível em: <http://www.justen.com.br/informativo>. Acesso em: 13 nov. 2009.

OLIVEIRA, Ivo Ferreira de. *Diligências nas licitações públicas*. Curitiba: JM, 2001.

OLIVEIRA, Jordão Gomes Januário de. Pregão eletrônico: transparência como ferramenta de prevenção à corrupção e de efetivação da cidadania. Disponível em: <https://bvc.cgu.gov.br/bitstream/123456789/3551/3/pregao_eletronico_transparencia_ferramenta.pdf>.

PALMIERI, Marcello Rodrigues. O pregão: aspectos práticos. *Jus Navigandi*, Teresina, ano 5, n. 43, jul. 2000. Disponível em: <http://jus.uol.com.br/revista/texto/424>. Acesso em: 22 abr. 2011.

PAULA, Cristiano Gomes de. Admissibilidade PM pregoeiro. Disponível em: <http://artigos.netsaber.com.br/resumo_artigo_861/artigo_sobre_admissibilidade_pm_pregoeiro>.

PEIXOTO, Ariosto. É possível fazer pregão eletrônico internacional?. Disponível em: <http://licitacao.uol.com.br/adm/img_upload/asse237.pdf>. Acesso em: 13 nov. 2009.

PÉRCIO, Gabriela Verona. O pregoeiro e a solução de impasses em sessão: algumas "premissas de atuação". *AMPCON – Associação Nacional do Ministério Público de Contas*. Disponível em: <http://www.ampcon.org.br/doutrina/pregoeiro.doc>. Acesso em: 10 nov. 2010.

PÉRCIO, Gabriela Verona; MENDES, Renato Geraldo. A capacidade técnico-operacional e a demonstração de experiência em licitações para obras e serviços de engenharia: repensando o art. 30, inc. II, §1º, inc. I da Lei nº 8.666/93. *ILC – Informativo de Licitações e Contratos*, Curitiba, v. 10, n. 115, p. 749, set. 2003.

PEREIRA JUNIOR, Jessé Torres. *Comentários à Lei das Licitações e Contratações da Administração Pública*: Lei nº 8.666/93, com a redação da Lei nº 8.883-94. 4. ed. Rio de Janeiro: Renovar, 1997.

PEREIRA JUNIOR, Jessé Torres. *Comentários à Lei das Licitações e Contratações da Administração Pública*. 6. ed. Rio de Janeiro: Renovar, 2003.

PEREIRA JUNIOR, Jessé Torres. Pregão, a sexta modalidade de licitação. *Portal de Licitações*, São Paulo, [s.d.]. Disponível em: <http://licitacao.uol.com.br/artdescricao.asp?cod=8>. Acesso em: 22 jun. 2010.

PEREIRA JUNIOR, Jessé Torres. Pregão, a sexta modalidade de licitação. *Direito Administrativo, Contabilidade e Administração Publica – DCAP*, v. 4, n. 6, jun. 2000.

PEREIRA JUNIOR, Jessé Torres. Sessão Pública. *In*: GASPARINI, Diogenes (Coord.). *Pregão presencial e eletrônico*. Belo Horizonte: Fórum, 2006.

PINHEIRO, Luiz Humberto Bezerra; COSTA, Ana Edite Olinda Norões; MORAES FILHO, Marco Antonio Praxedes de. *Licitações e contratos administrativos*: apontamentos. Leme: Mizuno, 2009.

PLAWIAK, Rainier Belotto. Contratos administrativos internacionais: a Lei nº 8.666/93 frente às normas do comércio internacional. *Revista Brasileira de Direito Internacional*, Curitiba, v. 2, n. 2, jul./dez. 2005.

RAMOS, Antônio Simeão. Procedimentos internos e externos da licitação na modalidade pregão. *ILC – Informativo de Licitações e Contratos*, Curitiba, v. 15, n. 169, mar. 2008.

REIS, Paulo Sergio de Monteiro. Termo de referência no pregão. *ILC – Informativo de Licitações e Contratos*, Curitiba, n. 122, p. 350, abr. 2004.

REIS, Ruimar Barboza dos. (Org.). *Pregão presencial e eletrônico*: cenário nacional. Curitiba: Negócios Públicos, 2009.

RIGOLIN, Ivan Barbosa. A jurisdição dos tribunais de contas. *Fórum de Contratação e Gestão Pública – FCGP*, Belo Horizonte, ano 3, n. 27, mar. 2004.

RIGOLIN, Ivan Barbosa. O excitante problema dos menores de idade nas licitações: a Lei nº 9.854, de 27.10.1999, não haverá o que fazer em Brasília?. *Direito Administrativo, Contabilidade e Administração Pública – DCAP*, v. 4, n. 1, jan. 2000.

RIGOLIN, Ivan Barbosa. Pregão: a inconcebível exigência de declaração de habilitação (Lei nº 10.520/02, art. 4º, inc. VII). *Fórum de Contratação e Gestão Pública – FCGP*, Belo Horizonte, ano 5, n. 53, maio 2006.

RIGOLIN, Ivan Barbosa; BOTTINO, Marcos. *Manual prático das licitações*: Lei n. 8.666/93. 4. ed. São Paulo: Saraiva, 2002.

RIGOLIN, Ivan Barbosa; BOTTINO, Marcos. *Manual prático das licitações*: Lei nº 8.666/93. 5. ed. rev. e atual. São Paulo: Saraiva, 2005.

RIGOLIN, Ivan Barbosa; BOTTINO, Marcos. *Manual prático das licitações*: Lei nº 8.666, de 21 de junho de 1993. 7. ed. São Paulo: Saraiva, 2008.

ROMERO, William. Participação de empresas estrangeiras em licitações no Brasil. Disponível em: <http://www.justen.com.br//informativo.php?&inform ativo=23&artigo=397&l=pt>. Acesso em: 11 jan. 2011.

SANTANA, Jair Eduardo. Recurso no pregão. *Revista O Pregoeiro*, fev. 2007.

SANTANA, Jair. *Pregão presencial e eletrônico*: sistema de registro de preços: manual de implantação, operacionalização e controle. Belo Horizonte: Fórum, 2006.

SANTOS, Lucineide Mendes dos. *Distinções entre regras e princípios*. Monografia (Requisito para conclusão do Curso de Aperfeiçoamento Ordem Jurídica e Ministério Público) – Fundação Escola Superior do Ministério Público do Distrito Federal e Territórios.

SANTOS, Valquíria Aparecida dos; BRAGA NETO, Maryberg Braga. A negociação como uma realidade inexorável no pregão. *ILC – Informativo de Licitações e Contratos*, Curitiba, v. 11, n. 120, p. 154-157, fev. 2004.

SANTOS, Volnei Moreira dos. *A lei do pregão no município*: uma visão prática e operacional. São Paulo: Verbo Jurídico, 2008.

SCARPINELLA, Vera. *Licitação na modalidade de pregão*: Lei nº 10.520, de 17.7.2002. São Paulo: Malheiros, 2003.

SCARPINELLA, Vera. *Pregão*: uma nova modalidade de licitação: comentários teóricos e práticos, pregão presencial e pregão eletrônico.

SCHMITT, Paulo Marcos Schmitt. Questões pontuais sobre licitações e contratos em final de mandato: princípio da continuidade do serviço público. *ILC – Informativo de Licitações e Contratos*, Curitiba, v. 11, n. 130, p. 1127-1133, dez. 2004.

SILVA, Arídio; RIBEIRO, J, Araujo; RODRIGUES, Luis A. Descendindo o pregão *eletrônico*: e-gov, cotação eletrônica, registro de preços, internet, Administração Pública: modelos em UML. Rio de Janeiro: Revan, 2002.

SILVA, De Plácido e. *Vocabulário jurídico*: edição universitária. 3. ed. Rio de Janeiro: Forense, 1973. 4 v.

SILVA, Josiel Gomes da. Parecer emitido em 18.01.2011. Ass. Jur. Dadm.

SILVA, Rodrigo Alberto C. da; MOLLICA, Julio Cesar. Pregões internacionais: ponto de vista. *ILC – Informativo de Licitações e Contratos*, Curitiba, n. 307, abr. 2004.

SMITH, Luis Gustavo Alves. Uma nova modalidade de licitação: o pregão. *ILC – Informativo de Licitações e Contratos*, Curitiba, v. 7, n. 76, jun. 2000.

SOARES, João Marcelino. Fraudes em licitações. *Recanto das Letras*, São Paulo, 18 jan. 2010. Disponível em: <http://recantodasletras.uol.com.br/textosjuridicos/2036951>. Acesso em: 4 jun. 2010.

SOUTO, Marcos Juruena Villela. *Direito administrativo contratual*. Rio de Janeiro: Lumen Juris, 2004.

SOUTO, Marcos Juruena Villela. *Licitações e contratos administrativos*. 3. ed. Rio de Janeiro: Esplanada, 2000.

SOUTO, Marcos Juruena Villela. *Licitações e contratos administrativos*: Lei nº 8.666, de 21.6.93, comentada. 3. ed. rev. ampl. e atual. pela EC nº 19/98 e pela Lei nº 9.648, de 27.5.1998. Rio de Janeiro: Esplanada:Adcoas, 1998.

SUNDFELD, Carlos Ari. *Licitação e contrato administrativo*: de acordo com as Leis nº 8.666/93 e nº 8.883/94. 2. ed. São Paulo: Malheiros, 1995.

TEIXEIRA, Egberto Lacerda; GUERREIRO, José Alexandre Tavares. *Das sociedades anônimas no direito brasileiro*. São Paulo: José Bushatsky, 1979.

TOLOSA FILHO, Benedicto de. *E-mail*, 2004.

TOLOSA FILHO, Benedicto de. Conceito de inexequibilidade da proposta de preços para aquisição de bens na modalidade pregão. *ILC – Informativo de Licitações e Contratos*, Curitiba, v. 16, n. 190, p. 1128-1130, dez. 2009.

TOLOSA FILHO, Benedicto de. Fraude nos pregões. *ILC – Informativo de Licitações e Contratos*, Curitiba, v. 18, n. 207, p. 442-443, maio 2011.

TOLOSA FILHO, Benedicto. *Pregão*: uma nova modalidade de licitação: comentários teóricos e práticos, pregão presencial e pregão eletrônico. 3. ed. Rio de Janeiro: Forense, 2009.

TOLOSA FILHO. Benedicto de. *Capacitação de pregoeiro*. No prelo.

TORRES, Ronny Charles Lopes de. *Leis de Licitações Públicas comentadas*. 2. ed. Salvador: JusPodivm, 2009.

TROVÃO, Antônio de Jesus. A questão do preço justo. Disponível em: <http://www.boletimjuridico.com.br/doutrina/texto.asp?id=552>.

VASCONCELLOS, Pedro Barreto. Pregão: nova modalidade de licitação. *Revista de Direito Administrativo – RDA*, n. 222, p. 213-238, out./dez. 2000.

VILHENA, Renata. Pregão: uma nova modalidade de licitação. *Portal Licitação. com.br*.

VIOLIN, Tarso Cabral. Parecer emitido em 8 out. 2002. Consultoria NDJ.

ZAGO, Livia Maria Armentano Koenigstein. Princípios, aplicabilidade, modalidade. *In*: MEDAUAR, Odete (Org.). *Licitações e contratos administrativos*: coletânea de estudos. São Paulo: NDJ, 1998.

# LEGISLAÇÃO

## DECRETO Nº 3.555, DE 8 DE AGOSTO DE 2000[1]

*Aprova o Regulamento para a modalidade de licitação denominada pregão, para aquisição de bens e serviços comuns.*

**O PRESIDENTE DA REPÚBLICA**, no uso das atribuições que lhe confere o art. 84, incisos IV e VI, da Constituição e tendo em vista o disposto na Medida Provisória nº 2.026-3, de 28 de julho de 2000,

### DECRETA:

**Art. 1º** Fica aprovado, na forma dos Anexos I e II a este Decreto, o Regulamento para a modalidade de licitação denominada pregão, para a aquisição de bens e serviços comuns, no âmbito da União.
Parágrafo único. Subordinam-se ao regime deste Decreto, além dos órgãos da Administração Federal direta, os fundos especiais, as autarquias, as fundações, as empresas públicas, as sociedades de economia mista e as demais entidades controladas direta ou indiretamente pela União.
**Art. 2º** Compete ao Ministério do Planejamento, Orçamento e Gestão estabelecer normas e orientações complementares sobre a matéria regulada por este Decreto.
**Art. 3º** Este Decreto entra em vigor na data de sua publicação.

Brasília, 8 de agosto de 2000; 179º da Independência e 112º da República.

FERNANDO HENRIQUE CARDOSO
*Martus Tavares*

## ANEXO I
## REGULAMENTO
## DA LICITAÇÃO NA
## MODALIDADE DE PREGÃO

**Art. 1º** Este Regulamento estabelece normas e procedimentos relativos à licitação na modalidade de pregão, destinada à aquisição de bens e serviços comuns, no âmbito da União, qualquer que seja o valor estimado.
Parágrafo único. Subordinam-se ao regime deste Regulamento, além dos órgãos da administração direta, os fundos especiais, as autarquias, as fundações, as empresas públicas, as sociedades de economia mista e as entidades controladas direta e indiretamente pela União.
**Art. 2º** Pregão é a modalidade de licitação em que a disputa pelo fornecimento de bens ou serviços comuns é feita em sessão pública, por meio de propostas de preços escritas e lances verbais.
**Art. 3º** Os contratos celebrados pela União, para a aquisição de bens e serviços comuns, serão precedidos, prioritariamente, de licitação pública na modalidade de pregão, que se destina a garantir, por meio de disputa justa entre os interessados, a compra mais econômica, segura e eficiente.
§1º Dependerá de regulamentação específica a utilização de recursos eletrônicos ou de tecnologia da informação para a realização de licitação na modalidade de pregão.

---

[1] Publicado no *DOU* de 9.8.2000.

§2º Consideram-se bens e serviços comuns aqueles cujos padrões de desempenho e qualidade possam ser objetivamente definidos no edital, por meio de especificações usuais praticadas no mercado. (Redação dada pelo Decreto nº 7.174, de 2010)

§3º Os bens e serviços de informática e automação adquiridos nesta modalidade deverão observar o disposto no art. 3º da Lei nº 8.248, de 23 de outubro de 1991, e a regulamentação específica. (Redação dada pelo Decreto nº 7.174, de 2010)

§4º Para efeito de comprovação do requisito referido no parágrafo anterior, o produto deverá estar habilitado a usufruir do incentivo de isenção do Imposto sobre Produtos Industrializados – IPI, de que trata o art. 4º da Lei nº 8.248, de 1991, nos termos da regulamentação estabelecida pelo Ministério da Ciência e Tecnologia. (Incluído pelo Decreto nº 3.693, de 2000)

§5º Alternativamente ao disposto no §4º, o Ministério da Ciência e Tecnologia poderá reconhecer, mediante requerimento do fabricante, a conformidade do produto com o requisito referido no §3º". (Incluído pelo Decreto nº 3.693, de 2000)

**Art. 4º** A licitação na modalidade de pregão é juridicamente condicionada aos princípios básicos da legalidade, da impessoalidade, da moralidade, da igualdade, da publicidade, da probidade administrativa, da vinculação ao instrumento convocatório, do julgamento objetivo, bem assim aos princípios correlatos da celeridade, finalidade, razoabilidade, proporcionalidade, competitividade, justo preço, seletividade e comparação objetiva das propostas.

Parágrafo único. As normas disciplinadoras da licitação serão sempre interpretadas em favor da ampliação da disputa entre os interessados, desde que não comprometam o interesse da Administração, a finalidade e a segurança da contratação.

**Art. 5º** A licitação na modalidade de pregão não se aplica às contratações de obras e serviços de engenharia, bem como às locações imobiliárias e alienações em geral, que serão regidas pela legislação geral da Administração.

**Art. 6º** Todos quantos participem de licitação na modalidade de pregão têm direito público subjetivo à fiel observância do procedimento estabelecido neste Regulamento, podendo qualquer interessado acompanhar o seu desenvolvimento, desde que não interfira de modo a perturbar ou impedir a realização dos trabalhos.

**Art. 7º** À autoridade competente, designada de acordo com as atribuições previstas no regimento ou estatuto do órgão ou da entidade, cabe:

I – determinar a abertura de licitação;

II – designar o pregoeiro e os componentes da equipe de apoio;

III – decidir os recursos contra atos do pregoeiro; e

IV – homologar o resultado da licitação e promover a celebração do contrato.

Parágrafo único. Somente poderá atuar como pregoeiro o servidor que tenha realizado capacitação específica para exercer a atribuição.

**Art. 8º** A fase preparatória do pregão observará as seguintes regras:

I – a definição do objeto deverá ser precisa, suficiente e clara, vedadas especificações que, por excessivas, irrelevantes ou desnecessárias, limitem ou frustrem a competição ou a realização do fornecimento, devendo estar refletida no termo de referência;

II – o termo de referência é o documento que deverá conter elementos capazes de propiciar a avaliação do custo pela Administração, diante de orçamento detalhado, considerando os preços praticados no mercado, a definição dos métodos, a estratégia de suprimento e o prazo de execução do contrato;

III – a autoridade competente ou, por delegação de competência, o ordenador de despesa ou, ainda, o agente encarregado da compra no âmbito da Administração, deverá:

a) definir o objeto do certame e o seu valor estimado em planilhas, de forma clara, concisa e objetiva, de acordo com termo de referência elaborado pelo requisitante, em conjunto com a área de compras, obedecidas as especificações praticadas no mercado;

b) justificar a necessidade da aquisição;

# LEGISLAÇÃO

DECRETO Nº 3.555, DE 8 DE AGOSTO DE 2000 | 335

c) estabelecer os critérios de aceitação das propostas, as exigências de habilitação, as sanções administrativas aplicáveis por inadimplemento e as cláusulas do contrato, inclusive com fixação dos prazos e das demais condições essenciais para o fornecimento; e

d) designar, dentre os servidores do órgão ou da entidade promotora da licitação, o pregoeiro responsável pelos trabalhos do pregão e a sua equipe de apoio;

IV – constarão dos autos a motivação de cada um dos atos especificados no inciso anterior e os indispensáveis elementos técnicos sobre os quais estiverem apoiados, bem como o orçamento estimativo e o cronograma físico-financeiro de desembolso, se for o caso, elaborados pela Administração; e

V – para julgamento, será adotado o critério de menor preço, observados os prazos máximos para fornecimento, as especificações técnicas e os parâmetros mínimos de desempenho e de qualidade e as demais condições definidas no edital.

**Art. 9º** As atribuições do pregoeiro incluem:

I – o credenciamento dos interessados;

II – o recebimento dos envelopes das propostas de preços e da documentação de habilitação;

III – a abertura dos envelopes das propostas de preços, o seu exame e a classificação dos proponentes;

IV – a condução dos procedimentos relativos aos lances e à escolha da proposta ou do lance de menor preço;

V – a adjudicação da proposta de menor preço;

VI – a elaboração de ata;

VII – a condução dos trabalhos da equipe de apoio;

VIII – o recebimento, o exame e a decisão sobre recursos; e

IX – o encaminhamento do processo devidamente instruído, após a adjudicação, à autoridade superior, visando a homologação e a contratação.

**Art. 10.** A equipe de apoio deverá ser integrada em sua maioria por servidores ocupantes de cargo efetivo ou emprego da Administração, preferencialmente pertencentes ao quadro permanente do órgão ou da entidade promotora do pregão,

para prestar a necessária assistência ao pregoeiro.

Parágrafo único. No âmbito do Ministério da Defesa, as funções de pregoeiro e de membro da equipe de apoio poderão ser desempenhadas por militares.

**Art. 11.** A fase externa do pregão será iniciada com a convocação dos interessados e observará as seguintes regras:

I – a convocação dos interessados será efetuada por meio de publicação de aviso em função dos seguintes limites:

a) para bens e serviços de valores estimados em até R$160.000,00 (cento e sessenta mil reais):

1. Diário Oficial da União; e

2. meio eletrônico, na Internet;

b) para bens e serviços de valores estimados acima de R$160.000,00 (cento e sessenta mil reais) até R$650.000,00 (seiscentos e cinquenta mil reais): (Redação dada pelo Decreto nº 3.693, de 2000)

1. Diário Oficial da União;

2. meio eletrônico, na Internet; e

3. jornal de grande circulação local;

c) para bens e serviços de valores estimados superiores a R$650.000,00 (seiscentos e cinquenta mil reais): (Redação dada pelo Decreto nº 3.693, de 2000)

1. Diário Oficial da União;

2. meio eletrônico, na Internet; e

3. jornal de grande circulação regional ou nacional;

d) em se tratando de órgão ou entidade integrante do Sistema de Serviços Gerais – SISG, a íntegra do edital deverá estar disponível em meio eletrônico, na Internet, no site www.comprasnet.gov.br, independentemente do valor estimado; (Redação dada pelo Decreto nº 3.693, de 2000)

II – do edital e do aviso constarão definição precisa, suficiente e clara do objeto, bem como a indicação dos locais, dias e horários em que poderá ser lida ou obtida a íntegra do edital, e o local onde será realizada a sessão pública do pregão;

III – o edital fixará prazo não inferior a oito dias úteis, contados da publicação do aviso, para os interessados prepararem suas propostas;

IV – no dia, hora e local designados no edital, será realizada sessão pública para recebimento das propostas e da documentação de habilitação, devendo o interessado ou seu representante legal proceder ao respectivo credenciamento, comprovando, se for o caso, possuir os necessários poderes para formulação de propostas e para a prática de todos os demais atos inerentes ao certame;

V – aberta a sessão, os interessados ou seus representantes legais entregarão ao pregoeiro, em envelopes separados, a proposta de preços e a documentação de habilitação;

VI – o pregoeiro procederá à abertura dos envelopes contendo as propostas de preços e classificará o autor da proposta de menor preço e aqueles que tenham apresentado propostas em valores sucessivos e superiores em até dez por cento, relativamente à de menor preço;

VII – quando não forem verificadas, no mínimo, três propostas escritas de preços nas condições definidas no inciso anterior, o pregoeiro classificará as melhores propostas subsequentes, até o máximo de três, para que seus autores participem dos lances verbais, quaisquer que sejam os preços oferecidos nas propostas escritas;

VIII – em seguida, será dado início à etapa de apresentação de lances verbais pelos proponentes, que deverão ser formulados de forma sucessiva, em valores distintos e decrescentes;

IX – o pregoeiro convidará individualmente os licitantes classificados, de forma sequencial, a apresentar lances verbais, a partir do autor da proposta classificada de maior preço e os demais, em ordem decrescente de valor;

X – a desistência em apresentar lance verbal, quando convocado pelo pregoeiro, implicará a exclusão do licitante da etapa de lances verbais e na manutenção do último preço apresentado pelo licitante, para efeito de ordenação das propostas; (Redação dada pelo Decreto nº 3.693, de 2000)

XI – caso não se realizem lances verbais, será verificada a conformidade entre a proposta escrita de menor preço e o valor estimado para a contratação;

XII – declarada encerrada a etapa competitiva e ordenadas as propostas, o pregoeiro examinará a aceitabilidade da primeira

classificada, quanto ao objeto e valor, decidindo motivadamente a respeito;

XIII – sendo aceitável a proposta de menor preço, será aberto o envelope contendo a documentação de habilitação do licitante que a tiver formulado, para confirmação das suas condições habilitatórias, com base no Sistema de Cadastramento Unificado de Fornecedores – SICAF, ou nos dados cadastrais da Administração, assegurado ao já cadastrado o direito de apresentar a documentação atualizada e regularizada na própria sessão;

XIV – constatado o atendimento das exigências fixadas no edital, o licitante será declarado vencedor, sendo-lhe adjudicado o objeto do certame;

XV – se a oferta não for aceitável ou se o licitante desatender às exigências habilitatórias, o pregoeiro examinará a oferta subsequente, verificando a sua aceitabilidade e procedendo à habilitação do proponente, na ordem de classificação, e assim sucessivamente, até a apuração de uma proposta que atenda ao edital, sendo o respectivo licitante declarado vencedor e a ele adjudicado o objeto do certame;

XVI – nas situações previstas nos incisos XI, XII e XV, o pregoeiro poderá negociar diretamente com o proponente para que seja obtido preço melhor;

XVII – a manifestação da intenção de interpor recurso será feita no final da sessão, com registro em ata da síntese das suas razões, podendo os interessados juntar memoriais no prazo de três dias úteis;

XVIII – o recurso contra decisão do pregoeiro não terá efeito suspensivo;

XIX – o acolhimento de recurso importará a invalidação apenas dos atos insuscetíveis de aproveitamento;

XX – decididos os recursos e constatada a regularidade dos atos procedimentais, a autoridade competente homologará a adjudicação para determinar a contratação;

XXI – como condição para celebração do contrato, o licitante vencedor deverá manter as mesmas condições de habilitação;

XXII – quando o proponente vencedor não apresentar situação regular, no ato da assinatura do contrato, será convocado outro licitante, observada a ordem de classificação, para celebrar o contrato, e assim sucessivamente, sem prejuízo da aplicação das sanções cabíveis, observado o disposto nos incisos XV e XVI deste artigo;

XXIII – se o licitante vencedor recusar-se a assinar o contrato, injustificadamente, será aplicada a regra estabelecida no inciso XXII; (Redação dada pelo Decreto nº 3.693, de 2000)

XXIV – o prazo de validade das propostas será de sessenta dias, se outro não estiver fixado no edital.

**Art. 12.** Até dois dias úteis antes da data fixada para recebimento das propostas, qualquer pessoa poderá solicitar esclarecimentos, providências ou impugnar o ato convocatório do pregão.

§1º Caberá ao pregoeiro decidir sobre a petição no prazo de vinte e quatro horas.

§2º Acolhida a petição contra o ato convocatório, será designada nova data para a realização do certame.

**Art. 13.** Para habilitação dos licitantes, será exigida, exclusivamente, a documentação prevista na legislação geral para a Administração, relativa à:

I – habilitação jurídica;

II – qualificação técnica;

III – qualificação econômico-financeira;

IV – regularidade fiscal; e

V – cumprimento do disposto no inciso XXXIII do art. 7º da Constituição e na Lei nº 9.854, de 27 de outubro de 1999.

Parágrafo único. A documentação exigida para atender ao disposto nos incisos I, III e IV deste artigo deverá ser substituída pelo registro cadastral do SICAF ou, em se tratando de órgão ou entidade não abrangido pelo referido Sistema, por certificado de registro cadastral que atenda aos requisitos previstos na legislação geral.

**Art. 14.** O licitante que ensejar o retardamento da execução do certame, não mantiver a proposta, falhar ou fraudar na execução do contrato, comportar-se de modo inidôneo, fizer declaração falsa ou cometer fraude fiscal, garantido o direito prévio da citação e da ampla defesa, ficará impedido de licitar e contratar com a Administração, pelo prazo de até cinco anos, enquanto perdurarem os motivos determinantes da punição ou até que seja

promovida a reabilitação perante a própria autoridade que aplicou a penalidade.

Parágrafo único. As penalidades serão obrigatoriamente registradas no SICAF, e no caso de suspensão de licitar, o licitante deverá ser descredenciado por igual período, sem prejuízo das multas previstas no edital e no contrato e das demais cominações legais.

**Art. 15.** É vedada a exigência de:

I – garantia de proposta;

II – aquisição do edital pelos licitantes, como condição para participação no certame; e

III – pagamento de taxas e emolumentos, salvo os referentes a fornecimento do edital, que não serão superiores ao custo de sua reprodução gráfica, e aos custos de utilização de recursos de tecnologia da informação, quando for o caso.

**Art. 16.** Quando permitida a participação de empresas estrangeiras na licitação, as exigências de habilitação serão atendidas mediante documentos equivalentes, autenticados pelos respectivos consulados e traduzidos por tradutor juramentado.

Parágrafo único. O licitante deverá ter procurador residente e domiciliado no País, com poderes para receber citação, intimação e responder administrativa e judicialmente por seus atos, juntando os instrumentos de mandato com os documentos de habilitação.

**Art. 17.** Quando permitida a participação de empresas reunidas em consórcio, serão observadas as seguintes normas:

I – deverá ser comprovada a existência de compromisso público ou particular de constituição de consórcio, com indicação da empresa-líder, que deverá atender às condições de liderança estipuladas no edital e será a representante das consorciadas perante a União;

II – cada empresa consorciada deverá apresentar a documentação de habilitação exigida no ato convocatório;

III – a capacidade técnica do consórcio será representada pela soma da capacidade técnica das empresas consorciadas;

IV – para fins de qualificação econômico-financeira, cada uma das empresas deverá atender aos índices contábeis definidos no edital, nas mesmas condições estipuladas no SICAF;

V – as empresas consorciadas não poderão participar, na mesma licitação, de mais de um consórcio ou isoladamente;

VI – as empresas consorciadas serão solidariamente responsáveis pelas obrigações do consórcio nas fases de licitação e durante a vigência do contrato; e

VII – no consórcio de empresas brasileiras e estrangeiras, a liderança caberá, obrigatoriamente, à empresa brasileira, observado o disposto no inciso I deste artigo.

Parágrafo único. Antes da celebração do contrato, deverá ser promovida a constituição e o registro do consórcio, nos termos do compromisso referido no inciso I deste artigo.

**Art. 18.** A autoridade competente para determinar a contratação poderá revogar a licitação em face de razões de interesse público, derivadas de fato superveniente devidamente comprovado, pertinente e suficiente para justificar tal conduta, devendo anulá-la por ilegalidade, de ofício ou por provocação de qualquer pessoa, mediante ato escrito e fundamentado.

§1º A anulação do procedimento licitatório induz à do contrato.

§2º Os licitantes não terão direito à indenização em decorrência da anulação do procedimento licitatório, ressalvado o direito do contratado de boa-fé de ser ressarcido pelos encargos que tiver suportado no cumprimento do contrato.

**Art. 19.** Nenhum contrato será celebrado sem a efetiva disponibilidade de recursos orçamentários para pagamento dos encargos, dele decorrentes, no exercício financeiro em curso.

**Art. 20.** A União publicará, no Diário Oficial da União, o extrato dos contratos celebrados, no prazo de até vinte dias da data de sua assinatura, com indicação da modalidade de licitação e de seu número de referência.

Parágrafo único. O descumprimento do disposto neste artigo sujeitará o servidor responsável a sanção administrativa.

**Art. 21.** Os atos essenciais do pregão, inclusive os decorrentes de meios eletrônicos, serão documentados ou juntados no respectivo processo, cada qual oportunamente, compreendendo, sem prejuízo de outros, o seguinte:

I – justificativa da contratação;

II – termo de referência, contendo descrição detalhada do objeto, orçamento estimativo de custos e cronograma físico-financeiro de desembolso, se for o caso;

III – planilhas de custo;

IV – garantia de reserva orçamentária, com a indicação das respectivas rubricas;

V – autorização de abertura da licitação;

VI – designação do pregoeiro e equipe de apoio;

VII – parecer jurídico;

VIII – edital e respectivos anexos, quando for o caso;

IX – minuta do termo do contrato ou instrumento equivalente, conforme o caso;

X – originais das propostas escritas, da documentação de habilitação analisada e dos documentos que a instruírem;

XI – ata da sessão do pregão, contendo, sem prejuízo de outros, o registro dos licitantes credenciados, das propostas escritas e verbais apresentadas, na ordem de classificação, da análise da documentação exigida para habilitação e dos recursos interpostos; e

XII – comprovantes da publicação do aviso do edital, do resultado da licitação, do extrato do contrato e dos demais atos relativos a publicidade do certame, conforme o caso.

**Art. 22.** Os casos omissos neste Regulamento serão resolvidos pelo Ministério do Planejamento, Orçamento e Gestão.

## ANEXO II
## CLASSIFICAÇÃO DE BENS E SERVIÇOS COMUNS
(Revogado pelo Decreto nº 7.174, de 2010)

# LEI Nº 10.520, DE 17 DE JULHO DE 2002[2]
## (Conversão da MP nº 2.182-18/ 2001)

*Institui, no âmbito da União, Estados, Distrito Federal e Municípios, nos termos do art. 37, inciso XXI, da Constituição Federal, modalidade de licitação denominada pregão, para aquisição de bens e serviços comuns, e dá outras providências.*

**O PRESIDENTE DA REPÚBLICA** Faço saber que o Congresso Nacional decreta e eu sanciono a seguinte Lei:

**Art. 1º** Para aquisição de bens e serviços comuns, poderá ser adotada a licitação na modalidade de pregão, que será regida por esta Lei.

Parágrafo único. Consideram-se bens e serviços comuns, para os fins e efeitos deste artigo, aqueles cujos padrões de desempenho e qualidade possam ser objetivamente definidos pelo edital, por meio de especificações usuais no mercado.

**Art. 2º** (VETADO)

§1º Poderá ser realizado o pregão por meio da utilização de recursos de tecnologia da informação, nos termos de regulamentação específica.

§2º Será facultado, nos termos de regulamentos próprios da União, Estados, Distrito Federal e Municípios, a participação de bolsas de mercadorias no apoio técnico e operacional aos órgãos e entidades promotores da modalidade de pregão, utilizando-se de recursos de tecnologia da informação.

§3º As bolsas a que se referem o §2º deverão estar organizadas sob a forma de sociedades civis sem fins lucrativos e com a participação plural de corretoras que operem sistemas eletrônicos unificados de pregões.

**Art. 3º** A fase preparatória do pregão observará o seguinte:

I – a autoridade competente justificará a necessidade de contratação e definirá o objeto do certame, as exigências de habilitação, os critérios de aceitação das propostas, as sanções por inadimplemento e as cláusulas do contrato, inclusive com fixação dos prazos para fornecimento;

II – a definição do objeto deverá ser precisa, suficiente e clara, vedadas especificações que, por excessivas, irrelevantes ou desnecessárias, limitem a competição;

III – dos autos do procedimento constarão a justificativa das definições referidas no inciso I deste artigo e os indispensáveis elementos técnicos sobre os quais estiverem apoiados, bem como o orçamento, elaborado pelo órgão ou entidade promotora da licitação, dos bens ou serviços a serem licitados; e

IV – a autoridade competente designará, dentre os servidores do órgão ou entidade promotora da licitação, o pregoeiro e respectiva equipe de apoio, cuja atribuição inclui, dentre outras, o recebimento das propostas e lances, a análise de sua aceitabilidade e sua classificação, bem como a habilitação e a adjudicação do objeto do certame ao licitante vencedor.

§1º A equipe de apoio deverá ser integrada em sua maioria por servidores ocupantes de cargo efetivo ou emprego da administração, preferencialmente pertencentes ao quadro permanente do órgão ou entidade promotora do evento.

§2º No âmbito do Ministério da Defesa, as funções de pregoeiro e de membro da equipe de apoio poderão ser desempenhadas por militares

**Art. 4º** A fase externa do pregão será iniciada com a convocação dos interessados e observará as seguintes regras:

---

[2] Publicada no *DOU* de 18.7.2002 e retificada em 30.7.2002.

I – a convocação dos interessados será efetuada por meio de publicação de aviso em diário oficial do respectivo ente federado ou, não existindo, em jornal de circulação local, e facultativamente, por meios eletrônicos e conforme o vulto da licitação, em jornal de grande circulação, nos termos do regulamento de que trata o art. 2º;

II – do aviso constarão a definição do objeto da licitação, a indicação do local, dias e horários em que poderá ser lida ou obtida a íntegra do edital;

III – do edital constarão todos os elementos definidos na forma do inciso I do art. 3º, as normas que disciplinarem o procedimento e a minuta do contrato, quando for o caso;

IV – cópias do edital e do respectivo aviso serão colocadas à disposição de qualquer pessoa para consulta e divulgadas na forma da Lei nº 9.755, de 16 de dezembro de 1998;

V – o prazo fixado para a apresentação das propostas, contado a partir da publicação do aviso, não será inferior a 8 (oito) dias úteis;

VI – no dia, hora e local designados, será realizada sessão pública para recebimento das propostas, devendo o interessado, ou seu representante, identificar-se e, se for o caso, comprovar a existência dos necessários poderes para formulação de propostas e para a prática de todos os demais atos inerentes ao certame;

VII – aberta a sessão, os interessados ou seus representantes, apresentarão declaração dando ciência de que cumprem plenamente os requisitos de habilitação e entregarão os envelopes contendo a indicação do objeto e do preço oferecidos, procedendo-se à sua imediata abertura e à verificação da conformidade das propostas com os requisitos estabelecidos no instrumento convocatório;

VIII – no curso da sessão, o autor da oferta de valor mais baixo e os das ofertas com preços até 10% (dez por cento) superiores àquela poderão fazer novos lances verbais e sucessivos, até a proclamação do vencedor;

IX – não havendo pelo menos 3 (três) ofertas nas condições definidas no inciso anterior, poderão os autores das melhores propostas, até o máximo de 3 (três), oferecer novos lances verbais e sucessivos, quaisquer que sejam os preços oferecidos;

X – para julgamento e classificação das propostas, será adotado o critério de menor preço, observados os prazos máximos para fornecimento, as especificações técnicas e parâmetros mínimos de desempenho e qualidade definidos no edital;

XI – examinada a proposta classificada em primeiro lugar, quanto ao objeto e valor, caberá ao pregoeiro decidir motivadamente a respeito da sua aceitabilidade;

XII – encerrada a etapa competitiva e ordenadas as ofertas, o pregoeiro procederá à abertura do invólucro contendo os documentos de habilitação do licitante que apresentou a melhor proposta, para verificação do atendimento das condições fixadas no edital;

XIII – a habilitação far-se-á com a verificação de que o licitante está em situação regular perante a Fazenda Nacional, a Seguridade Social e o Fundo de Garantia do Tempo de Serviço – FGTS, e as Fazendas Estaduais e Municipais, quando for o caso, com a comprovação de que atende às exigências do edital quanto à habilitação jurídica e qualificações técnica e econômico-financeira;

XIV – os licitantes poderão deixar de apresentar os documentos de habilitação que já constem do Sistema de Cadastramento Unificado de Fornecedores – Sicaf e sistemas semelhantes mantidos por Estados, Distrito Federal ou Municípios, assegurado aos demais licitantes o direito de acesso aos dados nele constantes;

XV – verificado o atendimento das exigências fixadas no edital, o licitante será declarado vencedor;

XVI – se a oferta não for aceitável ou se o licitante desatender às exigências habilitatórias, o pregoeiro examinará as ofertas subsequentes e a qualificação dos licitantes, na ordem de classificação, e assim sucessivamente, até a apuração de uma que atenda ao edital, sendo o respectivo licitante declarado vencedor;

XVII – nas situações previstas nos incisos XI e XVI, o pregoeiro poderá negociar diretamente com o proponente para que seja obtido preço melhor;

XVIII – declarado o vencedor, qualquer licitante poderá manifestar imediata e motivadamente a intenção de recorrer, quando lhe será concedido o prazo de 3 (três) dias para apresentação das razões do recurso, ficando os demais licitantes desde logo intimados para apresentar contrarazões em igual número de dias, que começarão a correr do término do prazo do recorrente, sendo-lhes assegurada vista imediata dos autos;

XIX – o acolhimento de recurso importará a invalidação apenas dos atos insuscetíveis de aproveitamento;

XX – a falta de manifestação imediata e motivada do licitante importará a decadência do direito de recurso e a adjudicação do objeto da licitação pelo pregoeiro ao vencedor;

XXI – decididos os recursos, a autoridade competente fará a adjudicação do objeto da licitação ao licitante vencedor;

XXII – homologada a licitação pela autoridade competente, o adjudicatário será convocado para assinar o contrato no prazo definido em edital; e

XXIII – se o licitante vencedor, convocado dentro do prazo de validade da sua proposta, não celebrar o contrato, aplicar-se-á o disposto no inciso XVI.

**Art. 5º** É vedada a exigência de:

I – garantia de proposta;

II – aquisição do edital pelos licitantes, como condição para participação no certame; e

III – pagamento de taxas e emolumentos, salvo os referentes a fornecimento do edital, que não serão superiores ao custo de sua reprodução gráfica, e aos custos de utilização de recursos de tecnologia da informação, quando for o caso.

**Art. 6º** O prazo de validade das propostas será de 60 (sessenta) dias, se outro não estiver fixado no edital.

**Art. 7º** Quem, convocado dentro do prazo de validade da sua proposta, não celebrar o contrato, deixar de entregar ou apresentar documentação falsa exigida para o certame, ensejar o retardamento da execução de seu objeto, não mantiver a proposta, falhar ou fraudar na execução do contrato, comportar-se de modo inidôneo ou cometer fraude fiscal, ficará impedido de licitar e contratar com a União, Estados, Distrito Federal ou Municípios e, será descredenciado no Sicaf, ou nos sistemas de cadastramento de fornecedores a que se refere o inciso XIV do art. 4º desta Lei, pelo prazo de até 5 (cinco) anos, sem prejuízo das multas previstas em edital e no contrato e das demais cominações legais.

**Art. 8º** Os atos essenciais do pregão, inclusive os decorrentes de meios eletrônicos, serão documentados no processo respectivo, com vistas à aferição de sua regularidade pelos agentes de controle, nos termos do regulamento previsto no art. 2º.

**Art. 9º** Aplicam-se subsidiariamente, para a modalidade de pregão, as normas da Lei nº 8.666, de 21 de junho de 1993.

**Art. 10.** Ficam convalidados os atos praticados com base na Medida Provisória nº 2.182-18, de 23 de agosto de 2001.

**Art. 11.** As compras e contratações de bens e serviços comuns, no âmbito da União, dos Estados, do Distrito Federal e dos Municípios, quando efetuadas pelo sistema de registro de preços previsto no art. 15 da Lei nº 8.666, de 21 de junho de 1993, poderão adotar a modalidade de pregão, conforme regulamento específico.

**Art. 12.** A Lei nº 10.191, de 14 de fevereiro de 2001, passa a vigorar acrescida do seguinte artigo:

"Art. 2-A. A União, os Estados, o Distrito Federal e os Municípios poderão adotar, nas licitações de registro de preços destinadas à aquisição de bens e serviços comuns da área da saúde, a modalidade do pregão, inclusive por meio eletrônico, observando-se o seguinte:

I – são considerados bens e serviços comuns da área da saúde, aqueles necessários ao atendimento dos órgãos que integram o Sistema Único de Saúde, cujos padrões de desempenho e qualidade possam ser objetivamente definidos no edital, por meio de especificações usuais do mercado.

II – quando o quantitativo total estimado para a contratação ou fornecimento não puder ser atendido pelo licitante vencedor, admitir-se-á a convocação de tantos licitantes quantos forem necessários para o atingimento da totalidade do quantitativo, respeitada a ordem de classificação, desde que os referidos licitantes aceitem praticar o mesmo preço da proposta vencedora.

III – na impossibilidade do atendimento ao disposto no inciso II, excepcionalmente, poderão ser registrados outros preços diferentes da proposta vencedora, desde que se trate de objetos de qualidade ou desempenho superior, devidamente justificada e comprovada a vantagem, e que as ofertas sejam em valor inferior ao limite máximo admitido".

**Art. 13**. Esta Lei entra em vigor na data de sua publicação.

Brasília, 17 de julho de 2002; 181º da Independência e 114º da República.

FERNANDO HENRIQUE CARDOSO

*Pedro Malan*
*Guilherme Gomes Dias*

# LEI Nº 8.666, DE 21 DE JUNHO DE 1993[3]

*Regulamenta o art. 37, inciso XXI, da Constituição Federal, institui normas para licitações e contratos da Administração Pública e dá outras providências.*

O **PRESIDENTE DA REPÚBLICA** Faço saber que oCongresso Nacional decreta e eu sanciono a seguinte Lei:

### Capítulo I
### DAS DISPOSIÇÕES GERAIS

#### Seção I
#### Dos Princípios

**Art. 1º** Esta Lei estabelece normas gerais sobre licitações e contratos administrativos pertinentes a obras, serviços, inclusive de publicidade, compras, alienações e locações no âmbito dos Poderes da União, dos Estados, do Distrito Federal e dos Municípios.

Parágrafo único. Subordinam-se ao regime desta Lei, além dos órgãos da administração direta, os fundos especiais, as autarquias, as fundações públicas, as empresas públicas, as sociedades de economia mista e demais entidades controladas direta ou indiretamente pela União, Estados, Distrito Federal e Municípios.

**Art. 2º** As obras, serviços, inclusive de publicidade, compras, alienações, concessões, permissões e locações da Administração Pública, quando contratadas com terceiros, serão necessariamente precedidas de licitação, ressalvadas as hipóteses previstas nesta Lei.

Parágrafo único. Para os fins desta Lei, considera-se contrato todo e qualquer ajuste entre órgãos ou entidades da Administração Pública e particulares, em que haja um acordo de vontades para a formação de vínculo e a estipulação de obrigações recíprocas, seja qual for a denominação utilizada.

**Art. 3º** A licitação destina-se a garantir a observância do princípio constitucional da isonomia, a seleção da proposta mais vantajosa para a administração e a promoção do desenvolvimento nacional sustentável e será processada e julgada em estrita conformidade com os princípios básicos da legalidade, da impessoalidade, da moralidade, da igualdade, da publicidade, da probidade administrativa, da vinculação ao instrumento convocatório, do julgamento objetivo e dos que lhes são correlatos. (Redação dada pela Lei nº 12.349, de 2010)

§1º É vedado aos agentes públicos:

I – admitir, prever, incluir ou tolerar, nos atos de convocação, cláusulas ou condições que comprometam, restrinjam ou frustrem o seu caráter competitivo, inclusive nos casos de sociedades cooperativas, e estabeleçam preferências ou distinções em razão da naturalidade, da sede ou domicílio dos licitantes ou de qualquer outra circunstância impertinente ou irrelevante para o específico objeto do contrato, ressalvado o disposto nos §§5º a 12 deste artigo e no art. 3º da Lei nº 8.248, de 23 de outubro de 1991; (Redação dada pela Lei nº 12.349, de 2010)

II – estabelecer tratamento diferenciado de natureza comercial, legal, trabalhista, previdenciária ou qualquer outra, entre empresas brasileiras e estrangeiras, inclusive no que se refere a moeda, modalidade e local de pagamentos, mesmo quando envolvidos financiamentos de agências internacionais, ressalvado o disposto no parágrafo seguinte e no art. 3º da Lei nº 8.248, de 23 de outubro de 1991.

---

[3] Publicada no *DOU* de 22.6.1993, republicada em 6.7.1994 e retificada em de 6.7.1994.

§2º Em igualdade de condições, como critério de desempate, será assegurada preferência, sucessivamente, aos bens e serviços:

I – (Revogado pela Lei nº 12.349, de 2010)

II – produzidos no País;

III – produzidos ou prestados por empresas brasileiras.

IV – produzidos ou prestados por empresas que invistam em pesquisa e no desenvolvimento de tecnologia no País. (Incluído pela Lei nº 11.196, de 2005)

§3º A licitação não será sigilosa, sendo públicos e acessíveis ao público os atos de seu procedimento, salvo quanto ao conteúdo das propostas, até a respectiva abertura.

§4º (Vetado). (Incluído pela Lei nº 8.883, de 1994)

§5º Nos processos de licitação previstos no caput, poderá ser estabelecido margem de preferência para produtos manufaturados e para serviços nacionais que atendam a normas técnicas brasileiras. (Incluído pela Lei nº 12.349, de 2010)

§6º A margem de preferência de que trata o §5º será estabelecida com base em estudos revistos periodicamente, em prazo não superior a 5 (cinco) anos, que levem em consideração: (Incluído pela Lei nº 12.349, de 2010)

I – geração de emprego e renda; (Incluído pela Lei nº 12.349, de 2010)

II – efeito na arrecadação de tributos federais, estaduais e municipais; (Incluído pela Lei nº 12.349, de 2010)

III – desenvolvimento e inovação tecnológica realizados no País; (Incluído pela Lei nº 12.349, de 2010)

IV – custo adicional dos produtos e serviços; e (Incluído pela Lei nº 12.349, de 2010)

V – em suas revisões, análise retrospectiva de resultados. (Incluído pela Lei nº 12.349, de 2010)

§7º Para os produtos manufaturados e serviços nacionais resultantes de desenvolvimento e inovação tecnológica realizados no País, poderá ser estabelecido margem de preferência adicional àquela prevista no §5º. (Incluído pela Lei nº 12.349, de 2010)

§8º As margens de preferência por produto, serviço, grupo de produtos ou grupo de serviços, a que se referem os §§5º e 7º, serão definidas pelo Poder Executivo federal, não podendo a soma delas ultrapassar o montante de 25% (vinte e cinco por cento) sobre o preço dos produtos manufaturados e serviços estrangeiros. (Incluído pela Lei nº 12.349, de 2010)

§9º As disposições contidas nos §§5º e 7º deste artigo não se aplicam aos bens e aos serviços cuja capacidade de produção ou prestação no País seja inferior: (Incluído pela Lei nº 12.349, de 2010)

I – à quantidade a ser adquirida ou contratada; ou (Incluído pela Lei nº 12.349, de 2010)

II – ao quantitativo fixado com fundamento no §7º do art. 23 desta Lei, quando for o caso. (Incluído pela Lei nº 12.349, de 2010)

§10. A margem de preferência a que se refere o §5º poderá ser estendida, total ou parcialmente, aos bens e serviços originários dos Estados Partes do Mercado Comum do Sul – Mercosul. (Incluído pela Lei nº 12.349, de 2010)

§11. Os editais de licitação para a contratação de bens, serviços e obras poderão, mediante prévia justificativa da autoridade competente, exigir que o contratado promova, em favor de órgão ou entidade integrante da administração pública ou daqueles por ela indicados a partir de processo isonômico, medidas de compensação comercial, industrial, tecnológica ou acesso a condições vantajosas de financiamento, cumulativamente ou não, na forma estabelecida pelo Poder Executivo federal. (Incluído pela Lei nº 12.349, de 2010)

§12. Nas contratações destinadas à implantação, manutenção e ao aperfeiçoamento dos sistemas de tecnologia de informação e comunicação, considerados estratégicos em ato do Poder Executivo federal, a licitação poderá ser restrita a bens e serviços com tecnologia desenvolvida no País e produzidos de acordo com o processo produtivo básico de que trata a Lei nº 10.176, de 11 de janeiro de 2001. (Incluído pela Lei nº 12.349, de 2010)

§13. Será divulgada na internet, a cada exercício financeiro, a relação de empresas favorecidas em decorrência do disposto nos §§5º, 7º, 10, 11 e 12 deste artigo, com indicação do volume de recursos destinados a cada uma delas. (Incluído pela Lei nº 12.349, de 2010)

**Art. 4º** Todos quantos participem de licitação promovida pelos órgãos ou entidades a que se refere o art. 1º têm direito público subjetivo à fiel observância do pertinente procedimento estabelecido nesta lei, podendo qualquer cidadão acompanhar o seu desenvolvimento, desde que não interfira de modo a perturbar ou impedir a realização dos trabalhos.

Parágrafo único. O procedimento licitatório previsto nesta lei caracteriza ato administrativo formal, seja ele praticado em qualquer esfera da Administração Pública.

**Art. 5º** Todos os valores, preços e custos utilizados nas licitações terão como expressão monetária a moeda corrente nacional, ressalvado o disposto no art. 42 desta Lei, devendo cada unidade da Administração, no pagamento das obrigações relativas ao fornecimento de bens, locações, realização de obras e prestação de serviços, obedecer, para cada fonte diferenciada de recursos, a estrita ordem cronológica das datas de suas exigibilidades, salvo quando presentes relevantes razões de interesse público e mediante prévia justificativa da autoridade competente, devidamente publicada.

§1º Os créditos a que se refere este artigo terão seus valores corrigidos por critérios previstos no ato convocatório e que lhes preservem o valor.

§2º A correção de que trata o parágrafo anterior cujo pagamento será feito junto com o principal, correrá à conta das mesmas dotações orçamentárias que atenderam aos créditos a que se referem. (Redação dada pela Lei nº 8.883, de 1994)

§3º Observados o disposto no caput, os pagamentos decorrentes de despesas cujos valores não ultrapassem o limite de que trata o inciso II do art. 24, sem prejuízo do que dispõe seu parágrafo único, deverão ser efetuados no prazo de até 5 (cinco) dias úteis, contados da apresentação da fatura. (Incluído pela Lei nº 9.648, de 1998)

Seção II
**Das Definições**

**Art. 6º** Para os fins desta Lei, considera-se:

I – Obra – toda construção, reforma, fabricação, recuperação ou ampliação, realizada por execução direta ou indireta;

II – Serviço – toda atividade destinada a obter determinada utilidade de interesse para a Administração, tais como: demolição, conserto, instalação, montagem, operação, conservação, reparação, adaptação, manutenção, transporte, locação de bens, publicidade, seguro ou trabalhos técnico-profissionais;

III – Compra – toda aquisição remunerada de bens para fornecimento de uma só vez ou parceladamente;

IV – Alienação – toda transferência de domínio de bens a terceiros;

V – Obras, serviços e compras de grande vulto – aquelas cujo valor estimado seja superior a 25 (vinte e cinco) vezes o limite estabelecido na alínea "c" do inciso I do art. 23 desta Lei;

VI – Seguro-Garantia – o seguro que garante o fiel cumprimento das obrigações assumidas por empresas em licitações e contratos;

VII – Execução direta – a que é feita pelos órgãos e entidades da Administração, pelos próprios meios;

VIII – Execução indireta – a que o órgão ou entidade contrata com terceiros sob qualquer dos seguintes regimes: (Redação dada pela Lei nº 8.883, de 1994)

a) empreitada por preço global – quando se contrata a execução da obra ou do serviço por preço certo e total;

b) empreitada por preço unitário – quando se contrata a execução da obra ou do serviço por preço certo de unidades determinadas;

c) (Vetado). (Redação dada pela Lei nº 8.883, de 1994)

d) tarefa – quando se ajusta mão-de-obra para pequenos trabalhos por preço certo, com ou sem fornecimento de materiais;

e) empreitada integral – quando se contrata um empreendimento em sua integralidade, compreendendo todas as etapas das obras, serviços e instalações necessárias, sob inteira responsabilidade da contratada até a sua entrega ao contratante em condições de entrada em operação, atendidos os requisitos técnicos e legais para sua utilização em condições de segurança estrutural e operacional e com as características adequadas às finalidades para que foi contratada;

IX – Projeto Básico – conjunto de elementos necessários e suficientes, com nível de precisão adequado, para caracterizar a obra ou serviço, ou complexo de obras ou serviços objeto da licitação, elaborado com base nas indicações dos estudos técnicos preliminares, que assegurem a viabilidade técnica e o adequado tratamento do impacto ambiental do empreendimento, e que possibilite a avaliação do custo da obra e a definição dos métodos e do prazo de execução, devendo conter os seguintes elementos:

a) desenvolvimento da solução escolhida de forma a fornecer visão global da obra e identificar todos os seus elementos constitutivos com clareza;

b) soluções técnicas globais e localizadas, suficientemente detalhadas, de forma a minimizar a necessidade de reformulação ou de variantes durante as fases de elaboração do projeto executivo e de realização das obras e montagem;

c) identificação dos tipos de serviços a executar e de materiais e equipamentos a incorporar à obra, bem como suas especificações que assegurem os melhores resultados para o empreendimento, sem frustrar o caráter competitivo para a sua execução;

d) informações que possibilitem o estudo e a dedução de métodos construtivos, instalações provisórias e condições organizacionais para a obra, sem frustrar o caráter competitivo para a sua execução;

e) subsídios para montagem do plano de licitação e gestão da obra, compreendendo a sua programação, a estratégia de suprimentos, as normas de fiscalização e outros dados necessários em cada caso;

f) orçamento detalhado do custo global da obra, fundamentado em quantitativos de serviços e fornecimentos propriamente avaliados;

X – Projeto Executivo – o conjunto dos elementos necessários e suficientes à execução completa da obra, de acordo com as normas pertinentes da Associação Brasileira de Normas Técnicas – ABNT;

XI – Administração Pública – a administração direta e indireta da União, dos Estados, do Distrito Federal e dos Municípios, abrangendo inclusive as entidades com personalidade jurídica de direito privado sob controle do poder público e das fundações por ele instituídas ou mantidas;

XII – Administração – órgão, entidade ou unidade administrativa pela qual a Administração Pública opera e atua concretamente;

XIII – Imprensa Oficial – veículo oficial de divulgação da Administração Pública, sendo para a União o Diário Oficial da União, e, para os Estados, o Distrito Federal e os Municípios, o que for definido nas respectivas leis; (Redação dada pela Lei nº 8.883, de 1994)

XIV – Contratante – é o órgão ou entidade signatária do instrumento contratual;

XV – Contratado – a pessoa física ou jurídica signatária de contrato com a Administração Pública;

XVI – Comissão – comissão, permanente ou especial, criada pela Administração com a função de receber, examinar e julgar todos os documentos e procedimentos relativos às licitações e ao cadastramento de licitantes.

XVII – produtos manufaturados nacionais – produtos manufaturados, produzidos no território nacional de acordo com o processo produtivo básico ou com as regras de origem estabelecidas pelo Poder Executivo federal; (Incluído pela Lei nº 12.349, de 2010)

XVIII – serviços nacionais – serviços prestados no País, nas condições estabelecidas pelo Poder Executivo federal; (Incluído pela Lei nº 12.349, de 2010)

XIX – sistemas de tecnologia de informação e comunicação estratégicos – bens e serviços de tecnologia da informação e comunicação cuja descontinuidade provoque dano significativo à administração pública e que envolvam pelo menos um dos seguintes requisitos relacionados às informações críticas: disponibilidade, confiabilidade, segurança e confidencialidade. (Incluído pela Lei nº 12.349, de 2010)

# Seção III
## Das Obras e Serviços

**Art. 7º** As licitações para a execução de obras e para a prestação de serviços obedecerão ao disposto neste artigo e, em particular, à seguinte sequência:
I – projeto básico;
II – projeto executivo;
III – execução das obras e serviços.

§1º A execução de cada etapa será obrigatoriamente precedida da conclusão e aprovação, pela autoridade competente, dos trabalhos relativos às etapas anteriores, à exceção do projeto executivo, o qual poderá ser desenvolvido concomitantemente com a execução das obras e serviços, desde que também autorizado pela Administração.

§2º As obras e os serviços somente poderão ser licitados quando:
I – houver projeto básico aprovado pela autoridade competente e disponível para exame dos interessados em participar do processo licitatório;
II – existir orçamento detalhado em planilhas que expressem a composição de todos os seus custos unitários;
III – houver previsão de recursos orçamentários que assegurem o pagamento das obrigações decorrentes de obras ou serviços a serem executadas no exercício financeiro em curso, de acordo com o respectivo cronograma;
IV – o produto dela esperado estiver contemplado nas metas estabelecidas no Plano Plurianual de que trata o art. 165 da Constituição Federal, quando for o caso.

§3º É vedado incluir no objeto da licitação a obtenção de recursos financeiros para sua execução, qualquer que seja a sua origem, exceto nos casos de empreendimentos executados e explorados sob o regime de concessão, nos termos da legislação específica.

§4º É vedada, ainda, a inclusão, no objeto da licitação, de fornecimento de materiais e serviços sem previsão de quantidades ou cujos quantitativos não correspondam às previsões reais do projeto básico ou executivo.

§5º É vedada a realização de licitação cujo objeto inclua bens e serviços sem similaridade ou de marcas, características e especificações exclusivas, salvo nos casos em que for tecnicamente justificável, ou ainda quando o fornecimento de tais materiais e serviços for feito sob o regime de administração contratada, previsto e discriminado no ato convocatório.

§6º A infringência do disposto neste artigo implica a nulidade dos atos ou contratos realizados e a responsabilidade de quem lhes tenha dado causa.

§7º Não será ainda computado como valor da obra ou serviço, para fins de julgamento das propostas de preços, a atualização monetária das obrigações de pagamento, desde a data final de cada período de aferição até a do respectivo pagamento, que será calculada pelos mesmos critérios estabelecidos obrigatoriamente no ato convocatório.

§8º Qualquer cidadão poderá requerer à Administração Pública os quantitativos das obras e preços unitários de determinada obra executada.

§9º O disposto neste artigo aplica-se também, no que couber, aos casos de dispensa e de inexigibilidade de licitação.

**Art. 8º** A execução das obras e dos serviços deve programar-se, sempre, em sua totalidade, previstos seus custos atual e final e considerados os prazos de sua execução.

Parágrafo único. É proibido o retardamento imotivado da execução de obra ou serviço, ou de suas parcelas, se existente previsão orçamentária para sua execução total, salvo insuficiência financeira ou comprovado motivo de ordem técnica, justificados em despacho circunstanciado da autoridade a que se refere o art. 26 desta Lei. (Redação dada pela Lei nº 8.883, de 1994)

**Art. 9º** Não poderá participar, direta ou indiretamente, da licitação ou da execução de obra ou serviço e do fornecimento de bens a eles necessários:
I – o autor do projeto, básico ou executivo, pessoa física ou jurídica;
II – empresa, isoladamente ou em consórcio, responsável pela elaboração do projeto básico ou executivo ou da qual o autor do projeto seja dirigente, gerente, acionista ou detentor de mais de 5% (cinco por cento) do capital com direito a voto ou controlador, responsável técnico ou subcontratado;

III – servidor ou dirigente de órgão ou entidade contratante ou responsável pela licitação.

§1º É permitida a participação do autor do projeto ou da empresa a que se refere o inciso II deste artigo, na licitação de obra ou serviço, ou na execução, como consultor ou técnico, nas funções de fiscalização, supervisão ou gerenciamento, exclusivamente a serviço da Administração interessada.

§2º O disposto neste artigo não impede a licitação ou contratação de obra ou serviço que inclua a elaboração de projeto executivo como encargo do contratado ou pelo preço previamente fixado pela Administração.

§3º Considera-se participação indireta, para fins do disposto neste artigo, a existência de qualquer vínculo de natureza técnica, comercial, econômica, financeira ou trabalhista entre o autor do projeto, pessoa física ou jurídica, e o licitante ou responsável pelos serviços, fornecimentos e obras, incluindo-se os fornecimentos de bens e serviços a estes necessários.

§4º O disposto no parágrafo anterior aplica-se aos membros da comissão de licitação.

**Art. 10.** As obras e serviços poderão ser executados nas seguintes formas: (Redação dada pela Lei nº 8.883, de 1994)

I – execução direta;

II – execução indireta, nos seguintes regimes: (Redação dada pela Lei nº 8.883, de 1994)

a) empreitada por preço global;

b) empreitada por preço unitário;

c) (Vetado). (Redação dada pela Lei nº 8.883, de 1994)

d) tarefa;

e) empreitada integral.

Parágrafo único. (Vetado). (Redação dada pela Lei nº 8.883, de 1994)

**Art. 11.** As obras e serviços destinados aos mesmos fins terão projetos padronizados por tipos, categorias ou classes, exceto quando o projeto-padrão não atender às condições peculiares do local ou às exigências específicas do empreendimento.

**Art. 12.** Nos projetos básicos e projetos executivos de obras e serviços serão considerados principalmente os seguintes

requisitos: (Redação dada pela Lei nº 8.883, de 1994)

I – segurança;

II – funcionalidade e adequação ao interesse público;

III – economia na execução, conservação e operação;

IV – possibilidade de emprego de mão-de-obra, materiais, tecnologia e matérias-primas existentes no local para execução, conservação e operação;

V – facilidade na execução, conservação e operação, sem prejuízo da durabilidade da obra ou do serviço;

VI – adoção das normas técnicas, de saúde e de segurança do trabalho adequadas; (Redação dada pela Lei nº 8.883, de 1994)

VII – impacto ambiental.

### Seção IV
### Dos Serviços Técnicos Profissionais Especializados

**Art. 13.** Para os fins desta Lei, consideram-se serviços técnicos profissionais especializados os trabalhos relativos a:

I – estudos técnicos, planejamentos e projetos básicos ou executivos;

II – pareceres, perícias e avaliações em geral;

III – assessorias ou consultorias técnicas e auditorias financeiras ou tributárias; (Redação dada pela Lei nº 8.883, de 1994)

IV – fiscalização, supervisão ou gerenciamento de obras ou serviços;

V – patrocínio ou defesa de causas judiciais ou administrativas;

VI – treinamento e aperfeiçoamento de pessoal;

VII – restauração de obras de arte e bens de valor histórico.

VIII – (Vetado). (Incluído pela Lei nº 8.883, de 1994)

§1º Ressalvados os casos de inexigibilidade de licitação, os contratos para a prestação de serviços técnicos profissionais especializados deverão, preferencialmente, ser celebrados mediante a realização de concurso, com estipulação prévia de prêmio ou remuneração.

§2º Aos serviços técnicos previstos neste artigo aplica-se, no que couber, o disposto no art. 111 desta Lei.

§3º A empresa de prestação de serviços técnicos especializados que apresente relação de integrantes de seu corpo técnico em procedimento licitatório ou como elemento de justificação de dispensa ou inexigibilidade de licitação, ficará obrigada a garantir que os referidos integrantes realizem pessoal e diretamente os serviços objeto do contrato.

## Seção V
## Das Compras

**Art. 14.** Nenhuma compra será feita sem a adequada caracterização de seu objeto e indicação dos recursos orçamentários para seu pagamento, sob pena de nulidade do ato e responsabilidade de quem lhe tiver dado causa.

**Art. 15.** As compras, sempre que possível, deverão: (Regulamento)

I – atender ao princípio da padronização, que imponha compatibilidade de especificações técnicas e de desempenho, observadas, quando for o caso, as condições de manutenção, assistência técnica e garantia oferecidas;

II – ser processadas através de sistema de registro de preços;

III – submeter-se às condições de aquisição e pagamento semelhantes às do setor privado;

IV – ser subdivididas em tantas parcelas quantas necessárias para aproveitar as peculiaridades do mercado, visando economicidade;

V – balizar-se pelos preços praticados no âmbito dos órgãos e entidades da Administração Pública.

§1º O registro de preços será precedido de ampla pesquisa de mercado.

§2º Os preços registrados serão publicados trimestralmente para orientação da Administração, na imprensa oficial.

§3º O sistema de registro de preços será regulamentado por decreto, atendidas as peculiaridades regionais, observadas as seguintes condições:

I – seleção feita mediante concorrência;

II – estipulação prévia do sistema de controle e atualização dos preços registrados;

III – validade do registro não superior a um ano.

§4º A existência de preços registrados não obriga a Administração a firmar as contratações que deles poderão advir, ficando-lhe facultada a utilização de outros meios, respeitada a legislação relativa às licitações, sendo assegurado ao beneficiário do registro preferência em igualdade de condições.

§5º O sistema de controle originado no quadro geral de preços, quando possível, deverá ser informatizado.

§6º Qualquer cidadão é parte legítima para impugnar preço constante do quadro geral em razão de incompatibilidade desse com o preço vigente no mercado.

§7º Nas compras deverão ser observadas, ainda:

I – a especificação completa do bem a ser adquirido sem indicação de marca;

II – a definição das unidades e das quantidades a serem adquiridas em função do consumo e utilização prováveis, cuja estimativa será obtida, sempre que possível, mediante adequadas técnicas quantitativas de estimação;

III – as condições de guarda e armazenamento que não permitam a deterioração do material.

§8º O recebimento de material de valor superior ao limite estabelecido no art. 23 desta Lei, para a modalidade de convite, deverá ser confiado a uma comissão de, no mínimo, 3 (três) membros.

**Art. 16.** Será dada publicidade, mensalmente, em órgão de divulgação oficial ou em quadro de avisos de amplo acesso público, à relação de todas as compras feitas pela Administração Direta ou Indireta, de maneira a clarificar a identificação do bem comprado, seu preço unitário, a quantidade adquirida, o nome do vendedor e o valor total da operação, podendo ser aglutinadas por itens as compras feitas com dispensa e inexigibilidade de licitação. (Redação dada pela Lei nº 8.883, de 1994)

Parágrafo único. O disposto neste artigo não se aplica aos casos de dispensa de licitação previstos no inciso IX do art. 24. (Incluído pela Lei nº 8.883, de 1994)

## Seção VI
## Das Alienações

**Art. 17.** A alienação de bens da Administração Pública, subordinada à existência de interesse público devidamente justificado, será precedida de avaliação e obedecerá às seguintes normas:

I – quando imóveis, dependerá de autorização legislativa para órgãos da administração direta e entidades autárquicas e fundacionais, e, para todos, inclusive as entidades paraestatais, dependerá de avaliação prévia e de licitação na modalidade de concorrência, dispensada esta nos seguintes casos:

a) dação em pagamento;

b) doação, permitida exclusivamente para outro órgão ou entidade da administração pública, de qualquer esfera de governo, ressalvado o disposto nas alíneas "f", "h" e "i"; (Redação dada pela Lei nº 11.952, de 2009)

c) permuta, por outro imóvel que atenda aos requisitos constantes do inciso X do art. 24 desta Lei;

d) investidura;

e) venda a outro órgão ou entidade da administração pública, de qualquer esfera de governo; (Incluída pela Lei nº 8.883, de 1994)

f) alienação gratuita ou onerosa, aforamento, concessão de direito real de uso, locação ou permissão de uso de bens imóveis residenciais construídos, destinados ou efetivamente utilizados no âmbito de programas habitacionais ou de regularização fundiária de interesse social desenvolvidos por órgãos ou entidades da administração pública; (Redação dada pela Lei nº 11.481, de 2007)

g) procedimentos de legitimação de posse de que trata o art. 29 da Lei nº 6.383, de 7 de dezembro de 1976, mediante iniciativa e deliberação dos órgãos da Administração Pública em cuja competência legal inclua-se tal atribuição; (Incluído pela Lei nº 11.196, de 2005)

h) alienação gratuita ou onerosa, aforamento, concessão de direito real de uso, locação ou permissão de uso de bens imóveis de uso comercial de âmbito local com área de até 250 m² (duzentos e cinquenta metros quadrados) e inseridos no âmbito de programas de regularização fundiária de interesse social desenvolvidos por órgãos ou entidades da administração pública; (Incluído pela Lei nº 11.481, de 2007)

i) alienação e concessão de direito real de uso, gratuita ou onerosa, de terras públicas rurais da União na Amazônia Legal onde incidam ocupações até o limite de 15 (quinze) módulos fiscais ou 1.500ha (mil e quinhentos hectares), para fins de regularização fundiária, atendidos os requisitos legais; (Incluído pela Lei nº 11.952, de 2009)

II – quando móveis, dependerá de avaliação prévia e de licitação, dispensada esta nos seguintes casos:

a) doação, permitida exclusivamente para fins e uso de interesse social, após avaliação de sua oportunidade e conveniência sócio-econômica, relativamente à escolha de outra forma de alienação;

b) permuta, permitida exclusivamente entre órgãos ou entidades da Administração Pública;

c) venda de ações, que poderão ser negociadas em bolsa, observada a legislação específica;

d) venda de títulos, na forma da legislação pertinente;

e) venda de bens produzidos ou comercializados por órgãos ou entidades da Administração Pública, em virtude de suas finalidades;

f) venda de materiais e equipamentos para outros órgãos ou entidades da Administração Pública, sem utilização previsível por quem deles dispõe.

§1º Os imóveis doados com base na alínea "b" do inciso I deste artigo, cessadas as razões que justificaram a sua doação, reverterão ao patrimônio da pessoa jurídica doadora, vedada a sua alienação pelo beneficiário.

§2º A Administração também poderá conceder título de propriedade ou de direito real de uso de imóveis, dispensada licitação, quando o uso destinar-se: (Redação dada pela Lei nº 11.196, de 2005)

I – a outro órgão ou entidade da Administração Pública, qualquer que seja a localização do imóvel; (Incluído pela Lei nº 11.196, de 2005)

II – a pessoa natural que, nos termos da lei, regulamento ou ato normativo do órgão competente, haja implementado os requisitos mínimos de cultura, ocupação mansa e pacífica e exploração direta sobre área rural situada na Amazônia Legal, superior a 1 (um) módulo fiscal e limitada a 15 (quinze) módulos fiscais, desde que não exceda 1.500ha (mil e quinhentos hectares); (Redação dada pela Lei nº 11.952, de 2009)

§2º-A. As hipóteses do inciso II do §2º ficam dispensadas de autorização legislativa, porém submetem-se aos seguintes condicionamentos: (Redação dada pela Lei nº 11.952, de 2009)

I – aplicação exclusivamente às áreas em que a detenção por particular seja comprovadamente anterior a 1º de dezembro de 2004; (Incluído pela Lei nº 11.196, de 2005)

II – submissão aos demais requisitos e impedimentos do regime legal e administrativo da destinação e da regularização fundiária de terras públicas; (Incluído pela Lei n] 11.196, de 2005)

III – vedação de concessões para hipóteses de exploração não contempladas na lei agrária, nas leis de destinação de terras públicas, ou nas normas legais ou administrativas de zoneamento ecológico-econômico; e (Incluído pela Lei nº 11.196, de 2005)

IV – previsão de rescisão automática da concessão, dispensada notificação, em caso de declaração de utilidade, ou necessidade pública ou interesse social. (Incluído pela Lei nº 11.196, de 2005)

§2º-B. A hipótese do inciso II do §2º deste artigo: (Incluído pela Lei nº 11.196, de 2005)

I – só se aplica a imóvel situado em zona rural, não sujeito a vedação, impedimento ou inconveniente a sua exploração mediante atividades agropecuárias; (Incluído pela Lei nº 11.196, de 2005)

II – fica limitada a áreas de até quinze módulos fiscais, desde que não exceda mil e quinhentos hectares, vedada a dispensa de licitação para áreas superiores a esse limite; (Redação dada pela Lei nº 11.763, de 2008)

III – pode ser cumulada com o quantitativo de área decorrente da figura prevista na alínea g do inciso I do caput deste artigo, até o limite previsto no inciso II deste parágrafo. (Incluído pela Lei nº 11.196, de 2005)

IV – (VETADO) (Incluído pela Lei nº 11.763, de 2008)

§3º Entende-se por investidura, para os fins desta lei: (Redação dada pela Lei nº 9.648, de 1998)

I – a alienação aos proprietários de imóveis lindeiros de área remanescente ou resultante de obra pública, área esta que se tornar inaproveitável isoladamente, por preço nunca inferior ao da avaliação e desde que esse não ultrapasse a 50% (cinquenta por cento) do valor constante da alínea "a" do inciso II do art. 23 desta lei; (Incluído pela Lei nº 9.648, de 1998)

II – a alienação, aos legítimos possuidores diretos ou, na falta destes, ao Poder Público, de imóveis para fins residenciais construídos em núcleos urbanos anexos a usinas hidrelétricas, desde que considerados dispensáveis na fase de operação dessas unidades e não integrem a categoria de bens reversíveis ao final da concessão. (Incluído pela Lei nº 9.648, de 1998)

§4º A doação com encargo será licitada e de seu instrumento constarão, obrigatoriamente os encargos, o prazo de seu cumprimento e cláusula de reversão, sob pena de nulidade do ato, sendo dispensada a licitação no caso de interesse público devidamente justificado; (Redação dada pela Lei nº 8.883, de 1994)

§5º Na hipótese do parágrafo anterior, caso o donatário necessite oferecer o imóvel em garantia de financiamento, a cláusula de reversão e demais obrigações serão garantidas por hipoteca em segundo grau em favor do doador. (Incluído pela Lei nº 8.883, de 1994)

§6º Para a venda de bens móveis avaliados, isolada ou globalmente, em quantia não superior ao limite previsto no art. 23, inciso II, alínea "b" desta Lei, a Administração poderá permitir o leilão. (Incluído pela Lei nº 8.883, de 1994)

§7º (VETADO). (Incluído pela Lei nº 11.481, de 2007)

**Art. 18.** Na concorrência para a venda de bens imóveis, a fase de habilitação limitar-se-á à comprovação do recolhimento de quantia correspondente a 5% (cinco por cento) da avaliação.

Parágrafo único. (Revogado pela Lei nº 8.883, de 1994)

**Art. 19.** Os bens imóveis da Administração Pública, cuja aquisição haja derivado de procedimentos judiciais ou de dação em pagamento, poderão ser alienados por ato da autoridade competente, observadas as seguintes regras:

I – avaliação dos bens alienáveis;

II – comprovação da necessidade ou utilidade da alienação;

III – adoção do procedimento licitatório, sob a modalidade de concorrência ou leilão. (Redação dada pela Lei nº 8.883, de 1994)

## Capítulo II
## DA LICITAÇÃO

### Seção I
### Das Modalidades, Limites e Dispensa

**Art. 20.** As licitações serão efetuadas no local onde se situar a repartição interessada, salvo por motivo de interesse público, devidamente justificado.

Parágrafo único. O disposto neste artigo não impedirá a habilitação de interessados residentes ou sediados em outros locais.

**Art. 21.** Os avisos contendo os resumos dos editais das concorrências, das tomadas de preços, dos concursos e dos leilões, embora realizados no local da repartição interessada, deverão ser publicados com antecedência, no mínimo, por uma vez: (Redação dada pela Lei nº 8.883, de 1994)

I – no Diário Oficial da União, quando se tratar de licitação feita por órgão ou entidade da Administração Pública Federal e, ainda, quando se tratar de obras financiadas parcial ou totalmente com recursos federais ou garantidas por instituições federais; (Redação dada pela Lei nº 8.883, de 1994)

II – no Diário Oficial do Estado, ou do Distrito Federal quando se tratar, respectivamente, de licitação feita por órgão ou entidade da Administração Pública Estadual ou Municipal, ou do Distrito Federal; (Redação dada pela Lei nº 8.883, de 1994)

III – em jornal diário de grande circulação no Estado e também, se houver, em jornal de circulação no Município ou na região onde será realizada a obra, prestado o serviço, fornecido, alienado ou alugado o bem, podendo ainda a Administração, conforme o vulto da licitação, utilizar-se de outros meios de divulgação para ampliar a área de competição. (Redação dada pela Lei nº 8.883, de 1994)

§1º O aviso publicado conterá a indicação do local em que os interessados poderão ler e obter o texto integral do edital e todas as informações sobre a licitação.

§2º O prazo mínimo até o recebimento das propostas ou da realização do evento será:

I – quarenta e cinco dias para: (Redação dada pela Lei nº 8.883, de 1994)

a) concurso; (Incluída pela Lei nº 8.883, de 1994)

b) concorrência, quando o contrato a ser celebrado contemplar o regime de empreitada integral ou quando a licitação for do tipo "melhor técnica" ou "técnica e preço"; (Incluída pela Lei nº 8.883, de 1994)

II – trinta dias para: (Redação dada pela Lei nº 8.883, de 1994)

a) concorrência, nos casos não especificados na alínea "b" do inciso anterior; (Incluída pela Lei nº 8.883, de 1994)

b) tomada de preços, quando a licitação for do tipo "melhor técnica" ou "técnica e preço"; (Incluída pela Lei nº 8.883, de 1994)

III – quinze dias para a tomada de preços, nos casos não especificados na alínea "b" do inciso anterior, ou leilão; (Redação dada pela Lei nº 8.883, de 1994)

IV – cinco dias úteis para a convite. (Redação dada pela Lei nº 8.883, de 1994)

§3º Os prazos estabelecidos no parágrafo anterior serão contados a partir da última publicação do edital resumido ou da expedição do convite, ou ainda da efetiva disponibilidade do edital ou do convite e respectivos anexos, prevalecendo a data que ocorrer mais tarde. (Redação dada pela Lei nº 8.883, de 1994)

§4º Qualquer modificação no edital exige divulgação pela mesma forma que se deu o texto original, reabrindo-se o prazo inicialmente estabelecido, exceto quando, inquestionavelmente, a alteração não afetar a formulação das propostas.

**Art. 22.** São modalidades de licitação:

I – concorrência;

II – tomada de preços;

III – convite;

IV – concurso;

V – leilão.

§1º Concorrência é a modalidade de licitação entre quaisquer interessados que, na fase inicial de habilitação preliminar, comprovem possuir os requisitos mínimos de qualificação exigidos no edital para execução de seu objeto.

§2º Tomada de preços é a modalidade de licitação entre interessados devidamente cadastrados ou que atenderem a todas as condições exigidas para cadastramento até o terceiro dia anterior à data do recebimento das propostas, observada a necessária qualificação.

§3º Convite é a modalidade de licitação entre interessados do ramo pertinente ao seu objeto, cadastrados ou não, escolhidos e convidados em número mínimo de 3 (três) pela unidade administrativa, a qual afixará, em local apropriado, cópia do instrumento convocatório e o estenderá aos demais cadastrados na correspondente especialidade que manifestarem seu interesse com antecedência de até 24 (vinte e quatro) horas da apresentação das propostas.

§4º Concurso é a modalidade de licitação entre quaisquer interessados para escolha de trabalho técnico, científico ou artístico, mediante a instituição de prêmios ou remuneração aos vencedores, conforme critérios constantes de edital publicado na imprensa oficial com antecedência mínima de 45 (quarenta e cinco) dias.

§5º Leilão é a modalidade de licitação entre quaisquer interessados para a venda de bens móveis inservíveis para a administração ou de produtos legalmente apreendidos ou penhorados, ou para a alienação de bens imóveis prevista no art. 19, a quem oferecer o maior lance, igual ou superior ao valor da avaliação. (Redação dada pela Lei nº 8.883, de 1994)

§6º Na hipótese do §3º deste artigo, existindo na praça mais de 3 (três) possíveis interessados, a cada novo convite, realizado para objeto idêntico ou assemelhado, é obrigatório o convite a, no mínimo, mais um interessado, enquanto existirem cadastrados não convidados nas últimas licitações. (Redação dada pela Lei nº 8.883, de 1994)

§7º Quando, por limitações do mercado ou manifesto desinteresse dos convidados, for impossível a obtenção do número mínimo de licitantes exigidos no §3º deste artigo, essas circunstâncias deverão ser devidamente justificadas no processo, sob pena de repetição do convite.

§8º É vedada a criação de outras modalidades de licitação ou a combinação das referidas neste artigo.

§9º Na hipótese do parágrafo 2º deste artigo, a administração somente poderá exigir do licitante não cadastrado os documentos previstos nos arts. 27 a 31, que comprovem habilitação compatível com o objeto da licitação, nos termos do edital. (Incluído pela Lei nº 8.883, de 1994)

**Art. 23.** As modalidades de licitação a que se referem os incisos I a III do artigo anterior serão determinadas em função dos seguintes limites, tendo em vista o valor estimado da contratação:

I – para obras e serviços de engenharia: (Redação dada pela Lei nº 9.648, de 1998)
a) convite – até R$150.000,00 (cento e cinquenta mil reais); (Redação dada pela Lei nº 9.648, de 1998)
b) tomada de preços – até R$1.500.000,00 (um milhão e quinhentos mil reais); (Redação dada pela Lei nº 9.648, de 1998)
c) concorrência: acima de R$1.500.000,00 (um milhão e quinhentos mil reais); (Redação dada pela Lei nº 9.648, de 1998)

II – para compras e serviços não referidos no inciso anterior:(Redação dada pela Lei nº 9.648, de 1998)
a) convite – até R$80.000,00 (oitenta mil reais); (Redação dada pela Lei nº 9.648, de 1998)
b) tomada de preços – até R$650.000,00 (seiscentos e cinquenta mil reais); (Redação dada pela Lei nº 9.648, de 1998)
c) concorrência – acima de R$650.000,00 (seiscentos e cinquenta mil reais). (Redação dada pela Lei nº 9.648, de 1998)

§1º As obras, serviços e compras efetuadas pela Administração serão divididas em tantas parcelas quantas se comprovarem técnica e economicamente viáveis, procedendo-se à licitação com vistas ao melhor aproveitamento dos recursos disponíveis no mercado e à ampliação da competitividade sem perda da economia de escala. (Redação dada pela Lei nº 8.883, de 1994)

§2º Na execução de obras e serviços e nas

compras de bens, parceladas nos termos do parágrafo anterior, a cada etapa ou conjunto de etapas da obra, serviço ou compra, há de corresponder licitação distinta, preservada a modalidade pertinente para a execução do objeto em licitação. (Redação dada pela Lei nº 8.883, de 1994)

§3º A concorrência é a modalidade de licitação cabível, qualquer que seja o valor de seu objeto, tanto na compra ou alienação de bens imóveis, ressalvado o disposto no art. 19, como nas concessões de direito real de uso e nas licitações internacionais, admitindo-se neste último caso, observados os limites deste artigo, a tomada de preços, quando o órgão ou entidade dispuser de cadastro internacional de fornecedores ou o convite, quando não houver fornecedor do bem ou serviço no País. (Redação dada pela Lei nº 8.883, de 1994)

§4º Nos casos em que couber convite, a Administração poderá utilizar a tomada de preços e, em qualquer caso, a concorrência.

§5º É vedada a utilização da modalidade "convite" ou "tomada de preços", conforme o caso, para parcelas de uma mesma obra ou serviço, ou ainda para obras e serviços da mesma natureza e no mesmo local que possam ser realizadas conjunta e concomitantemente, sempre que o somatório de seus valores caracterizar o caso de "tomada de preços" ou "concorrência", respectivamente, nos termos deste artigo, exceto para as parcelas de natureza específica que possam ser executadas por pessoas ou empresas de especialidade diversa daquela do executor da obra ou serviço. (Redação dada pela Lei nº 8.883, de 1994)

§6º As organizações industriais da Administração Federal direta, em face de suas peculiaridades, obedecerão aos limites estabelecidos no inciso I deste artigo também para suas compras e serviços em geral, desde que para a aquisição de materiais aplicados exclusivamente na manutenção, reparo ou fabricação de meios operacionais bélicos pertencentes à União. (Incluído pela Lei nº 8.883, de 1994)

§7º Na compra de bens de natureza divisível e desde que não haja prejuízo para o conjunto ou complexo, é permitida a cotação de quantidade inferior à demandada na licitação, com vistas a ampliação da competitividade, podendo o edital fixar quantitativo mínimo para preservar a economia de escala. (Incluído pela Lei nº 9.648, de 1998)

§8º No caso de consórcios públicos, aplicar-se-á o dobro dos valores mencionados no caput deste artigo quando formado por até 3 (três) entes da Federação, e o triplo, quando formado por maior número. (Incluído pela Lei nº 11.107, de 2005)

**Art. 24.** É dispensável a licitação: Vide Lei nº 12.188, de 2.010 Vigência

I – para obras e serviços de engenharia de valor até 10% (dez por cento) do limite previsto na alínea "a", do inciso I do artigo anterior, desde que não se refiram a parcelas de uma mesma obra ou serviço ou ainda para obras e serviços da mesma natureza e no mesmo local que possam ser realizadas conjunta e concomitantemente; (Redação dada pela Lei nº 9.648, de 1998)

II – para outros serviços e compras de valor até 10% (dez por cento) do limite previsto na alínea "a", do inciso II do artigo anterior e para alienações, nos casos previstos nesta Lei, desde que não se refiram a parcelas de um mesmo serviço, compra ou alienação de maior vulto que possa ser realizada de uma só vez; (Redação dada pela Lei nº 9.648, de 1998)

III – nos casos de guerra ou grave perturbação da ordem;

IV – nos casos de emergência ou de calamidade pública, quando caracterizada urgência de atendimento de situação que possa ocasionar prejuízo ou comprometer a segurança de pessoas, obras, serviços, equipamentos e outros bens, públicos ou particulares, e somente para os bens necessários ao atendimento da situação emergencial ou calamitosa e para as parcelas de obras e serviços que possam ser concluídas no prazo máximo de 180 (cento e oitenta) dias consecutivos e ininterruptos, contados da ocorrência da emergência ou calamidade, vedada a prorrogação dos respectivos contratos;

V – quando não acudirem interessados à licitação anterior e esta, justificadamente, não puder ser repetida sem prejuízo para a Administração, mantidas, neste caso, todas as condições preestabelecidas;

VI – quando a União tiver que intervir no domínio econômico para regular preços ou normalizar o abastecimento;
VII – quando as propostas apresentadas consignarem preços manifestamente superiores aos praticados no mercado nacional, ou forem incompatíveis com os fixados pelos órgãos oficiais competentes, casos em que, observado o parágrafo único do art. 48 desta Lei e, persistindo a situação, será admitida a adjudicação direta dos bens ou serviços, por valor não superior ao constante do registro de preços, ou dos serviços; (Vide §3º do art. 48)
VIII – para a aquisição, por pessoa jurídica de direito público interno, de bens produzidos ou serviços prestados por órgão ou entidade que integre a Administração Pública e que tenha sido criado para esse fim específico em data anterior à vigência desta Lei, desde que o preço contratado seja compatível com o praticado no mercado; (Redação dada pela Lei nº 8.883, de 1994)
IX – quando houver possibilidade de comprometimento da segurança nacional, nos casos estabelecidos em decreto do Presidente da República, ouvido o Conselho de Defesa Nacional; (Regulamento)
X – para a compra ou locação de imóvel destinado ao atendimento das finalidades precípuas da administração, cujas necessidades de instalação e localização condicionem a sua escolha, desde que o preço seja compatível com o valor de mercado, segundo avaliação prévia;(Redação dada pela Lei nº 8.883, de 1994)
XI – na contratação de remanescente de obra, serviço ou fornecimento, em consequência de rescisão contratual, desde que atendida a ordem de classificação da licitação anterior e aceitas as mesmas condições oferecidas pelo licitante vencedor, inclusive quanto ao preço, devidamente corrigido;
XII – nas compras de hortifrutigranjeiros, pão e outros gêneros perecíveis, no tempo necessário para a realização dos processos licitatórios correspondentes, realizadas diretamente com base no preço do dia; (Redação dada pela Lei nº 8.883, de 1994)

XIII – na contratação de instituição brasileira incumbida regimental ou estatutariamente da pesquisa, do ensino ou do desenvolvimento institucional, ou de instituição dedicada à recuperação social do preso, desde que a contratada detenha inquestionável reputação ético-profissional e não tenha fins lucrativos;(Redação dada pela Lei nº 8.883, de 1994)
XIV – para a aquisição de bens ou serviços nos termos de acordo internacional específico aprovado pelo Congresso Nacional, quando as condições ofertadas forem manifestamente vantajosas para o Poder Público; (Redação dada pela Lei nº 8.883, de 1994)
XV – para a aquisição ou restauração de obras de arte e objetos históricos, de autenticidade certificada, desde que compatíveis ou inerentes às finalidades do órgão ou entidade.
XVI – para a impressão dos diários oficiais, de formulários padronizados de uso da administração, e de edições técnicas oficiais, bem como para prestação de serviços de informática a pessoa jurídica de direito público interno, por órgãos ou entidades que integrem a Administração Pública, criados para esse fim específico;(Incluído pela Lei nº 8.883, de 1994)
XVII – para a aquisição de componentes ou peças de origem nacional ou estrangeira, necessários à manutenção de equipamentos durante o período de garantia técnica, junto ao fornecedor original desses equipamentos, quando tal condição de exclusividade for indispensável para a vigência da garantia; (Incluído pela Lei nº 8.883, de 1994)
XVIII – nas compras ou contratações de serviços para o abastecimento de navios, embarcações, unidades aéreas ou tropas e seus meios de deslocamento quando em estada eventual de curta duração em portos, aeroportos ou localidades diferentes de suas sedes, por motivo de movimentação operacional ou de adestramento, quando a exiguidade dos prazos legais puder comprometer a normalidade e os propósitos das operações e desde que seu valor não exceda ao limite previsto na alínea "a" do incico II do art. 23 desta Lei: (Incluído pela Lei nº 8.883, de 1994)

XIX – para as compras de material de uso pelas Forças Armadas, com exceção de materiais de uso pessoal e administrativo, quando houver necessidade de manter a padronização requerida pela estrutura de apoio logístico dos meios navais, aéreos e terrestres, mediante parecer de comissão instituída por decreto; (Incluído pela Lei nº 8.883, de 1994)

XX – na contratação de associação de portadores de deficiência física, sem fins lucrativos e de comprovada idoneidade, por órgãos ou entidades da Admininistração Pública, para a prestação de serviços ou fornecimento de mão-de-obra, desde que o preço contratado seja compatível com o praticado no mercado. (Incluído pela Lei nº 8.883, de 1994)

XXI – para a aquisição de bens e insumos destinados exclusivamente à pesquisa científica e tecnológica com recursos concedidos pela Capes, pela Finep, pelo CNPq ou por outras instituições de fomento a pesquisa credenciadas pelo CNPq para esse fim específico; (Redação dada pela Lei nº 12.349, de 2010)

XXII – na contratação de fornecimento ou suprimento de energia elétrica e gás natural com concessionário, permissionário ou autorizado, segundo as normas da legislação específica; (Incluído pela Lei nº 9.648, de 1998)

XXIII – na contratação realizada por empresa pública ou sociedade de economia mista com suas subsidiárias e controladas, para a aquisição ou alienação de bens, prestação ou obtenção de serviços, desde que o preço contratado seja compatível com o praticado no mercado. (Incluído pela Lei nº 9.648, de 1998)

XXIV – para a celebração de contratos de prestação de serviços com as organizações sociais, qualificadas no âmbito das respectivas esferas de governo, para atividades contempladas no contrato de gestão. (Incluído pela Lei nº 9.648, de 1998)

XXV – na contratação realizada por Instituição Científica e Tecnológica – ICT ou por agência de fomento para a transferência de tecnologia e para o licenciamento de direito de uso ou de exploração de criação protegida. (Incluído pela Lei nº 10.973, de 2004)

XXVI – na celebração de contrato de programa com ente da Federação ou com entidade de sua administração indireta, para a prestação de serviços públicos de forma associada nos termos do autorizado em contrato de consórcio público ou em convênio de cooperação. (Incluído pela Lei nº 11.107, de 2005)

XXVII – na contratação da coleta, processamento e comercialização de resíduos sólidos urbanos recicláveis ou reutilizáveis, em áreas com sistema de coleta seletiva de lixo, efetuados por associações ou cooperativas formadas exclusivamente por pessoas físicas de baixa renda reconhecidas pelo poder público como catadores de materiais recicláveis, com o uso de equipamentos compatíveis com as normas técnicas, ambientais e de saúde pública. (Redação dada pela Lei nº 11.445, de 2007).

XXVIII – para o fornecimento de bens e serviços, produzidos ou prestados no País, que envolvam, cumulativamente, alta complexidade tecnológica e defesa nacional, mediante parecer de comissão especialmente designada pela autoridade máxima do órgão. (Incluído pela Lei nº 11.484, de 2007).

XXIX – na aquisição de bens e contratação de serviços para atender aos contingentes militares das Forças Singulares brasileiras empregadas em operações de paz no exterior, necessariamente justificadas quanto ao preço e à escolha do fornecedor ou executante e ratificadas pelo Comandante da Força. (Incluído pela Lei nº 11.783, de 2008).

XXX – na contratação de instituição ou organização, pública ou privada, com ou sem fins lucrativos, para a prestação de serviços de assistência técnica e extensão rural no âmbito do Programa Nacional de Assistência Técnica e Extensão Rural na Agricultura Familiar e na Reforma Agrária, instituído por lei federal. (Incluído pela Lei nº 12.188, de 2.010) Vigência

XXXI – nas contratações visando ao cumprimento do disposto nos arts. 3º, 4º, 5º e 20 da Lei nº 10.973, de 2 de dezembro de 2004, observados os princípios gerais de contratação dela constantes. (Incluído pela Lei nº 12.349, de 2010)

Parágrafo único. Os percentuais referidos nos incisos I e II do caput deste artigo serão 20% (vinte por cento) para compras, obras e serviços contratados por consórcios públicos, sociedade de economia mista, empresa pública e por autarquia ou fundação qualificadas, na forma da lei, como Agências Executivas. (Redação dada pela Lei nº 11.107, de 2005)

**Art. 25.** É inexigível a licitação quando houver inviabilidade de competição, em especial:

I – para aquisição de materiais, equipamentos, ou gêneros que só possam ser fornecidos por produtor, empresa ou representante comercial exclusivo, vedada a preferência de marca, devendo a comprovação de exclusividade ser feita através de atestado fornecido pelo órgão de registro do comércio do local em que se realizaria a licitação ou a obra ou o serviço, pelo Sindicato, Federação ou Confederação Patronal, ou, ainda, pelas entidades equivalentes;

II – para a contratação de serviços técnicos enumerados no art. 13 desta Lei, de natureza singular, com profissionais ou empresas de notória especialização, vedada a inexigibilidade para serviços de publicidade e divulgação;

III – para contratação de profissional de qualquer setor artístico, diretamente ou através de empresário exclusivo, desde que consagrado pela crítica especializada ou pela opinião pública.

§1º Considera-se de notória especialização o profissional ou empresa cujo conceito no campo de sua especialidade, decorrente de desempenho anterior, estudos, experiências, publicações, organização, aparelhamento, equipe técnica, ou de outros requisitos relacionados com suas atividades, permita inferir que o seu trabalho é essencial e indiscutivelmente o mais adequado à plena satisfação do objeto do contrato.

§2º Na hipótese deste artigo e em qualquer dos casos de dispensa, se comprovado superfaturamento, respondem solidariamente pelo dano causado à Fazenda Pública o fornecedor ou o prestador de serviços e o agente público responsável, sem prejuízo de outras sanções legais cabíveis.

**Art. 26.** As dispensas previstas nos §§2º e 4º do art. 17 e no inciso III e seguintes do art. 24, as situações de inexigibilidade referidas no art. 25, necessariamente justificadas, e o retardamento previsto no final do parágrafo único do art. 8º desta Lei deverão ser comunicados, dentro de 3 (três) dias, à autoridade superior, para ratificação e publicação na imprensa oficial, no prazo de 5 (cinco) dias, como condição para a eficácia dos atos. (Redação dada pela Lei nº 11.107, de 2005)

Parágrafo único. O processo de dispensa, de inexigibilidade ou de retardamento, previsto neste artigo, será instruído, no que couber, com os seguintes elementos:

I – caracterização da situação emergencial ou calamitosa que justifique a dispensa, quando for o caso;

II – razão da escolha do fornecedor ou executante;

III – justificativa do preço.

IV – documento de aprovação dos projetos de pesquisa aos quais os bens serão alocados. (Incluído pela Lei nº 9.648, de 1998)

### Seção II
**Da Habilitação**

**Art. 27.** Para a habilitação nas licitações exigir-se-á dos interessados, exclusivamente, documentação relativa a:

I – habilitação jurídica;

II – qualificação técnica;

III – qualificação econômico-financeira;

IV – regularidade fiscal.

V – cumprimento do disposto no inciso XXXIII do art. 7º da Constituição Federal. (Incluído pela Lei nº 9.854, de 1999)

**Art. 28.** A documentação relativa à habilitação jurídica, conforme o caso, consistirá em:

I – cédula de identidade;

II – registro comercial, no caso de empresa individual;

III – ato constitutivo, estatuto ou contrato social em vigor, devidamente registrado, em se tratando de sociedades comerciais, e, no caso de sociedades por ações, acompanhado de documentos de eleição de seus administradores;

IV – inscrição do ato constitutivo, no caso de sociedades civis, acompanhada de prova de diretoria em exercício;

V – decreto de autorização, em se tratando de empresa ou sociedade estrangeira em funcionamento no País, e ato de registro ou autorização para funcionamento expedido pelo órgão competente, quando a atividade assim o exigir.

**Art. 29.** A documentação relativa à regularidade fiscal, conforme o caso, consistirá em:

I – prova de inscrição no Cadastro de Pessoas Físicas (CPF) ou no Cadastro Geral de Contribuintes (CGC);

II – prova de inscrição no cadastro de contribuintes estadual ou municipal, se houver, relativo ao domicílio ou sede do licitante, pertinente ao seu ramo de atividade e compatível com o objeto contratual;

III – prova de regularidade para com a Fazenda Federal, Estadual e Municipal do domicílio ou sede do licitante, ou outra equivalente, na forma da lei;

IV – prova de regularidade relativa à Seguridade Social e ao Fundo de Garantia por Tempo de Serviço (FGTS), demonstrando situação regular no cumprimento dos encargos sociais instituídos por lei. (Redação dada pela Lei nº 8.883, de 1994)

**Art. 30.** A documentação relativa à qualificação técnica limitar-se-á a:

I – registro ou inscrição na entidade profissional competente;

II – comprovação de aptidão para desempenho de atividade pertinente e compatível em características, quantidades e prazos com o objeto da licitação, e indicação das instalações e do aparelhamento e do pessoal técnico adequados e disponíveis para a realização do objeto da licitação, bem como da qualificação de cada um dos membros da equipe técnica que se responsabilizará pelos trabalhos;

III – comprovação, fornecida pelo órgão licitante, de que recebeu os documentos, e, quando exigido, de que tomou conhecimento de todas as informações e das condições locais para o cumprimento das obrigações objeto da licitação;

IV – prova de atendimento de requisitos previstos em lei especial, quando for o caso.

§1º A comprovação de aptidão referida no inciso II do "caput" deste artigo, no caso das licitações pertinentes a obras e serviços, será feita por atestados fornecidos por pessoas jurídicas de direito público ou privado, devidamente registrados nas entidades profissionais competentes, limitadas as exigências a: (Redação dada pela Lei nº 8.883, de 1994)

I – capacitação técnico-profissional: comprovação do licitante de possuir em seu quadro permanente, na data prevista para entrega da proposta, profissional de nível superior ou outro devidamente reconhecido pela entidade competente, detentor de atestado de responsabilidade técnica por execução de obra ou serviço de características semelhantes, limitadas estas exclusivamente às parcelas de maior relevância e valor significativo do objeto da licitação, vedadas as exigências de quantidades mínimas ou prazos máximos; (Incluído pela Lei nº 8.883, de 1994)

II – (Vetado). (Incluído pela Lei nº 8.883, de 1994)

a) (Vetado). (Incluído pela Lei nº 8.883, de 1994)

b) (Vetado). (Incluído pela Lei nº 8.883, de 1994)

§2º As parcelas de maior relevância técnica e de valor significativo, mencionadas no parágrafo anterior, serão definidas no instrumento convocatório. (Redação dada pela Lei nº 8.883, de 1994)

§3º Será sempre admitida a comprovação de aptidão através de certidões ou atestados de obras ou serviços similares de complexidade tecnológica e operacional equivalente ou superior.

§4º Nas licitações para fornecimento de bens, a comprovação de aptidão, quando for o caso, será feita através de atestados fornecidos por pessoa jurídica de direito público ou privado.

§5º É vedada a exigência de comprovação de atividade ou de aptidão com limitações de tempo ou de época ou ainda em locais específicos, ou quaisquer outras não previstas nesta Lei, que inibam a participação na licitação.

§6º As exigências mínimas relativas a instalações de canteiros, máquinas, equipamentos e pessoal técnico especializado, considerados essenciais para o cumprimento do objeto da licitação, serão atendidas mediante a apresentação de relação explícita e da declaração formal da sua disponibilidade, sob as penas cabíveis, vedada as exigências de propriedade e de localização prévia.

§7º (Vetado). (Redação dada pela Lei nº 8.883, de 1994)

I – (Vetado). (Incluído pela Lei nº 8.883, de 1994)

II – (Vetado). (Incluído pela Lei nº 8.883, de 1994)

§8º No caso de obras, serviços e compras de grande vulto, de alta complexidade técnica, poderá a Administração exigir dos licitantes a metodologia de execução, cuja avaliação, para efeito de sua aceitação ou não, antecederá sempre à análise dos preços e será efetuada exclusivamente por critérios objetivos.

§9º Entende-se por licitação de alta complexidade técnica aquela que envolva alta especialização, como fator de extrema relevância para garantir a execução do objeto a ser contratado, ou que possa comprometer a continuidade da prestação de serviços públicos essenciais.

§10. Os profissionais indicados pelo licitante para fins de comprovação da capacitação técnico-profissional de que trata o inciso I do §1º deste artigo deverão participar da obra ou serviço objeto da licitação, admitindo-se a substituição por profissionais de experiência equivalente ou superior, desde que aprovada pela administração. (Incluído pela Lei nº 8.883, de 1994)

§11. (Vetado). (Incluído pela Lei nº 8.883, de 1994)

§12. (Vetado). (Incluído pela Lei nº 8.883, de 1994)

**Art. 31.** A documentação relativa à qualificação econômico-financeira limitar-se-á a:

I – balanço patrimonial e demonstrações contábeis do último exercício social, já exigíveis e apresentados na forma da lei, que comprovem a boa situação financeira da empresa, vedada a sua substituição por balancetes ou balanços provisórios, podendo ser atualizados por índices oficiais quando encerrado há mais de 3

(três) meses da data de apresentação da proposta;

II – certidão negativa de falência ou concordata expedida pelo distribuidor da sede da pessoa jurídica, ou de execução patrimonial, expedida no domicílio da pessoa física;

III – garantia, nas mesmas modalidades e critérios previstos no "caput" e §1º do art. 56 desta Lei, limitada a 1% (um por cento) do valor estimado do objeto da contratação.

§1º A exigência de índices limitar-se-á à demonstração da capacidade financeira do licitante com vistas aos compromissos que terá que assumir caso lhe seja adjudicado o contrato, vedada a exigência de valores mínimos de faturamento anterior, índices de rentabilidade ou lucratividade. (Redação dada pela Lei nº 8.883, de 1994)

§2º A Administração, nas compras para entrega futura e na execução de obras e serviços, poderá estabelecer, no instrumento convocatório da licitação, a exigência de capital mínimo ou de patrimônio líquido mínimo, ou ainda as garantias previstas no §1º do art. 56 desta Lei, como dado objetivo de comprovação da qualificação econômico-financeira dos licitantes e para efeito de garantia ao adimplemento do contrato a ser ulteriormente celebrado.

§3º O capital mínimo ou o valor do patrimônio líquido a que se refere o parágrafo anterior não poderá exceder a 10% (dez por cento) do valor estimado da contratação, devendo a comprovação ser feita relativamente à data da apresentação da proposta, na forma da lei, admitida a atualização para esta data através de índices oficiais.

§4º Poderá ser exigida, ainda, a relação dos compromissos assumidos pelo licitante que importem diminuição da capacidade operativa ou absorção de disponibilidade financeira, calculada esta em função do patrimônio líquido atualizado e sua capacidade de rotação.

§5º A comprovação de boa situação financeira da empresa será feita de forma objetiva, através do cálculo de índices contábeis previstos no edital e devidamente justificados no processo administrativo da licitação que tenha dado início ao certame licitatório, vedada a exigência de índices e valores não usualmente adotados para correta avaliação de situação financeira suficiente ao cumprimento das obrigações decorrentes da licitação. (Redação dada pela Lei n° 8.883, de 1994)

§6º (Vetado). (Redação dada pela Lei n° 8.883, de 1994)

**Art. 32.** Os documentos necessários à habilitação poderão ser apresentados em original, por qualquer processo de cópia autenticada por cartório competente ou por servidor da administração ou publicação em órgão da imprensa oficial. (Redação dada pela Lei n° 8.883, de 1994)

§1º A documentação de que tratam os arts. 28 a 31 desta Lei poderá ser dispensada, no todo ou em parte, nos casos de convite, concurso, fornecimento de bens para pronta entrega e leilão.

§2º O certificado de registro cadastral a que se refere o §1º do art. 36 substitui os documentos enumerados nos arts. 28 a 31, quanto às informações disponibilizadas em sistema informatizado de consulta direta indicado no edital, obrigando-se a parte a declarar, sob as penalidades legais, a superveniência de fato impeditivo da habilitação. (Redação dada pela Lei n° 9.648, de 1998)

§3º A documentação referida neste artigo poderá ser substituída por registro cadastral emitido por órgão ou entidade pública, desde que previsto no edital e o registro tenha sido feito em obediência ao disposto nesta Lei.

§4º As empresas estrangeiras que não funcionem no País, tanto quanto possível, atenderão, nas licitações internacionais, às exigências dos parágrafos anteriores mediante documentos equivalentes, autenticados pelos respectivos consulados e traduzidos por tradutor juramentado, devendo ter representação legal no Brasil com poderes expressos para receber citação e responder administrativa ou judicialmente.

§5º Não se exigirá, para a habilitação de que trata este artigo, prévio recolhimento de taxas ou emolumentos, salvo os referentes a fornecimento do edital, quando solicitado, com os seus elementos constitutivos, limitados ao valor do custo efetivo de reprodução gráfica da documentação fornecida.

§6º O disposto no §4º deste artigo, no §1º do art. 33 e no §2º do art. 55, não se aplica às licitações internacionais para a aquisição de bens e serviços cujo pagamento seja feito com o produto de financiamento concedido por organismo financeiro internacional de que o Brasil faça parte, ou por agência estrangeira de cooperação, nem nos casos de contratação com empresa estrangeira, para a compra de equipamentos fabricados e entregues no exterior, desde que para este caso tenha havido prévia autorização do Chefe do Poder Executivo, nem nos casos de aquisição de bens e serviços realizada por unidades administrativas com sede no exterior.

**Art. 33.** Quando permitida na licitação a participação de empresas em consórcio, observar-se-ão as seguintes normas:

I – comprovação do compromisso público ou particular de constituição de consórcio, subscrito pelos consorciados;

II – indicação da empresa responsável pelo consórcio que deverá atender às condições de liderança, obrigatoriamente fixadas no edital;

III – apresentação dos documentos exigidos nos arts. 28 a 31 desta Lei por parte de cada consorciado, admitindo-se, para efeito de qualificação técnica, o somatório dos quantitativos de cada consorciado, e, para efeito de qualificação econômico-financeira, o somatório dos valores de cada consorciado, na proporção de sua respectiva participação, podendo a Administração estabelecer, para o consórcio, um acréscimo de até 30% (trinta por cento) dos valores exigidos para licitante individual, inexigível este acréscimo para os consórcios compostos, em sua totalidade, por micro e pequenas empresas assim definidas em lei;

IV – impedimento de participação de empresa consorciada, na mesma licitação, através de mais de um consórcio ou isoladamente;

V – responsabilidade solidária dos integrantes pelos atos praticados em consórcio, tanto na fase de licitação quanto na de execução do contrato.

§1º No consórcio de empresas brasileiras e estrangeiras a liderança caberá, obrigatoriamente, à empresa brasileira, observado o disposto no inciso II deste artigo.

§2º O licitante vencedor fica obrigado a promover, antes da celebração do contrato, a constituição e o registro do consórcio, nos termos do compromisso referido no inciso I deste artigo.

## Seção III
### Dos Registros Cadastrais

**Art. 34.** Para os fins desta Lei, os órgãos e entidades da Administração Pública que realizem frequentemente licitações manterão registros cadastrais para efeito de habilitação, na forma regulamentar, válidos por, no máximo, um ano. (Regulamento)

§1º O registro cadastral deverá ser amplamente divulgado e deverá estar permanentemente aberto aos interessados, obrigando-se a unidade por ele responsável a proceder, no mínimo anualmente, através da imprensa oficial e de jornal diário, a chamamento público para a atualização dos registros existentes e para o ingresso de novos interessados.

§2º É facultado às unidades administrativas utilizarem-se de registros cadastrais de outros órgãos ou entidades da Administração Pública.

**Art. 35.** Ao requerer inscrição no cadastro, ou atualização deste, a qualquer tempo, o interessado fornecerá os elementos necessários à satisfação das exigências do art. 27 desta Lei.

**Art. 36.** Os inscritos serão classificados por categorias, tendo-se em vista sua especialização, subdivididas em grupos, segundo a qualificação técnica e econômica avaliada pelos elementos constantes da documentação relacionada nos arts. 30 e 31 desta Lei.

§1º Aos inscritos será fornecido certificado, renovável sempre que atualizarem o registro.

§2º A atuação do licitante no cumprimento de obrigações assumidas será anotada no respectivo registro cadastral.

**Art. 37.** A qualquer tempo poderá ser alterado, suspenso ou cancelado o registro do inscrito que deixar de satisfazer as exigências do art. 27 desta Lei, ou as estabelecidas para classificação cadastral.

## Seção IV
### Do Procedimento e Julgamento

**Art. 38.** O procedimento da licitação será iniciado com a abertura de processo administrativo, devidamente autuado, protocolado e numerado, contendo a autorização respectiva, a indicação sucinta de seu objeto e do recurso próprio para a despesa, e ao qual serão juntados oportunamente:

I – edital ou convite e respectivos anexos, quando for o caso;

II – comprovante das publicações do edital resumido, na forma do art. 21 desta Lei, ou da entrega do convite;

III – ato de designação da comissão de licitação, do leiloeiro administrativo ou oficial, ou do responsável pelo convite;

IV – original das propostas e dos documentos que as instruírem;

V – atas, relatórios e deliberações da Comissão Julgadora;

VI – pareceres técnicos ou jurídicos emitidos sobre a licitação, dispensa ou inexigibilidade;

VII – atos de adjudicação do objeto da licitação e da sua homologação;

VIII – recursos eventualmente apresentados pelos licitantes e respectivas manifestações e decisões;

IX – despacho de anulação ou de revogação da licitação, quando for o caso, fundamentado circunstanciadamente;

X – termo de contrato ou instrumento equivalente, conforme o caso;

XI – outros comprovantes de publicações;

XII – demais documentos relativos à licitação.

Parágrafo único. As minutas de editais de licitação, bem como as dos contratos, acordos, convênios ou ajustes devem ser previamente examinadas e aprovadas por assessoria jurídica da Administração. (Redação dada pela Lei nº 8.883, de 1994)

**Art. 39.** Sempre que o valor estimado para uma licitação ou para um conjunto de licitações simultâneas ou sucessivas for superior a 100 (cem) vezes o limite previsto no art. 23, inciso I, alínea "c" desta Lei, o processo licitatório será iniciado, obrigatoriamente, com uma audiência pública concedida pela autoridade responsável com antecedência mínima de 15 (quinze) dias úteis da data prevista para a publicação do edital, e divulgada, com a antecedência mínima de 10 (dez) dias úteis de sua realização, pelos mesmos meios previstos para a publicidade da licitação, à qual terão acesso e direito a todas as informações pertinentes e a se manifestar todos os interessados.

Parágrafo único. Para os fins deste artigo, consideram-se licitações simultâneas aquelas com objetos similares e com realização prevista para intervalos não superiores a trinta dias e licitações sucessivas aquelas em que, também com objetos similares, o edital subsequente tenha uma data anterior a cento e vinte dias após o término do contrato resultante da licitação antecedente. (Redação dada pela Lei nº 8.883, de 1994)

**Art. 40.** O edital conterá no preâmbulo o número de ordem em série anual, o nome da repartição interessada e de seu setor, a modalidade, o regime de execução e o tipo da licitação, a menção de que será regida por esta Lei, o local, dia e hora para recebimento da documentação e proposta, bem como para início da abertura dos envelopes, e indicará, obrigatoriamente, o seguinte:

I – objeto da licitação, em descrição sucinta e clara;

II – prazo e condições para assinatura do contrato ou retirada dos instrumentos, como previsto no art. 64 desta Lei, para execução do contrato e para entrega do objeto da licitação;

III – sanções para o caso de inadimplemento;

IV – local onde poderá ser examinado e adquirido o projeto básico;

V – se há projeto executivo disponível na data da publicação do edital de licitação e o local onde possa ser examinado e adquirido;

VI – condições para participação na licitação, em conformidade com os arts. 27 a 31 desta Lei, e forma de apresentação das propostas;

VII – critério para julgamento, com disposições claras e parâmetros objetivos;

VIII – locais, horários e códigos de acesso dos meios de comunicação à distância em que serão fornecidos elementos, informações e esclarecimentos relativos à licitação e às condições para atendimento das obrigações necessárias ao cumprimento de seu objeto;

IX – condições equivalentes de pagamento entre empresas brasileiras e estrangeiras, no caso de licitações internacionais;

X – o critério de aceitabilidade dos preços unitário e global, conforme o caso, permitida a fixação de preços máximos e vedados a fixação de preços mínimos, critérios estatísticos ou faixas de variação em relação a preços de referência, ressalvado o dispossto nos parágrafos 1º e 2º do art. 48; (Redação dada pela Lei nº 9.648, de 1998)

XI – critério de reajuste, que deverá retratar a variação efetiva do custo de produção, admitida a adoção de índices específicos ou setoriais, desde a data prevista para apresentação da proposta, ou do orçamento a que essa proposta se referir, até a data do adimplemento de cada parcela; (Redação dada pela Lei nº 8.883, de 1994)

XII – (Vetado). (Redação dada pela Lei nº 8.883, de 1994)

XIII – limites para pagamento de instalação e mobilização para execução de obras ou serviços que serão obrigatoriamente previstos em separado das demais parcelas, etapas ou tarefas;

XIV – condições de pagamento, prevendo:

a) prazo de pagamento não superior a trinta dias, contado a partir da data final do período de adimplemento de cada parcela; (Redação dada pela Lei nº 8.883, de 1994)

b) cronograma de desembolso máximo por período, em conformidade com a disponibilidade de recursos financeiros;

c) critério de atualização financeira dos valores a serem pagos, desde a data final do período de adimplemento de cada parcela até a data do efetivo pagamento; (Redação dada pela Lei nº 8.883, de 1994)

d) compensações financeiras e penalizações, por eventuais atrasos, e descontos, por eventuais antecipações de pagamentos;

e) exigência de seguros, quando for o caso;
XV – instruções e normas para os recursos previstos nesta Lei;
XVI – condições de recebimento do objeto da licitação;
XVII – outras indicações específicas ou peculiares da licitação.

§1º O original do edital deverá ser datado, rubricado em todas as folhas e assinado pela autoridade que o expedir, permanecendo no processo de licitação, e dele extraindo-se cópias integrais ou resumidas, para sua divulgação e fornecimento aos interessados.

§2º Constituem anexos do edital, dele fazendo parte integrante:
I – o projeto básico e/ou executivo, com todas as suas partes, desenhos, especificações e outros complementos;
II – orçamento estimado em planilhas de quantitativos e preços unitários; (Redação dada pela Lei nº 8.883, de 1994)
III – a minuta do contrato a ser firmado entre a Administração e o licitante vencedor;
IV – as especificações complementares e as normas de execução pertinentes à licitação.

§3º Para efeito do disposto nesta Lei, considera-se como adimplemento da obrigação contratual a prestação do serviço, a realização da obra, a entrega do bem ou de parcela destes, bem como qualquer outro evento contratual a cuja ocorrência esteja vinculada a emissão de documento de cobrança.

§4º Nas compras para entrega imediata, assim entendidas aquelas com prazo de entrega até trinta dias da data prevista para apresentação da proposta, poderão ser dispensadas: (Incluído pela Lei nº 8.883, de 1994)
I – o disposto no inciso XI deste artigo; (Incluído pela Lei nº 8.883, de 1994)
II – a atualização financeira a que se refere a alínea "c" do inciso XIV deste artigo, correspondente ao período compreendido entre as datas do adimplemento e a prevista para o pagamento, desde que não superior a quinze dias. (Incluído pela Lei nº 8.883, de 1994)

**Art. 41.** A Administração não pode descumprir as normas e condições do edital, ao qual se acha estritamente vinculada.

§1º Qualquer cidadão é parte legítima para impugnar edital de licitação por irregularidade na aplicação desta Lei, devendo protocolar o pedido até 5 (cinco) dias úteis antes da data fixada para a abertura dos envelopes de habilitação, devendo a Administração julgar e responder à impugnação em até 3 (três) dias úteis, sem prejuízo da faculdade prevista no §1º do art. 113.

§2º Decairá do direito de impugnar os termos do edital de licitação perante a administração o licitante que não o fizer até o segundo dia útil que anteceder a abertura dos envelopes de habilitação em concorrência, a abertura dos envelopes com as propostas em convite, tomada de preços ou concurso, ou a realização de leilão, as falhas ou irregularidades que viciariam esse edital, hipótese em que tal comunicação não terá efeito de recurso. (Redação dada pela Lei nº 8.883, de 1994)

§3º A impugnação feita tempestivamente pelo licitante não o impedirá de participar do processo licitatório até o trânsito em julgado da decisão a ela pertinente.

§4º A inabilitação do licitante importa preclusão do seu direito de participar das fases subsequentes.

**Art. 42.** Nas concorrências de âmbito internacional, o edital deverá ajustar-se às diretrizes da política monetária e do comércio exterior e atender às exigências dos órgãos competentes.

§1º Quando for permitido ao licitante estrangeiro cotar preço em moeda estrangeira, igualmente o poderá fazer o licitante brasileiro.

§2º O pagamento feito ao licitante brasileiro eventualmente contratado em virtude da licitação de que trata o parágrafo anterior será efetuado em moeda brasileira, à taxa de câmbio vigente no dia útil imediatamente anterior à data do efetivo pagamento. (Redação dada pela Lei nº 8.883, de 1994)

§3º As garantias de pagamento ao licitante brasileiro serão equivalentes àquelas oferecidas ao licitante estrangeiro.

§4º Para fins de julgamento da licitação, as propostas apresentadas por licitantes estrangeiros serão acrescidas dos gravames consequentes dos mesmos tributos que oneram exclusivamente os licitantes brasileiros quanto à operação final de venda.

§5º Para a realização de obras, prestação de serviços ou aquisição de bens com recursos provenientes de financiamento ou doação oriundos de agência oficial de cooperação estrangeira ou organismo financeiro multilateral de que o Brasil seja parte, poderão ser admitidas, na respectiva licitação, as condições decorrentes de acordos, protocolos, convenções ou tratados internacionais aprovados pelo Congresso Nacional, bem como as normas e procedimentos daquelas entidades, inclusive quanto ao critério de seleção da proposta mais vantajosa para a administração, o qual poderá contemplar, além do preço, outros fatores de avaliação, desde que por elas exigidos para a obtenção do financiamento ou da doação, e que também não conflitem com o princípio do julgamento objetivo e sejam objeto de despacho motivado do órgão executor do contrato, despacho esse ratificado pela autoridade imediatamente superior. (Redação dada pela Lei nº 8.883, de 1994)

§6º As cotações de todos os licitantes serão para entrega no mesmo local de destino.

**Art. 43.** A licitação será processada e julgada com observância dos seguintes procedimentos:

I – abertura dos envelopes contendo a documentação relativa à habilitação dos concorrentes, e sua apreciação;

II – devolução dos envelopes fechados aos concorrentes inabilitados, contendo as respectivas propostas, desde que não tenha havido recurso ou após sua denegação;

III – abertura dos envelopes contendo as propostas dos concorrentes habilitados, desde que transcorrido o prazo sem interposição de recurso, ou tenha havido desistência expressa, ou após o julgamento dos recursos interpostos;

IV – verificação da conformidade de cada proposta com os requisitos do edital e, conforme o caso, com os preços correntes no mercado ou fixados por órgão oficial competente, ou ainda com os constantes do sistema de registro de preços, os quais deverão ser devidamente registrados na ata de julgamento, promovendo-se a

desclassificação das propostas desconformes ou incompatíveis;

V – julgamento e classificação das propostas de acordo com os critérios de avaliação constantes do edital;

VI – deliberação da autoridade competente quanto à homologação e adjudicação do objeto da licitação.

§1º A abertura dos envelopes contendo a documentação para habilitação e as propostas será realizada sempre em ato público previamente designado, do qual se lavrará ata circunstanciada, assinada pelos licitantes presentes e pela Comissão.

§2º Todos os documentos e propostas serão rubricados pelos licitantes presentes e pela Comissão.

§3º É facultada à Comissão ou autoridade superior, em qualquer fase da licitação, a promoção de diligência destinada a esclarecer ou a complementar a instrução do processo, vedada a inclusão posterior de documento ou informação que deveria constar originariamente da proposta.

§4º O disposto neste artigo aplica-se à concorrência e, no que couber, ao concurso, ao leilão, à tomada de preços e ao convite. (Redação dada pela Lei nº 8.883, de 1994)

§5º Ultrapassada a fase de habilitação dos concorrentes (incisos I e II) e abertas as propostas (inciso III), não cabe desclassificá-los por motivo relacionado com a habilitação, salvo em razão de fatos supervenientes ou só conhecidos após o julgamento.

§6º Após a fase de habilitação, não cabe desistência de proposta, salvo por motivo justo decorrente de fato superveniente e aceito pela Comissão.

**Art. 44.** No julgamento das propostas, a Comissão levará em consideração os critérios objetivos definidos no edital ou convite, os quais não devem contrariar as normas e princípios estabelecidos por esta Lei.

§1º É vedada a utilização de qualquer elemento, critério ou fator sigiloso, secreto, subjetivo ou reservado que possa ainda que indiretamente elidir o princípio da igualdade entre os licitantes.

§2º Não se considerará qualquer oferta de vantagem não prevista no edital ou no convite, inclusive financiamentos subsidiados ou a fundo perdido, nem preço ou vantagem baseada nas ofertas dos demais licitantes.

§3º Não se admitirá proposta que apresente preços global ou unitários simbólicos, irrisórios ou de valor zero, incompatíveis com os preços dos insumos e salários de mercado, acrescidos dos respectivos encargos, ainda que o ato convocatório da licitação não tenha estabelecido limites mínimos, exceto quando se referirem a materiais e instalações de propriedade do próprio licitante, para os quais ele renuncie a parcela ou à totalidade da remuneração. (Redação dada pela Lei nº 8.883, de 1994)

§4º O disposto no parágrafo anterior aplica-se também às propostas que incluam mão-de-obra estrangeira ou importações de qualquer natureza. (Redação dada pela Lei nº 8.883, de 1994)

**Art. 45.** O julgamento das propostas será objetivo, devendo a Comissão de licitação ou o responsável pelo convite realizá-lo em conformidade com os tipos de licitação, os critérios previamente estabelecidos no ato convocatório e de acordo com os fatores exclusivamente nele referidos, de maneira a possibilitar sua aferição pelos licitantes e pelos órgãos de controle.

§1º Para os efeitos deste artigo, constituem tipos de licitação, exceto na modalidade concurso: (Redação dada pela Lei nº 8.883, de 1994)

I – a de menor preço – quando o critério de seleção da proposta mais vantajosa para a Administração determinar que será vencedor o licitante que apresentar a proposta de acordo com as especificações do edital ou convite e ofertar o menor preço;

II – a de melhor técnica;

III – a de técnica e preço.

IV – a de maior lance ou oferta – nos casos de alienção de bens ou concessão de direito real de uso. (Incluído pela Lei nº 8.883, de 1994)

§2º No caso de empate entre duas ou mais propostas, e após obedecido o disposto no §2º do art. 3º desta Lei, a classificação se fará, obrigatoriamente, por sorteio, em ato público, para o qual todos os licitantes serão convocados, vedado qualquer outro processo.

§3º No caso da licitação do tipo "menor preço", entre os licitantes considerados qualificados a classificação se dará pela ordem crescente dos preços propostos, prevalecendo, no caso de empate, exclusivamente o critério previsto no parágrafo anterior. (Redação dada pela Lei nº 8.883, de 1994)

§4º Para contratação de bens e serviços de informática, a administração observará o disposto no art. 3º da Lei nº 8.248, de 23 de outubro de 1991, levando em conta os fatores especificados em seu parágrafo 2º e adotando obrigatoriamente o tipo de licitação "técnica e preço", permitido o emprego de outro tipo de licitação nos casos indicados em decreto do Poder Executivo. (Redação dada pela Lei nº 8.883, de 1994)

§5º É vedada a utilização de outros tipos de licitação não previstos neste artigo.

§6º Na hipótese prevista no art. 23, §7º, serão selecionadas tantas propostas quantas necessárias até que se atinja a quantidade demandada na licitação. (Incluído pela Lei nº 9.648, de 1998)

**Art. 46.** Os tipos de licitação "melhor técnica" ou "técnica e preço" serão utilizados exclusivamente para serviços de natureza predominantemente intelectual, em especial na elaboração de projetos, cálculos, fiscalização, supervisão e gerenciamento e de engenharia consultiva em geral e, em particular, para a elaboração de estudos técnicos preliminares e projetos básicos e executivos, ressalvado o disposto no §4º do artigo anterior. (Redação dada pela Lei nº 8.883, de 1994)

§1º Nas licitações do tipo "melhor técnica" será adotado o seguinte procedimento claramente explicitado no instrumento convocatório, o qual fixará o preço máximo que a Administração se propõe a pagar:

I – serão abertos os envelopes contendo as propostas técnicas exclusivamente dos licitantes previamente qualificados e feita então a avaliação e classificação destas propostas de acordo com os critérios pertinentes e adequados ao objeto licitado, definidos com clareza e objetividade no instrumento convocatório e que considerem a capacitação e a experiência do proponente, a qualidade técnica da proposta, compreendendo metodologia, organização, tecnologias e recursos materiais a serem utilizados nos trabalhos, e a qualificação das equipes técnicas a serem mobilizadas para a sua execução;

II – uma vez classificadas as propostas técnicas, proceder-se-á à abertura das propostas de preço dos licitantes que tenham atingido a valorização mínima estabelecida no instrumento convocatório e à negociação das condições propostas, com a proponente melhor classificada, com base nos orçamentos detalhados apresentados e respectivos preços unitários e tendo como referência o limite representado pela proposta de menor preço entre os licitantes que obtiveram a valorização mínima;

III – no caso de impasse na negociação anterior, procedimento idêntico será adotado, sucessivamente, com os demais proponentes, pela ordem de classificação, até a consecução de acordo para a contratação;

IV – as propostas de preços serão devolvidas intactas aos licitantes que não forem preliminarmente habilitados ou que não obtiverem a valorização mínima estabelecida para a proposta técnica.

§2º Nas licitações do tipo "técnica e preço" será adotado, adicionalmente ao inciso I do parágrafo anterior, o seguinte procedimento claramente explicitado no instrumento convocatório:

I – será feita a avaliação e a valorização das propostas de preços, de acordo com critérios objetivos preestabelecidos no instrumento convocatório;

II – a classificação dos proponentes far-se-á de acordo com a média ponderada das valorizações das propostas técnicas e de preço, de acordo com os pesos preestabelecidos no instrumento convocatório.

§3º Excepcionalmente, os tipos de licitação previstos neste artigo poderão ser adotados, por autorização expressa e mediante justificativa circunstanciada da maior autoridade da Administração promotora constante do ato convocatório, para fornecimento de bens e execução de obras ou prestação de serviços de grande vulto majoritariamente dependentes de tecnologia nitidamente sofisticada e de domínio restrito, atestado por autoridades técnicas de reconhecida qualificação, nos

casos em que o objeto pretendido admitir soluções alternativas e variações de execução, com repercussões significativas sobre sua qualidade, produtividade, rendimento e durabilidade concretamente mensuráveis, e estas puderem ser adotadas à livre escolha dos licitantes, na conformidade dos critérios objetivamente fixados no ato convocatório.

§4º (Vetado). (Incluído pela Lei nº 8.883, de 1994)

**Art. 47.** Nas licitações para a execução de obras e serviços, quando for adotada a modalidade de execução de empreitada por preço global, a Administração deverá fornecer obrigatoriamente, junto com o edital, todos os elementos e informações necessários para que os licitantes possam elaborar suas propostas de preços com total e completo conhecimento do objeto da licitação.

**Art. 48.** Serão desclassificadas:

I – as propostas que não atendam às exigências do ato convocatório da licitação;

II – propostas com valor global superior ao limite estabelecido ou com preços manifestamente inexequiveis, assim considerados aqueles que não venham a ter demonstrada sua viabilidade através de documentação que comprove que os custos dos insumos são coerentes com os de mercado e que os coeficientes de produtividade são compatíveis com a execução do objeto do contrato, condições estas necessariamente especificadas no ato convocatório da licitação. (Redação dada pela Lei nº 8.883, de 1994)

§1º Para os efeitos do disposto no inciso II deste artigo consideram-se manifestamente inexequíveis, no caso de licitações de menor preço para obras e serviços de engenharia, as propostas cujos valores sejam inferiores a 70% (setenta por cento) do menor dos seguintes valores: (Incluído pela Lei nº 9.648, de 1998)

a) média aritmética dos valores das propostas superiores a 50% (cinquenta por cento) do valor orçado pela administração, ou (Incluído pela Lei nº 9.648, de 1998)

b) valor orçado pela administração. (Incluído pela Lei nº 9.648, de 1998)

§2º Dos licitantes classificados na forma do parágrafo anterior cujo valor global da proposta for inferior a 80% (oitenta por cento) do menor valor a que se referem as alíneas "a" e "b", será exigida, para a assinatura do contrato, prestação de garantia adicional, dentre as modalidades previstas no §1º do art. 56, igual a diferença entre o valor resultante do parágrafo anterior e o valor da correspondente proposta. (Incluído pela Lei nº 9.648, de 1998)

§3º Quando todos os licitantes forem inabilitados ou todas as propostas forem desclassificadas, a administração poderá fixar aos licitantes o prazo de oito dias úteis para a apresentação de nova documentação ou de outras propostas escoimadas das causas referidas neste artigo, facultada, no caso de convite, a redução deste prazo para três dias úteis. (Incluído pela Lei nº 9.648, de 1998)

**Art. 49.** A autoridade competente para a aprovação do procedimento somente poderá revogar a licitação por razões de interesse público decorrente de fato superveniente devidamente comprovado, pertinente e suficiente para justificar tal conduta, devendo anulá-la por ilegalidade, de ofício ou por provocação de terceiros, mediante parecer escrito e devidamente fundamentado.

§1º A anulação do procedimento licitatório por motivo de ilegalidade não gera obrigação de indenizar, ressalvado o disposto no parágrafo único do art. 59 desta Lei.

§2º A nulidade do procedimento licitatório induz à do contrato, ressalvado o disposto no parágrafo único do art. 59 desta Lei.

§3º No caso de desfazimento do processo licitatório, fica assegurado o contraditório e a ampla defesa.

§4º O disposto neste artigo e seus parágrafos aplica-se aos atos do procedimento de dispensa e de inexigibilidade de licitação.

**Art. 50.** A Administração não poderá celebrar o contrato com preterição da ordem de classificação das propostas ou com terceiros estranhos ao procedimento licitatório, sob pena de nulidade.

**Art. 51.** A habilitação preliminar, a inscrição em registro cadastral, a sua alteração ou cancelamento, e as propostas serão processadas e julgadas por comissão permanente ou especial de, no mínimo, 3

(três) membros, sendo pelo menos 2 (dois) deles servidores qualificados pertencentes aos quadros permanentes dos órgãos da Administração responsáveis pela licitação.

§1º No caso de convite, a Comissão de licitação, excepcionalmente, nas pequenas unidades administrativas e em face da exiguidade de pessoal disponível, poderá ser substituída por servidor formalmente designado pela autoridade competente.

§2º A Comissão para julgamento dos pedidos de inscrição em registro cadastral, sua alteração ou cancelamento, será integrada por profissionais legalmente habilitados no caso de obras, serviços ou aquisição de equipamentos.

§3º Os membros das Comissões de licitação responderão solidariamente por todos os atos praticados pela Comissão, salvo se posição individual divergente estiver devidamente fundamentada e registrada em ata lavrada na reunião em que tiver sido tomada a decisão.

§4º A investidura dos membros das Comissões permanentes não excederá a 1 (um) ano, vedada a recondução da totalidade de seus membros para a mesma comissão no período subsequente.

§5º No caso de concurso, o julgamento será feito por uma comissão especial integrada por pessoas de reputação ilibada e reconhecido conhecimento da matéria em exame, servidores públicos ou não.

**Art. 52.** O concurso a que se refere o §4º do art. 22 desta Lei deve ser precedido de regulamento próprio, a ser obtido pelos interessados no local indicado no edital.

§1º O regulamento deverá indicar:

I – a qualificação exigida dos participantes;

II – as diretrizes e a forma de apresentação do trabalho;

III – as condições de realização do concurso e os prêmios a serem concedidos.

§2º Em se tratando de projeto, o vencedor deverá autorizar a Administração a executá-lo quando julgar conveniente.

**Art. 53.** O leilão pode ser cometido a leiloeiro oficial ou a servidor designado pela Administração, procedendo-se na forma da legislação pertinente.

§1º Todo bem a ser leiloado será previamente avaliado pela Administração para fixação do preço mínimo de arrematação.

§2º Os bens arrematados serão pagos à vista ou no percentual estabelecido no edital, não inferior a 5% (cinco por cento) e, após a assinatura da respectiva ata lavrada no local do leilão, imediatamente entregues ao arrematante, o qual se obrigará ao pagamento do restante no prazo estipulado no edital de convocação, sob pena de perder em favor da Administração o valor já recolhido.

§3º Nos leilões internacionais, o pagamento da parcela à vista poderá ser feito em até vinte e quatro horas. (Redação dada pela Lei nº 8.883, de 1994)

§4º O edital de leilão deve ser amplamente divulgado, principalmente no município em que se realizará. (Incluído pela Lei nº 8.883, de 1994)

### Capítulo III
## DOS CONTRATOS

### Seção I
### Disposições Preliminares

**Art. 54.** Os contratos administrativos de que trata esta Lei regulam-se pelas suas cláusulas e pelos preceitos de direito público, aplicando-se-lhes, supletivamente, os princípios da teoria geral dos contratos e as disposições de direito privado.

§1º Os contratos devem estabelecer com clareza e precisão as condições para sua execução, expressas em cláusulas que definam os direitos, obrigações e responsabilidades das partes, em conformidade com os termos da licitação e da proposta a que se vinculam.

§2º Os contratos decorrentes de dispensa ou de inexigibilidade de licitação devem atender aos termos do ato que os autorizou e da respectiva proposta.

**Art. 55.** São cláusulas necessárias em todo contrato as que estabeleçam:

I – o objeto e seus elementos característicos;

II – o regime de execução ou a forma de fornecimento;

III – o preço e as condições de pagamento, os critérios, data-base e periodicidade do reajustamento de preços, os critérios de atualização monetária entre a data do adimplemento das obrigações e a do efetivo pagamento;

IV – os prazos de início de etapas de execução, de conclusão, de entrega, de observação e de recebimento definitivo, conforme o caso;

V – o crédito pelo qual correrá a despesa, com a indicação da classificação funcional programática e da categoria econômica;

VI – as garantias oferecidas para assegurar sua plena execução, quando exigidas;

VII – os direitos e as responsabilidades das partes, as penalidades cabíveis e os valores das multas;

VIII – os casos de rescisão;

IX – o reconhecimento dos direitos da Administração, em caso de rescisão administrativa prevista no art. 77 desta Lei;

X – as condições de importação, a data e a taxa de câmbio para conversão, quando for o caso;

XI – a vinculação ao edital de licitação ou ao termo que a dispensou ou a inexigiu, ao convite e à proposta do licitante vencedor;

XII – a legislação aplicável à execução do contrato e especialmente aos casos omissos;

XIII – a obrigação do contratado de manter, durante toda a execução do contrato, em compatibilidade com as obrigações por ele assumidas, todas as condições de habilitação e qualificação exigidas na licitação.

§1º (Vetado). (Redação dada pela Lei nº 8.883, de 1994)

§2º Nos contratos celebrados pela Administração Pública com pessoas físicas ou jurídicas, inclusive aquelas domiciliadas no estrangeiro, deverá constar necessariamente cláusula que declare competente o foro da sede da Administração para dirimir qualquer questão contratual, salvo o disposto no §6º do art. 32 desta Lei.

§3º No ato da liquidação da despesa, os serviços de contabilidade comunicarão, aos órgãos incumbidos da arrecadação e fiscalização de tributos da União, Estado ou Município, as características e os valores pagos, segundo o disposto no art. 63 da Lei nº 4.320, de 17 de março de 1964.

**Art. 56.** A critério da autoridade competente, em cada caso, e desde que prevista no instrumento convocatório, poderá ser exigida prestação de garantia nas contratações de obras, serviços e compras.

§1º Caberá ao contratado optar por uma

das seguintes modalidades de garantia: (Redação dada pela Lei nº 8.883, de 1994)

I – caução em dinheiro ou em títulos da dívida pública, devendo estes ter sido emitidos sob a forma escritural, mediante registro em sistema centralizado de liquidação e de custódia autorizado pelo Banco Central do Brasil e avaliados pelos seus valores econômicos, conforme definido pelo Ministério da Fazenda; (Redação dada pela Lei nº 11.079, de 2004)

II – seguro-garantia; (Redação dada pela Lei nº 8.883, de 1994)

III – fiança bancária. (Redação dada pela Lei nº 8.883, de 8.6.94)

§2º A garantia a que se refere o caput deste artigo não excederá a cinco por cento do valor do contrato e terá seu valor atualizado nas mesmas condições daquele, ressalvado o previsto no parágrafo 3º deste artigo. (Redação dada pela Lei nº 8.883, de 1994)

§3º Para obras, serviços e fornecimentos de grande vulto envolvendo alta complexidade técnica e riscos financeiros consideráveis, demonstrados através de parecer tecnicamente aprovado pela autoridade competente, o limite de garantia previsto no parágrafo anterior poderá ser elevado para até dez por cento do valor do contrato. (Redação dada pela Lei nº 8.883, de 1994)

§4º A garantia prestada pelo contratado será liberada ou restituída após a execução do contrato e, quando em dinheiro, atualizada monetariamente.

§5º Nos casos de contratos que importem na entrega de bens pela Administração, dos quais o contratado ficará depositário, ao valor da garantia deverá ser acrescido o valor desses bens.

**Art. 57.** A duração dos contratos regidos por esta Lei ficará adstrita à vigência dos respectivos créditos orçamentários, exceto quanto aos relativos:

I – aos projetos cujos produtos estejam contemplados nas metas estabelecidas no Plano Plurianual, os quais poderão ser prorrogados se houver interesse da Administração e desde que isso tenha sido previsto no ato convocatório;

II – à prestação de serviços a serem executados de forma contínua, que poderão ter a sua duração prorrogada por iguais e

sucessivos períodos com vistas à obtenção de preços e condições mais vantajosas para a administração, limitada a sessenta meses; (Redação dada pela Lei nº 9.648, de 1998)

III – (Vetado). (Redação dada pela Lei nº 8.883, de 1994)

IV – ao aluguel de equipamentos e à utilização de programas de informática, podendo a duração estender-se pelo prazo de até 48 (quarenta e oito) meses após o início da vigência do contrato.

V – às hipóteses previstas nos incisos IX, XIX, XXVIII e XXXI do art. 24, cujos contratos poderão ter vigência por até 120 (cento e vinte) meses, caso haja interesse da administração. (Incluído pela Lei nº 12.349, de 2010)

§1º Os prazos de início de etapas de execução, de conclusão e de entrega admitem prorrogação, mantidas as demais cláusulas do contrato e assegurada a manutenção de seu equilíbrio econômico-financeiro, desde que ocorra algum dos seguintes motivos, devidamente autuados em processo:

I – alteração do projeto ou especificações, pela Administração;

II – superveniência de fato excepcional ou imprevisível, estranho à vontade das partes, que altere fundamentalmente as condições de execução do contrato;

III – interrupção da execução do contrato ou diminuição do ritmo de trabalho por ordem e no interesse da Administração;

IV – aumento das quantidades inicialmente previstas no contrato, nos limites permitidos por esta Lei;

V – impedimento de execução do contrato por fato ou ato de terceiro reconhecido pela Administração em documento contemporâneo à sua ocorrência;

VI – omissão ou atraso de providências a cargo da Administração, inclusive quanto aos pagamentos previstos de que resulte, diretamente, impedimento ou retardamento na execução do contrato, sem prejuízo das sanções legais aplicáveis aos responsáveis.

§2º Toda prorrogação de prazo deverá ser justificada por escrito e previamente autorizada pela autoridade competente para celebrar o contrato.

§3º É vedado o contrato com prazo de vigência indeterminado.

**§4º** Em caráter excepcional, devidamente justificado e mediante autorização da autoridade superior, o prazo de que trata o inciso II do caput deste artigo poderá ser prorrogado por até doze meses. (Incluído pela Lei nº 9.648, de 1998)

**Art. 58.** O regime jurídico dos contratos administrativos instituído por esta Lei confere à Administração, em relação a eles, a prerrogativa de:

I – modificá-los, unilateralmente, para melhor adequação às finalidades de interesse público, respeitados os direitos do contratado;

II – rescindi-los, unilateralmente, nos casos especificados no inciso I do art. 79 desta Lei;

III – fiscalizar-lhes a execução;

IV – aplicar sanções motivadas pela inexecução total ou parcial do ajuste;

V – nos casos de serviços essenciais, ocupar provisoriamente bens móveis, imóveis, pessoal e serviços vinculados ao objeto do contrato, na hipótese da necessidade de acautelar apuração administrativa de faltas contratuais pelo contratado, bem como na hipótese de rescisão do contrato administrativo.

**§1º** As cláusulas econômico-financeiras e monetárias dos contratos administrativos não poderão ser alteradas sem prévia concordância do contratado.

**§2º** Na hipótese do inciso I deste artigo, as cláusulas econômico-financeiras do contrato deverão ser revistas para que se mantenha o equilíbrio contratual.

**Art. 59.** A declaração de nulidade do contrato administrativo opera retroativamente impedindo os efeitos jurídicos que ele, ordinariamente, deveria produzir, além de desconstituir os já produzidos.

Parágrafo único. A nulidade não exonera a Administração do dever de indenizar o contratado pelo que este houver executado até a data em que ela for declarada e por outros prejuízos regularmente comprovados, contanto que não lhe seja imputável, promovendo-se a responsabilidade de quem lhe deu causa.

### Seção II
### Da Formalização dos Contratos

**Art. 60.** Os contratos e seus aditamentos serão lavrados nas repartições interessadas, as quais manterão arquivo cronológico dos seus autógrafos e registro sistemático do seu extrato, salvo os relativos a direitos reais sobre imóveis, que se formalizam por instrumento lavrado em cartório de notas, de tudo juntando-se cópia no processo que lhe deu origem.

Parágrafo único. É nulo e de nenhum efeito o contrato verbal com a Administração, salvo o de pequenas compras de pronto pagamento, assim entendidas aquelas de valor não superior a 5% (cinco por cento) do limite estabelecido no art. 23, inciso II, alínea "a" desta Lei, feitas em regime de adiantamento.

**Art. 61.** Todo contrato deve mencionar os nomes das partes e os de seus representantes, a finalidade, o ato que autorizou a sua lavratura, o número do processo da licitação, da dispensa ou da inexigibilidade, a sujeição dos contratantes às normas desta Lei e às cláusulas contratuais.

Parágrafo único. A publicação resumida do instrumento de contrato ou de seus aditamentos na imprensa oficial, que é condição indispensável para sua eficácia, será providenciada pela Administração até o quinto dia útil do mês seguinte ao de sua assinatura, para ocorrer no prazo de vinte dias daquela data, qualquer que seja o seu valor, ainda que sem ônus, ressalvado o disposto no art. 26 desta Lei. (Redação dada pela Lei nº 8.883, de 1994)

**Art. 62.** O instrumento de contrato é obrigatório nos casos de concorrência e de tomada de preços, bem como nas dispensas e inexigibilidades cujos preços estejam compreendidos nos limites destas duas modalidades de licitação, e facultativo nos demais em que a Administração puder substituí-lo por outros instrumentos hábeis, tais como carta-contrato, nota de empenho de despesa, autorização de compra ou ordem de execução de serviço.

**§1º** A minuta do futuro contrato integrará sempre o edital ou ato convocatório da licitação.

**§2º** Em "carta contrato", "nota de empenho de despesa", "autorização de compra", "ordem de execução de serviço" ou outros instrumentos hábeis aplica-se, no que couber, o disposto no art. 55 desta Lei. (Redação dada pela Lei nº 8.883, de 1994)

**§3º** Aplica-se o disposto nos arts. 55 e 58 a 61 desta Lei e demais normas gerais, no que couber:

LEGISLAÇÃO
LEI Nº 8.666, DE 21 DE JUNHO DE 1993 | 371

I – aos contratos de seguro, de financiamento, de locação em que o Poder Público seja locatário, e aos demais cujo conteúdo seja regido, predominantemente, por norma de direito privado;
II – aos contratos em que a Administração for parte como usuária de serviço público.

§4º É dispensável o "termo de contrato" e facultada a substituição prevista neste artigo, a critério da Administração e independentemente de seu valor, nos casos de compra com entrega imediata e integral dos bens adquiridos, dos quais não resultem obrigações futuras, inclusive assistência técnica.

**Art. 63.** É permitido a qualquer licitante o conhecimento dos termos do contrato e do respectivo processo licitatório e, a qualquer interessado, a obtenção de cópia autenticada, mediante o pagamento dos emolumentos devidos.

**Art. 64.** A Administração convocará regularmente o interessado para assinar o termo de contrato, aceitar ou retirar o instrumento equivalente, dentro do prazo e condições estabelecidos, sob pena de decair o direito à contratação, sem prejuízo das sanções previstas no art. 81 desta Lei.

§1º O prazo de convocação poderá ser prorrogado uma vez, por igual período, quando solicitado pela parte durante o seu transcurso e desde que ocorra motivo justificado aceito pela Administração.

§2º É facultado à Administração, quando o convocado não assinar o termo de contrato ou não aceitar ou retirar o instrumento equivalente no prazo e condições estabelecidos, convocar os licitantes remanescentes, na ordem de classificação, para fazê-lo em igual prazo e nas mesmas condições propostas pelo primeiro classificado, inclusive quanto aos preços atualizados de conformidade com o ato convocatório, ou revogar a licitação independentemente da cominação prevista no art. 81 desta Lei.

§3º Decorridos 60 (sessenta) dias da data da entrega das propostas, sem convocação para a contratação, ficam os licitantes liberados dos compromissos assumidos.

Seção III
**Da Alteração dos Contratos**

**Art. 65.** Os contratos regidos por esta Lei poderão ser alterados, com as devidas justificativas, nos seguintes casos:

I – unilateralmente pela Administração:
a) quando houver modificação do projeto ou das especificações, para melhor adequação técnica aos seus objetivos;
b) quando necessária a modificação do valor contratual em decorrência de acréscimo ou diminuição quantitativa de seu objeto, nos limites permitidos por esta Lei;

II – por acordo das partes:
a) quando conveniente a substituição da garantia de execução;
b) quando necessária a modificação do regime de execução da obra ou serviço, bem como do modo de fornecimento, em face de verificação técnica da inaplicabilidade dos termos contratuais originários;
c) quando necessária a modificação da forma de pagamento, por imposição de circunstâncias supervenientes, mantido o valor inicial atualizado, vedada a antecipação do pagamento, com relação ao cronograma financeiro fixado, sem a correspondente contraprestação de fornecimento de bens ou execução de obra ou serviço;
d) para restabelecer a relação que as partes pactuaram inicialmente entre os encargos do contratado e a retribuição da administração para a justa remuneração da obra, serviço ou fornecimento, objetivando a manutenção do equilíbrio econômico-financeiro inicial do contrato, na hipótese de sobrevirem fatos imprevisíveis, ou previsíveis porém de consequências incalculáveis, retardadores ou impeditivos da execução do ajustado, ou, ainda, em caso de força maior, caso fortuito ou fato do príncipe, configurando álea econômica extraordinária e extracontratual. (Redação dada pela Lei nº 8.883, de 1994)

§1º O contratado fica obrigado a aceitar, nas mesmas condições contratuais, os acréscimos ou supressões que se fizerem nas obras, serviços ou compras, até 25% (vinte e cinco por cento) do valor inicial atualizado do contrato, e, no caso particular de reforma de edifício ou de equipamento, até o limite de 50% (cinquenta por cento) para os seus acréscimos.

§2º Nenhum acréscimo ou supressão poderá exceder os limites estabelecidos no parágrafo anterior, salvo: (Redação dada pela Lei nº 9.648, de 1998)

I – (VETADO) (Incluído pela Lei nº 9.648, de 1998)

II – as supressões resultantes de acordo celebrado entre os contratantes. (Incluído pela Lei nº 9.648, de 1998)

§3º Se no contrato não houverem sido contemplados preços unitários para obras ou serviços, esses serão fixados mediante acordo entre as partes, respeitados os limites estabelecidos no §1º deste artigo.

§4º No caso de supressão de obras, bens ou serviços, se o contratado já houver adquirido os materiais e posto no local dos trabalhos, estes deverão ser pagos pela Administração pelos custos de aquisição regularmente comprovados e monetariamente corrigidos, podendo caber indenização por outros danos eventualmente decorrentes da supressão, desde que regularmente comprovados.

§5º Quaisquer tributos ou encargos legais criados, alterados ou extintos, bem como a superveniência de disposições legais, quando ocorridas após a data da apresentação da proposta, de comprovada repercussão nos preços contratados, implicarão a revisão destes para mais ou para menos, conforme o caso.

§6º Em havendo alteração unilateral do contrato que aumente os encargos do contratado, a Administração deverá restabelecer, por aditamento, o equilíbrio econômico-financeiro inicial.

§7º (VETADO)

§8º A variação do valor contratual para fazer face ao reajuste de preços previsto no próprio contrato, as atualizações, compensações ou penalizações financeiras decorrentes das condições de pagamento nele previstas, bem como o empenho de dotações orçamentárias suplementares até o limite do seu valor corrigido, não caracterizam alteração do mesmo, podendo ser registrados por simples apostila, dispensando a celebração de aditamento.

## Seção IV
## Da Execução dos Contratos

**Art. 66.** O contrato deverá ser executado fielmente pelas partes, de acordo com as cláusulas avençadas e as normas desta Lei, respondendo cada uma pelas consequências de sua inexecução total ou parcial.

**Art. 67.** A execução do contrato deverá ser acompanhada e fiscalizada por um representante da Administração especialmente designado, permitida a contratação de terceiros para assisti-lo e subsidiá-lo de informações pertinentes a essa atribuição.

§1º O representante da Administração anotará em registro próprio todas as ocorrências relacionadas com a execução do contrato, determinando o que for necessário à regularização das faltas ou defeitos observados.

§2º As decisões e providências que ultrapassarem a competência do representante deverão ser solicitadas a seus superiores em tempo hábil para a adoção das medidas convenientes.

**Art. 68.** O contratado deverá manter preposto, aceito pela Administração, no local da obra ou serviço, para representá-lo na execução do contrato.

**Art. 69.** O contratado é obrigado a reparar, corrigir, remover, reconstruir ou substituir, às suas expensas, no total ou em parte, o objeto do contrato em que se verificarem vícios, defeitos ou incorreções resultantes da execução ou de materiais empregados.

**Art. 70.** O contratado é responsável pelos danos causados diretamente à Administração ou a terceiros, decorrentes de sua culpa ou dolo na execução do contrato, não excluindo ou reduzindo essa responsabilidade a fiscalização ou o acompanhamento pelo órgão interessado.

**Art. 71.** O contratado é responsável pelos encargos trabalhistas, previdenciários, fiscais e comerciais resultantes da execução do contrato.

§1º A inadimplência do contratado, com referência aos encargos trabalhistas, fiscais e comerciais não transfere à Administração Pública a responsabilidade por seu pagamento, nem poderá onerar o objeto do contrato ou restringir a regularização e o uso das obras e edificações, inclusive perante o Registro de Imóveis. (Redação dada pela Lei nº 9.032, de 1995)

§2º A Administração Pública responde solidariamente com o contratado pelos encargos previdenciários resultantes da execução do contrato, nos termos do art. 31 da Lei nº 8.212, de 24 de julho de 1991. (Redação dada pela Lei nº 9.032, de 1995)

§3º (Vetado). (Incluído pela Lei nº 8.883, de 1994)

**Art. 72.** O contratado, na execução do contrato, sem prejuízo das responsabilidades contratuais e legais, poderá subcontratar partes da obra, serviço ou fornecimento, até o limite admitido, em cada caso, pela Administração.

**Art. 73.** Executado o contrato, o seu objeto será recebido:

I – em se tratando de obras e serviços:

a) provisoriamente, pelo responsável por seu acompanhamento e fiscalização, mediante termo circunstanciado, assinado pelas partes em até 15 (quinze) dias da comunicação escrita do contratado;

b) definitivamente, por servidor ou comissão designada pela autoridade competente, mediante termo circunstanciado, assinado pelas partes, após o decurso do prazo de observação, ou vistoria que comprove a adequação do objeto aos termos contratuais, observado o disposto no art. 69 desta Lei;

II – em se tratando de compras ou de locação de equipamentos:

a) provisoriamente, para efeito de posterior verificação da conformidade do material com a especificação;

b) definitivamente, após a verificação da qualidade e quantidade do material e consequente aceitação.

§1º Nos casos de aquisição de equipamentos de grande vulto, o recebimento far-se-á mediante termo circunstanciado e, nos demais, mediante recibo.

§2º O recebimento provisório ou definitivo não exclui a responsabilidade civil pela solidez e segurança da obra ou do serviço, nem ético-profissional pela perfeita execução do contrato, dentro dos limites estabelecidos pela lei ou pelo contrato.

§3º O prazo a que se refere a alínea "b" do inciso I deste artigo não poderá ser superior a 90 (noventa) dias, salvo em casos excepcionais, devidamente justificados e previstos no edital.

§4º Na hipótese de o termo circunstanciado ou a verificação a que se refere este artigo não serem, respectivamente, lavrado ou procedido dentro dos prazos fixados, reputar-se-ão como realizados, desde que comunicados à Administração nos 15 (quinze) dias anteriores à exaustão dos mesmos.

**Art. 74.** Poderá ser dispensado o recebimento provisório nos seguintes casos:

I – gêneros perecíveis e alimentação preparada;

II – serviços profissionais;

III – obras e serviços de valor até o previsto no art. 23, inciso II, alínea "a", desta Lei, desde que não se componham de aparelhos, equipamentos e instalações sujeitos à verificação de funcionamento e produtividade.

Parágrafo único. Nos casos deste artigo, o recebimento será feito mediante recibo.

**Art. 75.** Salvo disposições em contrário constantes do edital, do convite ou de ato normativo, os ensaios, testes e demais provas exigidos por normas técnicas oficiais para a boa execução do objeto do contrato correm por conta do contratado.

**Art. 76.** A Administração rejeitará, no todo ou em parte, obra, serviço ou fornecimento executado em desacordo com o contrato.

Seção V
**Da Inexecução e da Rescisão dos Contratos**

**Art. 77.** A inexecução total ou parcial do contrato enseja a sua rescisão, com as consequências contratuais e as previstas em lei ou regulamento.

**Art. 78.** Constituem motivo para rescisão do contrato:

I – o não cumprimento de cláusulas contratuais, especificações, projetos ou prazos;

II – o cumprimento irregular de cláusulas contratuais, especificações, projetos e prazos;

III – a lentidão do seu cumprimento, levando a Administração a comprovar a impossibilidade da conclusão da obra, do serviço ou do fornecimento, nos prazos estipulados;

IV – o atraso injustificado no início da obra, serviço ou fornecimento;

V – a paralisação da obra, do serviço ou do fornecimento, sem justa causa e prévia comunicação à Administração;

VI – a subcontratação total ou parcial do seu objeto, a associação do contratado com outrem, a cessão ou transferência, total ou parcial, bem como a fusão, cisão ou incorporação, não admitidas no edital e no contrato;

VII – o desatendimento das determinações regulares da autoridade designada para acompanhar e fiscalizar a sua execução, assim como as de seus superiores;

VIII – o cometimento reiterado de faltas na sua execução, anotadas na forma do §1º do art. 67 desta Lei;

IX – a decretação de falência ou a instauração de insolvência civil;

X – a dissolução da sociedade ou o falecimento do contratado;

XI – a alteração social ou a modificação da finalidade ou da estrutura da empresa, que prejudique a execução do contrato;

XII – razões de interesse público, de alta relevância e amplo conhecimento, justificadas e determinadas pela máxima autoridade da esfera administrativa a que está subordinado o contratante e exaradas no processo administrativo a que se refere o contrato;

XIII – a supressão, por parte da Administração, de obras, serviços ou compras, acarretando modificação do valor inicial do contrato além do limite permitido no §1º do art. 65 desta Lei;

XIV – a suspensão de sua execução, por ordem escrita da Administração, por prazo superior a 120 (cento e vinte) dias, salvo em caso de calamidade pública, grave perturbação da ordem interna ou guerra, ou ainda por repetidas suspensões que totalizem o mesmo prazo, independentemente do pagamento obrigatório de indenizações pelas sucessivas e contratualmente imprevistas desmobilizações e mobilizações e outras previstas, assegurado ao contratado, nesses casos, o direito de optar pela suspensão do cumprimento das obrigações assumidas até que seja normalizada a situação;

XV – o atraso superior a 90 (noventa) dias dos pagamentos devidos pela Administração decorrentes de obras, serviços ou fornecimento, ou parcelas destes, já recebidos ou executados, salvo em caso de calamidade pública, grave perturbação da ordem interna ou guerra, assegurado ao contratado o direito de optar pela suspensão do cumprimento de suas obrigações até que seja normalizada a situação;

XVI – a não liberação, por parte da Administração, de área, local ou objeto para execução de obra, serviço ou fornecimento, nos prazos contratuais, bem como das fontes de materiais naturais especificadas no projeto;

XVII – a ocorrência de caso fortuito ou de força maior, regularmente comprovada, impeditiva da execução do contrato.

Parágrafo único. Os casos de rescisão contratual serão formalmente motivados nos autos do processo, assegurado o contraditório e a ampla defesa.

XVIII – descumprimento do disposto no inciso V do art. 27, sem prejuízo das sanções penais cabíveis. (Incluído pela Lei nº 9.854, de 1999)

**Art. 79.** A rescisão do contrato poderá ser:

I – determinada por ato unilateral e escrito da Administração, nos casos enumerados nos incisos I a XII e XVII do artigo anterior;

II – amigável, por acordo entre as partes, reduzida a termo no processo da licitação, desde que haja conveniência para a Administração;

III – judicial, nos termos da legislação;

IV – (Vetado). (Redação dada pela Lei nº 8.883, de 1994)

§1º A rescisão administrativa ou amigável deverá ser precedida de autorização escrita e fundamentada da autoridade competente.

§2º Quando a rescisão ocorrer com base nos incisos XII a XVII do artigo anterior, sem que haja culpa do contratado, será este ressarcido dos prejuízos regularmente comprovados que houver sofrido, tendo ainda direito a:

I – devolução de garantia;

II – pagamentos devidos pela execução do contrato até a data da rescisão;

III – pagamento do custo da desmobilização.

§3º (Vetado). (Redação dada pela Lei nº 8.883, de 1994)

§4º (Vetado). (Redação dada pela Lei nº 8.883, de 1994)

§5º Ocorrendo impedimento, paralisação ou sustação do contrato, o cronograma de execução será prorrogado automaticamente por igual tempo.

**Art. 80.** A rescisão de que trata o inciso I do artigo anterior acarreta as seguintes consequências, sem prejuízo das sanções previstas nesta Lei:

I – assunção imediata do objeto do contrato, no estado e local em que se encontrar, por ato próprio da Administração;

II – ocupação e utilização do local, instalações, equipamentos, material e pessoal empregados na execução do contrato, necessários à sua continuidade, na forma do inciso V do art. 58 desta Lei;

III – execução da garantia contratual, para ressarcimento da Administração, e dos valores das multas e indenizações a ela devidos;

IV – retenção dos créditos decorrentes do contrato até o limite dos prejuízos causados à Administração.

§1º A aplicação das medidas previstas nos incisos I e II deste artigo fica a critério da Administração, que poderá dar continuidade à obra ou ao serviço por execução direta ou indireta.

§2º É permitido à Administração, no caso de concordata do contratado, manter o contrato, podendo assumir o controle de determinadas atividades de serviços essenciais.

§3º Na hipótese do inciso II deste artigo, o ato deverá ser precedido de autorização expressa do Ministro de Estado competente, ou Secretário Estadual ou Municipal, conforme o caso.

§4º A rescisão de que trata o inciso IV do artigo anterior permite à Administração, a seu critério, aplicar a medida prevista no inciso I deste artigo.

## Capítulo IV
## DAS SANÇÕES ADMINISTRATIVAS E DA TUTELA JUDICIAL

### Seção I
### Disposições Gerais

**Art. 81.** A recusa injustificada do adjudicatário em assinar o contrato, aceitar ou retirar o instrumento equivalente, dentro do prazo estabelecido pela Administração, caracteriza o descumprimento total da obrigação assumida, sujeitando-o às penalidades legalmente estabelecidas.

Parágrafo único. O disposto neste artigo não se aplica aos licitantes convocados nos termos do art. 64, §2º desta Lei, que não aceitarem a contratação, nas mesmas condições propostas pelo primeiro adjudicatário, inclusive quanto ao prazo e preço.

**Art. 82.** Os agentes administrativos que praticarem atos em desacordo com os preceitos desta Lei ou visando a frustrar os objetivos da licitação sujeitam-se às sanções previstas nesta Lei e nos regulamentos próprios, sem prejuízo das responsabilidades civil e criminal que seu ato ensejar.

**Art. 83.** Os crimes definidos nesta Lei, ainda que simplesmente tentados, sujeitam os seus autores, quando servidores públicos, além das sanções penais, à perda do cargo, emprego, função ou mandato eletivo.

**Art. 84.** Considera-se servidor público, para os fins desta Lei, aquele que exerce, mesmo que transitoriamente ou sem remuneração, cargo, função ou emprego público.

§1º Equipara-se a servidor público, para os fins desta Lei, quem exerce cargo, emprego ou função em entidade paraestatal, assim consideradas, além das fundações, empresas públicas e sociedades de economia mista, as demais entidades sob controle, direto ou indireto, do Poder Público.

§2º A pena imposta será acrescida da terça parte, quando os autores dos crimes previstos nesta Lei forem ocupantes de cargo em comissão ou de função de confiança em órgão da Administração direta, autarquia, empresa pública, sociedade de economia mista, fundação pública, ou outra entidade controlada direta ou indiretamente pelo Poder Público.

**Art. 85.** As infrações penais previstas nesta Lei pertinem às licitações e aos contratos celebrados pela União, Estados, Distrito Federal, Municípios, e respectivas autarquias, empresas públicas, sociedades de economia mista, fundações públicas, e quaisquer outras entidades sob seu controle direto ou indireto.

## Seção II
### Das Sanções Administrativas

**Art. 86.** O atraso injustificado na execução do contrato sujeitará o contratado à multa de mora, na forma prevista no instrumento convocatório ou no contrato.

§1º A multa a que alude este artigo não impede que a Administração rescinda unilateralmente o contrato e aplique as outras sanções previstas nesta Lei.

§2º A multa, aplicada após regular processo administrativo, será descontada da garantia do respectivo contratado.

§3º Se a multa for de valor superior ao valor da garantia prestada, além da perda desta, responderá o contratado pela sua diferença, a qual será descontada dos pagamentos eventualmente devidos pela Administração ou ainda, quando for o caso, cobrada judicialmente.

**Art. 87.** Pela inexecução total ou parcial do contrato a Administração poderá, garantida a prévia defesa, aplicar ao contratado as seguintes sanções:

I – advertência;

II – multa, na forma prevista no instrumento convocatório ou no contrato;

III – suspensão temporária de participação em licitação e impedimento de contratar com a Administração, por prazo não superior a 2 (dois) anos;

IV – declaração de inidoneidade para licitar ou contratar com a Administração Pública enquanto perdurarem os motivos determinantes da punição ou até que seja promovida a reabilitação perante a própria autoridade que aplicou a penalidade, que será concedida sempre que o contratado ressarcir a Administração pelos prejuízos resultantes e após decorrido o prazo da sanção aplicada com base no inciso anterior.

§1º Se a multa aplicada for superior ao valor da garantia prestada, além da perda desta, responderá o contratado pela sua diferença, que será descontada dos pagamentos eventualmente devidos pela Administração ou cobrada judicialmente.

§2º As sanções previstas nos incisos I, III e IV deste artigo poderão ser aplicadas juntamente com a do inciso II, facultada a defesa prévia do interessado, no respectivo processo, no prazo de 5 (cinco) dias úteis.

§3º A sanção estabelecida no inciso IV deste artigo é de competência exclusiva do Ministro de Estado, do Secretário Estadual ou Municipal, conforme o caso, facultada a defesa do interessado no respectivo processo, no prazo de 10 (dez) dias da abertura de vista, podendo a reabilitação ser requerida após 2 (dois) anos de sua aplicação. (Vide art 109 inciso III)

**Art. 88.** As sanções previstas nos incisos III e IV do artigo anterior poderão também ser aplicadas às empresas ou aos profissionais que, em razão dos contratos regidos por esta Lei:

I – tenham sofrido condenação definitiva por praticarem, por meios dolosos, fraude fiscal no recolhimento de quaisquer tributos;

II – tenham praticado atos ilícitos visando a frustrar os objetivos da licitação;

III – demonstrem não possuir idoneidade para contratar com a Administração em virtude de atos ilícitos praticados.

## Seção III
### Dos Crimes e das Penas

**Art. 89.** Dispensar ou inexigir licitação fora das hipóteses previstas em lei, ou deixar de observar as formalidades pertinentes à dispensa ou à inexigibilidade:

Pena – detenção, de 3 (três) a 5 (cinco) anos, e multa.

Parágrafo único. Na mesma pena incorre aquele que, tendo comprovadamente concorrido para a consumação da ilegalidade, beneficiou-se da dispensa ou inexigibilidade ilegal, para celebrar contrato com o Poder Público.

**Art. 90.** Frustrar ou fraudar, mediante ajuste, combinação ou qualquer outro expediente, o caráter competitivo do procedimento licitatório, com o intuito de obter, para si ou para outrem, vantagem decorrente da adjudicação do objeto da licitação:

Pena – detenção, de 2 (dois) a 4 (quatro) anos, e multa.

# LEGISLAÇÃO
LEI Nº 8.666, DE 21 DE JUNHO DE 1993 | 377

**Art. 91.** Patrocinar, direta ou indiretamente, interesse privado perante a Administração, dando causa à instauração de licitação ou à celebração de contrato, cuja invalidação vier a ser decretada pelo Poder Judiciário:
Pena – detenção, de 6 (seis) meses a 2 (dois) anos, e multa.

**Art. 92.** Admitir, possibilitar ou dar causa a qualquer modificação ou vantagem, inclusive prorrogação contratual, em favor do adjudicatário, durante a execução dos contratos celebrados com o Poder Público, sem autorização em lei, no ato convocatório da licitação ou nos respectivos instrumentos contratuais, ou, ainda, pagar fatura com preterição da ordem cronológica de sua exigibilidade, observado o disposto no art. 121 desta Lei: (Redação dada pela Lei nº 8.883, de 1994)
Pena – detenção, de dois a quatro anos, e multa. (Redação dada pela Lei nº 8.883, de 1994)
Parágrafo único. Incide na mesma pena o contratado que, tendo comprovadamente concorrido para a consumação da ilegalidade, obtém vantagem indevida ou se beneficia, injustamente, das modificações ou prorrogações contratuais.

**Art. 93.** Impedir, perturbar ou fraudar a realização de qualquer ato de procedimento licitatório:
Pena – detenção, de 6 (seis) meses a 2 (dois) anos, e multa.

**Art. 94.** Devassar o sigilo de proposta apresentada em procedimento licitatório, ou proporcionar a terceiro o ensejo de devassá-lo:
Pena – detenção, de 2 (dois) a 3 (três) anos, e multa.

**Art. 95.** Afastar ou procura afastar licitante, por meio de violência, grave ameaça, fraude ou oferecimento de vantagem de qualquer tipo:
Pena – detenção, de 2 (dois) a 4 (quatro) anos, e multa, além da pena correspondente à violência.
Parágrafo único. Incorre na mesma pena quem se abstém ou desiste de licitar, em razão da vantagem oferecida.

**Art. 96.** Fraudar, em prejuízo da Fazenda Pública, licitação instaurada para aquisição ou venda de bens ou mercadorias, ou contrato dela decorrente:

I – elevando arbitrariamente os preços;
II – vendendo, como verdadeira ou perfeita, mercadoria falsificada ou deteriorada;
III – entregando uma mercadoria por outra;
IV – alterando substância, qualidade ou quantidade da mercadoria fornecida;
V – tornando, por qualquer modo, injustamente, mais onerosa a proposta ou a execução do contrato:
Pena – detenção, de 3 (três) a 6 (seis) anos, e multa.

**Art. 97.** Admitir à licitação ou celebrar contrato com empresa ou profissional declarado inidôneo:
Pena – detenção, de 6 (seis) meses a 2 (dois) anos, e multa.
Parágrafo único. Incide na mesma pena aquele que, declarado inidôneo, venha a licitar ou a contratar com a Administração.

**Art. 98.** Obstar, impedir ou dificultar, injustamente, a inscrição de qualquer interessado nos registros cadastrais ou promover indevidamente a alteração, suspensão ou cancelamento de registro do inscrito:
Pena – detenção, de 6 (seis) meses a 2 (dois) anos, e multa.

**Art. 99.** A pena de multa cominada nos arts. 89 a 98 desta Lei consiste no pagamento de quantia fixada na sentença e calculada em índices percentuais, cuja base corresponderá ao valor da vantagem efetivamente obtida ou potencialmente auferível pelo agente.
§1º Os índices a que se refere este artigo não poderão ser inferiores a 2% (dois por cento), nem superiores a 5% (cinco por cento) do valor do contrato licitado ou celebrado com dispensa ou inexigibilidade de licitação.
§2º O produto da arrecadação da multa reverterá, conforme o caso, à Fazenda Federal, Distrital, Estadual ou Municipal.

## Seção IV
### Do Processo e do Procedimento Judicial

**Art. 100.** Os crimes definidos nesta Lei são de ação penal pública incondicionada, cabendo ao Ministério Público promovê-la.
**Art. 101.** Qualquer pessoa poderá provocar, para os efeitos desta Lei, a iniciativa do

Ministério Público, fornecendo-lhe, por escrito, informações sobre o fato e sua autoria, bem como as circunstâncias em que se deu a ocorrência.

**Parágrafo único.** Quando a comunicação for verbal, mandará a autoridade reduzi-la a termo, assinado pelo apresentante e por duas testemunhas.

**Art. 102.** Quando em autos ou documentos de que conhecerem, os magistrados, os membros dos Tribunais ou Conselhos de Contas ou os titulares dos órgãos integrantes do sistema de controle interno de qualquer dos Poderes verificarem a existência dos crimes definidos nesta Lei, remeterão ao Ministério Público as cópias e os documentos necessários ao oferecimento da denúncia.

**Art. 103.** Será admitida ação penal privada subsidiária da pública, se esta não for ajuizada no prazo legal, aplicando-se, no que couber, o disposto nos arts. 29 e 30 do Código de Processo Penal.

**Art. 104.** Recebida a denúncia e citado o réu, terá este o prazo de 10 (dez) dias para apresentação de defesa escrita, contado da data do seu interrogatório, podendo juntar documentos, arrolar as testemunhas que tiver, em número não superior a 5 (cinco), e indicar as demais provas que pretenda produzir.

**Art. 105.** Ouvidas as testemunhas da acusação e da defesa e praticadas as diligências instrutórias deferidas ou ordenadas pelo juiz, abrir-se-á, sucessivamente, o prazo de 5 (cinco) dias a cada parte para alegações finais.

**Art. 106.** Decorrido esse prazo, e conclusos os autos dentro de 24 (vinte e quatro) horas, terá o juiz 10 (dez) dias para proferir a sentença.

**Art. 107.** Da sentença cabe apelação, interponível no prazo de 5 (cinco) dias.

**Art. 108.** No processamento e julgamento das infrações penais definidas nesta Lei, assim como nos recursos e nas execuções que lhes digam respeito, aplicar-se-ão, subsidiariamente, o Código de Processo Penal e a Lei de Execução Penal.

## Capítulo V
## DOS RECURSOS ADMINISTRATIVOS

**Art. 109.** Dos atos da Administração decorrentes da aplicação desta Lei cabem:

I – recurso, no prazo de 5 (cinco) dias úteis a contar da intimação do ato ou da lavratura da ata, nos casos de:
a) habilitação ou inabilitação do licitante;
b) julgamento das propostas;
c) anulação ou revogação da licitação;
d) indeferimento do pedido de inscrição em registro cadastral, sua alteração ou cancelamento;
e) rescisão do contrato, a que se refere o inciso I do art. 79 desta Lei; (Redação dada pela Lei nº 8.883, de 1994)
f) aplicação das penas de advertência, suspensão temporária ou de multa;

II – representação, no prazo de 5 (cinco) dias úteis da intimação da decisão relacionada com o objeto da licitação ou do contrato, de que não caiba recurso hierárquico;

III – pedido de reconsideração, de decisão de Ministro de Estado, ou Secretário Estadual ou Municipal, conforme o caso, na hipótese do §4º do art. 87 desta Lei, no prazo de 10 (dez) dias úteis da intimação do ato.

§1º A intimação dos atos referidos no inciso I, alíneas "a", "b", "c" e "e", deste artigo, excluídos os relativos a advertência e multa de mora, e no inciso III, será feita mediante publicação na imprensa oficial, salvo para os casos previstos nas alíneas "a" e "b", se presentes os prepostos dos licitantes no ato em que foi adotada a decisão, quando poderá ser feita por comunicação direta aos interessados e lavrada em ata.

§2º O recurso previsto nas alíneas "a" e "b" do inciso I deste artigo terá efeito suspensivo, podendo a autoridade competente, motivadamente e presentes razões de interesse público, atribuir ao recurso interposto eficácia suspensiva aos demais recursos.

§3º Interposto, o recurso será comunicado aos demais licitantes, que poderão impugná-lo no prazo de 5 (cinco) dias úteis.

§4º O recurso será dirigido à autoridade superior, por intermédio da que praticou o ato recorrido, a qual poderá reconsiderar sua decisão, no prazo de 5 (cinco) dias úteis, ou, nesse mesmo prazo, fazê-lo subir, devidamente informado, devendo, neste caso, a decisão ser proferida dentro do prazo de 5 (cinco) dias úteis, contado do recebimento do recurso, sob pena de responsabilidade.

§5º Nenhum prazo de recurso, representação ou pedido de reconsideração se inicia ou corre sem que os autos do processo estejam com vista franqueada ao interessado.

§6º Em se tratando de licitações efetuadas na modalidade de "carta convite" os prazos estabelecidos nos incisos I e II e no parágrafo 3º deste artigo serão de dois dias úteis. (Incluído pela Lei nº 8.883, de 1994)

## Capítulo VI
## DISPOSIÇÕES FINAIS E TRANSITÓRIAS

**Art. 110.** Na contagem dos prazos estabelecidos nesta Lei, excluir-se-á o dia do início e incluir-se-á o do vencimento, e considerar-se-ão os dias consecutivos, exceto quando for explicitamente disposto em contrário.

Parágrafo único. Só se iniciam e vencem os prazos referidos neste artigo em dia de expediente no órgão ou na entidade.

**Art. 111.** A Administração só poderá contratar, pagar, premiar ou receber projeto ou serviço técnico especializado desde que o autor ceda os direitos patrimoniais a ele relativos e a Administração possa utilizá-lo de acordo com o previsto no regulamento de concurso ou no ajuste para sua elaboração.

Parágrafo único. Quando o projeto referir-se a obra imaterial de caráter tecnológico, insuscetível de privilégio, a cessão dos direitos incluirá o fornecimento de todos os dados, documentos e elementos de informação pertinentes à tecnologia de concepção, desenvolvimento, fixação em suporte físico de qualquer natureza e aplicação da obra.

**Art. 112.** Quando o objeto do contrato interessar a mais de uma entidade pública, caberá ao órgão contratante, perante a entidade interessada, responder pela sua boa execução, fiscalização e pagamento.

§1º Os consórcios públicos poderão realizar licitação da qual, nos termos do edital, decorram contratos administrativos celebrados por órgãos ou entidades dos entes da Federação consorciados. (Incluído pela Lei nº 11.107, de 2005)

§2º É facultado à entidade interessada o acompanhamento da licitação e da execução do contrato. (Incluído pela Lei nº 11.107, de 2005)

**Art. 113.** O controle das despesas decorrentes dos contratos e demais instrumentos regidos por esta Lei será feito pelo Tribunal de Contas competente, na forma da legislação pertinente, ficando os órgãos interessados da Administração responsáveis pela demonstração da legalidade e regularidade da despesa e execução, nos termos da Constituição e sem prejuízo do sistema de controle interno nela previsto.

§1º Qualquer licitante, contratado ou pessoa física ou jurídica poderá representar ao Tribunal de Contas ou aos órgãos integrantes do sistema de controle interno contra irregularidades na aplicação desta Lei, para os fins do disposto neste artigo.

§2º Os Tribunais de Contas e os órgãos integrantes do sistema de controle interno poderão solicitar para exame, até o dia útil imediatamente anterior à data de recebimento das propostas, cópia de edital de licitação já publicado, obrigando-se os órgãos ou entidades da Administração interessada à adoção de medidas corretivas pertinentes que, em função desse exame, lhes forem determinadas. (Redação dada pela Lei nº 8.883, de 1994)

**Art. 114.** O sistema instituído nesta Lei não impede a pré-qualificação de licitantes nas concorrências, a ser procedida sempre que o objeto da licitação recomende análise mais detida da qualificação técnica dos interessados.

§1º A adoção do procedimento de pré-qualificação será feita mediante proposta da autoridade competente, aprovada pela imediatamente superior.

§2º Na pré-qualificação serão observadas as exigências desta Lei relativas à concorrência, à convocação dos interessados, ao procedimento e à analise da documentação.

**Art. 115.** Os órgãos da Administração poderão expedir normas relativas aos procedimentos operacionais a serem observados na execução das licitações, no âmbito de sua competência, observadas as disposições desta Lei.

Parágrafo único. As normas a que se refere este artigo, após aprovação da autoridade competente, deverão ser publicadas na imprensa oficial.

**Art. 116.** Aplicam-se as disposições desta Lei, no que couber, aos convênios, acordos, ajustes e outros instrumentos congêneres celebrados por órgãos e entidades da Administração.

§1º A celebração de convênio, acordo ou ajuste pelos órgãos ou entidades da Administração Pública depende de prévia aprovação de competente plano de trabalho proposto pela organização interessada, o qual deverá conter, no mínimo, as seguintes informações:

I – identificação do objeto a ser executado;

II – metas a serem atingidas;

III – etapas ou fases de execução;

IV – plano de aplicação dos recursos financeiros;

V – cronograma de desembolso;

VI – previsão de início e fim da execução do objeto, bem assim da conclusão das etapas ou fases programadas;

VII – se o ajuste compreender obra ou serviço de engenharia, comprovação de que os recursos próprios para complementar a execução do objeto estão devidamente assegurados, salvo se o custo total do empreendimento recair sobre a entidade ou órgão descentralizador.

§2º Assinado o convênio, a entidade ou órgão repassador dará ciência do mesmo à Assembleia Legislativa ou à Câmara Municipal respectiva.

§3º As parcelas do convênio serão liberadas em estrita conformidade com o plano de aplicação aprovado, exceto nos casos a seguir, em que as mesmas ficarão retidas até o saneamento das impropriedades ocorrentes:

I – quando não tiver havido comprovação da boa e regular aplicação da parcela anteriormente recebida, na forma da legislação aplicável, inclusive mediante procedimentos de fiscalização local, realizados periodicamente pela entidade ou órgão descentralizador dos recursos ou pelo órgão competente do sistema de controle interno da Administração Pública;

II – quando verificado desvio de finalidade na aplicação dos recursos, atrasos não justificados no cumprimento das etapas ou fases programadas, práticas atentatórias aos princípios fundamentais de Administração Pública nas contratações e demais atos praticados na execução do convênio, ou o inadimplemento do executor com relação a outras cláusulas conveniais básicas;

III – quando o executor deixar de adotar as medidas saneadoras apontadas pelo partícipe repassador dos recursos ou por integrantes do respectivo sistema de controle interno.

§4º Os saldos de convênio, enquanto não utilizados, serão obrigatoriamente aplicados em cadernetas de poupança de instituição financeira oficial se a previsão de seu uso for igual ou superior a um mês, ou em fundo de aplicação financeira de curto prazo ou operação de mercado aberto lastreada em títulos da dívida pública, quando a utilização dos mesmos verificar-se em prazos menores que um mês.

§5º As receitas financeiras auferidas na forma do parágrafo anterior serão obrigatoriamente computadas a crédito do convênio e aplicadas, exclusivamente, no objeto de sua finalidade, devendo constar de demonstrativo específico que integrará as prestações de contas do ajuste.

§6º Quando da conclusão, denúncia, rescisão ou extinção do convênio, acordo ou ajuste, os saldos financeiros remanescentes, inclusive os provenientes das receitas obtidas das aplicações financeiras realizadas, serão devolvidos à entidade ou órgão repassador dos recursos, no prazo improrrogável de 30 (trinta) dias do evento, sob pena da imediata instauração de tomada de contas especial do responsável, providenciada pela autoridade competente do órgão ou entidade titular dos recursos.

**Art. 117.** As obras, serviços, compras e alienações realizados pelos órgãos dos Poderes Legislativo e Judiciário e do Tribunal de Contas regem-se pelas normas desta Lei, no que couber, nas três esferas administrativas.

**Art. 118.** Os Estados, o Distrito Federal, os Municípios e as entidades da administração indireta deverão adaptar suas normas sobre licitações e contratos ao disposto nesta Lei.

**Art. 119.** As sociedades de economia mista, empresas e fundações públicas e demais entidades controladas direta ou indiretamente pela União e pelas entidades referidas no artigo anterior editarão regulamentos próprios devidamente publicados, ficando sujeitas às disposições desta Lei.

Parágrafo único. Os regulamentos a que se refere este artigo, no âmbito da Administração Pública, após aprovados pela autoridade de nível superior a que estiverem vinculados os respectivos órgãos, sociedades e entidades, deverão ser publicados na imprensa oficial.

**Art. 120.** Os valores fixados por esta Lei poderão ser anualmente revistos pelo Poder Executivo Federal, que os fará publicar no Diário Oficial da União, observando como limite superior a variação geral dos preços do mercado, no período. (Redação dada pela Lei nº 9.648, de 1998)

**Art. 121.** O disposto nesta Lei não se aplica às licitações instauradas e aos contratos assinados anteriormente à sua vigência, ressalvado o disposto no art. 57, nos parágrafos 1º, 2º e 8º do art. 65, no inciso XV do art. 78, bem assim o disposto no "caput" do art. 5º, com relação ao pagamento das obrigações na ordem cronológica, podendo esta ser observada, no prazo de noventa dias contados da vigência desta Lei, separadamente para as obrigações relativas aos contratos regidos por legislação anterior à Lei nº 8.666, de 21 de junho de 1993. (Redação dada pela Lei nº 8.883, de 1994)

Parágrafo único. Os contratos relativos a imóveis do patrimônio da União continuam a reger-se pelas disposições do Decreto-lei nº 9.760, de 5 de setembro de 1946, com suas alterações, e os relativos a operações de crédito interno ou externo celebrados pela União ou a concessão de garantia do Tesouro Nacional continuam regidos pela legislação pertinente, aplicando-se esta Lei, no que couber.

**Art. 122.** Nas concessões de linhas aéreas, observar-se-á procedimento licitatório específico, a ser estabelecido no Código Brasileiro de Aeronáutica.

**Art. 123.** Em suas licitações e contratações administrativas, as repartições sediadas no exterior observarão as peculiaridades locais e os princípios básicos desta Lei, na forma de regulamentação específica.

**Art. 124.** Aplicam-se às licitações e aos contratos para permissão ou concessão de serviços públicos os dispositivos desta Lei que não conflitem com a legislação específica sobre o assunto. (Redação dada pela Lei nº 8.883, de 1994)

Parágrafo único. As exigências contidas nos incisos II a IV do §2º do art. 7º serão dispensadas nas licitações para concessão de serviços com execução prévia de obras em que não foram previstos desembolso por parte da Administração Pública concedente. (Incluído pela Lei nº 8.883, de 1994)

**Art. 125.** Esta Lei entra em vigor na data de sua publicação. (Renumerado por força do disposto no art. 3º da Lei nº 8.883, de 1994)

Art. 126. Revogam-se as disposições em contrário, especialmente os Decretos-leis nºs 2.300, de 21 de novembro de 1986, 2.348, de 24 de julho de 1987, 2.360, de 16 de setembro de 1987, a Lei nº 8.220, de 4 de setembro de 1991, e o art. 83 da Lei nº 5.194, de 24 de dezembro de 1966. (Renumerado por força do disposto no art. 3º da Lei nº 8.883, de 1994)

Brasília, 21 de junho de 1993, 172º da Independência e 105º da República.

ITAMAR FRANCO

*Rubens Ricupero*
*Romildo Canhim*

# ÍNDICE DE ASSUNTO

página

## A
Administração Pública (federal) ............ 38
Auto do processo ............... 121
Autorizador de despesa .............. 107
Aviso licitatório ............... 144

## B
Bens e serviços de informática
(contratação) .............. 56
- Fabricados no país .............. 68
- Microempresas e Empresas de
Pequeno Porte ............. 67, 70
- Preferência nas licitações ......... 67, 69, 71
- Pregão ............... 62, 63
- Propostas de técnica e preço .............. 71
- Secretaria de Logística e Tecnologia
da Informação (SLTI) ............ 60

## C
Caixa Econômica Federal (CEF)
- Pregão ............... 90
Consórcio (Pregão) ............. 271
- Apresentação individualizada
da documentação ............. 273
- Compromisso de constituição ......... 272
- Liderança brasileira ............. 273
- Solidariedade entre as
empresas consorciadas ............ 273
Contrato
- Aprovação jurídica da minuta ........ 115
- Publicação do extrato ............ 286
- Recusa de assinatura pelo
licitante vencedor............. 210

## D
Decreto (Pregão)
- Vigência ............. 34, 41
Direito público subjetivo .............. 95
Direitos dos trabalhadores ........... 25, 238

página

## E
Edital (Pregão)
- Aprovação jurídica da minuta ........ 115
- Dados iniciais .............. 144
- Elaboração .............. 134
- Impugnação .............. 216
- - Efeito suspensivo ............. 223
- Modelo ............... 307
- Prazo de divulgação do certame ...... 148
- Regras não constantes do
regulamento ............. 145
Esclarecimentos e impugnações......... 216
- Resposta (recusa) ............. 221
Estatuto das Microempresas e
Empresas de Pequeno Porte ............. 67

## F
Fase preparatória (Pregão)................ 103
- Definição do objeto ............. 103
- Termo de referência ............. 104
Fundos especiais............. 38

## H
Habilitação
- Documentação ............. 224, 225
- - Substituição pelo registro
cadastral............. 240
- Habitação jurídica
(comprovação)............. 226
- Manutenção das condições
(adjudicatário)............. 208
- Regularidade fiscal
(comprovação)............. 227
- - Direito das microempresas ........... 229

## I
Internet............. 53

# J

Jurisdição
- Impropriedade absoluta ..................92

# L

Lances verbais ..................................159
- Credenciamento do representante
  do licitante ....................................159
- Desistência do lance oferecido .........160
- Fraudes detectadas ..........................165
- Inexistência de lances ......................170
- Lance superior ao menor
  oferecido ..........................................161
- Limitação das rodadas .....................162
- Limite mínimo ...............................161
- Ordem para a formulação ...............160
- Recusa de apresentação de lance ......168
- Verificação da oferta subsequente ....176
Lei da Informática ...............56, 62, 63, 67
Lei de Diretrizes Orçamentárias ........284
Lei de Licitação
- Aplicação subsidiária .......................31
  Ver também Lei nº 8.666/1993
Lei de Pregão
- Surgimento .....................................30
  Ver também Lei nº 10.520/2002
Lei Orçamentária Anual .....................284
Licitação pública
- Anulação/revogação .........................280
- - Indenização .................................282
- Eficiência .......................................82

# M

Medida Provisória nº 2.026/2000
- Adoção do termo União.....................28
Microempresa e Empresa de
  Pequeno Porte
- Bens e serviços de informática
  (contratação)..............................67, 70
- Direito das microempresas..............229
- Estatuto..........................................67
- Regularização fiscal a posteriori ........229
Minutas
- Aprovação jurídica ..........................116

Modalidades de licitação
- Criação...........................................25-27

# O

Obras e serviços de engenharia
  (contratação)....................................85
- Tribunal de Contas da União
  (TCU)...........................................90, 92
Ordenador de despesa.........................107

# P

Parecer jurídico...............................118-120
- Não vinculante ...............................119
- Vinculante .....................................119
Petição.............................................219
- Não impedimento de
  participação ...................................220
Pregão
- Acompanhamento do
  procedimento .................................96
- Adjudicação ...................................204
- Apresentação de novas propostas ....212
- Autoridade competente ...................97
- - Atribuições..............................98, 108
- - Responsabilidade .........................107
- Casos omissos................................295
- Competência para o
  estabelecimento...............................41
- Contrato (publicação do extrato)......286
- Criação..........................................25
- Declaração do vencedor...................175
- Definição .......................................23
- Entrega de envelopes ......................152
- Esclarecimentos,
  providências ..............................216, 221
- Estabelecimento de nova data
  (realização).....................................223
- Exercício do direito (prazo)..............217
- Fase de classificação ........................155
- Fase de habilitação..........................172
- Fase externa ......................140, 141, 300
- Fase interna....................................299
- Fase preparatória ............................103
- Finalidade ......................................23

# ÍNDICE DE ASSUNTO | 385

*página*

- Fraudes detectadas ............................ 165
- Fundos especiais ................................. 39
- Habilitação ........................... 208, 224
- Homologação ...................................... 205
- Inovação ............................................. 23
- Interpretação (ampliação da
  disputa) ........................................... 83
- Julgamento ......................................... 122
- Lances verbais ........................... 159, 168
- Legislação ........................................... 28
- Não aplicação ..................................... 85
- Negociação com o proponente
  vencedor ........................................... 179
- Negociação com os demais
  classificados ..................................... 212
- Normas e procedimentos ................... 43
- Normas especiais ................................ 27
- Normas gerais ............................... 27, 29
- Prazo de divulgação do certame ...... 148
- Preço inexequível ............................... 123
- Princípios constitucionais ............ 75, 77
- Publicidade ................................. 141-143
- Qualificação técnica
  (comprovação) .................................. 229
- Recurso (interposição) ....... 187, 197, 301
- Recursos orçamentários ..................... 283
- Regras .......................................... 75, 95
- Regulamento ............................... 36, 43
- - Abrangência ..................................... 37
- - Compatibilização com a Lei de
  Pregão ............................................. 141
- - Técnica adotada .............................. 36
- Sanções .............................................. 243
- Sessão pública ................................... 150
- Vedações ............................................ 251
- Verificação da oferta subsequente .... 176
Pregão eletrônico ................................ 34
- Obrigatoriedade (Administração
  Pública Federal) ............................... 49
- Regulamento ............................... 54, 142
Pregão internacional ........................... 254
- Autenticação pelos consulados ........ 265
- Documentação exigida ...................... 260
- Representação legal no
  Brasil ......................................... 259, 268

*página*

Pregão presencial ................................. 34
- Adoção ............................................... 48
- Aprovação jurídica ............................ 289
- - Responsabilidade do advogado ..... 294
- Atos essenciais .................................. 288
- Competição ........................................ 47
- Equivocada menção do Pregão
  eletrônico .......................................... 52
- Fraudes detectadas ........................... 165
- Obrigatoriedade (Administração
  Pública Federal) ............................... 48
- Regulamento ....................................... 33
- Sessão pública .................................. 150
Pregoeiro ........................... 100, 111, 112
- Âmbito militar ................................... 138
- Atribuições ....................................... 126
- - Abertura dos envelopes .................. 127
- - Adjudicação da proposta de menor
  preço ............................................... 129
- - Condução dos lances ...................... 128
- - Condução dos trabalhos da equipe
  de apoio .......................................... 133
- - Credenciamento dos
  interessados ..................................... 127
- - Elaboração de ata ........................... 128
- - Encaminhamento do processo ........ 134
- - Exame e classificação das
  proponentes ..................................... 127
- - Recebimento dos envelopes ........... 127
- - Recebimento, exame e decisão
  sobre os recursos ............................ 133
- Características ................................... 101
- Designação (modelo de portaria) ..... 305
- Equipe de apoio ............................... 136
- Motivação quanto a aceitação
  da proposta ...................................... 171
- Período de investidura ...................... 114
- Petição ............................................. 219
Princípios constitucionais ............... 75, 77
- Princípio da celeridade ..................... 80
- Princípio da comparação objetiva
  das propostas .................................... 82
- Princípio da competitividade ............ 81
- Princípio da eficiência ...................... 82

## 386 SIDNEY BITTENCOURT
PREGÃO PRESENCIAL – COMENTÁRIOS AO DECRETO Nº 3.555/2000 E AO REGULAMENTO DO PREGÃO...

*página*

- Princípio da finalidade ........................ 80
- Princípio da igualdade ........................ 79
- Princípio da impessoalidade .............. 77
- Princípio da legalidade ...................... 77
- Princípio da moralidade ..................... 78
- Princípio da probidade
  administrativa .................................... 79
- Princípio da proporcionalidade .......... 81
- Princípio da publicidade ..................... 79
- Princípio da razoabilidade .................. 81
- Princípio da seletividade .................... 82
- Princípio da vinculação ao
  instrumento convocatório ................... 80
- Princípio do julgamento objetivo ....... 80
- Princípio do justo preço ..................... 81
Processo Produtivo Básico (PPB) ......... 61
- Grupo Técnico Interministerial
  (GT-PPB) ........................................... 62
Propostas (pregão) ............................... 71
- Classificação ..................................... 157
- Prazo ................................................ 214
- - Superior a 60 dias ........................... 215
- Propostas escoimadas de falhas ....... 212
Publicidade (Pregão)
- Limites de valor ................................ 142
- Sistema de Serviços Gerais (SISG) .... 142

### Q
Qualificação econômico-financeira
  (comprovação) ................................... 238
Qualificação técnica (comprovação) ... 229

### R
Recurso (interposição) ......................... 187
- Anexação de memoriais ..................... 188
- Atos insuscetíveis de
  aproveitamento .................................. 201

*página*

- Efeito suspensivo .............................. 197
- - Autoridade competente
  (atribuição) ....................................... 199
- Intenção (motivação na
  demonstração) ................................... 193
- Modelo de documento ....................... 306
- Prazo ................................................ 187
- Procedimento recursal ....................... 190
- Regra recursal (objetivos) .................. 189
Recursos orçamentários ...................... 283
- Pagamento de contratos .................... 283

### S
Sanções .............................................. 243
- Prazo ................................................ 246
Segurança privada e bancária
  (serviço) ....................................... 44, 45
Sessão pública .................................... 150
Sistema de Cadastramento Unificado
  de Fornecedores
  (SICAF) ............... 174, 241, 244, 295
Sistema de Serviços Gerais (SISG) ...... 143

### T
Tecnologia da informação e
  comunicação (TIC) ............................. 62
Termo de referência ............................ 104
Transporte de valores .......................... 44

### V
Vedações (Pregão) .............................. 251
- Aquisição do edital ........................... 252
- Cobrança de taxas ............................ 253
- Exigência de garantia de
  proposta ............................................ 251
Vigilância (serviço) *ver* Segurança
  privada e bancária (serviço)

# ÍNDICE DA LEGISLAÇÃO

página | página

## A

Acórdão nº 64/2004 (TCU) ................... 136
Acórdão nº 237/2009 (TCU) ................. 58
Acórdão nº 284/2008 (TCU) ................. 123
Acórdão nº 287/2008 (TCU) ................. 124
Acórdão nº 399/2003 (TCU) ................. 162
Acórdão nº 559/2009 (TCU) ................. 124
Acórdão nº 598/2003 (TCU) ................. 257
Acórdão nº 631/2007 (TCU) ................. 101
Acórdão nº 766/2010 (TCU) ................. 257
Acórdão nº 873/2011 (TCU) ................. 121
Acórdão nº 946/2007 (TCU) ................. 257
Acórdão nº 1.280/2007 (TCU) ................. 247
Acórdão nº 1.386/2010 (TCU) ................. 257
Acórdão nº 1.678/2006 (TCU) ................. 272
Acórdão nº 1.707/2005 (TCU) ................. 65
Acórdão nº 2.138/2005 (TCU) ................. 66
Acórdão nº 2.304/2007 (TCU) ................. 162
Acórdão nº 2.390/2007 (TCU) ................. 170
Acórdão nº 2.471/2008 (TCU) ......... 58, 59
Acórdão nº 2.658/2007 (TCU) ......... 57, 58
Acórdão nº 5.375/2009 (TCU) ................. 247

## C

Código de Processo Civil *ver* Lei
nº 5.869/1973
Código Civil *ver* Lei nº 10.406/2002
Constituição Federal do Brasil (1988)
- art. 5º
- - inc. XXXIV ................................. 194, 221
- - inc. LV ................................. 282
- art. 7º, XXXIII ................................. 225, 238
- art. 37 ................................. 82
- art. 173, §1º, III ................................. 38, 39

## D

Decreto nº 792/1993 ................................. 61
Decreto nº 1.094/1994 ................................. 241

Decreto nº 3.555/2000 ......... 25, 33, 34, 333
- art. 1º ................................. 36, 333
- art. 2º ................................. 41, 333
- art. 3º ................................. 41, 333
- Anexo I
- art. 1º ................................. 43, 333
- art. 2º ................................. 47, 333
- art. 3º ................................. 48, 333
- - §1º ................................. 48, 333
- - §2º ................................. 48, 334
- - §3º ................................. 56, 334
- - §4º ................................. 56, 334
- - §5º ................................. 56, 334
- art. 4º ................................. 75, 334
- art. 5º ................................. 85, 334
- art. 6º ................................. 95, 334
- art. 7º ................................. 97, 334
- Parágrafo único ................................. 100
- art. 8º ................................. 103, 334
- - inc. I ................................. 103, 334
- - inc. II ................................. 103, 334
- - inc. III ................................. 107, 334
- - inc. IV ................................. 107, 335
- - inc. V ................................. 122, 335
- art. 9º ................................. 126, 335
- art. 10 ................................. 136, 335
- Parágrafo único ................................. 138, 335
- art. 11 ................................. 140, 335
- - inc. I ................................. 140, 335
- - inc. II ................................. 144, 335
- - inc. III ................................. 148, 335
- - inc. IV ................................. 150, 335
- - inc. V ................................. 152, 336
- - inc. VI ................................. 152, 336
- - inc. VII ................................. 157, 336
- - inc. VIII ................................. 159, 336
- - inc. IX ................................. 159, 336
- - inc. X ................................. 168, 336

|  |  |
|---|---|
| página | página |

- - inc. XI .......................... 170, 336
- - inc. XII ......................... 171, 336
- - inc. XIII ........................ 171, 336
- - inc. XIV ........................ 175, 336
- - inc. XV .......................... 176, 336
- - inc. XVI ......................... 179, 336
- - inc. XVII ........................ 179, 336
- - inc. XVIII ....................... 197, 336
- - inc. XIX ......................... 201, 336
- - inc. XX .......................... 204, 336
- - inc. XXI ......................... 204, 336
- - inc. XXII ........................ 204, 336
- - inc. XXIII ....................... 210, 337
- - inc. XXIV ....................... 214, 337
- art. 12 ............................. 216, 337
- - §1º .............................. 219, 337
- - §2º .............................. 219, 337
- art. 13 ............................. 224, 337
- art. 14 ............................. 243, 337
- art. 15 ............................. 251, 337
- art. 16 ............................. 254, 337
- art. 17 ............................. 271, 337
- art. 18 ............................. 280, 338
- art. 19 ............................. 283, 338
- art. 20 ............................. 286, 338
- art. 21 ............................. 288, 338
- art. 22 ............................. 295, 338
Decreto nº 3.693/2000 ...................... 87, 210
Decreto nº 3.697/2000 ...................... 21, 53
Decreto nº 3.722/2001 ...................... 241
Decreto nº 3.784/2001 ...................... 87
Decreto nº 4.485/2002 ...................... 241
Decreto nº 5.450/2005 ......... 49, 54, 93, 115
- art. 4º .............................. 49
- art. 11, II ......................... 135
- art. 15 ............................. 255
- art. 18, §1º ....................... 135
Decreto nº 5.707/2006 ...................... 100
Decreto nº 7.174/2010 ...................... 36, 67, 68, 69, 85, 94
- art. 5º .............................. 72-74
- art. 8º .............................. 69-70

- art. 10 ............................. 71
Decreto nº 93.872/1986
- art. 33 ............................. 286-287
Decreto-Lei nº 2.300/1986 ................... 220
- art. 6º .............................. 284

**E**
Emenda Constitucional nº 19/1998 ........ 38
Emenda Constitucional nº 32/2001 ......... 25

**L**
Lei nº 4.320/1964
- art. 58 ............................. 97
Lei nº 5.869/1973
- art. 156 ............................ 266
- art. 157 ............................ 266
Lei nº 8.248/1991 ...................... 56, 67
- art. 3º .............................. 62, 68
- - §3º .............................. 63
Lei nº 8.387/1991 ...................... 61
Lei nº 8.666/1993 ...................... 343
- art. 1º .............................. 343
- art. 2º .............................. 343
- art. 3º .............................. 343-344
- art. 4º .............................. 95, 96, 130, 345
- art. 5º .............................. 345
- art. 6º .............................. 345-346
- art. 7º .............................. 109, 347
- art. 8º .............................. 109, 347
- art. 9º .............................. 347
- art. 10 ............................. 348
- art. 11 ............................. 348
- art. 12 ............................. 348
- art. 13 ............................. 348
- art. 14 ............................. 110, 349
- art. 15 ............................. 110, 349
- art. 16 ............................. 349
- art. 17 ............................. 350-351
- art. 18 ............................. 351
- art. 19 ............................. 352
- art. 20 ............................. 352
- art. 21 ............................. 352

# ÍNDICE DA LEGISLAÇÃO | 389

página | página

- - §3º................................149, 352
- - §4º................................149, 352
- art. 22.................................352
- - §8º.............................27-28, 353
- art. 23.................................353
- - §3º..............................254, 354
- art. 24...........................354-357
- art. 25.................................357
- art. 26.................................357
- art. 27.................................357
- art. 28............................262, 357
- art. 29.................................358
- art. 30.................................358
- - §1º...............................231, 358
- art. 31.................................359
- - §3º...............................251, 359
- art. 32.................................360
- - §2º...............................241, 360
- - §4º.....................254, 259, 260, 360
- - §5º.........................252, 253, 360
- art. 33...............................272, 360
- art. 34.................................361
- - §1º...............................242, 361
- - §2º...............................242, 361
- art. 35............................242, 361
- art. 36............................242, 361
- - §1º...............................242, 361
- - §2º...............................242, 361
- art. 37............................242, 361
- art. 38............................288, 361
- art. 39.................................361
- art. 40.................................362
- - inc. VIII.........................216, 362
- art. 41............................217, 363
- - §1º.........................216, 217, 363
- - §2º...............................216, 363
- - §3º...............................216, 363
- art. 42.................................363
- art. 43.................................364
- art. 44.................................364
- art. 45.................................365
- - §4º..........................56, 57, 365

- art. 46.................................365
- art. 47.................................366
- art. 48.................................366
- - §3º.....................181, 212, 213, 366
- art. 49............................280, 367
- art. 50.................................367
- art. 51.................................367
- art. 52.................................367
- art. 53.................................367
- art. 54.................................368
- art. 55.................................368
- art. 56.................................368
- art. 57.................................369
- art. 58.................................370
- art. 59.................................370
- art. 60.................................370
- art. 61............................286, 370
- art. 62.................................370
- art. 63.................................371
- art. 64.................................371
- - §3º...............................214, 371
- art. 65.................................372
- art. 66.................................372
- art. 67.................................372
- art. 68.................................372
- art. 69.................................372
- art. 70.................................372
- art. 71.................................372
- art. 72.................................373
- art. 73.................................373
- art. 74.................................373
- art. 75.................................373
- art. 76.................................373
- art. 77.................................373
- art. 78.................................373
- art. 79.................................374
- art. 80.................................375
- art. 81.................................375
- art. 82.................................375
- art. 83.................................375
- art. 84.................................375
- art. 85.................................375

|  |  |
|---|---|
| - art. 86 ....................................... 376 | - art. 42, §2º ........................................ 291 |
| - art. 87 ............................... 245, 376 | Lei nº 9.854/1999 ..........................238-240 |
| - art. 88 ....................................... 376 | Lei nº 10.176/2001 ................................. 61 |
| - art. 89 ....................................... 376 | Lei nº 10.406/2002 ................................ 226 |
| - art. 90 ....................................... 376 | - art. 224 .............................................. 266 |
| - art. 91 ....................................... 377 | - art. 1.123 ............................................ 227 |
| - art. 92 ....................................... 377 | - art. 1.134 ...............................227, 262, 265 |
| - art. 93 ....................................... 377 | - art. 1.135 ..................................... 227, 262 |
| - art. 94 ....................................... 377 | - art. 1.136 .........................., .......227, 262 |
| - art. 95 ....................................... 377 | - art. 1.137 ..................................... 227, 263 |
| - art. 96 ......................................... 377 | - art. 1.138 ..................................... 227, 263 |
| - art. 97 ....................................... 377 | - art. 1.139 ............................................ 263 |
| - art. 98 ....................................... 377 | - art. 1.141 ............................................ 263 |
| - art. 99 ....................................... 377 | Lei nº 10.520/2002 ...........................30, 339 |
| - art. 100 ..................................... 377 | - art. 1º ........................................... 86, 339 |
| - art. 101 ..................................... 377 | - art. 2º ................................................ 339 |
| - art. 102 ..................................... 378 | - art. 3º ................................87, 98, 99, 339 |
| - art. 103 ..................................... 378 | - art. 4º .......................87, 98, 122, 140, 339 |
| - art. 104 ..................................... 378 | - - inc. I ......................................140, 141, 340 |
| - art. 105 ..................................... 378 | - - inc. II............................................... 340 |
| - art. 106 ..................................... 378 | - - inc. III...................................145, 244, 340 |
| - art. 107 ..................................... 378 | - - inc. IV .....................................145, 340 |
| - art. 108 ..................................... 378 | - - inc. V .......................................148, 340 |
| - art. 109 ................................191, 378 | - - inc. VI .................................150, 160, 340 |
| - art. 110 ..................................... 379 | - - inc. VII ....................................153, 340 |
| - art. 111 ..................................... 379 | - - inc. VIII............................................ 340 |
| - art. 112 ..................................... 379 | - - inc. IX....................................157, 340 |
| - art. 113 ..................................... 379 | - - inc. X ............................................. 340 |
| - art. 114 ..................................... 379 | - - inc. XI...................128, 181, 183, 340 |
| - art. 115 ..................................... 380 | - - inc. XII ...................................171, 340 |
| - art. 116 ..................................... 380 | - - inc. XIII..............................171, 224, 340 |
| - art. 117 ..................................... 380 | - - inc. XIV...................................240, 340 |
| - art. 118 ..................................... 381 | - - inc. XV ...................................175, 340 |
| - art. 119 ..................................... 381 | - - inc. XVI.......128, 175, 176, 181, 183, 340 |
| - art. 120 ..................................... 381 | - - inc. XVII ..................................179, 340 |
| - art. 121 ..................................... 381 | - - inc. XVIII...............................187, 341 |
| - art. 122 ..................................... 381 | - - inc. XIX.............................198, 201, 341 |
| - art. 123 ..................................... 381 | - - inc. XX .......................................... 341 |
| - art. 124 ..................................... 381 | - - inc. XXI.............................204, 208, 341 |
| - art. 125 ..................................... 381 | - - inc. XXII.............................204, 208, 341 |
| Lei nº 9.784/1999 ........................... 116 | - - inc. XXIII .........................210, 211, 341 |
| - art. 2º ....................................... 172 | - art. 5º ....................................251, 341 |

ÍNDICE DA LEGISLAÇÃO | 391

página

- art. 6º ............................................341
- art. 7º .....................................243, 341
- art. 8º .................................... 132, 341
- art. 9º .................................... 31, 341
- art. 10 .........................................341
- art. 11 .........................................341
- - inc. IX.................................. 160, 341
- art. 12 .........................................341
- art. 13 .........................................341
Lei nº 11.077/2004 ................................. 63
Lei Complementar
  nº 123/2006 ................................. 67, 229

página

- art. 4º .........................................67
- art. 8º .........................................67

**M**
Medida Provisória nº 2.026/2000......25-27
Medida Provisória nº 2.182-18/2001 ..... 25
- art. 2º .........................................44

**N**
Novo Código Civil *ver* Lei nº 10.406/2002

**S**
Súmula nº 473 (STF)............................ 280

Esta obra foi composta em fonte Palatino Linotype, corpo 10
e impressa em papel Offset 75g (miolo) e Supremo 250g (capa)
pela Edelbra Gráfica Ltda.
Erechim/RS, janeiro de 2012.